教师教育新概念丛书

中小学
教育管理导论

ZHONGXIAOXUE
JIAOYU GUANLI DAOLUN

陈中文　韦耀阳◎主编

北京师范大学出版集团
BEIJING NORMAL UNIVERSITY PUBLISHING GROUP
北京师范大学出版社

图书在版编目（CIP）数据

中小学教育管理导论/陈中文，韦耀阳主编．—北京：北京师范大学出版社，2024.4

ISBN 978-7-303-28436-8

Ⅰ.①中… Ⅱ.①陈… ②韦… Ⅲ.①中小学教育-教育管理-研究 Ⅳ.①G637

中国版本图书馆CIP数据核字（2022）第221569号

图 书 意 见 反 馈 gaozhifk@bnupg.com 010-58805079
营 销 中 心 电 话 010-58802135 010-58802786
北师大出版社教师教育分社微信公众号 京师教师教育

ZHONGXIAOXUE JIAOYU GUANLI DAOLUN

出版发行：北京师范大学出版社 www.bnup.com
北京市西城区新街口外大街12-3号
邮政编码：100088

印　　刷：北京同文印刷责任有限公司
经　　销：全国新华书店
开　　本：787 mm×1092 mm 1/16
印　　张：22.5
字　　数：430千字
版　　次：2024年4月第1版
印　　次：2024年4月第1次印刷
定　　价：49.80元

策划编辑：冯谦益　　责任编辑：梁民华 冯谦益
美术编辑：焦 丽　　装帧设计：李尘工作室
责任校对：陈 荟　　责任印制：马 洁

教材编委会成员

前言

教育是人类进步的基石，教师肩负着铺设基石的光荣任务。学校教育管理的目标是把学生培养成社会发展所需要的人才。师范学校教育管理的目标是把学生培养成推进基础教育改革与发展的优秀教师，为加速现代化建设提供人力资源。为此师范学校务必紧紧围绕教育目标治学施教，创新教育方法，提高科学管理水平，整合教育资源，努力把具有可塑性的学生培养成“四有”新人。

学校教育管理的基本任务是在教育教学活动中构建学生的进步思想，塑造学生的完美灵魂，培育学生的综合素质，从而引领学生健康发展。学校是铸就人才的机构，工作的主体是教师，客体是学生。教师是教育管理的组织者和实践者。做好学校工作，提高教育质量，必须掌握和遵循教育的客观规律，加强对学校的科学管理。实践证明，没有高水平的管理，就不会有高质量的教育。学校管理是一门基础学科，也是一门应用科学。它随学校产生而产生，发展而发展。它源于学校实践活动，反过来又对学校实践活动产生巨大的指导作用。因此，研究和加强学校科学管理，必须从教育实践入手，吸收我国古代和外国的学校管理之精华，并在实践中运用。我们秉着这一思想，在实践总结的基础上，编写了《中小学教育管理导论》一书。全书围绕组织管理、课程管理、学校总务管理，介绍了一些学校管理的基本理论与实践知识，提出了一些管理办法。

在编写过程中，我们着重考虑了以下几方面的内容。

其一，该书以习近平新时代中国特色社会主义思想为指导，把坚持社会主义的办学方向放在首位。近年来，随着管理科学的引进与发展，学校领导与教育管理的论文、专著等出版不少，为学校管理的科学化提供了理论依据。这些论著大多是从管理的计划职能、组织职能、选人用人职能、控制职能、领导职能等方面论述的。《中小学教育管理导论》一书除吸收这些成果外，还有一个显著特点，就是坚持习近平新时代中国特色社会主义思想的指导，将习近平新时代中国特色社会主义思想明确地定为中小学管理的理论基础和指导思想，从政治方面和理论基础上论述了中小学教育的服务方向、培养目标、发展方向。这些内容的论述有助于中小学管理者在办学实践中，始终把坚定正确的政治方向放在首位，坚持把“立德树人”作为我国教育的根本任务，对把学校建设成社会主义教育阵地有着极为重要的意义。

其二，该书把端正办学指导思想放在突出地位。中小学教育属于基础教育。中华人民共和国成立以来，我国十分重视基础教育的发展，并积累了丰富的办学经验。但是，事物的发展总是充满矛盾的，是不平衡的，中小学教育在发展的过程中也必然会暴露出一些新的矛盾和问题。该书结合当前中小学的实际，从课程管理上，突出德育、智育、体育、美育、劳育五个方面，有针对性地提出了相应的管理方法。只有中小学管理者将这些见解付诸教育实践，在认识上有新的提高，在工作中全面贯彻党的教育方针，中小学教育才能真正从升学教育转移到“核心素养”教育的轨道上来，作为基础教育的中小学教育才能完成其历史使命。

其三，该书论述问题既比较全面，又注意重点，针对性较强。学校管理与中小学管理是共性与个性的关系，二者相互联系，互为补充，但不能互相等同，更不能互相代替。学校管理包含了各级各类学校管理的共同规律，而中小学管理有其特殊规律。该书以矛盾的普遍性为指导，从矛盾的特殊性入手，紧紧扣住中小学管理的特殊性，比较深入具体地进行了分析和论述。表现在全书的结构与内容上，既考虑到中小学的指导思想、理论基础，又紧密结合中小学管理实际工作的具体情况，并通过对中小学管理工作方方面面的具体分析，揭示了中小学管理的一般规律，无论是组织管理、课程管理，还是学校总务管理等，都贯穿和体现了这一精神。这样安排有助于中小学管理者认识本职工作的性质、特点和规律，增强管理工作的科学性，提高中小学教育管理的水平和效益。

其四，该书在体系上进行了新的探索，具有一定的特色。该书从提升师范生的教育管理技能和提高中小学管理者的管理水平出发，既考虑到了如何提高中小学管理者的教育科学理论水平，又注意到了联系中小学管理工作的实际情况。全书共分四编。第一编绪论包括三章，着重介绍了中小学管理的理论基础和指导思想，阐明了中小学的政治方向、服务方向、培养目标、发展规划的制定与实施，强调了中小学管理者必须具有较高的教育理论水平和从事教育管理、教育科研的能力，使中小学教育符合教育规律，真正成为为社会主义建设服务的工具。第二编组织管理包括四章，主要从中小学组织管理、教育人员管理、学生管理、学校绩效管理方面进行了介绍。第三编课程管理包括五章，主要论述了课程与教学工作管理、德育工作管理、体育工作管理、美育工作管理以及劳动教育工作管理的内容。这一部分较好地反映了我国中小学教育管理工作的实际情况，切实可行。第四编学校总务管理包括三章，着重从学校后勤与财务管理、学校安全与应急管理以及学校文化管理三个方面进行了阐述，在论述时注意将领导科学、管理学、心理学、教育学等知识融为一体，具有一定的说服力和实际指导意义。

本书由黄冈师范学院教育学院博士团队组织编写。陈中文进行了全书的策划和框架架构，提出了本书编写的核心思想和特色，制定了编写指南。韦耀阳编写了第一编，并进行了全书的统稿工作；李威编写了第二编；沈胜林和彭锦共同编写了第三编；岳涛编写了第四编。

中小学教育属于普通基础教育的范畴，关系到专门人才的培养和劳动者素质的提高。培养一支政治素质好、业务能力强、懂得科学管理的中小学管理者队伍，是把教育工作重点转到提高教育质量和办学效益上来的关键和保证。《中小学教育管理导论》一书是作为高等师范院校的学校管理课程的教材而被编写的，该书的出版正是适应了这一客观需要，对师范生技能的提升和中小学管理者的培训将起到促进作用。我们相信，这本书会受到师范生、中小学管理者和有关人员的欢迎。本书可作为高等师范院校教育专业和地级教育进修院校的干部培训班之教材，也可作为各类师范院校学生学习教育学的参考用书，并可供教育行政干部、中小学行政干部自学之用。

本书的编写过程得到了黄冈师范学院校长、党委书记陈向军，副校长夏庆利，副校长宋文生、马志斌的支持、帮助；北京师范大学出版社编辑冯谦益对本书提出了许多宝贵的建议，并在编辑过程中认真审阅，逐句校改，付出了辛勤的汗水，在此谨表谢忱。本书对参考的书刊及其中有关人员的研究成果未能一一注明，谨此说明，以表歉意。由于个人水平所限，不足之处在所难免，恳予指正。

目　录

第一编　绪　论

第二编　组织管理

第一编

绪　论

第一章　中小学管理概述

>>> **本章学习目标**

1. 理解中小学管理的内容。
2. 掌握中小学管理的原则与方法。
3. 掌握“立德树人”教育观。
4. 了解中小学管理的发展趋势。

第一节　中小学管理的内容

一、管理、学校管理与中小学管理

(一)管理

什么是管理？有人说，管理是一种工作安排，把工作安排得井井有条就是管理；有人说，管理就是协调关系，把人与事、人与物、人与人的关系协调好就是管理；有人说，管理就是实现目标，确立正确的目标，并为实现目标而奋斗就是管理；还有人说，管理就是要高质量、高效率地办事，为达到这一目的，要对管理过程进行控制和调节，因此，管理的实质是控制的过程。实际上，我们可以把以上对管理的表述概括为以下几点：第一，管理要有既定的目标；第二，管理要有科学的组织措施；第三，管理要追求高质量、高效率。据此，我们认为：管理就是人们在管理人员或机构科学的组织领导下，高质高效地完成既定任务、实现共同目标的一种活动。

(二)学校管理

学校管理是管理的一种特殊形式，是在一所学校的具体范围内，合理有效地利用现有的人、财、物等要素，协调好各方面的力量，处理好各种关系，高质高效地实现学校教育目标的过程。学校管理除了具有一般管理的共性之外，还有其特殊性。第一，综合性。学校的主要任务是培养人，也就是说，学校要生产的“产品”是“人”——德、智、体全面发展的人。这种“产品”加工生产的过程、特性和质量标准都带有多方面的性质。这就决定了实现各部分管理职能以及检验其成效的手段和方式具有多样性。例如，不能简单地用“升学率”衡量教育质量的标准。有的工作要靠经验来判断，进行综合分析。第二，教育性。学校管理活动主要是培养、教育人的活动。做好学校管理工作的最终目的是为培养和教育学生服务。所以，在学校管理中，不论对人、对事还是对物，处处都要估计到它对学生的教育作用和影响，不能单纯地执行某项具体的任务。第三，低可比性。因为教育教学工作的可变量大，劳动组织程度低，教师劳动的创造性强，个性特征、个人风格十分明显，所以学校管理的定型化、标准化、系列化的要求与企业管理有着质的区别。①

(三)中小学管理

中小学管理是以学校管理的一般原理为指导，合理有效地运用各方面的教育资源，对中小学培养目标、教师、学生、课堂教学、课外活动、校园文化、行政与后勤、办学水平等进行有效管理，以达到预期目标的活动。

中小学管理的根本任务是保证基础教育目标的实现，即通过计划决策、组织实施、检查调整、总结提高等，使各项教育工作落到实处，使基础教育目标成为现实。具体来说，就是要树立正确的办学思想；规划学校发展的蓝图；协调领导、教师和学生的关系；按照教育教学规律，制订计划并实施对学校各项工作的管理；按照学校总的办学思想和具体目标检查、总结学校每学期、每学年和每阶段的工作，确保和逐步提高基础教育质量。

二、中小学管理的主要内容

组织机构或系统的存在与活动离不开资源。筹集、掌握、组合和使用资源，以

---

① 裴文敏、周立、詹振权等：《中小学学校管理与领导》，6～7页，杭州，浙江教育出版社，1985。

发挥其最大效能，就成为管理工作的内容。最初，人们把人力、财力、物力作为管理活动的必备资源，形成了“三要素”说。此后，在包括教育管理在内的各管理领域的研究中，随着管理实践的不断深入和发展，管理资源(要素)的范围逐步扩大，在人、财、物的基础上，又加上了“事”(或“事件”)和时间、空间、信息，构成了“七要素”说。中小学管理同样离不开对这些资源的管理。

(一)中小学人员管理的内容

1. 对教师的管理

教师是学校教育工作的主要实施者。在全校教职工中，教师是实现学校教育目标的主要力量。学校主要通过教师的创造性劳动把年青一代造就成有一定质量规格的、合乎社会需要的新人。因此，加强对教师的管理，调动教师的积极性，提高教师的思想业务素质，有着十分重要的意义。教师管理的主要任务有：第一，根据教育行政部门的规定和本校实际，任人唯贤，择优聘任教师；第二，制定本校教师岗位责任制度，落实职责要求；第三，执行《中小学教师职业道德规范》，提高教师职业道德水平；第四，全面规划并制订提高本校教师业务水平的计划，认真实施；第五，做好政治思想工作，切实解决教师工作、学习和生活的各种实际问题，充分调动教师的工作积极性；第六，根据工作需要，制定各种必要的规章制度，并组织执行，使教师有严明的组织纪律，形成良好的教风；第七，全面考核教师和评聘教师职务，做好奖惩工作。

2. 对学生的管理

学生是学校管理的重要对象，对学生的管理是否得法、是否符合其身心发展特点，将直接影响教育质量的高低。学生管理的目的在于使学生具有良好的学习习惯、生活习惯和行为习惯，具有基本的自理能力、自治能力和自学能力，在德智体美劳方面和谐发展。学生管理的主要任务是：第一，制定并执行学校学生管理工作计划、管理常规和管理措施；第二，开辟有效的教育教学途径，培养学生自学、自我管理和自我教育的能力，为学生确立正确的人生观、世界观打下基础；第三，健全与完善班级管理组织，明确班级管理的任务与目标，选派好班级管理的领导者——班主任；第四，健全班委会，挑选与培训班干部；第五，建立健全年级管理组织，统一本年级管理力量和管理活动；第六，健全以教导处为主体的学生管理指挥系统，以便统筹安排，统一指挥；第七，建立科学的学生评价机制和评价指标体系，认真做好学生奖惩工作。

(二)中小学财务管理的内容

现代学校财务管理的内容是以育人任务的有效完成和整体工作目标的高效实现为中心，以资金运作为管理的客体开展的各项财务活动，总体上可以分为计划编制、日常管理、财务分析、财务监督四个方面。由此，现代学校财务管理工作的根本任务是：按照国家的教育方针与勤俭办学的原则，抓好预算编制、预算执行、财务决算与分析、财务监督和内部审计，管好和用好学校预算经费与预算外资金，提高学校教育经费使用效率，努力提高学校教育质量和办学效益。

(三)中小学物资管理的内容

学校的教育教学、生产、科研与经营管理活动的正常运行是以一定的物质资源为基础的。提高学校物资的使用率，改善学校教育教学条件，必须建立从财产物资的购入到使用效益的考核等一套比较完善的管理制度，以提高学校物资管理的制度化、科学化、规范化水准。学校物资管理的基本任务是：第一，利用现有资金为学校教学、科研和其他各项工作提供仪器设备和物质条件，做好物资保障工作；第二，精打细算，勤俭节约，改进管理，不断提高现有设备、物资的使用效率与效能。

(四)中小学时间管理的内容

学校时间管理指的是学校在消耗同样时间的情况下，为提高教育教学、生产、科研和经营管理的效益而进行的一系列控制活动。这种控制活动是指运用现代管理方法和技术，对时间消耗进行科学预测、决策、计划、组织、控制、总结评价以及反馈等程序，以达到预期目的的全过程。

学校时间管理的具体内容大体如下：第一，从总结学校教育教学、生产、科研及经营管理活动中时间消耗的经验教训入手，预测学校教育和学校管理活动对时间的需求，决策学校时间的使用标准，选定目标，制订计划；第二，学校管理者和教职工用分割与集中的方法来增加自由时间，使学校教育教学、生产、科研和经营管理活动的时间使用日趋科学、合理；第三，学校管理者和教职工诊断自己在工作质量和产品质量创造中时间的使用情况，找出非教育活动与非管理活动使用的时间及浪费时间的情况，并采取措施调整；第四，应用系统论、信息论、控制论和数学方法以及各种有效的技巧来控制、节约时间，以提高学校教育与管理工作的有效性；第五，对学生的时间进行合理安排和科学控制，以促进学生提高学习效率；第六，认真反思，不断总结，发现和揭示学校教育与学校管理活动使用时间的规律，并做到有效驾驭。

（五）中小学空间管理的内容

学校中一切教育活动和管理活动都是在一定的空间范围内进行的，人、财、物等基本要素也总要在一定的空间范围内才能发挥积极的作用。校内外空间的利用状况直接影响学校工作的有效性。学校空间管理的内容包括：第一，合理地规划并使用现有房舍，优化校园和室内的环境布置，组织师生创设优美的校内环境，积极改善现有的环境设施，科学利用校内的物理性空间环境；第二，通过管理者有意识的引导，在学校内部形成良好的人际关系与和谐的组织氛围（由组织行为构成的心理环境）以及优良的校风，自觉构建校内的社会性空间环境；第三，积极做好相关工作，协调学校与周围社会环境之间的关系，对校外空间进行有效利用和管理。

（六）中小学信息管理的内容

信息管理是指对信息资源的收集、加工、整理、传递、储存等过程的管理。现代学校能否有效地进行教育教学、生产、科研和经营管理，在很大程度上取决于学校决策指挥系统和职能部门能否及时获取和使用准确、有用的管理信息。学校信息管理涉及面极为广泛，主要有以下四个方面：第一，不断改善学校组织机构及其活动方式，建立和完善信息沟通联络渠道，保持信息流的畅通；第二，采取有效措施，保证信息传递的准确度，提高信息接收率；第三，采取有效措施，减少信息传输过程中的失真现象；第四，完善学校管理信息的储存制度，形成完整的学校管理信息储存网络，有效积累学校管理的原始资料。

（七）中小学育人“事件”管理的内容

从广义上来说，学校一切工作都同育人有关，都具有教育性。这就是说，学校对人、财、物和时间、空间、信息的管理，无一不是为了实现育人目的。从狭义上来说，学校育人“事件”主要是指那些直接作用于学生，影响学生德、智、体等方面发展的专门的教育性活动。这里所谓对中小学育人“事件”的管理，就是指对中小学具体的教育教学工作的管理，主要包括以下四个方面。

第一，对教学工作的管理。主要包括拟订和落实学校教学工作计划，组织和指导以课堂教学为主要环节的教学全过程的活动；领导和组织教务行政工作，包括编排课程表和生活作息时间表，掌握教学工作动态情况，收集、整理和保管教学资料、档案等工作；领导教研组（或年级组）工作，组织教学经验交流；组织各种形式的教学检查，分析教学质量；协调好课内教学和课外活动的关系，积极安排课外各种兴趣小组和学科小组的活动。

第二，对学生思想品德和政治教育工作的管理。主要包括选择配备班主任，研究各学科教师教书育人存在的问题，并指导他们的工作；组织经常性的调查研究，从实际出发拟订和落实思想教育工作计划；组织和安排学生的勤工俭学活动、生产劳动和公益劳动以及校内外的日常课余活动；组织全校教育性活动，如校庆、校会、报告会、节日教育、学生入学教育和毕业教育等，指导团队和学生会工作，培养学生干部；组织各种形式的家长活动和校外教育活动。

第三，对体育卫生工作的管理。主要包括建立健全学校体育卫生管理组织；制定体育卫生工作计划和制度，如学生身体健康检查制度，学生健康档案制度，传染病管理制度，“两课、两操、两活动”制度等；组织多种形式的课余文娱活动和体育竞赛活动；组织各方面的体育卫生监督工作。

第四，对学校育人工作质量的管理。主要包括确立明确的质量标准，对学生的学、教师的教以及学校各项工作的质量实施严格管理；通过各种行之有效的方式对育人工作的结果——学生的质量进行检查，及时获取反馈信息，以进一步改进管理工作；在检查的基础上，进行育人工作的质量分析，进一步提高管理质量。

2017 年，教育部印发《义务教育学校管理标准》。该标准规定义务教育学校管理的内容包括保障学生平等权益、促进学生全面发展、引领教师专业进步、提升教育教学水平、营造和谐美丽环境、建设现代学校制度 6 大管理职责，共 22 项管理任务、88 条具体内容。

第二节　中小学管理的原则与方法

一、中小学管理的原则

(一)中小学管理原则的含义和作用

中小学管理原则是指中小学管理者和被管理者为实现预定目标进行共同活动的基本要求，是中小学管理者依据现代学校管理原理指导办学管校实践时必须遵循的行动准则。正确的管理原则对人们的管理活动有着重要的指导作用。中小学管理者只有自觉地遵循正确的管理原则，才能使学校管理工作顺利进行，从而有效地提高教育质量。具体而言，遵循正确的管理原则，能保证学校管理过程畅通，使前后管理阶段顺利衔接和过渡，使各环节正常有效地运转；能使管理者区别不同事件、不同对象、不同时间、不同场合，选取恰当的管理方法，收到理想的效果；有助于管理者统筹安排各项管理工作的内容，合理配置各种管理资源，发挥其最大效益。

(二)中小学管理原则的确定

中小学管理原则作为中小学校管理工作的基本要求和根本准则，一方面要吸收一般管理科学中的一些基本原则，因为这些原则是适用于各行业的，是共性的东西；另一方面要以教育学原理为指导，并考虑中小学管理本身的特点，体现中小学管理工作的个性。具体而言，确定中小学管理原则必须注意以下两点。

1. 以学校管理的客观规律为根本依据

中小学管理应该以现代科学管理的基本原理为指导，结合中小学教育的目的和任务，充分认识中小学教育教学和管理的特殊性，只有这样才能对中小学管理的客观规律形成正确的认识，进而确立正确的管理原则；否则，学校管理原则就不能反映学校管理规律，就是不科学的，只能给学校管理工作带来危害。

2. 以中小学管理工作中的基本矛盾为出发点

要建立完整的学校管理原则体系，就必须充分考虑学校管理工作中的诸因素及它们在活动过程中的关系，管理原则应全面反映这些关系。中小学校管理工作中的基本矛盾主要体现在以下几个方面。第一，学校管理与社会政治经济制度之间的关系。学校管理必须与一定的社会政治经济制度相适应，为实现一定的教育目的、完成一定的教育任务服务。第二，整体与部分、部分与部分之间的关系。它们之间既有区别，又密切联系，互相影响，互相作用。第三，管理者和被管理者之间的关系，即如何才能既发挥管理者的聪明才智，又调动被管理者的积极性。第四，主客观之间的关系。管理者的主观愿望必须符合客观实际，尊重科学和客观规律。第五，人与事(如职与责、权利与义务、工作和报酬)之间的关系，即如何使人事相宜、职责相称、权利与义务相统一。第六，管理工作与教育工作之间的关系。学校管理必须为实现教育目标服务，按教育规律行事。第七，事与事(如秩序与改革、稳定与创新)之间的关系，即必须使工作与工作相互促进，使相对稳定与不断创新相统一。第八，耗费与效用之间的关系，即充分发挥人、财、物等管理资源的效能。第九，学校与社会之间的关系，即协调好学校与社会之间的关系。

(三)中小学管理原则的体系

学校管理原则在学校管理学的学科体系中占有十分显著的地位，国内外不少学者都很注重这方面的研究，但由于思考问题的角度不同，因此人们对这一问题的看法有很大分歧。从国内研究情况看，据不完全统计，中华人民共和国成立以来，关于中小学管理原则的提法有几十种之多。依据学校管理的客观规律，从中小学管理工作中的基本矛盾出发，立足于学校管理工作全局，并结合我国中小学管理的实践经验和我们的理解，下面提出几项常见的中小学管理原则供大家参考。

1. 方向性原则

方向性原则是指学校管理工作必须坚持党的领导，坚定地贯彻执行党和国家的方针政策，坚持教育必须为社会主义现代化建设服务的方向，用正确的思想引导全体师生，保证社会主义建设人才的培养。这是学校工作受社会政治、经济制约的客观规律的反映，也是由我国社会主义教育的性质、目的、任务及特点决定的。

在中小学管理中贯彻方向性原则应该做到以下几个方面。第一，坚持正确的政治方向。贯彻方向性原则的实质在于使学生成为全面发展的社会主义事业的建设者和接班人。管理者要组织师生认真学习共产党建设社会主义的基本路线、方针、政策和“教育必须为社会主义建设服务，社会主义建设必须依靠教育”的指导思想，全面贯彻党和国家的路线、方针、政策，尤其是教育方针、政策，力求使学校的教育及管理工作能主动适应社会主义建设事业的需要，努力培养德智体美劳方面和谐发展的一代新人，更好地为社会主义建设服务。这是衡量一所学校坚持方向性原则的主要尺度。第二，明确培养目标与办学目标。目标本身就是一种方向。适当且明确的学校工作目标对学校成员具有指向和激励作用。学校管理者应善于把培养目标和管理目标统一起来，使之成为学校中人人为之奋斗的目标；同时还应善于使学校工作目标与各职能部门以及个人的目标统一起来，即在实现学校工作目标的过程中满足各部门、各成员的合理需要。这样做才能促使各部门、各成员之间产生一种互相关心、支持、认同的向心力量，营造积极的气氛和良好的集体，形成上下左右一条心、齐心协力为学校的局面。第三，坚持党对学校的领导。坚持党的领导是办好学校的根本保证。党对学校的领导主要是政治思想与方针、政策、路线的领导。学校党组织要从过去包揽一切的状态中解脱出来，加强思想政治工作，保证和监督党的各项方针、政策的落实，从而保证学校各项工作遵循党所指引的正确方向顺利开展。

2. 社会性原则

教育是一种社会现象，随着时代的发展，学校与社会的联系日益密切。学校管理工作的开展受到各种社会因素的制约，如党和政府部门制定的方针政策、法律法规，学生家庭和校外教育机关以及学校的周围环境等。学校管理活动是在学校与社会各个方面的交往中进行的。学校管理工作越能使学校同社会相协调，学校也就越能同社会在发展方向上保持一致，越能提高管理工作的成效。社会性原则要求我们把学校视为社会的一个组成部分，通过内外协调，充分利用社会有利条件，尽力排除不利因素，使学校管理工作效率在校内外交互影响中不断提高。社会性原则是学校与社会本质关系的体现。

在中小学管理中贯彻社会性原则应该做到以下几个方面。第一，树立面向社会和依靠社会力量办学的思想。“教育必须为社会主义建设服务”是各级各类学校的办学方向和目标。要有效地实现这一目标，不仅需要学校教职工和学生的努力，还必须调动和协调社会各方面的因素。学校管理者要主动研究社会政治、经济、文化等领域的发展状况和改革趋势，尤其要对所在地区的政治、经济、文化状况及人们的生活与心理特点进行调查研究，以便从学校实际出发，努力建立“学校—社会—家庭”相结合的教育网络，充分利用社会、家庭对办学有利的积极因素，减少甚至消除各种消极因素对学校产生的不利影响。第二，积极参与社会活动，向社会提供力所能及的服务。学校应自觉地在社区发展中发挥积极作用，如组织师生开展社区经济服务和文化服务活动等。这些活动既能促进学校发挥对社会应有的作用，又能使社会了解学校，提高学校的社会地位。

3. 整体性原则

根据系统论的观点，学校本身也是一个由各个部门、各类成员、各种因素组成的对立统一的系统。因此，学校管理活动要面向全局，着眼于各个部门、各类成员、各种因素的关联性，从总体上进行综合部署，以求最大限度地实现预定的工作目标。在学校工作中，总体效能是同组成总体的各个部分(要素)发挥的效能相关的，但它绝不是各个部分(要素)效能的简单总和，而是在相互联系的动态过程中的“力”的合成。要使总体效能大于而不是等于或小于各个部分(要素)的简单总和，就必须在管理工作中坚持整体性原则。整体性原则要求学校管理工作必须从系统观点出发，在科学分析整体目标的基础上，全面辩证地处理各要素的关系，优化组合学校各方面的力量，以取得最佳管理效果。

在中小学管理中贯彻整体性原则应该做到以下几个方面。第一，把学校看成一个有机的整体。学校是整个社会系统中的一个组成部分，同时又是一个相对独立的有机整体，有自己的整体目标和利益。学校各部门、各成员、各项工作要服务于学校的整体目标、整体利益。因此，学校要对全体师生进行整体意识教育，使他们认识到整体与局部的辩证统一关系。当局部利益(个人利益)与整体利益(共同利益)发生冲突时，要从整体利益出发进行妥善处理。第二，学校管理工作要以教学为中心。学校是育人的场所，教学在完成育人任务的过程中发挥主要作用。教学工作同其他各项工作相比，处于中心地位。以教学为中心就是学校中的主要管理人员和教师要把大部分时间和精力用于教学，学校中的其他各项工作都要配合教学或服务于教学，从而实现全局工作和重点工作的和谐统一。第三，全面安排和协调学校各项工作。突出“以教学为中心”并非强调“教学唯一”。学校管理工作头绪很多，纷繁复杂。各项工作既有区别，又密切联系。因此，学校管理既要明确分工，又要加强联系。学校要建立强有力的指挥系统，统一指挥全校的工作，全面安排教学、思想政治教育、社会实践、体育卫生和生活保障等工作，并处理好它们之间的关系，使学校管理工作形成一个整体。

4. 教育性原则

学校是培养人的场所，学校的整体环境每时每刻都在影响学生。学校管理活动本身也是一种教育手段，管理者同时也是教育者。学校管理者要努力使管理工作与教育工作密切结合起来。教育性原则就是要求学校的每项工作、每次活动、各种设施都要对学生起到教育作用，要求学校的每位教职工都要对学生的健康成长尽到教育的责任。

在中小学管理中贯彻教育性原则应该做到以下几个方面。第一，管理者言行的教育性。榜样的力量是无穷的，学校全体工作人员的言行会对学生有潜移默化的影响。率先垂范是管理者的风范，为人师表是教育者的职业要求，管理者的人格力量是管理成功的奥秘所在。因此，管理者要为师生做出榜样，教师要为学生做出榜样。学校要重视对教职工的职业道德教育，要求每位管理者管理育人，每位教师教书育人，每位职工服务育人。全体教职工都应立足于自己的工作岗位，加强对学生的思想品德教育。第二，管理措施和方法的教育性。学校管理的目的是实现培养目标，这就要求学校管理工作要符合教育规律，适应学生身心发展的特点。学校管理的一切措施、方法和活动都要把“育人”放在首位，凡是不利于教育、损害学生身心健康的做法都应被制止。第三，学校环境的教育性。学校管理者要注意学校各种设施和环境的规范性，努力形成有利于学生成长的物质环境和精神环境。物质环境主要是指校园的绿化、净化和美化。精神环境主要是指良好的校风，它是环境优化的核心。学校管理者要充分认识环境育人的重要意义，加强校园文化建设，美化校园环境，充分发挥环境的育人功能。

5. 科学性原则

科学性原则是指学校管理必须科学化。学校管理的科学化是指学校管理必须以科学理论为指导，遵循教育教学和管理规律，以科学的态度处理学校职责范围内的管理问题，并善于运用现代科学技术来管理学校的人、财、物、信息、时间等资源。科学性原则的实质是要求学校管理者正确处理主观与客观、理论与实际、传统经验与现代管理科学之间的关系，要求学校管理工作一定要按客观规律办事。

在中小学管理中贯彻科学性原则应该做到以下几个方面。第一，以科学理论为指导，按客观规律办事。科学理论是有效管理的行动指南，学校管理者必须用教育学、心理学和管理学的有关理论来指导管理工作，并在学校管理的实践中不断改革创新，随时总结经验，努力把自己的管理工作建立在科学的基础上。第二，要有健全的指挥系统。学校的各级各类管理都要做到职责分明、指挥有效，建立健全指挥系统。一个健全的指挥系统应该具备以下特点：一是指挥要统一，指挥不统一会让人无所适从，学校实行校长负责制的目的之一就是统一指挥，提高效率；二是指挥要果断有效，使每项指令都有信息反馈，做到件件有着落，事事有回应；三是信息畅通，及时、准确的信息反馈是进行有效管理的关键，学校管理者如果信息不通，反馈失灵，就很难做好工作。第三，要有合理的管理制度。首先要有一项科学合理、行之有效的常规管理制度，也就是通过规章制度来进行常规管理。规章制度一旦确定并被证明是行之有效的，就必须严格执行，否则就会失去它应有的作用。与此同时，一项合理的管理制度还必须体现出动态性，也就是说，随着新情况、新问题的出现，应该及时修改原有的规章制度，以适应新的需要。第四，要有科学的管理方法和先进的管理手段。学校管理者能否在管理过程中熟练地运用各种科学的管理方法和手段，是衡量学校科学管理水平高低的标志。学校管理者应该努力运用现代管理的科学方法和手段提高管理的效能。

6. 民主性原则

学校管理工作是一种复杂的创造性劳动，办好学校，单纯依靠管理者个人或管理者单方面的积极性是远远不够的，必须依靠全校师生的智慧与力量。

民主性原则是指学校管理者要充分发扬民主作风，进行民主办学、民主管理，调动全校师生参事议事的积极性和创造性，让他们充分行使民主权利，共同参与学校的管理工作，从而依靠全校师生的智慧和力量把学校办好、管好。

在中小学管理中贯彻民主性原则应该做到以下几个方面。第一，树立相信群众、依靠群众的思想观念。实行民主管理，学校管理者首先要树立“管理工作必须坚持走群众路线”的观念，只有这样，才能真正集中群众的智慧，统一群众的意志，激发他们的主人翁责任感。要真正做到相信群众，依靠群众办学，关键是要坚持民主集中制原则，主动采纳群众的合理意见，进行科学决策。第二，要充分发挥教职工代表大会和教育工会的作用。教职工代表大会是教职工直接参与讨论学校重大问题的组织形式，可以让教职工充分行使对学校重大决策的审议权、对行政干部的评议监督权、对学校重大规章制度的通过权、对校内教职工某些福利问题的决定权、对教职工合法权益的维护权与对教职工的教育权，同时也是学校管理者集中群众智慧，做出符合规律、符合实际、符合群众愿望的决策的有效途径。教育工会是教职工自己的组织，代表着广大教职工的利益，可以配合学校行政做许多工作，往往能起到学校行政所起不到的作用。第三，管理者要有良好的工作作风。实践证明，民主管理制度的落实离不开管理者良好的工作作风。良好的工作作风是管理者政治素养、道德水平、管理能力和科学理论知识修养等综合而具体的表现。管理者要深入教学实践，有事和教职工商量研究，认真听取他们的意见，虚心接受他们的批评，善于集中他们的智慧，使做出的决定科学、实际、可行，群众信服，这样才能使广大教职工的积极性被充分调动起来。

7. 责任制原则

责任制就是各项工作由专人负责，并明确规定职责范围和责、权、利关系的管理制度。责任制原则的实质是在学校管理工作中使人事相宜、职责相称、权利与义务统一、工作绩效与工作报酬挂钩。责任制是学校管理体制中较重要的部分。可以说，没有责任制就没有管理。

在中小学管理中贯彻责任制原则应该做到以下几个方面。第一，要进行合理的分工。没有分工，就没有责任制。每个部门要将整体工作分解成若干部分，然后分给每个工作人员，做到事事有人管，责任有人负。当然，分工不是分家，分工还必须协作。管理者的任务就是在分工的基础上有效组织协作。第二，要有明确的职责和规范的要求。分工以后，职责范围不明确也不行。学校应该明确各类人员的工作职责，如校长的职责、教导主任的职责、总务主任的职责、支部书记的职责、团委书记的职责、班主任的职责、少先队辅导员的职责、教师的职责、职工的职责等。凡属于职责范围内的事，工作人员必须完全负责。明确职责以后，各项工作还要有规范要求。这些要求既要有定性的，也要有定量的。例如，校长、主任每周应听多少节课，党支部书记、团委书记每周应找多少师生谈心，班主任每学期应走访多少家长。管理者对教职工应该规定工作量，提出具体的工作要求。第三，要认真、及时地进行考核，做到赏罚分明。考核就是对工作人员的成绩进行评定，这是实行责任制的根本保证，没有考核，也就无法进行赏罚，责任也就成了空谈。考核要保证标准客观公正，方法切实可行，只有这样才能对教职工的业绩做出正确的评价，才能真正调动教职工的工作积极性。考核以后，要"论功行赏"，否则，责任制仍不能持久。"赏"包括物质激励和精神激励两方面，学校激励以精神鼓励为主。"罚"应以批评教育为主，对严重失职者应给予行政处分甚至除名。这样才能真正体现责任制的精神，从而提高学校各项工作的效率和质量。

8. 效益性原则

效益性原则是指学校管理者要在正确的思想和理论的指导下，充分利用学校的人力、财力、物力等资源，使有限的资源充分发挥作用，从而高质量、高效率地实现培养目标，完成学校教育和发展的任务。学校工作的效益主要包括社会效益和经济效益两个方面。社会效益是学校自身及培养出来的学生对社会的积极作用。因此，学校管理活动除了要重视学生的培养质量外，还要考虑直接为社会服务的问题。经济效益是指办学校也有投入和产出问题。学校所追求的经济效益不是多赚钱，而是以最小的人力、财力和物力的投入培养出能满足社会需要的高素质的学生。学校，尤其是中小学，不能以追求直接的经济效益为目的，应以追求社会效益为终极目标。

在中小学管理中贯彻效益性原则应该做到以下几个方面。第一，树立正确的质量观，注意人才、成果的社会接受性。衡量学校效益的根本标准是育人的数量和质量。学校的最终"产出"主要是培养的人才及其科学研究成果。如果人才为社会所欢迎，成果为社会所应用，那么，这种"产出"就是有价值的。因此，为了实现学校工作的价值，学校应重视提高人才、科研成果的社会接受性。第二，提高人、财、物的利用率。学校管理要贯彻勤俭办学的方针，把有限的人、财、物用在最急需、最恰当的方面，发挥其最大效益。在人力资源方面，既要克服和消除人浮于事的现象，在定员编制范围内完成学校工作，使人员工作满负荷，又要考虑各人的条件，合理安排，充分发挥他们的聪明才智和潜在能力；在物质资源方面，要合理使用，尽可能地延长使用期，提高利用率，杜绝浪费，防范不应有的损坏；在财力资源方面，要精打细算，用于急需之处。此外，学校还要加强对物资和设备的管理，做到物尽其用，提高物资设备的利用率。学校的各种资源都应有人负责管理，使有限的物力充分发挥其作用，更好地为教育教学服务。第三，提高时间、信息的利用率。学校管理者应善于分析工作的主次与轻重缓急，分清日常工作中哪些最重要、最紧迫，哪些必须亲自做，哪些可以交由他人去做等。

二、中小学管理的方法

(一)中小学管理方法的含义和作用

中小学管理方法是实现中小学工作目标，开展学校管理活动的具体手段和措施。任何学校管理思想与理论都必须转化为某种管理方法才能在学校管理实践中发挥作用。从学校管理实务的角度讲，学校管理方法是实现学校管理职能的途径与手段。学校管理方法是现代学校管理学的重要组成部分，是现代学校管理理论的自然延伸和具体化。任何中小学管理者都要通过一定的管理方法来解决学校的一系列问题，最终达到实现工作目标、完成育人任务的目的。

(二)中小学管理的一般方法

中小学管理的具体方法很多，这里主要对管理方法进行类的划分和表述，即将中小学管理方法分为行政管理方法、法规管理方法、教育管理方法和经济管理方法四大类。

1. 行政管理方法

行政管理方法是学校管理者依靠行政系统组织层次和自身的权力，通过发布行政命令或指示的方式，直接作用于管理对象，从而达到管理目的的方法。这是中小学管理工作中一种常用的方法，对管理学校各类成员和各项工作都适用。

学校行政管理方法具有权威性、强制性、时效性和垂直性(行政命令的发布必须经过从上到下的垂直传递通道)的特点。其主要优点是：集中统一，带有强制性和权威性，便于管理职能的发挥；有利于应对和处理一些特殊的问题。其主要缺点是：管理效果受领导者管理水平的影响，不便于横向沟通，缺乏灵活性。

运用行政管理方法应注意以下几点。第一，建立健全学校内部组织系统。在建立学校组织时，一是要合理确定管理层次和管理幅度，上下层级之间要有明确的节制关系，管理跨度方面有明确又适当的直接指挥的下属人员数量界限；二是要根据组织的目标、工作性质和工作职能科学地设置学校各部门，在横向组织机构的关系上有明确和协调的信息沟通渠道；三是根据各部门的职能授予其相应的权力，做到职权分明，有明确的分工和授权。只有这样才能保证行政命令产生有令则行、有禁则止的效用，发挥各级组织机构及其成员的积极性，最大限度地发挥行政管理方法的作用。第二，遵循运用行政方法的客观规律。学校领导在发布行政命令、提出指令性意见时，如果仅以个人的意志为依据，那么就易于产生主观主义的错误；在实施命令的全过程中，如果仅按个人意愿行事，那么难免会出现片面性和武断作风。因此，有效运用行政方法，必须遵循管理科学和教育科学的一般规律，充分了解详情，认真听取和尊重师生员工的合理意见，发布符合学校实情的行政命令或指示，在民主的基础上行使权力。第三，正确对待行政管理中的权威性问题。权威可以分为权力性影响力和非权力性影响力。权力性影响力即单纯地依赖自身的职位和上级的授权，凭借由此而产生的影响力，这种权威至多只能使师生畏惧性地服从；非权力性影响力即凭借个人的某种专业特长、能力或品格而产生的影响力，这种权威能使师生发自内心地信赖和服从。学校管理者应该重视非权力性影响力的作用，依靠提高自身综合素质和人格魅力来提高自己的威信力，进而实现管理效率的提高。滥用行政管理方法，依靠行政管理方法进行"管、卡、压"，最后只能引起教职工的对立情绪，不可能充分调动其工作积极性，更谈不上管理的效率。

2. 法规管理方法

法规管理方法是指依照国家有关教育事业的法律、法令、规范、规则、条例、章程以及学校根据上级指示精神拟订的规章制度管理学校的方法。国家的法规和学校的规章制度对师生员工具有约束力，大家都要遵守，否则就要受到惩罚。中小学管理者要树立法治观念，懂法、用法，依法治校。这不仅有利于提高管理效率，而且有利于培养国民的法律意识。

运用法规管理方法应注意以下几点。第一，学校管理者要熟悉与学校教育有关的法律条文，树立依法治校的观念。目前，我国的教育立法比较完备，已经公布的与中小学直接有关的法律文件主要有：《中华人民共和国教育法》《中华人民共和国义务教育法》《中华人民共和国未成年人保护法》《中华人民共和国教师法》《中华人民共和国职业教育法》《中华人民共和国民办教育促进法》《国务院关于基础教育改革与发展的决定》《中共中央国务院关于进一步加强和改进未成年人思想道德建设的若干意见》《学生伤害事故处理办法》，以及教育部公布的《中小学教育惩戒规则（试行）》《中小学生课外读物进校园管理办法》《关于加强新时代乡村教师队伍建设的意见》等。这些法律法规不仅是管理学校的指导思想，而且是管理学校不可或缺的依据。第二，制定切实可行的校内管理规章制度，强化常规管理。国家颁发的教育法令、条例、行为规范等当然是管理学校的重要根据，但学校根据上级文件和学校情况制定的各项规章制度无疑也是管理学校的重要手段。学校管理者可以通过建章立制来强化常规管理，降低管理成本，提高管理效率。第三，运用法规管理学校，学校管理者要以身作则，率先垂范，同时要提高师生执法、守法的自觉性，真正做到法律面前人人平等。要求学校的全体人员遵纪守法，不仅是实现依法治校的要求，而且是培养良好校风的需要。

3. 教育管理方法

教育管理方法是指学校管理者通过培训、宣传、说服、启发、诱导等方式对学校成员的思想、情感和行动产生影响，激发他们的工作热情，使之自觉地为实现目标而努力工作的方法。

学校管理工作中的教育方法不同于其他管理方法。它具有启发性、长效性、广泛性和灵活性等特点，主要是通过提高师生的思想认识水平和道德水平来激发其积极性，也就是激发其内驱力。这种方法的效果也会因人而异。这种方法尽管是中小学管理中常用的方法，但也不是万能的，必须与其他方法一起使用。

运用教育管理方法应注意以下几点。第一，注意教育方法的科学性。要针对不同的管理目标和对象，紧密联系学校师生实际，采取科学有效的、多种多样的教育方式，如座谈、访问、报告会、交流会、个别辅导以及影视艺术等，还可以通过一些集体实践活动(如游戏、旅游、文体、社会调查等)寓教于乐，关键是要有实效性。第二，注意因人施教。人的经历、志趣各有不同，个性特征千差万别。管理者运用教育方法时首先要充分了解和理解人，做到因人而异，“一把钥匙开一把锁”，只有这样才能取得良好的效果。第三，表扬和批评相结合，以表扬为主。运用教育方法要坚持以表扬为主的原则，使教职工把自己的成绩、优点和闪光点发扬光大，满怀信心地克服自己的弱点、缺点，从而最大限度地激发潜能和创造力。第四，领导者言行一致，以身作则。要求教职工做到的事，学校领导首先要做到。学校领导应是学校各项规章制度的模范实践者和执行者，他们的一言一行、一举一动直接关系到他们在教职工心目中的形象，他们的率先垂范就是“无声的教育”。

4. 经济管理方法

经济管理方法是指管理者按照客观经济规律的要求，通过物质刺激的方式，运用经济手段，引导、调节和影响被管理者的行动，以调动其工作积极性的管理方法。这种管理方法目前在中小学管理工作中较为流行。经济管理方法有利于满足教职工的物质需要，从物质利益上处理学校和教职工的关系，从而激发教职工工作的积极性。但经济管理方法容易导致教职员工“向钱看”，甚至导致其奉献意识淡化，社会责任感减弱。所以，运用经济管理方法时一定要慎重，防止负面效应的出现。

运用经济管理方法应注意以下几点。第一，反对和克服平均主义倾向，坚持按劳分配原则。学校应按教职工的工作数量和质量状况分配他们的经济收益，适当拉开教职工物质利益上的差距。没有差距的物质刺激方式是不可能对教职工产生明显激励作用的。要坚持按劳分配，就要相应地完善工作责任制，建立起一套测定教职工工作状况的考核办法。第二，依靠教职工制订科学合理的方案，争取教职工的支持和拥护。学校管理中所采用的各种经济措施和手段，都关系到教职工的切身利益，因而都必须得到教职工的支持和拥护。特别是在制订经济分配方案时，要多听取教职工的意见和建议，形成科学合理的方案。在方案施行中，领导者要带头遵守，一视同仁；执行一段时间后，要不断完善，使之更加科学化、合理化。第三，奖惩结合，赏罚分明。首先，要公平合理，论功行赏，赏罚分明，根据“功”与“过”的不同程度进行不同程度的赏罚。其次，要建立公正、明确的奖惩标准，并严格按标准来执行，切忌凭个人的好恶和亲疏关系来奖惩，否则经济管理方法可能会成为一种挫伤教职工积极性和导致离心的手段。第四，经济管理方法应与其他管理方法结合起来使用。运用经济管理方法有助于激发教职工的工作积极性，但过分强调经济管理方法有可能导致教职工过分关注个人的物质利益。因此，学校管理者在运用经济管理方法时，还应注重合理使用行政管理方法、法规管理方法和教育管理方法。

第三节　“立德树人”教育观与中小学管理

“立德树人”作为一项关乎党和国家前途与命运的战略安排，是民族复兴的基础。“立德树人”这个树根只要稳定不动摇，就能枝繁叶茂。“立德树人”教育观是对“培养什么样的人、如何培养人、为谁培养人”这个教育根本问题的系统谋划，是对当代中国“立什么德、树什么人、如何立德树人”的系统回答，是对中国优秀传统文化以及马克思主义经典作家和中国共产党历代领导人的教育思想的传承和升华，是对理想信念教育、人才培养和民族复兴的当代中国的实践，是习近平新时代中国特色社会主义思想的有机组成部分。

一、坚持和加强党的全面领导要贯穿于立德树人全过程

习近平在全国教育大会上强调：“加强党对教育工作的全面领导，是办好教育的根本保证。”基于当前的时代任务和时代背景，立德树人就是要培养时代新人。立

德树人的首位要求就是坚持马克思主义的指导、中国共产党的领导和社会主义办学方向，坚持和加强党的全面领导是立德树人的核心动力和根本保障。[①]

首先，要坚持马克思主义的指导地位，将立德育人工作贯穿于学校教育教学和管理的全过程，使教育战线成为坚持党的全面领导的坚强后盾。其次，要坚持用发展着的马克思主义去看待和解决问题。马克思主义不是教条的，不是永远不变的，而是随着时代和社会的发展，根据当时的社会状况和国家发展情况而变化的。我们要用发展的眼光看待和学习马克思主义，根据实际情况运用马克思主义解决实际问题。最后，要坚持马克思主义为了解放全人类的思想，以人为中心，从人的需要出发，坚持以人的解放和全面发展为奋斗目标，以立德树人为本，坚持以实现民族复兴为教育使命，推进教育的不断改革创新和发展。

立德树人科学地揭示了教育的根本价值是“为受教育者谋幸福”，要更多地关注每一个学生的自身幸福和自我发展。习近平强调：“理想指引人生方向，信念决定事业成败。没有理想信念，就会导致精神上‘缺钙’。”[②]因此，我们要时刻补充精神之“钙”，始终经受得住困难和挑战的考验，真正树立坚定的理想信念。

二、中国特色社会主义文化是立德树人的根基所在

崇德重德、以文化人是中华民族的优秀传统，中华优秀传统文化是以文化人的根本。中华民族几千年来积淀的博大精深的优秀传统文化，我们党带领人民在革命、建设、改革过程中所形成的革命文化，具有中国特色社会主义的先进文化，为立德树人提供了强大力量。

首先，从文化的不同发展阶段来看，中华优秀传统文化是由三个部分构成的，分别是中华优秀传统文化、革命文化和社会主义先进文化。从文化内容的不同层面来看，中华优秀传统文化是以儒家思想为核心，儒释道等多元文化并存的文化。儒家重视礼乐教化，倡导人文教育，认为“一个人在文化生活的陶养中，可以无形地转化人的气质，改变人的恶习，使人的行为自然合乎道德”[③]。这也正是以文化人的体现。

其次，从文化的本质特点来看，中华优秀传统文化的本质是以人为本，以德为

---

① 赵洁：《习近平“立德树人”教育观研究》，博士学位论文，新疆师范大学，2021。

② 转引自戚如强：《习近平立德树人思想的理论渊源与精神实质》，载《马克思主义研究》，2018(7)。

③ 韦政通：《中国文化概论》，130页，长春，吉林出版集团有限责任公司，2008。

先。以文化人，其重点在“化”，就是教育感化。教育感化更加注重触动学生的内心，让他们能够发自内心地认可和接受教育内容，从而主动将其付诸实践，即“教化—内化—外化”的过程。中华优秀传统文化所强调的以文化人，即通过无形的精神感化和文化沁润对个体的道德认知和道德行为产生潜移默化的影响，而非通过“灌输”和“填鸭”使个体获得道德知识。这一方面表现为教育者在文化的继承与创造中育人，另一方面表现为学生自主地用文化塑造自己。

再次，从文化的指向来看，中华优秀传统文化的根本指向是以文化人。通过对优秀经典、著作的回顾，学生与历史互动、与经典对话，从而不断进行传承和超越。因此，中华优秀传统文化对立德树人的涵养，本质在于以文化人，通过提供丰富的思想道德资源，达到滋养人、熏陶人和培养人的目的。

最后，从文化的内容来看，对中华优秀传统文化的弘扬、以文化人的具体实践就是要明大德、守公德、严私德。第一，明大德。面临社会转型时期各种思想的碰撞和价值观念的复杂化，人们的思想道德难免会受到冲击，这会使人与自然、人与人、人与社会之间的和谐关系受到危害。习近平新时代中国特色社会主义思想是在马克思主义与中国实践相结合的条件下实现的第三次飞跃，也是崇德修身的根本指南。树立坚定正确的政治信念，是立德树人的根本，是一个人立大德的必修课。第二，守公德。守公德是对文明意识的强化，是一个人综合素质的集中体现。中华优秀传统文化中“德不孤，必有邻”“仁者爱人”“大道之行也，天下为公”等所体现的文明意识和理念，对于当前社会主义道德建设仍具有时代价值。第三，严私德。私德不仅是做人的基本准则，而且是个人修养的体现。中华优秀传统文化提倡的“修身、齐家、治国、平天下”，修身立于首位。恪守做人准则是对中华民族核心价值的坚守。

三、培育和践行社会主义核心价值观是德之关键

《关于培育和践行社会主义核心价值观的意见》的印发，在全社会范围内推动了对社会主义核心价值观的培育和践行。《关于在各级各类学校推动培育和践行社会主义核心价值观长效机制建设的意见》的下发，进一步明确了社会主义核心价值观在立德树人中的重要地位。落实立德树人根本任务的核心要求是要积极培育和践行社会主义核心价值观。《教育部关于全面深化课程改革落实立德树人根本任务的意见》提出，要以立德树人，践行社会主义核心价值观为深化课程改革的核心价值。2017 年 10 月，在党的十九大报告中，社会主义核心价值体系作为新时代坚持和发

展中国特色社会主义的基本方略之一被确定。因此，立德树人中的德之关键就是社会主义核心价值观。2018 年 3 月，“国家倡导社会主义核心价值观”被写入宪法，标志着社会主义核心价值观作为立德树人的核心内容，正在成为我们国家意志的一种体现。培育和践行社会主义核心价值观也是思想政治理论课的重要内容和抓手，教师要通过思想政治课课程教学、社会实践、网络新媒体全面推动社会主义核心价值观入脑进心，由书本走向实践。

社会主义核心价值观是随着社会主义制度的发展逐渐统一起来的，是符合人类社会未来发展趋势、代表人类社会进步的思想统一的价值观。

新时代立德树人教育的目的是培养德智体美劳各方面均衡发展的人，培养我们国家的建设者和接班人。首先是实现人的全面发展。围绕立德树人根本任务、推动社会主义核心价值观融入各领域全过程有助于促进青少年的全面发展。其次是坚持教育与生产劳动、教育与社会实践相结合。不仅仅要注重思想政治理论课教师、课程、课堂的育人作用，更要注重在实践中的价值体验，通过社会实践促进学生对个人、自然、社会之间关系的理解，提高学生的生态意识，增强学生对社会和自我责任的认识，提高他们的社会责任感，加强学生的爱国情、强国志和主人翁意识。最后是坚持教育者先受教育，让教师更好地承担起引路人的责任。教师在落实立德树人根本任务、培育和践行社会主义核心价值观的进程中有着重要作用。这种重要作用就在于教师的工作是塑造灵魂、塑造生命、塑造人的工作，教师是学生道德修养的镜子。教育者先接受教育，先修身立德，是培育和践行社会主义核心价值观的重要前提和保障。

第四节　中小学管理的发展趋势

未来社会科学技术迅猛发展，各种文化进一步碰撞和融合，将极大地改变人自身及周围的一切。随着教育改革的深化，现代中小学管理呈现以下几个方面的发展趋势。

一、管理自主化

简政放权，学校自主办学，是世界各国教育管理体制的共同点。随着教育改革的深化，在计划经济体制和传统教育体制下形成的依附型学校管理将逐步为自主型学校管理所代替。学校自主权将大大加强，成为一个具有自主性的独立办学实体。学校具有法人资格，在办学上、经济上相对独立。学校应独立完成社会所赋予的培养人的任务。政府要改变以往包得过多、统得过死的状况，使校长、师生真正成为学校的主人。政府的职能将由对学校的直接行政管理，转变为运用立法、拨款、规划、信息服务、政策指导和必要的行政手段进行宏观管理。

二、管理开放化

现代学校管理系统只有和外部环境实现充分的能量交互，才能有效地作用于社会。否则，系统就会缺乏生机和活力，就要停滞。教育系统开放化大大拓宽了学校管理的内涵，增加了学校管理的功能。学校管理不仅是学校的事，而且逐步成为社会的事。学校管理开放系统的建立主要有以下几个方面：第一，树立现代大教育管理观，改变“就教育论教育”的观念；第二，建立比较稳定的与社区联系的网络基地；第三，建立一定的信息反馈系统；第四，学校内部信息沟通渠道畅通。

三、管理民主化

实现教育民主化必须走学校管理民主化的道路，这是现代教育社会化的必然趋势。没有学校管理民主化，教育民主化的目标是难以实现的。从未来发展的角度分析，学校管理民主化的趋向主要表现在以下几个方面：第一，从学校自己管理转向社会参与管理；第二，从少数教育行政人员的管理向全员管理的方向发展；第三，从学校管理学生转向教师指导下的学生自我管理。

四、管理技术手段现代化

学校管理技术手段现代化是管理科学化的标志。随着现代科学技术的进步和信息型工业的发展及社会现代化程度的提高，现代科学技术广泛进入学校大门，新的科学技术越来越广泛地应用于学校管理，教育管理手段日益现代化。这主要表现在以下两个方面：第一，建立了现代化学校管理信息系统；第二，计算机在学校管理中广泛应用。

与此同时，学校管理手段又表现为非理性化倾向，即在学校管理活动中，除了发挥组织机构、规章制度等的管理作用外，还要重视人的非理性因素，突出情感、意志、情绪、心态、形象等在管理中的作用，最大限度地调动师生潜在的自尊、自信、自控、自强的意识，通过群体的共感和共识为学校的发展提供内在动力。

五、管理精致化

追求学校管理最理想的目标，要有一流的办学思想、一流的校长和教师队伍、一流的教学设备和条件，把学校办成精品化的学校；追求学校管理最优化的状态，发挥学校组织的整体功能，以最少的人力、物力和财力投入获得最好的效果；追求学校管理最佳化的效果，让学生得到合理、科学的教育和管理，在原有基础上获得最好的发展，也就是讲求学校管理的高质量。

六、管理模式个性化

学校管理模式个性化是指一所学校有别于其他学校管理模式的特色，具体内容包括：办学目标、办学体制、领导体制、管理组织机构、规章制度、学校文化等方面。这些方面的有机结合体现出鲜明的个性，为实现培养目标个性化服务。

七、管理价值取向以人为中心

学校管理以人为中心的价值取向意味着一切管理工作都要以人为出发点和归宿，体现尊重人、发展人和为了人的指导思想。对学生要创造条件使他们获得最好的发展；对教职工要满足他们多层次的需求，特别是满足其实现自身价值的需求。

八、管理组织和人员专业化

学校管理组织和人员专业化是指学校更多由独立于学校所有者以外的专业机构进行管理，同时，校长和教师直接对学校实施管理，以减少学校管理运作过程中不必要的外来干预。其目的是使学校的发展更好地遵从教育教学规律，提高办学效益。

【要点小结】

1. 中小学管理是以学校管理的一般原理为指导，合理有效地运用各方面的教育资源，对中小学培养目标、教师、学生、课堂教学、课外活动、校园文化、行政与后勤、办学水平等进行有效管理，以达到预期目标的活动。

2. 中小学管理的主要内容主要包括中小学人员管理、中小学财务管理、中小学物资管理、中小学时间管理、中小学空间管理、中小学信息管理、中小学育人“事件”管理。

3. 中小学管理原则是指中小学管理者和被管理者为实现预定目标进行共同活动的基本要求，是中小学管理者依据现代学校管理原理指导办学管校实践时必须遵循的行动准则。

4. 中小学管理要以学校管理的客观规律为根本依据，以中小学校管理工作中的基本矛盾为出发点。

5. 中小学管理原则包含方向性原则、社会性原则、整体性原则、教育性原则、科学性原则、民主性原则、责任制原则、效益性原则。

6. 中小学管理方法是实现中小学工作目标，开展学校管理活动的具体手段和措施。中小学管理方法包含行政管理方法、法规管理方法、教育管理方法和经济管理方法。

7.“立德树人”教育观是对“培养什么样的人、如何培养人、为谁培养人”这个教育根本问题的系统谋划，是对当代中国“立什么德、树什么人、如何立德树人”的系统回答。“立德树人”教育观主要内容包括：坚持和加强党的全面领导要贯穿于立德树人全过程，中国特色社会主义文化是立德树人的根基所在，培育和践行社会主义核心价值观是德之关键。

8. 中小学管理的发展趋势：管理自主化、管理开放化、管理民主化、管理技术手段现代化、管理精致化、管理模式个性化、管理价值取向以人为中心、管理组织和人员专业化。

【思考题】

1. 中小学管理包含哪些内容？
2. 中小学管理的原则有哪些？
3. 中小学管理的方法有哪些？
4. 谈谈你对“立德树人”教育观的认识。
5. 请你谈谈中小学管理的发展趋势。

第二章　教育管理理论

>>> **本章学习目标**

1. 知道古典管理理论体系。
2. 了解西方“人性假设”理论的主要内容。
3. 了解现代管理理论的主要内容。
4. 掌握陶行知教育管理思想的主要内容。
5. 了解各管理理论对中小学管理的影响。

第一节　古典管理理论与中小学管理

一、古典管理理论体系的构建

古典管理理论产生于19世纪末20世纪初。这一时期，科学技术有了较大的发展，技术的先进与管理的落后成为突出矛盾。进一步发展生产就必须在管理方面有所突破。因此，美、法、德等国都开始了对科学管理的研究。

从理论体系建构方面而言，古典管理理论主要包括泰勒的科学管理理论、法约尔的一般管理理论和韦伯的科层管理理论。虽然他们各自研究管理的侧重点有所不同，但是思想倾向非常接近，因而都被归于古典理论流派。其理论的基本特质在于，以“经济人”为前提假设，旨在通过严格的规章制度、物质刺激和科学的方法来提高劳动生产率。古典管理理论的诞生标志着管理作为一种完整的理论体系而存在，也标志着管理由经验管理向科学管理转化。

(一)泰勒的科学管理理论

泰勒(Taylor)是科学管理理论的创始人，首次提出科学管理的概念。泰勒是从工人一步一步成长起来的，因此他追求用细致的科学分析来提高工作效率。他于1911年出版《科学管理原理》一书，被公认为是“科学管理之父”。这本书中提出了一个重要的问题，即工人为何“磨洋工”。他认为有三个原因：首先，工人害怕不断增长的生产带来失业问题；其次，落后的薪金制度不鼓励高效率的工作；最后，缺乏科学的工作方法。解决这个难题的方法就是运用科学管理原理。[①]

科学管理理论的基本出发点是提高劳动生产效率，并且指出：雇主关心的是低成本，工人关心的是高工资，只有劳动生产率提高了，他们才可以达到自己的目的。泰勒的理论是经过工时研究、搬运生铁块、铁锹操作、金属切削实验后总结出来的。他所提出的实验数据、理论无一不是实践的结果。

泰勒的科学管理理论有四个原理：第一，科学地研究一项工作的每个部分，然后找到最合适的方法；第二，精心挑选工人，训练他们用科学的方法来做这项工作；第三，和工人合作，保证新方法在实践中被采用；第四，把工作和责任分离开来，雇主负责用科学原理设计工作方法，雇员负责执行。实施这些原理的关键是使用科学的方法来决定一项工作该如何去做，而不是依靠每个工人的传统经验。相对传统的“放任管理”而言，泰勒的科学管理可以称得上“任务管理”，即制定任务、制定标准，让工人自己做出选择，并根据工作给付相应的报酬。科学管理理论对整个管理理论体系有巨大的影响。科学管理理论通过实践发现制定恰当的制度、遵循四个原理就可以在不增加员工数量的前提下，使现有员工在规定时间内保质保量地完成工作。

(二)法约尔的一般管理理论

法约尔(Fayol)对组织管理进行了系统的独创研究，1925年出版了《工业管理与一般管理》一书，被称为“管理过程之父”。法约尔提出了一般管理理论，强调对管理者进行多方面的培训，以使他们在组织中能更有效地履行他们的职责。他认为，经营和管理是两个不同的概念。其著作中将工业或商业的主要职能分离了出来，指出经营包括技术活动、商业活动、财务活动、安全活动、会计活动和管理活动。其中重要的是管理活动，包含五种职能：计划、组织、指挥、协调、控制(见图2-1)。并且他给出了十四条一般管理原则：劳动分工、权力与责任、纪律、统一指挥、统一领导、个人利益服从整体利益、人员报酬、集中、等级制度、秩序、公平、人员的稳定、首创精神和人员的团结。

---

① 李正华：《西方古典管理理论及其启示》，载《中山大学学报论丛》，2004(2)。

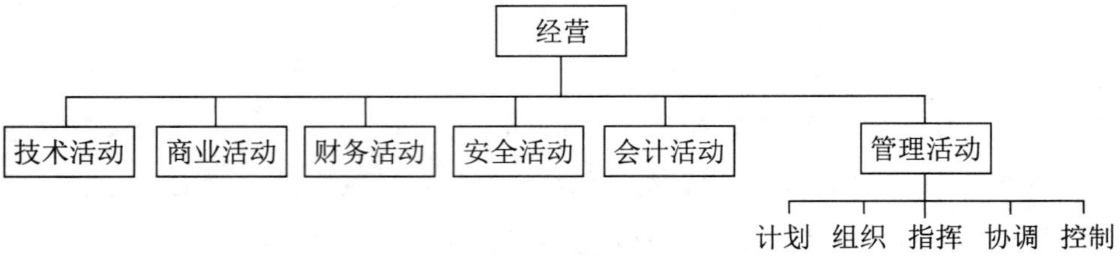

图 2-1　经济与管理的划分

法约尔认为，无论是高层领导还是普通员工，都必须受纪律的约束。任何一个企业，没有纪律的约束都不可能兴旺繁荣。“尊重等级和横搭跳板的信息传递原则”是指信息传递应尊重等级路线，使情报自上而下或自下而上经过等级制度中的每一级来传送。这对统一指挥、统一思想来说是必要的。但是为了行动迅速，各部门也应该横向沟通，建立及时交换信息的“天桥”或“跳板”，以保证那些时间紧迫的事情能够完成。

由于泰勒与法约尔两人经历不同，因此他们对管理理论的研究起点也是不同的：泰勒对管理的研究是从工业的一端——车床旁边的车工开始向上追溯的；法约尔是从另一端——办公桌旁的总经理开始往下延伸的，将重点落在管理的职能和整体管理的组织上，以概括的形式从宏观上、理论上揭示管理的本质，并强调所提炼出的管理原理具有的普遍性。

法约尔还特别强调教育的重要性。他力倡普及管理教育，通过教育提高管理水平。他提出，没有理论就不可能有教育，重要的是尽快建立一种管理理论，应是把经验资料系统化并建立一个大家都能理解的学说的时候了。法约尔的古典管理理论是在韦伯管理理论基础上的升华，使萌芽状态的企业管理理论得到了进一步发展。

(三)韦伯的科层管理理论

韦伯(Weber)的行政组织理论主要反映在他的《社会组织与经济组织理论》一书中。韦伯认为，理想的行政组织体系是所谓官僚制，也叫“科层制”。韦伯的科层管理理论引起了当时教育管理研究者的极大兴趣。在 20 世纪 40 年代到 70 年代，各种教育管理教科书都开始专门讨论韦伯的思想及其在教育管理中的应用。

在韦伯看来，科层制是一种高度理性组织的“理想类型”，具有明确的专业化分工、严格的权威等级、稳定的规章制度等特征。韦伯的管理理论虽然切入问题的角度、思考问题的方式完全异于泰勒和法约尔，但同样把提高组织效率作为自己的理论使命。韦伯从组织的基础权力入手思考组织问题。他提出，在社会所接受的法定权力、传统权力和超凡权力三种权力中，传统权力支撑的组织效率最差，因为其领导人不是按能力来挑选的，其管理单纯是为了保存过去的传统而行事。超凡权力是反理性的，依据的不是规章制度，而是神启。只有法定权力，即理性——法律权力才能作为理想组织的基础。

韦伯的科层管理理论主要包括四个方面的内容：第一，科层制度在西方文明社会产生的历史原因；第二，科层组织的规章及功能；第三，在科层组织中，合法科层权威的职务和个人趋向；第四，在现代社会中，科层制的特性及它对人的自由的影响。①

该理论提出了新的管理模式，即从职位上明确上下级关系，从而进行管理。决策者负责决策，管理者对决策进行工作的安排，执行者对工作的安排进行具体落实和实施，这三个过程形成一条完整的组织链，最终各自把负责的部分组合到一起，完成既定目标。②

古典管理理论确立了管理学是一门科学，提出通过科学研究的方法能发现管理学的普遍规律。古典管理理论的建立使得管理者摆脱了传统的凭经验和感觉来进行管理的方式。人们认为古典管理理论的主要主张有积极意义。古典管理学家所倡导的标准化管理方法和操作程序、系统的管理原则、系统的组织制度仍在被广泛应用，并被人们看作"管理实践的最好的思想基础"。古典管理理论的启示是：教育管理活动是可以被控制的，通过设计一个合理的组织结构，编制一套完善的规章制度，遵循一系列科学的管理原则，再辅之以严格的奖惩手段，学校组织也能像其他组织一样，在有限的条件下实现最佳的管理目标。③

古典管理理论建立了一套有关管理理论的原理、原则、方法等，提出了一些管理原则、管理职能和管理方法，并且主张这些原则、职能和方法是管理工作的基础，对企业管理有着很大的指导意义，也为总结管理思想史提供了极为重要的参考价值。

二、古典管理理论对教育管理的影响

古典管理理论对于学校的组织与管理方式有着深刻而持久的影响。正如泰勒本人在《科学管理原理》一书中指出的，"同样的原则能以等量的威力"适用于包括教育

---

① 段涓：《马克斯·韦伯的科层论》，载《江西社会科学》，1982(6)。

② 高铭铄：《古典管理理论的分析与评价》，载《中外企业家》，2017(15)。

③ 吴志宏、冯大鸣、周嘉方：《新编教育管理学》，57页，上海，华东师范大学出版社，2000。

管理在内的所有社会行为。

古典管理理论不仅影响着当时美国教育管理研究，而且从一定意义上讲，在20世纪，影响着整个世界的教育管理研究，具体表现在以下几个方面。

（一）对教育管理效率的研究

20世纪初，由于生产力的发展对劳动者素质提出了比较高的要求和工人阶级为争取工人及其子女受教育权不断进行斗争，许多资本主义国家相继普及了义务教育。学校的数量迅速增长，同时社会团体、个人和政府对教育的投入大大增加。这种巨大的投入引起了政府部门对办学质量和效益的关注。政府部门批评学校的管理方式是“过时的”且“浪费的”，要求学校减少开支，提高经济效率，并以此来衡量学校教育是否成功。为此，美国教育界开始把目光转向享有盛名的泰勒的科学管理，并普遍而迅速地接受了科学管理理论和方法，认为只有把科学管理理论引入学校，才能使学校成本降低，效率提高；同时，还强调统一学校工作程序，要求教师以分秒为单位安排工作，以最大限度地利用个人每一天的时间；此外，还要求实施详细的会计程序。由此可见，这一时期的教育管理者运用泰勒的科学管理理论，用工作分析的观点来分析学校管理。

（二）在学校内部建立和完善行政组织网络

韦伯的行政组织理论对教育管理的影响更直接、更深刻。美国学者马克斯·阿博特(M. Abbott)是最早提出学校组织有许多特征符合韦伯提出的管理原则的教育管理学专家之一。他认为，学校组织具有分工的专业化特点，学校内部有着明确和严格的纪律及规章制度，学校管理的理性化程度高，教职工按照自己的职务、责任、工作领取工资。要提高学校管理效率，就必须提高学校组织建设的程序化、规范化的要求。

第一，在学校系统中建立自上而下、职责分明的权力等级体系，各级行政人员谋其位，司其政，尽其力，不得超越权限办事；第二，学校内部设有分工明确的职能部门，各项教育和教学活动都有明确的分工与合作；第三，针对学校常规工作，建立完善的规章制度；第四，实施奖励、惩罚制度，严格依据专业能力来评价、考核、提拔员工；第五，学校中的人员相对保持稳定，以利于工作的连续推进；第六，管理者对待下属员工公平公正，一视同仁，丝毫不带个人感情色彩；第七，强调上级行政机关的权威性，不折不扣地贯彻上级机关下达的文件、指示和决议。

然而，我们也看到，教育有其自身的特点，教育系统和学校同生产企业、商业单位终究是不一样的。不顾学校的特点，照套工商业的行话，运用同样的方法管理学校和教育系统，必然达不到提高效率的目的。

后期兴起的行为科学的管理理论对教育系统和学校的组织特点做了较为深入的分析，认为教育系统和学校的组织具有一种“组织的无政府状态”的特性，是一种松散的结合体，不能照搬层峰理论，这是有道理的。对教育管理来说，后期的几种管理理论具有更大的实用价值。

第二节　西方“人性假设”理论与中小学管理

学校管理的主要对象是人，要管好人首先要了解人。人的本性究竟是什么？古今中外的思想家们都做过精辟的论述：或性善，或性恶，或无善恶之分。近现代西方学者关于“人性假设”的理论对现代管理理论和实践影响较大。下面就其主要理论与中小学管理的关系进行介绍。

一、西方“人性假设”理论概述

西方学者关于“人性假设”的理论较多，下面主要介绍“经济人”假设理论、“社会人”假设理论、“自我实现人”假设理论和“复杂人”假设理论四种。

(一)“经济人”假设理论

“经济人”又称“唯利人”“实利人”，是指人的行为在本质上是为了追求自身的最大利益，工作的目的是获得经济报酬。这是传统管理理论对人的基本看法。“经济人”假设的代表人物是泰勒。

麻省理工学院心理学教授麦格雷戈(McGregor)把“经济人”假设理论称作X理论，并把X理论的主要观点概括为以下几点：第一，人生来就是懒惰的，可能的话，总想尽量逃避工作；第二，一般人都没有什么雄心大志，也不愿负任何责任，宁愿让别人来引导与指挥；第三，人生来是以自我为中心的，对组织目标与要求并不关心；第四，人是缺乏理性的，本质上不能自律，容易受他人影响；第五，一般人都是为了满足自己的生理需要和安全需要参加工作的，只有金钱和其他的物质利益才能激励他们努力工作。

与“经济人”假设理论相适应的管理主张是：第一，管理工作的重点是完成生产任务，提高劳动生产率，对人的感情和愿望漠不关心；第二，组织应以金钱刺激员工的劳动积极性，同时对消极怠工者采取严厉惩罚措施；第三，以权力和控制体系来保护组织本身及引导员工；第四，制定各种严格的工作规范，加强各种法规管制；第五，管理是少数人的事，与广大员工无关，工人的责任就是干活，听从管理者的指挥。我们可以把“经济人”假设的基本观点和管理主张概括为：人之初，性本懒，叫他干，就得严(或得给钱)。

(二)“社会人”假设理论

“社会人”又称“社交人”。“社会人”假设理论认为，人们工作的动机不是经济利益，而是工作中的社会关系；物质刺激对调动人的积极性只有次要意义，社会需要和尊重需要才是激发工作的动力。该理论把这种重视社会需要和尊重需要、看轻物质利益或经济利益的人称为“社会人”。

梅奥(Mayo)是“社会人”假设理论的代表人物，他的“人群关系理论”是“社会人”假设的基本理论。“社会人”假设理论的主要观点是：第一，人是“社会人”，影响人的生活积极性的因素，除物质因素外，还有社会因素和心理因素；第二，生产效率的高低主要取决于职工士气的高低，职工士气的高低取决于家庭、社会及企业中人与人之间的关系是否和谐；第三，正式组织中存在着非正式组织，这种非正式组织有其特殊的行为规范，对其成员有着很大的影响；第四，由于技术进步和工作合理化使人对工作本身失去了乐趣和意义，因此，人们便从社会关系中寻求乐趣和意义；第五，领导者要了解人，善于倾听职工的意见，使正式组织的经济需要同非正式组织的社会需要取得平衡。

与“社会人”假设理论相适应的管理主张是：第一，管理人员不应只注意完成生产任务，而应该把注意的重点放在满足人的需要上；第二，管理人员不仅应注意计划、组织、指挥和控制，还应重视职工之间的关系，培养职工的归属感和整体感；第三，提倡集体奖励制度，不主张个人奖励制度；第四，管理人员的职能应当改变，管理职能不应只限于制订计划、组织工序、检验产品等，而应在职工与上级之间起联络作用，既要听职工的意见和要求，了解职工的思想情感，又要向上级呼吁、反映；第五，实行参与管理的新型领导方式，即让职工或下级在不同程度上参加企业决策的研究和讨论。我们可以把“社会人”假设的基本观点和管理主张概括为：人之初，性本善，尊重他，积极干。

(三)“自我实现人”假设理论

“自我实现人”又称“自动人”。它是阿基里斯(Achilles)、马斯洛(Maslow)、麦格雷戈等心理学家提出的一种人性观。其中影响最大的是马斯洛。“自我实现人”假设理论提出人都需要发挥自己的潜力，表现自己的才能。只有人的潜力充分发挥出来，人的才能充分表现出来，人才会感到满足。

马斯洛的需要层次理论对人的需要层次和发展规律进行了论述。麦格雷戈在马斯洛理论的基础上，提出了与X理论相对立的见解，并称之为Y理论。Y理论或者“自我实现人”假设理论的主要观点是：第一，一般人是勤奋的，如果环境和条件有利的话，人们工作起来就如同游戏或休息一样自然；第二，控制和惩罚不是实现组织目标的唯一方法，人们在执行任务的过程中，能够自我指导和自我控制，外在的控制很可能对职工构成“威胁”；第三，在正常情况下，一般人不仅会接受任务，而且会主动地寻求责任；第四，人群中广泛地存在着高度的想象力、智谋和解决组织中的问题的创造性，在现代工业条件下，人的潜力只发挥了一部分，人还蕴藏着极大的潜力；第五，职工的自我实现倾向与组织所要求的行为之间并没有冲突，如果给工人一个机会，他们就会自动地把自己的目标与组织的目标结合起来。

与“自我实现人”假设理论相适应的管理主张如下。第一，“自我实现人”假设理论把管理工作的重点放在工作环境上，就是要创造适宜的工作条件，使人们在此条件下充分发挥自己的潜力和能力，实现自我。第二，管理者的主要任务是寻找什么工作对什么人最具有挑战性，最能满足人自我实现的需求，以充分发挥每个人的潜力。第三，“经济人”假设理论主张用物质刺激调动人的积极性；“社会人”假设理论主张靠满足人的社会需求、搞好人际关系来调动人的积极性；“自我实现人”假设理论主张用内在的奖励调动人的积极性，即让人们在工作中获得知识，增长才干，通过自己从事的工作感到“生活的意义”，感到自己有用武之地，从而极大地调动人的积极性。第四，“自我实现人”假设理论认为，人有自动的、自治的工作特性，因而主张下放管理权力，建立决策参与制度、提案制度、劳资会议制度等，把个人的需要同组织的目标结合在一起。综上所述，我们可以把“自我实现人”假设理论的主要观点和管理主张概括为：人之初，性本勤，条件好，就奋进。

(四)“复杂人”假设理论

“复杂人”假设理论是马斯洛等人在20世纪60年代末70年代初提出的。他们经过长期的研究发现，人的需要和动机并非如上述三种人性假设理论那样单一，而是十分复杂的。他们认为，人既不是单纯的“经济人”，也不是完全的“社会人”，更不是纯粹的“自我实现人”，而是因时、因地、因各种情况做出适当反应的复杂人。“经济人”“社会人”“自我实现人”三种假设理论，虽然各有其合理的一面，但并不适用于一切人。不仅人的需要和动机因人而异，而且一个人在不同年龄阶段、不同时间、不同地点也会有不同的表现，会随着年龄的增长、知识的增加、地位的变化而变化。后来，摩尔斯(Morse)、赖斯克(Lysik)根据“复杂人”假设理论，提出了一种区别于X理论和Y理论的超Y理论，又称“权变理论”。他们认为，企业管理方式要根据企业所处的内外条件随机应变，不存在什么一成不变的、普遍适用的“最好的”管理原则和方法。

“复杂人”假设理论的主要观点如下。第一，人的需要是多种多样的，是随着人的发展和生活条件的变化而变化的，并且需要的层次也随之不断地改变。第二，人在同一时间有各种需要和动机，它们会相互作用，结合为一个统一整体，形成错综复杂的动机模式。比如，一个人在同一时间既有从政的需要，又有求学深造的需要，还有抓紧时间解决婚姻问题的打算，这几种需要和动机相互作用，最后这个人决定上学深造，为以后得到提拔重用、找一个理想的恋人奠定基础。这样几种需要和动机就结合起来，成了一个统一的整体。第三，人在组织中的工作和生活条件是不断变化的，因而人会不断产生新的需要和动机。就是说，人的动机形成是内部需要和外部环境相互作用的结果。第四，一个人在不同单位或者在同一单位的不同部门会产生不同的需求。第五，由于人的需求不同，能力各异，同一管理方式会产生不同的效应，因此，没有一种管理方式适用于所有人。

“复杂人”假设理论虽然不赞成前三种人性假设理论，但不要求管理人员完全放弃以上述三种人性假设理论为基础的管理方式，而是要求管理人员根据不同的人、不同的情况，灵活采用不同的管理措施，即因人、因事、因时而异，不能千篇一律。与“复杂人”假设理论相适应的管理主张如下。第一，在组织形式上，要根据工作性质的不同，采取固定的组织形式或采取灵活变化的组织形式。第二，在领导方式上，因企业情况不同，领导方式也应不同。若企业任务不明确，工作混乱，应采取严格的领导方式，使企业走上有秩序的轨道；若企业任务明确，分工清楚，工作有秩序，应更多地采取授权的领导方式，以充分发挥下属的积极性和主动性。第三，要善于发现职工的个别差异，因人而异地采取灵活多样的管理方式。综上所述，我们可以把“复杂人”假设理论的主要观点和管理主张概括为：人之初，性不一，要灵活，因人异。

总之，上述四种人性假设理论是随着历史的发展而出现的，反映了西方管理界对人的认识逐步加深，所提出的许多管理主张和管理措施至今仍有借鉴意义。但我们不能照搬照抄，应根据不同的社会环境、不同的行业和不同的人灵活运用，不断创新。

二、"人性假设"理论对中小学管理的影响和作用

(一)"人性假设"理论影响中小学管理者对教职工工作动力的认识

"人性假设"理论首先研究"人为什么要工作"，即人的最本质的需要是什么。就学校管理而言，对学校管理中不同层次的人的需要的设定直接影响各层次的管理。需要是学校管理中激励和调动人的积极性的内在心理依据。只有掌握了人的需要的特点，才能有针对性地运用各种激励措施，在教育管理中更好地调动人的积极性。对人的需要的研究是调动人的积极性的前提。需要不同，工作动力不同，因而激发工作动力的刺激物也不同。中小学管理者必须全面探讨学校管理各个层次的人的需要及其观念对管理实际的影响，考虑如何满足人们的需要，以激发教职工的工作积极性。

(二)"人性假设"理论影响中小学管理的具体策略

"人性假设"理论作为一种观念，必然影响学校管理中的具体管理策略。这种影响大致表现在以下几个方面。第一，影响管理者对于管理的重点的理解及确立。"经济人"假设理论持有者把重点放在提高工作效率上，是一种"以事为中心"的管理，一般来说容易忽视人的情感和组织士气方面的问题；"社会人"假设理论持有者把重点放在工作中人的社会需要的满足上，是一种"以人为中心的"管理；"自我实现人"假设理论持有者把重点放在为人提供富有挑战性的工作上，会尽力创造出一种有利于人们实现自我价值的环境；"复杂人"假设理论持有者把重点放在人性—工作—组织之间的恰当匹配上，从而让每个人都能满足自己的胜任感。所以，人性假设理论的研究对于中小学管理者确定自己的管理重点具有一定的指导意义。第二，影响管理者对管理职能的理解。从"经济人"假设理论出发，人们会把管理看作为了完成任务而进行的一系列计划、组织、指挥、协调和控制活动，并在实际管理中尽量强化管理者的这一职能；从"社会人"假设理论出发，管理者会把自己看作下属的同情者、支持者和满足下属社会需要的条件创造者，会更多地从事工作中人际关系的协调活动，少些指挥、控制和监督；从"自我实现人"假设理论出发，管理者的主要职能是确定对于每个人都恰当的具有挑战性的工作，并为人们的自我实现创造条件，然后让人们自我控制和发展；从"复杂人"假设理论出发，管理者把管理看作不断实现人—工作—组织间合理匹配的过程，在管理实际中恰当地运用各种管理职能。第三，影响管理者对员工采取什么样的激励措施。"经济人"假设理论持有者把

物质和金钱作为主要的刺激手段，重视对个体的激励，对工作消极者采取严厉的惩罚措施；“社会人”假设理论持有者把人际关系当作主要的激励手段，更多地采用团体的激励方式，并重视非正式团体在满足社会需要中的作用；“自我实现的人”假设理论持有者把工作内容本身作为重要的激励因素，因为人在工作中能获取知识、增长才干、发挥潜能；“复杂人”假设理论持有者会因人、因时、因地、因事制宜地采用相应的激励方式，突出管理行为的灵活性和艺术性。第四，影响管理者的领导行为模式。

从“经济人”假设理论出发，管理者往往采取“专制独裁型”的领导方式，把决策和监控的权力集于一手，并要求下属服从自己；从“社会人”假设理论出发，管理者往往采取“温和权威型”的领导方式，很少对下属发号施令，但绝不失对下属的有力控制，只不过进行控制的手段不是有形的组织结构、规则或命令，而是自己的人格魅力以及形成的无形的感情影响；从“自我实现的人”假设理论出发，管理者一般实行“民主参与型”的领导方式，善于更多地分权给下属，避免外部强迫和控制，依靠决策参与和民主监督进行管理；从“复杂人”假设理论出发，管理者会采用“系统—权变型”的领导方式，依靠不同的情境，采取灵活多变的方式进行管理。总之，人性假设理论从对人性的设想和尊重的层面为学校管理者进行有效领导、完善领导行为提供了一定的理论依据。

第三节　现代管理理论与中小学管理

现代管理理论是指第二次世界大战以后产生的管理理论。第二次世界大战以后，系统论、控制论、信息论等理论相继诞生，第一台电子计算机于 1946 年问世，这些现代理论和技术应用于管理，使管理思想、管理手段、管理组织走向了现代化。与此相适应，管理理论也进入现代阶段。现代管理理论形成了许多学派。不同学派从不同角度、不同领域研究管理，一方面丰富了管理科学，另一方面使管理理论更加全面、适用。有人称此阶段为“管理理论丛林”，这反映了现代管理理论的繁荣。

1. 系统管理学派

系统理论在管理中的应用形成了系统管理理论。在西方，集中研究系统管理理论的有三个主要学派：①社会系统学派；②系统管理学派；③技术系统学派。其中以巴纳德(Barnard)为代表的社会系统学派所提出的社会系统理论最著名。

社会系统理论是西方管理理论中较早出现的一种管理理论，是一种组织理论。它与传统的组织理论不同，既不像古典管理理论那样，把组织和整个管理系统的结构作为研究对象的宏观组织理论，也不像人际关系理论那样，把组织成员的个人动机看成最重要因素的微观组织理论，而是把宏观组织理论和微观组织理论的特点结合起来的一种综合性的组织理论。社会系统理论很注重把社会学应用于组织的分析及管理，并且同行为科学的研究方法有较深的渊源。

系统管理学派的主要观点如下。

第一，组织是一个人造系统，如工商企业是一个由相互联系、共同工作的各个要素组成的系统，以便达到一些目标。

第二，在管理中运用系统分析方法。系统分析方法是指以系统理论为指导，运用逻辑的思维推理和科学计算，对一个系统的基本问题进行定性定量分析，在确定与不确定的条件下，拟订各种可行方案，并通过分析比较得出一种满意的方案的方法。

第三，系统管理。系统管理是指把管理组织看成一个系统，并运用系统观点和系统分析方法解决管理问题的过程。系统管理学派认为，在管理中首先必须树立系统的观念，它包括以下几种。

(1)整体观念

①任何管理系统都是由各个管理要素、管理部门、管理单位组成的有机整体。作为整体，它有不同于其各个组成要素和组成部分的新的性质和运行规律，因此，也必然要遵循不同的管理规律，采取不同的管理方法。

②管理系统的各个组成要素和组成部分相互联系、彼此依赖，要素和局部的变化会产生连锁反应，从而影响整体的变化，整体变化也会影响要素和局部的变化。

③用系统观念来考察管理活动和管理成果，要看其整体功能和整体效果，而不能只看局部功能和局部效果。

(2)动态观念

①在任何管理活动中，管理系统的内部因素和外部环境都是不断发展变化的。因此，管理者必须有较强的预见性，运用科学预测方法，正确把握各种内外条件发展变化的趋势，从而采取相应的管理对策。

②事物的发展是从不平衡到平衡的过程。在这一过程中，平衡是相对的、暂时的，不平衡是绝对的、经常的。平衡是事物发展的重要条件，不仅表现为静态平

衡，而且表现为动态平衡。

(3)开放观念

系统的开放性主要表现在两个方面：一是任何系统在运行和发展变化中，总要与外界进行物质、能量和信息的交换，否则就难以存在下去；二是相对来说，任何系统总是处在更大的系统，即环境之中，都与其外部系统，即环境相互影响、相互制约。树立开放观念，最主要的就是充分认识环境对管理活动可能产生的影响，正确处理管理系统与环境的各种关系。

(4)层次观念

①管理层次的划分要与管理需要相适应。一般来说，管理系统自上而下可以划分为领导层、职能层、执行层、作业层等。

②要授予不同层次不同的权力，明确其要承担的相应责任。

③要把具有不同能力的人相应安排在不同的层次上，使他们各尽所能，各显其才。

(5)信息观念

①信息的投入是主要的投入，掌握了信息就掌握了管理的主动权，获得了实现管理目标的可靠保证。

②任何管理组织机构的设置，都必须以有利于信息的收集、加工、传递、利用为前提，这是管理组织建设一条不可缺少的原则。

③信息反馈是管理必不可少的环节，任何管理系统都必须是具有反馈机制的闭环系统。

④系统分析与数量分析是密不可分的。要进行成功有效的管理，就要对企业的基本问题进行系统分析，以便找出关键所在。系统分析要有严密的逻辑性，即在拟订方案前要先确定方案的目的，实现的场所、地点、人员和方法。

2. 经验主义学派

经验主义学派又称经理主义学派，是在第二次世界大战以后产生的一个管理学派。该学派以大企业的管理经验为主要研究对象，以向企业经理提供管理企业的成功经验和科学方法为主要宗旨，因此，被称为经验主义学派。该学派著名的代表人物是德鲁克(Druker)。

经验主义学派的主要观点如下。

(1)以企业管理经验为主进行管理理论研究

这一主张有一定的合理性，也可以作为研究管理理论和提高实际管理水平的一条重要途径。这是因为管理科学不是一门非常严密和精确的科学，有很大的灵活性和艺术性。管理科学是一门应用科学。企业管理经验，特别是大企业管理经验，都是在反复实践的基础上总结出来的，对于管理实践来说有更直接的指导作用。

这一主张给我们的启示如下。一是管理理论研究和教学人员一定要深入实际，最好能掌握第一手实践经验。事实上，国内外许多著名管理学家都出自实际管理者，如泰勒、法约尔、巴纳德。二是管理理论研究应建立科研、教学、实践“三位一体”的管理体制。

(2)目标管理是一种有效的管理方法

目标管理不但可以运用于企业，而且可以运用于政府机关、学校等一切有明确任务、明确目标的单位。

运用目标管理要注意以下几点：第一，目标管理的基本出发点是综合以工作为中心和以人为中心的管理技能，把企业目标的实现与人的需要满足结合起来；第二，目标管理的基本方式是自我控制，即目标的承担者对于目标是在自愿的基础上接受的。第三，实行目标管理要进行层层目标分解，并与职责、权力有机结合。第四，实行目标管理，必须重视目标评价。

3. 管理科学学派

管理科学学派又称管理中的数量学派，在20世纪50年代成熟起来，是运筹学在管理中的具体运用，使管理从以往定性的描述走向了定量的预测阶段，其主要代表人物是伯法(Buffa)。该学派主张以现代自然科学和技术科学的最新成果(如数学方法、电子计算机技术等)为手段，运用数学和统计学的模式与程序，对管理领域中的人力、物力、财力进行系统的定量分析，做出最优的规范和决策，使投入的资源发挥最大的作用，得到最大的经济效益，从而达到企业目标。管理科学的主要目标也是探求最有效的工作方法或最优方案，因此可以说是泰勒科学的继续和发展。但其研究范围更广，不仅是操作方法和作业研究，而且面向整个组织的所有活动，采用的科技手段更先进。

总之，现代管理观念在20世纪五六十年代得到迅速发展，呈现出学派林立的繁荣景象。20世纪八九十年代以来，现代管理理论仍在继续发展。在这一基础上，一些新的管理理论、管理动向开始出现。这些新理论、新动向的总的特点就是管理的综合、软化和对知识经济管理的探索。所谓综合，不仅是各管理学派理论观点的综合，而且包括国与国、企业与企业管理体制、管理方式与管理方法的综合；所谓软化，就是非理性主义倾向和企业文化理论的产生；所谓对知识经济管理的探索，就是指《第五代管理》等管理著作的问世。20 世纪八九十年代管理理论发展的这种新趋势，是与经济全球化、知识经济初露端倪的发展趋势相适应的。这种趋势继续发展，我们必将迎来管理理论发展的新阶段。

4. 现代管理理论对教育管理的影响

自从 20 世纪 50 年代一些国家提出系统理论以后，系统管理便成为一句时尚的口号，在包括学校在内的各行各业的管理中流传开来。用系统论的思想考虑问题，使人们把学校教育看成一个过程，即来自社会的输入(生源)—教育过程—向社会输出(提供受过教育的个体)。由此可见，人们已经把学校看作一个开放的系统。但随着实践的发展，人们逐渐意识到依靠这样的理论模型是难以理解教育组织活动的，所以到 20 世纪 70 年代后期又建立起了新的说明教育组织活动的模型，即把学校理解为社会系统的一个组成部分。

系统管理学派发展了社会系统学派的理论。按照系统管理学派的观点，学校也存在任务、结构、技术和人这四个子系统。它们之间相互作用，并且学校又处于更大的社会系统之中，学校系统还受学校外部系统的影响。社会对学校的一般规定和更为广泛的社会文化是主要的外部支配力量。这种理论往往同权变理论相结合，通常根据教育系统内部和外部的具体情况对组织问题做出灵活的处理。

管理科学的一些观点和做法对教育管理也产生了一定的影响。在教育的宏观管理方面，如制订教育事业发展规划，可以采用预测、建模模拟等方法，但在应用时要根据外部因素的变化随时给予必要的校正。在建立信息情报系统方面，运用计算机技术确实是非常有效的，便于各级管理人员及时全面地把握各方面的情况。

总之，管理科学的发展对学校管理思想的形成及发展和学校管理理论的构建有深刻的影响。但是，学校管理研究工作者的学术取向绝不是简单的迁移，而是要充分重视对学校教育的特殊性研究，从学校管理的基本矛盾和特殊规律出发，吸收管理科学的理论成果，构建学校管理体系。

第四节　陶行知教育管理思想与中小学管理

陶行知是我国现代著名的教育思想家和教育实践家，一生创办和管理过多所不同类型的学校，培养了无数学以致用的社会英才。陶行知的教育管理思想主要体现在他亲自参与创办和管理晓庄试验乡村师范、育才学校、山海工学团三所学校的实践中。陶行知教育管理思想不仅引领他所处时代的教育潮流，而且对当今中国各级各类学校管理具有可借鉴的实践价值和理论价值。

一、学校管理观

陶行知一生创办和管理过多所不同类型的学校，在此基础上形成了独具特色的学校管理观：校长是学校的灵魂，要有包容精神与创造精神；以建章立制为基础，依靠师生共同管理学校；将教育融入社会，开创学校教育的新局面。深入研究陶行知的学校管理思想，对于提高学校领导效能、改进管理方法、创新学校管理体制等均具有重要的现实意义。

（一）校长是学校的灵魂，要有包容精神与创造精神

“校长是学校的灵魂”来自陶行知在他创办和管理多所不同类型的学校的实践中对校长地位、作用的深刻认识。陶行知在《整个的校长》一文中深刻指出：“做一个校长，谈何容易；说得小些，关系到千百人的学业前途；说得大些，是关系到国家与学术之兴衰。”①他认为：“不应该把自己的力量小看了，……最重要的是我们要认清我们任务之重大。”②陶行知作为一名教育实践家，以拯救近代贫弱的祖国为目标，针对中国传统教育受众范围小的缺点倡导大众教育，主张推行平民化教育，开展全国范围的平民教育，使得全国人民能够接受更多关于自己职业的知识，并且培养国民的教育意识，从而使国民更加关注后代的教育问题，提升国民整体素质，达到促进社会改造、教育兴国的目的。

陶行知在管理学校实践中倡导好的校长应具有包容精神和创新精神，不断改进学校管理，提高教学效能。陶行知在管理学校实践中要求“大同”，但不反对“不同”。他曾说晓庄教育办到全国各地，应当是不一样的，如果都按照现在的晓庄模式创办教育，那么便是失败的，全国各地没有一模一样的环境，不能够生搬硬套，这样只会适得其反。陶行知还说：“敢探未发明的新理，即是创造精神；敢入未开化的边疆，即是开辟精神。创造时，目光要深；开辟时，目光要远。总体来说，创造、开辟都要有胆量。在教育界，有胆量创造的人，即是创造的教育家；有胆量开

---

① 广东省陶行知研究会：《一代宗师——陶行知诞生100周年纪念文集》，110页，广州，广东教育出版社，1993。

② 陶行知：《中国教育改造》，190～191页，合肥，安徽人民出版社，2019。

辟的人，即是开辟的教育家，都是第一流的人物。”①校长的管理工作需要具有极大的创造性，切忌盲目地照搬别人的经验。陶行知对盲目模仿其他国家的教育制度的人进行了猛烈批判。他说：“我国兴学以来，最初仿效泰西，继而学日本，民国四年取法德国，近年特生美国热，都非健全的趋向。学来学去，总是三不像。”②当时有许多从国外留学回来的学生，生搬硬套地把国外的教育制度搬进中国，一个国家教育制度不行，再照搬另外一个国家的，这样不仅没有为我国教育发展提供帮助，反而造成了严重的负面影响。陶行知认为这是一种偷懒行为。他指出，教育的重点在于创造，我们应该结合自己国家的情况创造出自己的教育。陶行知不仅深刻探讨了创造办学对于当时中国教育事业发展的重要性，还身体力行地为其他教育者做出了示范。比如，在晓庄办学时将教育深入农村，以“生计”教育解决了当时农村的教育问题；在教学实践中创造式地使用“小先生制”，弥补了当时师资力量不足的缺点。

(二)以建章立制为基础，依靠师生共同管理学校

在学校管理中，陶行知特别重视董事会制度、学生自治制度，并且通过规定四大任务达到民主管理：培训在职教师，通过教员使学生进步，提拔能为民众教育服务的人，打开校门为社会服务。陶行知认为，我国几千年的封建专制制度使人们潜移默化地受到专制的影响，已经习惯于专制的生活方式。在学校中，校长对于教员，教员对于学生也避免不了独裁的风气。所以陶行知认为要以建章立制为基础，将民主管理融入校园生活，倡导“教学做合一”教育理论。陶行知认为，教师与学生应该同甘共苦，这样才能使感情融洽。在学校里，师生应当团结，不分阶级。陶行知曾对一位校工说道：“我们主张人类平等：校长和校工一律看待，吃一样的饭，一样的要尽本分。校长不尽本分，校长的饭碗便要打破；校工不尽本分，校工的饭碗也是要打破的。”③因此，陶行知心中理想的学校是充满民主气氛的学校，这样的学校有利于师生的交流和共同进步，有利于师生打成一片。

在陶行知的教育生涯中，无论是晓庄试验乡村师范还是育才学校等，陶行知始终提倡民主管理，强调管理者要尊重每个师生、员工的价值，用人以长。陶行知认为社会如果不以人的价值为基础，那么就算不上现代社会。只有民主管理的国家，

---

① 陶行知：《生活即教育》，94 页，武汉，长江文艺出版社，2021。

② 陶行知：《中国教育改造》，24 页，合肥，安徽人民出版社，2019。

③ 陶行知：《陶行知全集》第 8 卷，153 页，成都，四川教育出版社，2005。

才能真正地实现国家的现代化。关于什么是民主，陶行知解释说：“民主没有深奥的意思，通俗点说，就是‘大家有份’。在倒霉的时候是‘有祸同当’，在幸运的时候是‘有福大家享’，在平常的时候是‘大家的事大家做，大家谈，大家想’。”①陶行知还从学生的角度出发，提出减轻学生的负担，将时间与精力留给学生自己，使得学生能够得到全面发展。他所创办的晓庄试验乡村师范中没有固定的班级和固定的上课制度，上课时间与形式灵活多变，根据具体情况具体分析。对于学生成绩的评估，也是立足于社会。他曾将农事、木工操作列入考试科目。他呼吁社会对于学生：“不把他的功课表填满，不逼迫他赶考，不和家长联合起来在功课上夹攻，要给他一点空闲时间消化所学，并且学一点他自己渴望要学的学问，干一点他自己高兴干的事情。”②

（三）将教育融入社会，开创学校教育的新局面

陶行知曾从师于杜威。杜威提出“教育即生活”，强调将生活引入教育，强调教育与生活的联系。陶行知在杜威的观点的基础上，实现了突破与创新。陶行知认为，“教育即生活”是一种不真实的生活。他曾经在中国普及教育方案商讨中将它作了比喻：“好比一个笼子里面囚着几只小鸟，养鸟者顾念鸟儿寂寞，搬一两丫树枝进笼，以便鸟儿跳得好玩，或者再捉几只生物来，给鸟儿做陪伴。小鸟是比较的舒服了，然而鸟笼毕竟还是鸟笼，决不是鸟的世界。”③随着“教育即生活”的提出，“学校即社会”应运而生。基于对杜威将生活引入学校的批判，陶行知提出了“社会即学校”，提倡将教育融入社会，用整个社会进行教育活动。此外，陶行知还强调，坏的生活也可以起到警示教育作用，对于坏的生活我们需要认识、防范，这样学生进入社会之后遇到类似的情况才能做到有恃无恐，防患于未然。

陶行知曾多次强调中国教育应当充满生气，朝气蓬勃。当时中国旧教育一味强调书本，脱离实际，不能随着实际的变化而变化，同时教育受众面小，是小部分人的教育。尽管中国经历了一系列救国图存的运动改革，但这些改革仍然没有从根本上挽救中国教育。陶行知指出，当时的改革是换汤不换药，是老八股与洋八股的区别。他认为当时中国教育走错了道路，有出路的教育应当与实际相结合，生活决定教育，从书本里走出来，随着生活的变化而变化，同时给予学生充分的自由，注重

---

① 陶行知：《生活即教育》，241页，武汉，长江文艺出版社，2021。

② 陶行知：《中国教育改造》，235页，合肥，安徽人民出版社，2019。

③ 陶行知：《陶行知全集》第3卷，205页，成都，四川教育出版社，2005。

培养学生的兴趣，不可管理得过死，那样只会造就书呆子，只有充满生气的教育才能改造中国。为了给予学生自由的学习环境，陶行知推翻了以往认为书本是唯一的读书工具的观念，呼吁学生走出教室与校园，走向社会与生活，并且从生活中学习，运用自己的主观能动性，达到改造社会的目的。他提倡“行是知之始，知是行之成”，主张实施大众教育，使得更多中国民众能够接受更多关于自己职业的知识；强调学校教育要与中国社会实际相结合，教而不学、学而不做都是不够的，应当从生活中学，最终达到中国教育的新境界。

二、学生管理观

陶行知一生将数以万计的学生培养成了当时社会的有用之才。他在长期的教育实践中形成了独具特色的学生管理观：注重学生常规管理，培养学生良好的品德；倡导学生自治管理，培养学生的自我管理意识；注重学以致用，培养学生服务社会的真才实干等。深入研究陶行知的学生管理思想，对于我们提高学生管理效能、改进管理方法、创新学生管理工作等均具有重要的现实意义。

(一)注重学生常规管理，培养学生良好的品德

陶行知认为对于学生的管理要管放结合。只管不放，那就是读死书；只放不管，那就是放任学生自流。学生管理公约要经过学校管理者、师生员工共同酝酿、讨论。学生管理公约是维护学校利益不可缺少的，也是正常教学秩序建立的基础条件。学生常规管理主要指的是对经常性的规章制度的管理，如对课堂常规、饭厅常规、宿舍常规、集会常规、图书阅览常规、实验操作常规、劳动常规等的管理，以及对师生之间、同学之间、亲友之间基本礼貌要求的相关规定。这些学生常规管理并不会扼杀学生的个性，而是学生成长成才的需要。

陶行知心中好的学生是具备良好品性，并且不断追求“变”字的学生。陶行知说过，教育就是教人变，好的教育教人变好，坏的教育教人变坏。好的教育应当充满生气，教学生将知识与生活实际相联系。坏的教育教人变“死”，知识与生活实际相互脱离。陶行知主张培养能力与知识平衡的“文武双全”的学生。传统的教育理念使读书人不了解如何进行生活实践，成了“书呆子”，而农民阶级往往劳力却不能劳心，陶行知将这些人称为“田呆子”，这些人往往只知道做工。陶行知针对这一现象，给出了两种办法：第一，教劳心之人学会如何劳力；第二，教劳力之人学会边劳力边劳心。他曾说：“所以四万万人，若都能用脑来指挥手，手来变化脑，那么

组织起来，必能生惊人的力量。”①陶行知认为只有培养具有坚定信念的学生，才能承担救国救民的历史责任。

（二）倡导学生自治管理，培养学生的自我管理意识

主张学生自治，是陶行知学生管理思想的另一鲜明特色。“学生自治是学生结起团体来，大家学习自己管理自己的手续。”“学生自治，不是自由行动，乃是共同治理；不是打消规则，乃是大家立法守法；不是放任，不是和学校宣布独立，乃是练习自治的道理。”②学生自治是20世纪初盛行于中国的教育新思潮之一的自动主义的产物。关于为何要实施学生自治，宏观上是救国救民，微观上有三点。第一，陶行知主张建立共和国，共和的根本原则就是天下为公，国家的治理是所有公民共同的事情，这就需要公民拥有治理国家和自己的能力。这与中国传统的专制不同，专制体制下的人民是被治的。要改变这一现状，需要从教育抓起，在学校里培养学生自己治理自己与学校的能力。第二，由于近代中国民智已开，民主思想兴起，过去君主专制在中国已经一去不复返。陶行知认为，民众不愿被治，却又没有自治的权利与能力，对于国家来说是一大灾难，所以应当顺应形势，培养人民自治的能力，这样才能保证国家内部安定。第三，既然决定了要给予民众自治权，那么不能光说不练、纸上谈兵，应该从小抓起，从教育抓起，让人们从小在学校里培养出自治的习惯，那么学生走出象牙塔后，才能在纷繁的社会中自治。

学校对学生自治管理要有清醒认识，要兴利去弊。凡事有利则有弊，学生自治管理同样如此。陶行知提出了几点学生自治的好处与弊端。好处有以下三点。第一，学生可以得到锻炼的机会。当时很注重实验，物理、化学课等都有实验，学生自治可使学生得到极好的锻炼。第二，能够满足学生的需要。以往学校规章都是学校规定的，难免与学生产生隔阂，如学生自己能够拟定规章，那么学校能更加人性化地进行管理。第三，如果由学生定制规章，那么学生就站在了维护制度的这一面，有利于学生遵守自己定下的制度，不会出现教师在场与不在场截然不同的情况。弊端有以下三点。第一，只要有团体存在，难免就会划分派系。学生自治是团体自治，如果运用不得当，那么容易变成学生争权的工具。第二，容易将自治发展为治人，“因为有了团体，一不谨慎，就有驾驭别人的趋势”③。第三，容易出现学

① 陶行知：《陶行知文集》，244页，北京，群言出版社，2012。
② 陶行知：《中国教育改造》，16页，合肥，安徽人民出版社，2019。
③ 陶行知：《中国教育改造》，19页，合肥，安徽人民出版社，2019。

校自治与学校对立的情况。因此，兴利去弊是学校对学生自治管理中不容忽视的重要问题。

(三)注重学以致用，培养学生服务社会的真才实干

陶行知认为学生之所以读书，是要用从书上学习来的知识指导并改善现实生活，而绝不能只知道读死书。人们对教育的认识往往有误区，只要一提到教育，便以为教育就是读书写字。有的教师只管教学生读书写字，而不管将来学生融入社会生活的需要。陶行知认为，读书写字只是教育的一部分，教师引导学生努力求学的方法主要有三种：第一，好学的教师与同学，学生会受到他们的熏染，唯有学而不厌的教师才能教出学而不厌的学生；第二，具备相应的并且能引起学生兴趣的工具，学习的设备必须应有尽有；第三，必须督促学生。三者都具备后，大多数学生就会努力学习了。他认为当学生碰上问题时，教师不要直接给出答案，而应该指导学生，让学生自己思考，得出答案，并且学会利用这种经验来解决别的问题。另外，陶行知从学生的角度出发，认为学生思考问题应当具有科学批判精神，不可盲从，不能忘掉气节，这是学生应当具有的特质，唯有如此才能成为改造社会、服务社会的新时代人才。

现代教育应随着生活的变化而变化，社会生活决定教育。陶行知针对当时社会上教育与实际严重分离的情况，提倡生活即教育。他认为教育的本质在于改变生活，教育来源于生活。如果教育仅仅局限于书本，不与生活实际相联系，那么这样的教育的力量是非常小的。陶行知认为将教育融入社会生活，才能实现教育改变生活的目的。因此，陶行知认为先生的责任不在于教，而是在于教学，教学生怎么学，这样才能培养学生服务社会的真才实干。

三、教师管理观

陶行知始终坚持“捧着一颗心来，不带半根草去”，在长期的教育实践中形成了内涵丰富的教师管理思想：师爱是教师之魂，突出教师爱心与责任心的作用；强调“教学做”统一，理论教学与实践教学相结合；倡导“有教先学”思想，重视教师自身素质的提升等内容。深入研究陶行知的教师管理思想，对于我们培养合格师资、改革教学方法、提升教学效能等均具有重要的现实意义。

(一)师爱是教师之魂，突出教师爱心与责任心的作用

陶行知在《新教育》一文中提到，教师是“造新国家、新国民、新社会”的大师。

具有师爱情感的教师，才能在平凡的教师岗位做出不平凡的教育成绩，才能将自身工作与国家的富强、民族的振兴及学生的发展紧紧联系起来。教师应当坚信教育事业是对于国家大有可为的事业，做得好能够救国救民，自己也能找到社会价值。教育事业却又不可以急于求成，需要由量变积累为质变，最终永久有益于世。陶行知还提醒教师不要因做小学教师而失去上进心，学校虽小却包罗万象。

教师心中应当有一个属于自己的理想社会，以此来指导自己的教育实践活动，并且为之不断努力奋斗。曾经有人问陶行知为何每天自己扫地抹桌，陶行知回答："扫地抹桌，是养成扫除肮脏的习惯。我们还可以把扫地抹桌的魄力，推出去扫除全国的、全世界上的一切的肮脏东西！"①可见，陶行知将救国救民的重任与日常生活完全融合到了一起，无时无刻不记得救亡图存的重任。

陶行知还强调教师需具有责任心。中国传统教育一直都是小众教育，即少数人受到了真正的教育，而且其中女子更少。陶行知认为，没有受过教育的公民，便不能算作共和国民。中国人口基数如此之大，身为教师要将这么多人教育为共和国民，那得花多少年的时间？所以不能急于求成，即便个人无法做出很突出的贡献，也要坚持下去，所谓"前人种树，后人乘凉"。只要一代接一代，持之以恒，那么总能够将小众教育变为大众教育。另外，抓住教育的机会，也是教育者的责任。陶行知认为好的先生应当一面教，一面不停地学习。先生若停止了学习新知识，只是将从前仅有的知识传给学生，那么怎么会进步？学生自然也不会进步。他曾经说："有些人做了几年教师便有倦意，原因固然很多，但主要的还是因为不好学，天天开留声机，唱旧片子，所以难免觉得疲倦起来。唯独学而不厌的人，才可以诲人不倦。要想做教师的人把岗位站得长久，必须使他们有机会一面教、一面学，教到老、学到老。当然，一位进步的教师，一定是越教越要学，越学越快乐。"②陶行知提倡"为了教而学"，认为这优于"为了学而学"。陶行知要求学校的教员应该深入基层，和学生同甘共苦，与学生打成一片，真心关心学生的成长成才。唯有如此，中国的教育才有活力，中国才有可能实现强国富民的目标。

(二)强调"教学做"统一，理论教学与实践教学相结合

当时中国许多人寻找救亡图存的道路，不分青红皂白一概照搬西方或者日本的模式，这当然是不可取的。针对这种情况，陶行知提出，教师要用种种方法，屡次

---

① 陶行知：《陶行知全集》第2卷，16页，成都，四川教育出版社，2005。

② 陶行知：《陶行知全集》第4卷，545页，成都，四川教育出版社，2005。

实验，分析综合才能得出结论，断然不能只能依靠国外模式或者经验主义。他曾经说："从前人说'温故而知新'，但是新的法子从外国传到中国，又传到杭州，我们以为新的时候，他们已经旧了。所以望大家注意，不可不由自己试验得出真理，方不至于落人之后哩！"[①]陶行知结合中国当时的国情与西方教育管理的经验，通过艰苦的实践探索提出了生活教育三大理论，开创了小先生制、工学团等实用的教学管理办法，为中国自主教育事业发展提供了宝贵的经验。

陶行知认为"教学做合一"要注意两个方面。一个方面是方法，"教的法子根据学的法子；学的法子根据做的法子"[②]。另一个方面是生活，"我们的实际生活，就是我们全部的课程；我们的课程，就是我们的实际生活"[③]。"做"指的是实践活动，"教学做"为一件事，不能分开。教师与学生一起进行实践活动，教师在实践活动的基础上教，学生在实践活动的基础上学，师生都以实践活动为中心。陶行知又特别强调要在劳力上劳心，即手到的同时心也要到才算是有意义的，才能够创造新的价值。没有教师的情况下同样存在"教学做合一"，因为学生的所作所为会影响身边的同学，这个时候可以将学生看作临时的教师。学生一面做，一面教，一面学。由于学生之间的关系往往比师生之间的关系更加亲密，因此学生之间相互言传身教的影响力在有的时候比教师对学生的影响力更大。另外，学生不仅能影响学生，还能影响教师。陶行知曾说："不愿拜小孩子做先生的人，不配做小孩子的先生。"[④]小孩子没有受到太多的精神桎梏，与之接触的教师往往能具备更多的童心。所以陶行知认为"教学做"是同时发生的，不是分离的。他强调要以做为中心，要以生活实践为中心，书本理论要与社会实践相结合，重视对学生实践技能的培养。

（三）倡导"有教先学"思想，重视教师自身素质的提升

要办成优秀的学校，必须有质量较高、志同道合的教师团队。陶行知曾经说过："要有好的学校先要有好的教师。"[⑤]陶行知创办晓庄试验乡村师范，重要原因之一就是为推行平民教育、大众教育培养优秀的师资力量。他曾在《中华教育改进社改造全国乡村教育宣传书》一文中提到："本社的乡村教育政策是要乡村学校做改

---

① 陶行知：《生活即教育》，9页，武汉，长江文艺出版社，2021。
② 陶行知：《中国教育改造》，65页，合肥，安徽人民出版社，2019。
③ 陶行知：《陶行知全集》第2卷，289页，成都，四川教育出版社，2005。
④ 陶行知：《中国教育改造》，90页，合肥，安徽人民出版社，2019。
⑤ 陶行知：《中国教育改造》，67页，合肥，安徽人民出版社，2019。

造乡村生活中心；乡村教师做改造乡村的灵魂。”①在教师队伍建设之中，陶行知求贤若渴。

有一次，陶行知的得力干将、教育家杨效春心生去意，陶行知马上与晓庄试验乡村师范的另一位创办者赵叔愚商量，要求尽全校所有力量，全力留下杨效春，并且还做了一首《催效春先生返校之歌》表达他对杨效春的挽留之情。陶行知还给杨效春写了一封信，信中提到：“您可晓得‘回校与否’四个字所引起之轩然大波。……您和同学所发生的关系，只有奶妈乳儿可以比的。您一想到这种关系，就晓得同学们和我们现在所受的痛苦。……总之，本校前途，至有希望。没有您回来，即不但以前工作付之流水，以后命脉也要斩绝。您是去不得的。”②

在管理学校的过程中，陶行知要求教师不断提升自身素养，倡导“有教先学”思想。他认为教师要以己为师，为教而学，先学后教；以生为师，学为中心，互学互教。与此同时，他也非常关心教师生活，帮助教师克服生活中的困难，鼓励教师相信能够战胜苦难，具备乐观的精神，他曾说：“学校要解决教员的生计问题，要为教员的发展创造条件。”③育才学校开办时，遭遇了极大困难，入不敷出现象极为严重，师生都产生了悲观为难的情绪。对此，陶行知安慰大家：“在平时办学，一帆风顺，人人能办。在艰难困苦中不动摇而向前创造，才难能可贵，奋斗是成功之父。”④“有教先学”思想使育才学校拥有一大批好老师，在艰苦办学环境中依靠全体师生员工的共同努力，发展成为当时中国一流的学校，并为当时中国培养了许多人才。

【要点小结】

1. 古典管理理论的基本特质在于，以“经济人”为前提假设，旨在通过严格的规章制度、物质刺激和科学的方法来提高劳动生产率。

2. 泰勒的科学管理理论有四个原理：第一，科学地研究一项工作的每个部分，然后找到最合适的方法；第二，精心挑选工人，训练他们用科学的方法来做这项工作；第三，和工人合作，保证新方法在实践中被采用；第四，把工作和责任分离开来，雇主负责用科学原理设计工作方法，雇员负责执行。

---

① 陶行知：《中国教育改造》，64页，合肥，安徽人民出版社，2019。

② 陶行知：《陶行知全集》第8卷，144～145页，成都，四川教育出版社，2005。

③ 黎君：《弘扬行知思想　构建和谐校园：广西陶行知教育思想理论与实践研究文集》，99页，南宁，广西科学技术出版社，2007。

④ 陶行知：《陶行知全集》第12卷，739页，成都，四川教育出版社，2005。

3. 法约尔提出了一般管理理论，强调对管理者进行多方面的培训，以使他们在组织中能更有效地履行他们的职责。

4. 韦伯的科层管理理论主要包括四个方面的内容：第一，科层制度在西方文明社会产生的历史原因；第二，科层组织的规章及功能；第三，在科层组织中，合法科层权威的职务和个人趋向；第四，在现代社会中，科层制的特性及它对人的自由的影响。

5. 麻省理工学院心理学教授麦格雷戈把“经济人”假设理论称作X理论，并把X理论的主要观点概括为以下几点：第一，人生来就是懒惰的，可能的话，总想尽量逃避工作；第二，一般人都没有什么雄心大志，也不愿负任何责任，宁愿让别人来引导与指挥；第三，人生来是以自我为中心的，对组织目标与要求并不关心；第四，人是缺乏理性的，本质上不能自律，容易受他人影响；第五，一般人都是为了满足自己的生理需要和安全需要参加工作的，只有金钱和其他的物质利益才能激励他们努力工作。

6.“社会人”假设理论的主要观点是：第一，人是“社会人”，影响人的生活积极性的因素，除物质因素外，还有社会因素和心理因素；第二，生产效率的高低主要取决于职工士气的高低，职工士气的高低取决于家庭、社会及企业中人与人之间的关系是否和谐；第三，正式组织中存在着非正式组织，这种非正式组织有其特殊的行为规范，对其成员有着很大的影响；第四，由于技术进步和工作合理化使人对工作本身失去了乐趣和意义，因此，人们便从社会关系中寻求乐趣和意义；第五，领导者要了解人，善于倾听职工的意见，使正式组织的经济需要同非正式组织的社会需要取得平衡。

7. Y理论或者“自我实现人”假设理论的主要观点是：第一，一般人是勤奋的，如果环境和条件有利的话，人们工作起来就如同游戏或休息一样自然；第二，控制和惩罚不是实现组织目标的唯一方法，人们在执行任务的过程中，能够自我指导和自我控制，外在的控制很可能对职工构成“威胁”；第三，在正常情况下，一般人不仅会接受任务，而且会主动地寻求责任；第四，人群中广泛地存在着高度的想象力、智谋和解决组织中的问题的创造性，在现代工业条件下，人的潜力只发挥了一部分，人还蕴藏着极大的潜力；第五，职工的自我实现倾向与组织所要求的行为之间并没有冲突，如果给工人一个机会，他们就会自动地把自己的目标与组织的目标结合起来。

8.“复杂人”假设理论的主要观点如下。第一，人的需要是多种多样的，是随着人的发展和生活条件的变化而变化的，并且需要的层次也随之不断地改变。第二，人在同一时间有各种需要和动机，它们会相互作用，结合为一个统一整体，形成错综复杂的动机模式。比如，一个人在同一时间既有从政的需要，又有求学深造的需要，还有抓紧时间解决婚姻问题的打算，这几种需要和动机相互作用，最后这个人决定上学深造，为以后得到提拔重用、找一个理想的恋人奠定基础。这样几种需要和动机就结合起来，成了一个统一的整体。第三，人在组织中的工作和生活条件是不断变化的，因而人会不断产生新的需要和动机。就是说，人的动机形成是内部需要和外部环境相互作用的结果。第四，一个人在不同单位或者在同一单位的不同部门会产生不同的需求。第五，由于人的需求不同，能力各异，同一管理方式会产生不同的效应，因此，没有一种管理方式适用于所有的人。

9. 系统管理学派的主要观点如下。第一，组织是一个人造系统，如工商企业是一个由相互联系、共同工作的各个要素组成的系统，以便达到一些目标。第二，在管理中运用系统分析方法。系统分析方法是指以系统理论为指导，运用逻辑的思维推理和科学计算，对一个系统的基本问题进行定性定量分析，在确定与不确定的条件下，拟订各种可行方案，并通过分析比较得出一种满意的方案的方法。第三，系统管理。系统管理是指把管理组织看成一个系统，并运用系统观点和系统分析方法解决管理问题的过程。系统管理学派认为，在管理中首先必须树立系统的观念。

10. 陶行知的学校管理观：校长是学校的灵魂，要有包容精神与创造精神；以建章立制为基础，依靠师生共同管理学校将教育融入社会，开创学校教育的新局面。

11. 陶行知的学生管理观：注重学生常规管理，培养学生良好的品德；倡导学生自治管理，培养学生的自我管理意识；注重学以致用，培养学生服务社会的真才实干等。

12. 陶行知的教师管理观：师爱是教师之魂，突出教师爱心与责任心的作用；强调“教学做”统一，理论教学与实践教学相结合；倡导“有教先学”思想，重视教师自身素质的提升等。

【思考题】

1. 请简述泰勒的科学管理理论。
2. 请简述法约尔的一般管理理论的五种职能及其含义。
3. 请用自己的话说说古典管理理论对我们当今教育管理实践的意义。
4. 西方“人性假设”理论的发展对中小学管理产生了什么影响？
5. 请简述巴纳德社会系统理论的主要理论观点。

第三章　学校发展规划

>>> **本章学习目标**

1. 知道学校发展规划的含义。
2. 掌握学校发展规划的类型、功能以及意义。
3. 了解制定学校发展规划的目的和原则。
4. 知道学校发展规划制定的内容。
5. 掌握学校发展规划的实施。

第一节　学校发展规划概述

学校发展规划又称学校蓝图、学校远景计划、学校战略规划、学校设计等，于20世纪80年代中期兴起于英国。

英国哈格里夫(Hargreaves)和霍普金斯(Hopkins)是较早明确又系统提出“学校发展规划”(school development planning)这一概念的学者。目前，国外学校发展规划研究主要集中于英国、印度、澳大利亚、美国和加拿大等国。

20世纪80年代，我国首次引进“学校发展计划”的概念。1999年，上海市与美国合作进行“高效能学校：用测量改进管理”的后续研究。同年，上海市教委与英国文化委员会合作，引进“学校发展计划”项目，在一些中小学开展实验研究。上海的学校发展规划成为评审活动的重要内容的经验在全国得到推广。

2001年，在联合国儿童基金会的支持下，教育部正式引进学校发展规划项目，并在甘肃等13个省份开展中小学校长培训试点，相关的理论研究与实践工作也随之启动。

学校发展规划现已成为国际教育界的研究热点，成为中小学学校管理领域普遍采用的一种管理工具。学校发展规划的推广和应用将对提高我国中小学的办学水平和管理效能产生积极的影响。

一、学校发展规划的含义

(一)何谓学校发展

学校发展是一个内涵十分丰富的概念，主要指学校在原有基础上有所提升。从发展的主体来看，学校发展包括学生发展、教师发展、学校领导者发展等。从发展的具体内容来看，学校发展包括学校硬件发展与软件发展：硬件发展主要有教学设施的更新、校园建筑的建设等，软件发展主要有学生与教职工素质的提高、学校形象的提升、学校品牌的树立、校园文化的建设等。从发展的方式来看，学校发展包括规模发展与内涵发展。从发展的性质来看，学校发展有渐进式发展与跨越式发展。

(二)何谓学校发展规划

西方国家学校发展规划项目对学校发展规划的解释为：通过学校共同体成员的共同努力，系统地分析学校的原有基础及学校所处的环境，发现学校的优先发展项目，确定学校的发展方向和教育目标，促使学校挖掘自身的潜在资源，按照自己的价值观提高学校的管理效能，最终提高学校的教育质量。

我国理论界对学校发展规划的解释为：学校发展规划是指学校根据国家或地区教育发展计划的要求，结合自身条件，对学校未来三至五年内要达到的主要目标和发展途径，如学校发展目标、发展规模与速度、组织结构、人力资源、办学条件和实施策略等方面所做的安排。学校发展规划包括确定社区未来三至五年对学校的需求，寻找学校发展中存在的主要问题，展望学校发展的前景，提出实现学校发展目标优先需要解决的问题及实现学校发展目标的办法、行动计划和措施。

(三)学校发展规划的基本内涵

第一，学校发展规划绝不是几位校长苦思冥想的结果，而应是校长、教师、投资方、学校管理者、学生家长、学校管理委员会、地方教育工作人员等共同参与，立足于学校实际制订的学校发展的行动计划。

第二，学校发展规划的制定应立足过去，指向未来，既有对过去的诊断和分析，又有对未来的预测和憧憬。任何一种规划都不是为规划而规划，强调的不仅仅是静态的结果，更关注动态的实施过程。从本质上讲，学校发展规划是一种过程，而不是一种结果。

第三，从时限上看，学校发展规划往往是学校三到五年的远景规划。其意义在于通过对学校发展的设计，最终促进学生的全面发展和提高。学校发展规划是一种手段，而不是一种目的。学校发展规划的中心应放在满足学生学习需求和提高学生的综合素养上，与此同时，也应重视教师的专业发展和专业技能获得。

二、学校发展规划的类型

(一)长期规划和中短期规划

从学校发展规划的时间来划分，有长期规划和中短期规划两种。一般情况下，五年及以上的规划为长期规划，四年以下的规划为中短期规划。

(二)综合规划和专项规划

从学校发展规划的内容来划分，有综合规划和专项规划两种。综合规划常被称为总体规划，是学校发展的全方位的规划；专项规划是与综合规划相对应的各级各类学校发展的专门性规划，如体育发展规划、教师发展规划等。

(三)落实型规划和原创型规划

从学校发展规划的动因来划分，有落实型规划和原创型规划两种。落实型规划是为贯彻落实上级规划的精神，下一级要在上一级规划的基础上制定出具有本地特色的地方性规划；原创型规划是与落实型规划相对应的，是没有上一级明确指令而根据地方发展需要制定的规划，如关于选修课程的发展规划、关于校本课程的发展规划等。

(四)战略型规划和操作型规划

从学校发展规划的性质来划分，有战略型规划和操作型规划两种。战略型规划包括对学校基本情况的回顾和战略分析，确定学校的愿景、使命和目标，为达到目标选择战略。战略型规划是做正确的事情，目标、变化、发展是它的组成因素。操作型规划是从战略型规划中“生长”出来的，是战略型规划的后续与执行部分，是前面所说的落实型规划。学校可以根据现实环境的变化和发展，具体选择适合环境的多样的操作方式。操作型规划包括从战略分析中得来的具体的、主要考虑的因素；使命陈述；重要的目标列举；被选出来的为达到每个目标的战略；对成员的责任分配；资源分配。操作型规划是把事情做对，操作、实施、结果是它的组成要素。

三、学校发展规划的功能

(一)指向性

规划是全面而长远的发展计划。在一定时期内，规划是学校各种活动、行为所要达到的标准，是学校各项行动的航标。科学而符合实际的规划具有极大的号召力，能使全校师生员工朝着规划所指向的目标而奋斗，并能够鼓舞士气，增强凝聚力，提高学校工作的效率。

(二)可控性

规划制定并为群众所理解和认同后，校长就可以根据规划中的目标，调动各种积极因素，努力实现预定目标；同时，在实现目标的过程中，还要尽力排除各种干扰，纠正偏离目标的各种行为，抑制不符合目标的其他需要。

(三)激励性

当师生员工行动遇到障碍时，规划中的目标可以给人克服困难的力量；当行动较为顺利时，规划中的目标又可以给人鼓舞，增强人们行动的信心。全校师生员工看到明确、具体的目标，并感受到目标正在一步一步实现后，就会形成强烈的动向感。

(四)可衡性

正确而切合实际的规划目标既是各项管理工作的出发点，又是各项管理工作的终结点，因而它是人们检验和衡量各项工作成效的尺度。校长通常根据既定的目标要求检查工作的完成度，使精心设计的学校发展蓝图变成客观现实。对工作好坏、质量高低的评价不是根据主观感觉，而是以是否完成规划中的目标的客观实际为依据。规划的可衡性还体现在学校的各个部门能根据规划要求衡量各自工作的成效。

(五)发展性

校本发展是一种重视学校自身力量和学校自身发展的教育观念。它主张在政府宏观指导和积极参与下，学校自主办学和自主发展。在校本发展的理念下，学校发展规划的制定要充分发挥学校的主动性和能动性，需要学校从自己的优势和弱势中寻求变革，在大量的比较参照中重新定位，制定科学可行、符合实际的行动纲领，并实事求是地操作实践。

四、学校发展规划的意义

学校发展规划包括两个方面：一是政府或者教育主管部门对学校进行整体布局和规划调整，谋划各级各类学校的发展；二是学校内部全体人员协同其他人员谋划学校自身的发展。

“中央教育工作领导小组的成立，有利于对深化教育体制改革、加快推进教育现代化、建设教育强国作出总体部署和战略设计，进一步健全了党委统一领导、党政齐抓共管、部门各负其责的教育领导体制。”[①]因此，学校发展要建立在科学的规划基础之上，尤其是当今科技飞速发展、社会不断变革的年代，更要求学校共同体成员尤其是学校领导对未来行动有清醒的认识，及早谋划，使学校始终处于可以控制的范围之内。如果不以前瞻性的眼光看待学校的问题，学校就谈不上发展，就会时刻处于被动之中。因而，做好学校发展规划对学校来说有着重大的战略意义，具体来说主要体现在以下几个方面。

(一)学校发展规划有利于促进学校持续发展

在这个迅速变化的世界中，组织如果封闭、传统，形式僵化，那么会被认为是不健康的，因为这种组织只强调自我封闭，其代价是丢弃了不断适应环境、与环境变化步调一致的能力。老子说：“物壮则老。”也就是说，事物处于鼎盛之时，正是其衰落之始。因此，学校保持长盛不衰的关键就是要不断地变革，不断地发展。目前我国还有一些教育基础相对薄弱的学校，教育的发展同人民群众对高质量教育的期望尚有一定的差距。只有不断地提升学校发展规划的科学性，才能持续提高学校办学质量，给社会提供更多令人满意的教育成果。优质学校也需要不断地进步，如果不发展、不变革，那么不仅不能保持已有的发展成果，而且会后退和衰落。

(二)学校发展规划有利于转变校长的领导方式

校长必须发动全体教师和学生，使他们参与规划的制定。这种“自下而上”的规划可以反映师生的心声，从而得到师生的支持，使规划得到更好的实施。这个过程必须是民主的，这样教师和学生才会积极主动地参与进来。这个过程使得校长的领导方式由专制走向民主，由独断走向协商。

---

① 本书编写组：《习近平总书记教育重要论述讲义》，25页，北京，高等教育出版社，2020。

(三)学校发展规划是学校坚持依法治校、规范办学、全面加强质量管理的重要基础

学校发展规划不仅应当体现学校自身发展的需求和利益，而且应当反映国家对教育的根本要求，体现当今社会的主体价值观。国家的教育法律法规、方针政策为学校制定发展规划提供了依据，这是学校发展重要和稳定的保障。因此，学校必须在自觉遵守国家教育法律法规的基础上追求主动发展，保证办学行为不偏离法律的轨道。在联动国家和学校、依法办学和自主办学两者之间，学校发展规划起着维系统一的基础作用。当然，制定学校发展规划对学校依法自主办学能力是一种释放，同时，也是对学校依法自主办学意识的一种考察。

(四)学校发展规划有利于凝聚人心，激励领导、师生办学的积极性

学校发展规划为转变管理思想、凝聚各方共识、分析诊断学校存在的问题、实现学校可持续发展提供了一个有效的平台。学校发展规划是学校办学的行动指南，是学校师生集体的行动纲领和"施工蓝图"。只有制定了明确的发展规划，学校发展才有目标、方向。学校发展规划可以通过对共同奋斗目标的有效设定来体现全体师生的根本利益。从这个意义上说，学校发展规划是学校可持续发展的灵魂。学校有了自身的奋斗目标和发展规划，才能够激励全校师生以主人翁的态度去努力工作或学习，保证学校主体目标的实现。因此，可以说好的学校发展规划是学校发展必不可少的内部驱动力。

(五)学校发展规划可以使学校适应社会发展变化

改革开放以来，我国社会发生了两次重大转变：一是社会结构的转变，即从农业的、乡土的传统社会向工业化、城镇化、开放的现代社会转变，这种社会转变贯穿整个现代化建设的全过程，是一种发展态势的转变；二是经济体制的转变，即从政府高度集中、严格干预的计划经济体制向依靠市场进行资源配置的市场经济体制转变。这是一种改革态势的转变。随着社会的变革和政府职能的转变，教育行政部门要真正从"办学校"转到"管学校"，进一步落实宏观管理的行政原则，从以具体工作管理为主转到以学校发展规划管理为主。学校发展规划是教育行政部门了解、指导和服务学校工作的主要途径，也是考核校长办学能力和办学水平的重要依据。学校只有不断地发展，才能适应社会转型的需要，跟上经济发展的节奏，否则就会被社会淘汰。

第二节 学校发展规划的制定与实施

学校发展规划是有关学校发展的系统而又全面的整体规划，所追求的是促进学校管理的根本性变革。它所涉及的内容是全方位的，以学校发展大计为出发点，涉及学校内部的许多方面，如学校的价值取向、办学经费、师资队伍建设、校园文化建设等，以及校外诸多因素，如政府、社区、家长等。

一、学校发展规划的制定

（一）制定学校发展规划的目的

1. 总体目的

制定学校发展规划的根本目的是推动学校发展；直接动机是应对学校发展中的内外环境变化；直接目标是得到各方对办学的支持，调动各方参与办学的积极性。

学校通过制定发展规划，分析诊断学校发展环境的变化、利益相关者的需要，寻找和解决学校发展中的问题，在克服问题中不断提升、进步；整合各种办学资源和办学力量，使学校、社区共同承担改进学校教育的责任，争取社会各界的支持，增加资源和办学力量；提高广大教职工的工作积极性；明确学校发展目标与方向，形成学校发展的行动方案。

2. 具体目的

第一，基于诊断。基于诊断的学校发展规划是专业的学校发展诊断与整体的战略规划行为，通常由专家或经验丰富的管理者对学校的状况做出整体诊断，提出学校发展的建议。学校变革一般由于无法自我超越，需要邀请第三方进行专业的诊断和前瞻性指导，选择具体变革策略。

第二，基于目标。基于目标的学校发展规划是一种确定目标、规划活动、检测修正，最终达到目标的过程，其源头是计划思想和目标管理理论。学校根据政府、自身发展需要确定目标，通过规划落实目标。尤其是新建学校的发展规划，万事皆新，教师需要依此理解明确的发展方向，也需要在构建较为完善的评价体系的过程中理解价值导向、努力方向。

第三，基于改进。基于改进的学校发展规划是一种学校自我改进行为，学校主动寻找问题与不足，制定并落实相应的改进策略，最终使学校的优点越来越多，缺点越来越少。一般是学校发展到一定阶段，需要强化特色，提升办学质量，尤其是在从质量名校走向文化名校、从特色项目到学校特色化过程当中，主动思考问题与不足，加以改进，进一步完善学校育人机制。

（二）制定学校发展规划的原则

1. 客观性原则

第一，客观分析办学历史，在继承中发展。制定学校发展规划必须用唯物主义历史观，对学校的办学历史按其不同阶段进行客观透彻的分析。了解历史、以史为鉴、继承传统、弘扬精神是学校发展的基础。只有持客观的态度，实事求是地分析学校不同时期办学的成功与失败，才能获取对学校发展有用的东西。

第二，客观判断优势与困难，准确定位。既要客观看到学校发展的优势，又要充分估计到学校发展的困难。要对照优势找差距，迎着困难思对策，对学校发展的优势和困难进行综合分析，明确哪些是绝对优势，哪些是相对优势，哪些是暂时优势，哪些是可培育优势，哪些是长期困难，哪些是暂时困难，哪些是可能再生的困难。只有对学校发展中的优势和困难做到客观分析，才能准确定位学校，找到学校现在的“坐标”，借势发力克服困难。

2. 科学性原则

第一，从国家方针政策中寻求发展策略。制定学校发展规划必须遵照国家的方针政策，同时要研究政策，吃透政策，抓住政策带来的机遇，借政策的“东风”培育学校的发展优势，用政策之力克服学校发展中的困难。

第二，以科学发展观确立发展目标。学校发展目标的确立必须遵循教育自身发展规律，将教育规律与学校实际紧密结合起来。不同的学校，其地理位置、教学设施、管理水平、师资质量、生源状况存在的差别很大，因此，在确立学校发展目标时，必须从学校发展的实际出发。脱离校情的目标是空想，违背规律的做法必然会受到规律的惩罚。

3. 可持续性原则

第一，分解长远目标，渐变中产生突变。一般情况下，长远目标与学校的现状相比差别越大，实现目标需要的时间就越长，历程就越艰辛，变革就越大。因此，要将学校发展的长远目标分解成阶段性的子目标，而且子目标之间的“高差”要适当。前一阶段的目标要为后一阶段的发展奠基，步步为营，稳扎稳打，确保学校在相对稳定中实现一个个突破，在渐变中实现一次次飞跃。

第二，优化资源配置，发展有后劲和空间。制定学校发展规划要认真分析现实社会对教育的需求以及未来教育发展的趋势，将眼前发展与长远发展有机结合，在充分利用现有发展优势的基础上，注意资源的优化配置，为明天的发展奠定基础，并留有足够的发展空间和后劲。

第三，协调要素，和谐发展。学校的发展涉及教学设施、师资队伍、学校文化、办学理念、人际环境、教育教学研究等诸多要素，这些要素构成了一个有机的、不可分割的整体。这些要素只有和谐统一，才能促进学校的发展，使学校工作迈上新台阶。

4. 特色性原则

学校发展必须凸显自身的办学特色。特色是品牌、标志，是统领学校发展的灵魂。学校要根据自身实际，在传统优势中求创新、求突破，形成自己的独特之处。特色可以表现在教育教学科研、师资建设、校本课程、艺术教育、学生社团等方面。特色，关键是比别人高出一筹，做到“人无我有，人有我优”。

(三)学校发展规划的内容

1. 不同国家的侧重点不同

英国学校发展规划的具体内容和制定过程一般是指检查学校的一系列功能，决定优先发展项目，创建一种规划，起草行动计划、目标、任务和成功标准，实施规划，检查实施过程，检查实施的成功度。

澳大利亚的学校发展规划重点内容有：强调与学校有利害关系的人共同参与规划过程的具体细节，如谁参与和通过何种方式参与；学校简要介绍，包括对学校的描述和对学校环境的分析；学校使命的阐述，阐述指导原则和目标；价值观和信念，这会影响学校简要介绍和学校使命的阐述；规划目标和策略，概述学校今后的目标；内部检查和评价，简单地描述内部检查的过程以及对今后规划内容的评价。

丹麦在学校发展规划的内容上强调：严密的教育领导、管理、人事福利和发展、组织、处理冲突、学校发展、管理透明度、管理责任心、授权。

2. 各国相似的内容

第一，学校现状分析。一般包括对学校历史和办学传统、学校发展中的特色和优势、学校发展中存在的问题、学校目前面临的挑战、社区及教职工对学校的期望等方面的分析。现状分析是制定学校发展规划的现实依据。

第二，办学理念和指导思想。在不同学校的办学规划中，这一部分的表述存在差异，但以办学理念、办学思想、办学指导思想三种表述居多，是制定学校发展规划的理论和政策依据。

第三，发展目标定位。学校发展目标主要由学校的办学目标和培养目标两方面构成。办学目标是指学校准备在将来多久的时间内发展成一所什么样的学校，其中重要内容是学校的办学特色；培养目标是学校希望将本校学生培养成什么样的人，其中很多内容是由党和国家的教育方针和法律规定的。

第四，行动计划。制订每一个优先发展项目的行动计划，落实责任到各个部门。部门根据优先发展项目制订行动计划是实现学校发展规划目标的关键。

第五，监控和评价。监控和评价学校发展规划，包括监控和评价各项计划的实施状况和目标完成状况。

3. 我国学校发展规划的内容

在我国，一个完整的学校发展规划通常包括三个构成部分和四个方面的内容：三个构成部分是学校的总体发展规划、课程和队伍建设规划、校园发展规划，四个方面是现状分析、发展目标、发展任务和保障系统。

学校发展规划的三个构成部分密切关联。总体发展规划决定着课程和队伍建设规划、校园发展规划；课程和队伍建设规划要服从总体发展规划，同时又影响着总体发展规划；校园发展规划一般要围绕和配合总体发展规划、课程和队伍建设规划，但又在很大程度上影响和制约着总体发展规划、课程和队伍建设规划的制定与实施。

学校发展规划的四个方面也是密切联系的。现状分析是对自身所具有的基础进行全方面梳理，明确在同行中所处的位置，现有的优势、劣势；发展目标是陈述学校在某一时段的发展方向和程度，指学校要办成什么性质和类型以及什么水平的学校；发展任务是规划的主体部分，即学校选择重点发展的若干项目领域；保障系统是指为服务于发展目标和发展任务的需要而提供的人、财、物等必要资源及其相关制度、措施。

（四）学校发展规划的制定步骤

1. 组织机构

第一，成立起草工作组并明确分工。组长由校长担任，副组长由业务副校长担任，组员由学校各职能部门负责人、擅长教育写作的人员组成。明确分工，确定会议召集人，工作协调人，信息反馈联络员，每部分起草主笔人，统稿人，一审、二审、三审人员，最终定稿人等。

第二，成立检查监督委员会。由政府督学、校长、副校长、教工代表、家长代表、学生代表、社区代表等组成，由起草专家代表或政府督学牵头，负责检查监督规划的执行情况。每年最少检查一次，并写出详细的督察报告报送校长或上级教育行政部门。同时要不断对总目标、子目标及实施策略进行调整、丰富和完善，以便更好、更有创造性地完成各项指标。

2. 现状分析

(1)学校发展的外部分析

一是教育发展的形势、政策和理论分析。在制定学校发展规划之前，要了解、分析并明确国家和学校所在地区的教育发展形势，教育主管部门的政策倾向和教育理论发展的基本趋势。在制定学校发展规划时，保证学校的发展与国家和地区的教育发展形势、政策倾向保持一致。

二是学校发展的环境分析。学校发展的环境指影响学校发展的社会环境，学校发展的环境分析具体内容包括政治环境分析、经济环境分析、学校外部的社会文化环境分析、学校未来环境预测和新的人才需求趋势等。

(2)学校发展的内部分析

一是学校发展的历史分析。分析学校发展的历史是指总结和提炼学校发展的传统、特色和资源，确定学校发展的方向。

二是学校发展的现状分析。分析学校发展的有利因素和不利因素，分析学校发展的软件、硬件情况，对学校整体工作中的各分项工作进行分析。

三是学校面临的挑战与机遇分析。学校发展的战略与学校发展的目标是一致的，是学校发展规划中需要解决的核心问题。学校需要在历史和现状分析的基础上，对未来的发展做出预测，促进学校发展。

3. 学校发展目标定位

(1)目标制定要求

与国家和地方教育发展目标保持一致；符合学校实际情况，有递进性；目标适中，既有挑战性，又有现实性；能够分解到学校各方面的工作中，形成学校发展的目标体系；有完成的标识(或成功的标志)；有测评点和测评标准；有完成度的测评办法等。

(2)特色目标选择

学校特色是指管理者和教育者根据现代教育思想和本校独特的办学理念，从学校实际出发，在教育实践中努力挖掘、继承、发扬并积极创造某一方面或某些方面的优势，所形成的个性鲜明、独树一帜、成效显著的运行机制、办学风格和教育教学模式。学校特色是一所学校的标志和灵魂，是一所学校发展过程中珍贵的、值得珍惜和总结的东西。

例如，上海市南洋模范中学的学校发展目标如下。

办学目标——全面贯彻教育方针，成为“上海领先、国内一流、国际知名”的品牌学校；深入推进教育改革，锐意进取，注重开发学生的潜能，成为可持续发展的实验性学校；规范实施素质教育，不断探求新时期办学的科学性和实效性，成为辐射改革成果、输出办学经验的示范学校。

培养目标——南洋模范中学的教育是指向“人”的教育，是促进学生人格主体性和社会化发展的教育；是努力促进学生德智体美劳方面全面发展的素质教育；是学校通过有组织的认知过程与环境影响，培养学生的健康心理和文明行为的现代教育。学校通过这样的教育，促进学生的智能和人格和谐发展，使南洋模范中学学子具有出色的才智和健全的人格。

4. 起草

按成立起草工作组的分工，开始撰写学校发展规划。

5. 征求意见、修改

起草完毕后，审稿人从形式到内容进行一审，一审校正后交予起草工作组征求意见，由起草人进行二次修改。

6. 再征求意见、再修改

起草人二次修改后，交审稿人从形式到内容进行二审，二审校正后交予起草工作组讨论通过后公布，公开征求意见。意见收集后进行整理归类，由起草工作组讨论补充修改内容，由起草人进行三次修改。

7. 定稿

起草人三次修改后，交审稿人从形式到内容进行三审，三审校正后交予起草工作组讨论，通过后定稿，上报教育行政部门审核备案后公布执行。

8. 起草说明

学校发展规划撰写完成之后，为便于汇报起草工作，解释有关问题，使读者迅速掌握要点，相关人员进行沟通交流和征求意见，拟定起草说明。起草说明的内容一般包括：制定学校发展规划的依据及原则、总体目标的设定、目标的细化分解、对有关概念的解释、需要补充和说明的问题等。

二、学校发展规划的实施

实施学校发展规划需要考虑或遵循以下工作步骤：根据规划所设定的学校总体发展目标，按照学校的工作特点将总体发展目标进行分解，确定学校的阶段性工作目标。例如，按照规划的总体发展目标确定年度或学年的工作目标；根据年度或学年的工作目标，明确具体工作的操作或运行步骤，并规定或明确这些工作的操作要点、工作的主要责任者，设计操作要点的检测或评价指标。在学校发展规划实施的过程中，管理者要根据规划实施的阶段性工作目标和检测评价指标，做好规划实施的阶段性工作总结，以确保规划实施工作有效、有序开展和逐步深入。

(一)分解目标任务，制订行动计划

学校发展规划的制定是整体策划未来发展系统的过程，是侧重于长远发展的蓝本。这一规划的实施会涉及学校未来发展的所有事务或工作。学校发展规划具有系统的整体宏观发展性，不具有行动的可操作性。因此，在实施过程中，可将学校发展规划的总体目标和工作任务进行分解，制订学校各部门的年度、学期或月度行动计划，让学校每个部门、每个人都有具体明确的目标任务，以便于行动和实际操作。在实施中，当每学年或学期结束后，必须在对上一学年或上一学期的工作进行评估的基础上，制订下一学年或下一学期的工作行动计划，以保证行动的有效性。在制订行动计划时须注意：行动计划的制订必须考虑负责实施行动的人，具体监控和评价的人；行动计划的时限必须明确，什么时候开始行动(活动与措施)、什么时候监控、什么时候评价与总结等都应明确。在实施行动计划时，会遇到许多新情况和新问题，要把规划或计划看成动态可变的、可以调适的，应当允许根据实际情况进行修改，不断地将原规划或行动计划中存在的问题进行修正，不要强求一成不变。①

(二)强化监控与评价机制

监控与评价机制是学校发展规划落实的重要手段。学校发展规划落实的监控与评价机制是通过对规划执行过程的监控和评估，对规划执行各环节进行监控分析，评价落实效果。首先，制定监控方案或调整预案，通过监控发现问题，在规划执行中出现某些没有料想到的新情况和新问题时，采取措施进行调整和补救。可见，规

---

① 田继忠：《学校发展规划：意蕴、制定与实施》，载《教育学术月刊》，2012(5)。

划执行的监控机制是否完善，是影响规划执行效果好坏的重要因素之一。为此，学校应建立相应的学校发展规划监控机制，逐级监控规划的实施，提高规划实施质量。其次，要进一步改进和完善规划评价机制，保证规划的整体执行成效。要建立严格的目标责任制，将规划中的各项目标任务纳入考核内容，严格奖惩。总之，通过实时监控和评价，对规划的各项指标进行核查落实，保证学校对规划的落实进行动态调控，确保学校发展目标的完成。

（三）实施行动，反思创新

学校发展规划的实施重在行动，也就是根据各阶段、各部门和不同组织的行动计划，实实在在地行动，完成好每一阶段的每一任务。在实施过程中，可以用“行动＋研究”的工作模式，即一边按计划行动，一边将行动研究贯穿于实施全过程，不断反思自身工作，进行创造性的教育教学。这样可以不断地审视、反思自己的工作，发现问题与不足，及时调适与修正，从而提高行动的针对性和有效性。

【要点小结】

1. 学校发展规划是指学校根据国家或地区教育发展战略的要求，结合自身条件，对学校未来三至五年内要达到的主要目标和发展途径，如学校发展目标、发展规模与速度、组织结构、人力资源、办学条件和实施策略等方面所做的安排。

2. 学校发展规划的类型有长期规划和中短期规划、综合规划和专项规划、落实型规划和原创型规划、战略型规划和操作型规划。

3. 学校发展规划具有指向性、可控性、激励性、可衡性、发展性。

4. 学校发展规划的意义：学校发展规划有利于促进学校持续发展；学校发展规划有利于转变校长的领导方式；学校发展规划是学校坚持依法治校、规范办学、全面加强质量管理的重要基础；学校发展规划有利于凝聚人心，激励领导、师生办学的积极性；学校发展规划可以使学校适应社会发展变化。

5. 制定学校发展规划的根本目的是推动学校发展；直接动机是应对学校发展中的内外环境变化；直接目标是得到各方对办学的支持，调动各方参与办学的积极性。

6. 制定学校发展规划的原则：客观性原则、科学性原则、可持续性原则、特色性原则。

7. 各国制定学校发展规划相似的内容有学校现状分析、办学理念和指导思想、发展目标定位、行动计划、监控和评价。

8. 学校发展规划的实施要从分解目标任务，制订行动计划；强化监控与评价机制；实施行动，反思创新三个方面入手。

【思考题】

1. 请简述学校发展规划的含义。
2. 请简要阐述学校发展规划的功能与意义。
3. 阐述一下学校发展规划是如何制定的。
4. 请说说学校发展规划是如何实施的。

第二编

组织管理

第四章　中小学组织管理

>>> **本章学习目标**

1. 了解学校组织、组织机构的含义。
2. 掌握中小学组织、校本管理的特征。
3. 知道中小学各组织机构有哪些职能。
4. 掌握校本管理的实施策略。

第一节　中小学组织概述

一、中小学组织的含义

（一）组织的含义

什么是组织？从广义上说，组织是指由诸多要素按照一定方式相互联系起来的系统。从狭义上说，组织是指人们为实现一定的目标，互相结合而成的集体或团体，如党团组织、工会组织、企业、军事组织等。

对于组织的概念，不同理论流派有不同的理解。

理性系统观认为组织是实现具体组织目标的正式工具。理性是指组织并实施一系列行为，以最高的效率实现预定目标的程度。持理性系统观的人认为目标作为组织中的重要因素，是指导组织行为的预期结果。目标的具体化有利于细化任务，进行资源配置，使管理设计决策更理性化。形式化服务于组织理性化的目标，产生了工作绩效标准与规章，形成了可见的组织关系结构。对于如何创建和设计组织以便有效地完成任务的结构，理性系统论者提出了分工、标准化、形式化、专业化、狭窄的控制幅度、权力等级体系和例外原则。

自然系统观认为组织是在特定环境中为了适应和生存而形成的社会群体，正式组织与结构在组织中不会真正发挥多少作用，强调非正式组织、人以及人的需要。组织中的个体在与组织中其他个体进行交流时，带有自己独特的价值观、动机和知识结构，因此产生了非正式的地位结构、沟通网络和权力关系等。自然系统观强调个体比结构重要，持“无组织之人”的取向。

开放系统观认为组织不是独立于外部环境，而是依赖于外部环境的开放系统。组织同时受到理性因素与自然因素影响，这些理性因素与自然因素随环境的变化而变化。开放系统观强调组织的动态性，组织为了生存下去必须适应环境，并根据环境的变化做相应的调整和变革。

从管理学的狭义角度来看，所谓组织，就是人们按照一定的目的、任务和形式编织起来的社会机构，是处于一定社会环境中的各种组织要素的有机结合体。组织产生于人类的生产和生活需要，是社会的基本细胞，是人们突破个体能力局限的基本工具。无数个规模不同、形态各异的社会组织相互交织、有机排列，构成了社会的总体结构。

（二）学校组织的含义

借用美国组织社会学家埃茨奥尼（Etzioni）的三种组织分类——规范性组织、功利性组织、强制性组织，我们对学校组织的定义如下：学校跟政府、医院等一样，属于规范性组织。

学校是一种规范性组织，原因有两方面：

其一，学校主要通过理想、价值、态度等各种规范，赢得学校教职工和学生的配合，共同完成学校的教学和育人活动；

其二，在学校教学和育人的过程中，学校成员的行为是主动的。只有充分发挥学校各成员的主观能动性，才能更好地达到学校组织的目标。

因此，学校组织是社会专为实施有组织、有目的、有计划的教育而创办的一种特殊的、正式的规范性社会组织。

二、中小学组织的特征

（一）结构特征追求结构合理

以法约尔、韦伯、古利克（Gulik）等人为代表的传统组织理论把组织的结构作为研究对象，偏重静态组织的研究，注重组织的有效性与分工协作，研究的中心是组织结构的合理性，具体特征表现为：建立完善的目标体系、分工体系，明确的权责分配体系，严格的层层控制体系，执行法令规章体系。受传统组织理论的影响，学校管理学理论研究重视对合理的学校组织结构特征的剖析。合理的学校组织结构主要由决策指挥分系统、执行运转分系统、参谋咨询分系统、监督反馈分系统组成。学校管理实践中，形成了以学校发展目标为引导，以学校组织为载体，以管理制度为保证，以提高学校管理效率为目的的一整套管理策略。①

(二)人文特征突出多方协作

梅奥的人际关系理论奠定了行为科学的基础。此后，人际关系学派在管理中发挥的作用越来越大，促使行为科学成为心理学领域的第三大流派，组织也因此成为管理心理学研究的重要课题。心理学的组织理论突出组织中的人际关系与人员协作，具体特征表现为：主张组织是一种心理及社会系统，应重视人的作用，把构成组织的人看作最重要的因素，注重人际交流、成员间的相互影响，建立良好的人际关系网络，承认组织中非正式团体的存在。受人际关系理论的影响，学校组织在人文特征上突出多方协作。学校组织总是在不断建设和谐的组织氛围、良好的人际关系，增进人与人的交流、人与人的协作，维持学校组织的心理平衡和心理协调。在学校管理实践中，强调管理中的情感因素、重视学校文化构建等特征逐渐凸显出来。

(三)发展特征力求开放创新

巴纳德是现代组织理论之鼻祖。以巴纳德为代表的现代组织理论认为组织是一个系统。现代组织理论认为，组织是社会系统的一部分，组织与社会环境之间相互影响，组织随社会环境的变化不断调整，以保证组织与社会的平衡。组织自身也是一个系统，组织内部的目标与价值、社会心理、组织机构、技术与管理等构成组织的各个部分，它们相互依赖、相互影响，形成了一种内部各要素复杂联系、交错组合的系统。组织是一种维持适应的系统，不仅与外界环境之间维持高度适应关系，其内部的各个部分之间也要保持高度适应关系。组织不是静态的、固定不变的，而是经常谋求对外部环境和内部情况变化的适应，这种变化应该是有组织、有计划的，是稳定与变化的统一体。受现代组织理论的影响，学校组织总是在不断调整自己，力求开拓创新，适应社会，发展自己。

---

① 龚孝华、金玲玲：《学校组织特征的透视与前瞻》，载《广东教育学院学报》，2002(3)。

(四)网络化的学校组织

网络型组织是利用现代信息技术手段发展起来的一种新型的组织机构，其形态为一种相互联结的网状结构。20 世纪 80 年代以来，计算机技术迅速发展，尤其是计算机并行处理技术的出现，使得网络化成为新的工作方式。习近平指出："要构建网络化、数字化、个性化、终身化的教育体系，建设'人人皆学、处处能学、时时可学'的学习型社会，使各级各类教育更加符合教育规律、更加符合人才成长规律，更能促进人的全面发展。"[①]在这一背景下，许多管理学家指出：管理组织从命令链走向网络化，网络化是未来组织的重要结构特征。

学校组织网络化具有两个方面的含义：一是作为名词，主要是网络设备以及相关软件；二是作为动词，表示形成网络，是一种团队网络，一种关系的集合。学校组织网络化包括：学校组织网络化体系和在团队网络中的"平等伙伴"协作关系。[②]

网络进入学校，介入学校管理，为学校组织网络化提供了物质条件，学校组织成员对现代网络技术特有的敏感加速了学校组织网络化的进程。网络化结构的学校组织的具体特征表现为以下两个方面。

第一，学校组织结构更加扁平。在网络化的学校组织中，学校组织之间的距离缩短，信息沟通渠道更加畅通。信息获得更加直接，渠道更加广泛。学校组织将会减少管理层次，向扁平型组织转变。

第二，学校组织中将会出现越来越多的跨职能的任务团队。由于学校组织网络化的形成，各组织能够轻易地获得计算机网络的基础设施，因此学校中将会存在越来越多的跨职能的任务团队。

(五)以人为本的学校组织

以人为本的学校组织强调对人的尊重、对人的信任，以人为管理的根本，认为人是一个完整、独特、具有创造性的个体，应该把人作为目的，而不是把人作为一种工具或手段。

以人为本的学校组织的具体特征表现为以下三个方面。

第一，决策层次保证学校组织以人为本。在建立和完善校长负责制的同时，建

---

① 本书编写组：《习近平总书记教育重要论述讲义》，123 页，北京，高等教育出版社，2020。

② 龚孝华：《学校组织网络化及其特征》，载《现代远距离教育》，2001(3)。

立民主审议制和民主监督制，教育督导部门的科学监督、教育行政部门的依法监督、学校党组织的保证监督和教职工代表大会的民主监督之间保持平衡，教职工代表大会要在对校长的聘任、考核等关键环节发挥制约性作用。

第二，在管理层中体现以人为本。学校行政组织重心将会下移，主要是重视和发挥强化年级组、教研组作为学校管理实体性组织的功能。这不仅有利于发挥教师群体的作用，充分调动学科带头人、教学骨干的积极性，而且有利于学校真正实现以行政为中心转向以教学为中心，学校办学以行政干部为主体转向以教育教学一线教师为主体。

第三，实施新的激励方式。强化“使命”意识，激发教师工作的自豪感；不断提供学习机会，增强教师对职业的稳定感、新鲜感；提供相应的“名誉”，满足教师的成功感；形成责任利益共同体，形成价值创造的共享机制，增强教师的归属感。①

(六)学习型学校组织

21世纪的今天，社会发展变得多元和丰富，社会变化在幅度、强度等方面都呈增速状态，打破了原来平稳缓慢发展的格局。学校是为未来社会发展培养人的地方，这就显示出了构建学习型学校组织的重要性。学习是组织必备的一种能力，是组织持续发展的真正战略。

学习型学校组织的建立是一个持续的过程，是学校组织通过各种途径和方式，不断地获取知识，在组织内传递知识并创造新知识，以增强组织自身的能力，带来行为或绩效的改善的过程。这种学习型学校组织的构建不仅能够拓宽学校组织的发展途径，而且能够为学校组织发展提供动力。

学习型学校组织的具体特征表现为以下四个方面。

第一，学校组织成员能够全心投入、锲而不舍，并不断追求超越自我。从超越自我的角度看问题，不仅要面对现实，而且要面向未来。

第二，学校组织成员能够不断改变自己的心智模式，突破思维定式。

第三，建立共同的愿景，把学校组织看作命运共同体。大家心往一处想，劲往一处使，否则，组织必定人心涣散，相互掣肘，难成大器。

第四，学校组织内部形成学习型团队。团队中的成员互相学习，取长补短，不仅使团队整体的绩效大幅提升，而且使团队中的成员都成长得更快。

---

① 龚孝华、金玲玲：《学校组织特征的透视与前瞻》，载《广东教育学院学报》，2002(3)。

三、中小学组织的分类

不同的学者对学校组织有不同的分类方法。根据不同的标准，可以将学校组织进行不同的分类。这里介绍一些主要的分类方法。

(一)按组织的正规化程度的不同，可分为正式组织和非正式组织

社会学和管理心理学往往把组织分为正式组织和非正式组织。学校中也有这两类组织，它们的产生和形成方式各不相同。学校中的正式组织是在一定原则的指导下，经规划设计而形成的。这类组织有明确的目标和纪律约束，有结构层次和任务分工，有比较正规和明确的成员关系。非正式组织是自发形成的，它的产生基于人与人之间的共同思想和依赖，能满足个人的某种需求。这类组织中有默契性的行为规范，有具有实际影响力的核心(或领头)人物，往往无固定的构成形式或组织名称。

在我国传统的学校管理中，对于非正式组织，人们往往是忽略的，会把非正式组织与正式组织对立起来，认为它是一种小团体或者小帮派。事实上，这类组织及其活动既有积极作用，又有消极作用。学校领导只有重视有度，引导有力，才能克服其消极作用，发挥其积极作用。

(二)按任务的不同，可分为主体组织和服务组织

主体组织是指承担单位的主要任务以及对外做贡献的组织。例如，学校的教学部门、科研部门等是主体组织。因为学校的任务是培养人才，进行科学研究，这主要依靠教学部门和科研部门来完成。培养的学生数量多且质量高，科研成果多且水平高，学校对社会的贡献就大。服务组织是相对主体组织而言的。例如，为保证教学和科研工作而建立的组织，如办公室、秘书处、人事处、财务处、食堂、医院等。它的特点是不直接完成学校为社会做贡献的任务，而是为保证这一任务的实现而服务。

两种组织都是为了完成学校任务，是互相依存的，缺少任何一种都不可能保证学校任务的完成。

(三)按职能范围的不同，可分为决策组织、执行组织、监督组织、参谋组织和研究组织

组织决策与个人决策相对，是组织整体或组织的某个部分对未来一定时期的活动所做的选择或调整。它是在环境研究的基础上制定的。组织通过环境研究，认识

了外界在变化过程中对组织的存在造成了某种威胁或提供了某种机会，了解了自己在资源拥有和应用能力上的优势及劣势，据此调整活动的方向、内容或方式。

执行组织是指贯彻执行管理者下达的命令、要求，实际落实到各个部门、人、事物上的组织。

监督组织是对现场或某一特定环节、过程进行监视、督促和管理，使其结果能达到预定目标的组织。

参谋组织是指运用所拥有的辅助相关性职权，包括提供咨询、建议等，为实现组织目标，协助相关人员有效工作的组织。

研究组织是指针对提出的问题，以探求问题的本质、真相为目的，进行讨论和钻研，以系统的方法寻找问题答案的组织。

在学校中，为保证行政管理活动的有效进行，不仅要有以校长为首建立的行使决策、指挥职能的组织机构，而且要有各种形式的监督、咨询和研究性质的组织机构。这几类组织机构形成固定的网络结构，以决策—指挥—执行系统为主线，有机开展相互配合的各种组织活动。

（四）按管理工作需要的不同，可分为有权力链的权力组织和专业横向职能组织

院、系是垂直权力机关，承担一定的责任，同时拥有一定的权力。各个处是专业职能部门，不是权力机关，它的特点是从专业上协助校长搞好工作。正确认识这两类组织的特点，对于学校管理十分必要。

（五）按组织活动的纪律要求的不同，可分为严密组织和松散组织

各种正式组织都应有一定的纪律约束，但程度各有差异。这同组织性质有关，也同组织的主要活动内容和成员结构有关。学校中的党组织属于严密组织；学生的各种课外活动兴趣小组相对松散一点，属于松散组织。两类组织之间还有各种层次的组织。

第二节　中小学组织机构

一、组织机构的含义

组织机构是指组织发展、完善到一定程度，在其内部形成的结构严密、相对独

立并彼此传递或转换能量、物质和信息的系统。其任务是协调各种关系，有效地运用每个组织成员的才智，充分发挥组织系统的力量，达到团体的目标。

任何一所学校，要想正常开展教育教学活动，就必须把学校各类人员组合起来，构成一个有机的系统，这个有机的系统就是学校组织机构。管理学家哈罗德·孔茨(H. Koontz)认为："组织机构的设计应当职责分明，使每个人都知道应该做些什么，谁对什么成果负责；应能排除由于工作分配的混乱和多变所造成的故障；并能提供反映和支持组织目标的决策沟通网络。"①学校组织机构是指为完成学校教育教学目标而将学校各个部门按一定形式组合而成的整体。

二、中小学组织机构建设的原则

学校组织机构是根据学校领导体制设立的承担各种管理职能的部门及其相互之间的关系。建立合理的组织机构是顺利开展学校各项工作，有效实现学校管理目标的基本保证。习近平指出："党组织书记、行政负责人要担负起政治责任和领导责任，认真落实意识形态工作责任制，敢抓敢管、敢于亮剑。教育系统要压实压紧各级党组织责任，做到任务落实不马虎、阵地管理不懈怠、责任追究不含糊。要加强对意识形态领域重大问题的分析研判，加强对重大战略性任务的统筹指导，推动重大部署、重要任务的落实。"②如果学校组织机构设置不合理，那么学校就会出现管理混乱与低效率现象。这也是造成学校办学效率低下的一个重要原因。学校组织机构的设置要实现科学化、合理化，一般应遵循以下几项原则。

(一)分工协作原则

分工协作原则指组织内部既要分工明确，又要互相沟通，以达到共同的目标。因此，学校内部各个机构之间既要有明确的分工，又要积极协作，建立良好的横向关系。在现代社会，管理的内容和程序越来越复杂，许多工作需要相关部门的相互配合才能够完成。学校各部门承担具体任务都是为了实现学校的整体目标，促进学生的全面发展。学校在进行机构设置时，要明确如何沟通信息、协调关系，以便在统一指挥下灵活运转，发挥管理职能。学校要充分关注到党内与党外，行政与教

---

① [美]哈罗德·孔茨、西里尔·奥唐奈、海因茨·韦里克：《管理学》，黄砥石、陶文达译，384页，北京，中国社会科学出版社，1987。

② 本书编写组：《习近平总书记教育重要论述讲义》，32页，北京，高等教育出版社，2020。

学，教学与后勤以及教研组、年级、班级之间的分工与合作，防止它们各自为政。

（二）精简高效原则

精简高效原则是指遵循决策活动的客观规律，科学地设置决策机构，合理地确定人员编制，保证各项工作正常开展，以达到精简、统一、高效、节约的目的的原则。学校机构设置要精简，讲求效率，避免人浮于事。可设可不设的机构坚决不设，要因事设人，而不能因人设事。学校组织的整体平面结构应呈现为正三角形，上窄下宽才能稳定有效。

（三）权责一致原则

权责一致原则是指一个组织中的管理者所拥有的权力应当与他所承担的责任相适应的准则。学校在设置机构时，必须明确机构及其负责人的权力和责任，使权责相称。有一定的机构和职务，却不给予相应的职权，或者不尊重其职权，经常干预或代替它行使权力，机构就不能发挥作用。同时，也要避免有职无责的现象。从机构来说，要明确责任范围，布置一定的任务。从机构的负责人来说，要在其位，谋其政，行其权，尽其责，不推卸应负的责任。

（四）因校制宜原则

由于各个学校所处的地理位置、人文环境不同，加上学校的性质、特点、规模、历史文化及发展前景不同，因此，学校在进行机构设置时应从自身实际出发，因校制宜。

三、中小学各组织机构的职能

（一）中小学内部组织分析

在学校管理过程中，不同的学校组织所起的作用不同，有的是决策、指挥型组织，有的是职能型组织，有的是监督保障型组织，有的是参谋咨询型组织。以校长为首的学校领导者群体是学校管理活动的决策者和指挥者；学校的教务处、政教处和总务处等是执行校长决策的具体职能部门；学校的教职工代表大会是教职工参与学校管理的重要渠道，是学校审议重大决策的审议机构，也是民主管理的监督机构；校务委员会以及有些学校设立的专家顾问团、专家顾问委员会等组织是学校的参谋咨询机构。

（二）中小学内部行政组织的基本职责

“要在中小学、科研院所建立健全党组织领导下的校长（院长、所长）负责制，不断健全各级各类学校坚持和加强党的领导的组织体系、制度体系、工作机制，形成落实党的领导纵到底、横到边、全覆盖的工作格局。”①目前，我国大多数中小学实行校长负责制，并相应地建立了教职工代表大会制度，定期召开校务委员会会议。许多学校坚持每周召开党政联席会议，通报学校改革与发展情况，研究学校发展过程中的重大问题，部署学校工作。但由于学校教育系统是一个复杂多层的组织系统，因此，不同层次、不同类型的学校和同一层次、同一类型的不同学校在学校内部的组织管理机构的设置上有比较大的区别。这里列举中小学的一般组织机构，目的是使学校管理者能够对学校的组织系统有一个大致的了解。图 4-1 和图 4-2 展现了目前我国中小学学校内部组织结构的一般模式。

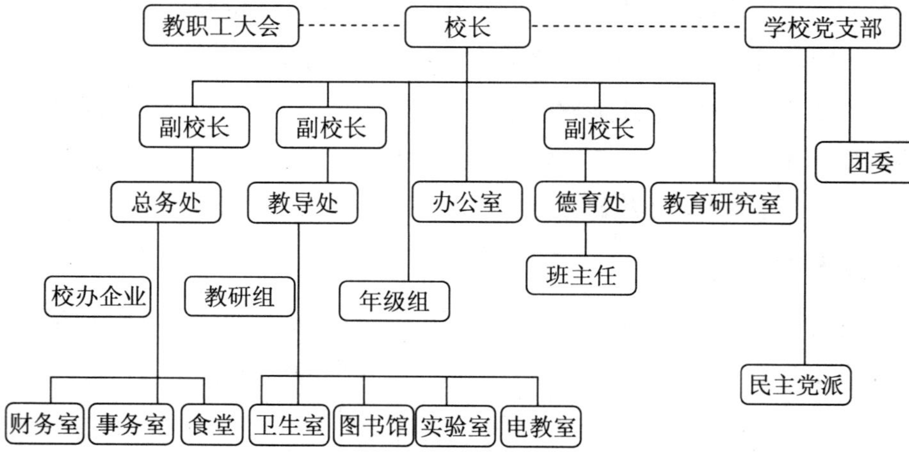

图 4-1 中学组织管理示意图

1. 校长

根据《中华人民共和国教育法》的规定，我国中小学实行校长负责制。校长是学校的法定代表人，在上级教育主管部门的领导下全面负责学校内部的教育教学管理工作。校长本身是一个集体，包括校长和副校长。他们对外代表学校，对内领导学校。

校长的主要职责是执行上级教育行政部门的指令，全面贯彻党的教育方针，坚持社会主义办学方向，结合学校实际制订和实施的各种计划、规章制度；遵循教育规律，坚持以教学为中心，培养合格的社会主义事业的建设者和接班人；以主要精力组织和领导学校的教育教学工作，领导教导处、总务处等学校职能部门，支持教

① 本书编写组：《习近平总书记教育重要论述讲义》，26 页，北京，高等教育出版社，2020。

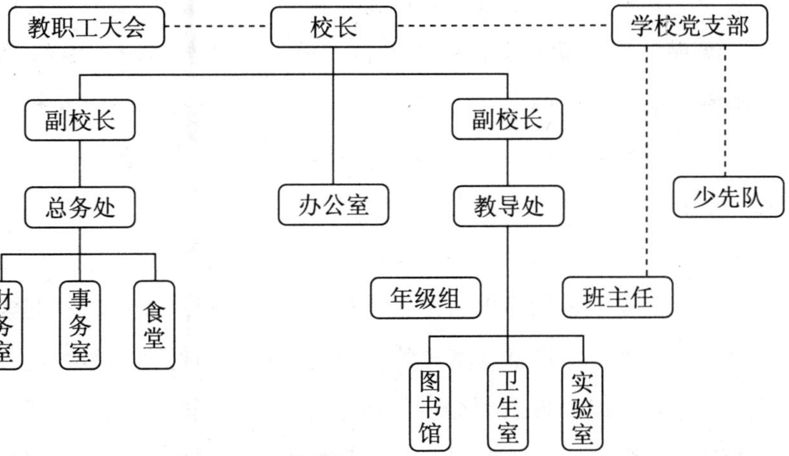

图 4-2　小学组织管理示意图

育工会、教代会、团队开展工作；聘任和管理教职工，负责学校人事安排和教职工的考核、升职晋级和奖惩工作，关心教师的工作、学习和生活，调动他们的积极性和创造性；全面主持学校工作，领导和组织学校的教学、卫生等工作以及总务工作；发挥学校教育的主导作用，努力促进学校教育、家庭教育、社会教育协调一致；正确处理好与学校党组织的关系，促进学校党政之间的团结协作。

2. 学校党组织

学校中的党组织是中国共产党在学校中的基层组织，也是党的战斗堡垒。一些规模大的中学都设有党总支，一般规模的学校设有党支部。学校党组织通过监督党的路线、方针和政策在学校中的贯彻情况来实现党对学校工作的政治领导；通过加强对全校的思想政治教育，实现党对学校的思想领导；通过党的委员会，管好党员，教育好党员，参与研究学校中的重大发展和原则问题来体现党的组织作用。实行校长负责制，不是取消党对学校工作的领导，而是避免党政不分、以党代政，从而提高学校工作的效率和质量。

3. 校长办公室

校长办公室是校长领导下的处理日常校务工作的具体办事机构，主要职责包括：制订学校工作计划，建立健全各种规章制度；负责召开学校各种会议；起草有关文件；负责学校人事、对外宣传、对外联络、接待、劳资、安全、收发文件等；负责职工劳动纪律管理；负责学校印章管理等。

4. 教导处

教导处是学校的重要管理部门，主要负责日常教学管理工作，全面贯彻教育方针，按照教学计划、教学大纲要求，制订和实施教学工作计划及教学常规，安排教师教学，编制课程表和教学日历，组织考试，采购与发放教材，组织学生课外活动，管理实验室、电教室、图书馆、文印室、卫生室、体育室，深入教学一线，通过各种形式的检查指导教育教学工作，负责教师考核和教学质量的评估，组织本校课程的开发。

5. 政教处

政教处主要协助校长做好思想品德教育和学生日常管理工作，根据学校工作计划、学校德育工作计划，积极推动学校的精神文明建设和德育工作的进展；开展学校体育、卫生工作，组织学校运动会，做好学生保健工作；主持召开班主任会议，研究各年级、各班级学生的思想教育工作，负责招生和学生的学籍管理工作，直接管理学生宿舍管理员；组织每周一次的升国旗仪式和一年一度的军训与社会实践活动；组织学校的科技节、艺术节等大型活动；组织“三好学生”“优秀班集体”等评选活动等。

6. 总务处

总务处是学校的重要职能部门，主要负责学校的各种校园建设、维修、管理和师生的生活服务等方面的工作，具体包括：校产管理，负责学校校舍、桌椅等校产的登记、管理、添置、维修，教育师生执行校产的使用和保管制度；财务管理，严格执行财务制度，做好学校财务预算以及各种费用的收缴、结算工作，为校长合理使用各项经费做好参谋，定期审核、公布账目；做好师生生活福利工作，管理食堂、宿舍及其他公共福利事业，完善有关食堂人员的规章制度，加强住宿生管理，配合教导处发放学生奖学金和困难补助；组织学生开展勤工俭学活动，协助校长管理校办厂，做好师生参加劳动的安排和后勤保障工作；组织师生搞好学校环境卫生，绿化、美化校园，指导班主任做好班级卫生包干工作；做好学校的安全保卫工作等。

7. 校团委

共青团是党领导的先进青年的群团组织，是广大青年在实践中学习共产主义的组织。校团委是共青团在学校中的基层组织，负责在青年中发展团员和进行团教育工作。它接受学校党组织的领导，也接受学校校长的指导，是学校党组织和校长的得力助手。

8. 学生会

学生会是团结全体学生的群众性组织，在学校党组织和行政部门的指导下开展工作。它协助和配合校团委开展丰富多彩的课余活动，协助各班班主任领导各班的班委会，促进和带动全体学生全面发展，学会自我管理和自我教育。

9. 教科室

教科室是校长领导学校教育科研工作的主要助手，是学校教育科研工作的组织者、推动者。其主要职责是负责全校教育科研工作的规划、组织和协调工作；拟订、实施学校有关教育科研工作的条例和规章制度；组织校级科研课题的申报、论证、立项、检查、成果评审和推广，以及向上一级教育科研部门推荐立项课题、优秀成果；组织教师学习教育理论；普及教育科研基础知识与方法；指导教师开展课题研究活动和总结经验；组织开展各种学术交流活动；根据教育改革和学校发展的需要，主持、参与课题研究；承担上一级教育部门科研机构下达的科研任务；收集各类教育科学信息，为校长做出决策和开展教育教学科研提供服务；编辑学校教育科研刊物，组织教育科研成果评奖活动；完善学校教育科研档案管理等。

10. 校工会

校工会是工人阶级的群众性组织，接受上级工会的领导，也接受学校党组织和校长的指导。其主要职责是协助学校党组织和校长搞好教职工的学习和文化娱乐活动，做好教职工的团结和生活福利工作。有的学校中，校工会作为教职工代表大会的执行机构，在学校民主管理中发挥着极其重要的作用。

总之，学校中的组织复杂多层，必须既相互分工，又彼此支持，有健全的规章制度做保证。只有这样，才能达到高效推进学校各方面的工作、提高教育质量的目的。

第三节　中小学校本管理

一、校本管理的含义

校本管理是西方 20 世纪 80 年代学校改革运动中出现的一种新型学校管理模式。从字面上看，它是以学校为本位的管理，美国“教育研究办公室”在 1993 年的一份报告中是这样界定校本管理的：校本管理是一项通过将重要的决策权从州和县转移到每一所学校的改进教育的策略。校本管理向校长、教师、学生及其家长提供了控制教育过程的更多权力，让他们负责预算、人事和课程。通过教师、家长和其他社区成员参与这些重要的决定，校本管理可以为学生创造更为有效的学习环境。①

郑金洲对校本的含义做了这样的表述：一是为了学校，即以改进学校实践、解决学校所面临的问题为指向，改进是其主要特征，既指要解决学校存在的种种问题，也指要进一步提升学校的办学水平及教育教学质量；二是在学校中，要树立这样一种观念，即学校自身的问题要由学校中的人来解决，要经由学校校长和教师的共同探讨、分析来解决，所形成的解决问题的诸种方案要在学校中加以有效实施；三是基于学校，即从学校的实际出发所组织的各种培训、所展开的各类研究、所设计的各门课程等，都应充分考虑学校的实际，挖掘学校的种种潜力，让学校资源更充分地被利用起来。② 拜雷(Bailey)认为校本管理是一种决策参与过程，参与决策的人员要对决策负责。③ 赫尔曼(Herman)认为校本管理是一种结构和过程，它允许学校在指导、预算、政策和规则的制定、人事等方面拥有更大的决策权。同时，学校的各种利益相关者都要参与学校的决策制定。④

综合来说，校本管理就是以学校为本位的管理，是“校本”与“管理”这两个概念的结合体。因此，要理解校本管理的含义，就要侧重剖析“校本”这一概念。基于上述郑金洲的认识，校本管理可以被理解为一切从学校出发，一切为了学校，学校根据校情自由裁量、自主自决的学校管理方式。

校本管理有两大要素：从教育行政体制角度来看，是权力从中央政府、中央教育行政机构、地方教育部门等下放到学校，强调学校的主体性；从学校内部管理制度角度来看，校本管理是全员参与学校管理，即教师、家长、社区成员(有时也包括学生)更多地参与到学校决策中来，强调管理的民主性。

综合上述定义我们可以看出，校本管理这一概念具有两层含义：其一，学校决策权从上级部门下放到学校，学校作为自主决策、自主发展的办学主体，在课程设置、人事安排、财政预算、资源分配等方面拥有自主权；其二，与学校联系紧密的各种相关利益者，如校长、教职员工、学生、家长、社区人士等都有权参与学校的决策。

---

① 赵中建：《从管理角度看美国学校教育改革——校本管理的兴起及其特征》，载《河南教育》，2000(7)。

② 郑金洲：《校本研究指导》，4～5页，北京，教育科学出版社，2002。

③ 黄崴：《校本管理：理念与模式》，载《教育理论与实践》，2002(1)。

④ 转引自戴健林等：《校本激励：原则与策略》，4页，广州，广东高等教育出版社，2008。

二、校本管理的特征

实施校本管理不仅要求学校自主权的扩大，而且要求整个学校的机构和资源的重组，要求学校内部人员在预算、人事和课程这些关键的领域拥有真正的权力。校本管理具有以下特点。

(一)倡导共同决策

校本管理使学校权力分散，更多的人参与到学校决策中。在校本管理中，不但校内的校长、教师有权进行学校管理，而且校外的家长、社区成员、企业和商业人士也都对学校的发展有一定的发言权。各方人士可以根据各自的特长组成具有不同职能的小组委员会，作为学校委员会的附属部分。例如，教师组成的小组委员会主要负责学校教育中的课程和教学问题，其他委员会可以负责公共关系、资金或教育设施等不同领域，不同组织各尽所能参与学校管理。学校作为一个开放的系统，可充分利用更多的资源。

(二)推动教师专业化发展

校本管理中，教师的职能更为丰富。教师不但要参与校本管理，而且要进行校本课程的开发以及校本研究。每位教师都应在这一过程中持续不断地促进自己的专业化发展。

在一所教师专业化发展成为共识，并且学校改革成为自觉要求的学校中，教师之间的一些正式或非正式的人际交往都可能有助于提高教师的专业素养，如业余时间的闲聊以及教研组或年级组的经验交流。学校还通过组织各种形式的培训来促进教师的专业化发展。从培训形式上来说有校外进修、校本培训；从培训内容上来说，有学科培训、教学技能培训、课程开发能力培训、领导能力和团体决策能力培训；从培训人员上来说，可以是教育行政部门的人员、大学或研究部门的专家，还可以是企业或商业管理人员。学校应当对教师的专业发展计划做出整体安排，包括什么时候、谁去接受培训，接受什么培训等，以使教师的专业化发展成为一个持续不断的过程，使学校工作保持不断向前推进的活力。

(三)促进决策科学化

传统的自上而下的管理体系中的信息流通渠道比较单一，校本管理强调多渠道的信息流通，信息不只来自上级，还可来自校内，来自社区，甚至可以向上级传递部分信息。

在校内，教师作为中介收集或者分散来自各方面的信息。他们可以组成各种纵向或横向的小组，如教研组(学科组)或年级组，或是组成其他类型的小组，还可以直接参加校级委员会的重要工作，通过这些小组和工作沟通来自各方面的信息。一位教师可以同时参加几个小组，进行不同的工作，从而更有利于信息的沟通。比如，一位教师可以是所任学科的教研组成员，也可以是年级组成员，同时还可以根据特长参与学校某个专门的小组活动。

(四)建立合理的激励机制

在完成校本管理的目标的进程中，对教师的良好表现做出及时而经常的激励是非常必要的。激励的动力可以来自很多方面，包括直接的物质奖励、休假、进修、领导或同事的赞赏，甚至对有的教师而言，合作进取的工作氛围也是一种激励。无论是哪一种形式的激励，对教师而言，都意味着对其成绩的肯定，可以成为其进一步努力的动力。

(五)转变校长的领导角色

校本管理中，校长责任尤为重大，应当具有卓越的领导才能。对内，校长应当善于制定学校的总体规划，善于创建民主参与的工作氛围，使教师感觉到自己就是学校的主人；应积极促进教师之间的人际互动，使教师之间除了正式的合作外，还有经常的非正式的经验交流。对外，校长应善于搞好与外部的关系，包括与当地媒体、企业、商业界的关系；善于运用各种校外资源服务于学校，如利用大学或研究机构对本校教师专业发展进行积极支持，听取企业或商业人士关于管理或技术方面的建议，多方筹措来自私人、企业或商业界以及上级管理部门的财力资源等。

校本管理的主要内容是将改革最终落实到课程和教学改革上。校长虽然不是课程和教学改革过程中的直接领导者，但是应当致力于推进学校管理体制改革，创建良好的学校工作氛围，创造有利于改革的各种条件，支持一线教师成为课程和教学改革的领导者。

(六)确定课程和教学改革方向

课程和教学改革是校本管理的落脚点，校本管理是否有效体现在课程和教学改革的效果上，也就是说最终体现在学生的变化上。所以在校本管理中，确定课程和教学改革方向极为关键。

总之，以上六个方面体现了校本管理实施中的一些共性，而实际的运作中，每所学校由于自身条件不一，体现出了自己的个性化特点，这也是校本管理的魅力所在。

三、校本管理的原则

从一定意义上说，校本管理是相对于传统的外在控制的学校管理模式而提出的。传统的外在控制的学校管理模式的突出特点表现为：受到学校系统之外的行政机构的牵制，学校管理任务的确立和完成是在外在指导下进行的，容易脱离学校的特点和实际需要，学校的成员没有自主权和评论权。校本管理在管理理论的建构上与外在控制的学校管理迥然不同，突出地表现在其管理原则上。

(一)质的原则与量的原则

在传统的外在控制管理理论中，教育目标常被设想为简单的和合一的，教育的外在环境被视为几乎是静止的。学校没有任何强烈进行教育改革以适应环境变化的愿望，传统的学校管理倾向于强调标准化的程序和组织的稳定性及量的发展。而校本管理追求质的变化，认为教育目标是多元化的，教育环境是复杂多变的，为了适应不断变化的外在环境，提高学校的绩效，达到教育的目标，教育追求质的变化至关重要。

(二)差异性原则

校本管理的差异性原则主张由于学校之间存在差异，学校管理和教师的教育教学活动中不可避免地会出现问题，学校应被赋予权利和职责，尽可能在问题发生现场有效地解决问题。在管理中，许多不同的方法能够实现学校的教育目标，为此应强调管理过程的灵活性。差异性原则还主张学校可以根据自己的特殊情况自己管理自己，以使学校有较大的空间开发，并在实践中探索、总结有效进行学校管理的策略。

(三)放权的原则与集权的原则

在外在控制的管理中，集权是与标准化原则相一致的，两者都寻求一种控制程序，以避免学校中产生问题。由于被外在的上级权威精心地控制，学校自主做出决策的空间很小，实施职能的范围也受到极大的限制，几乎在所有事情上都服从于外在权威的领导和控制，导致学校遇到的问题不能及时得到解决。校本管理理论认为放权与差异性原则是一致的，学校管理和教师的教育教学活动中不可避免地会出现问题，应赋予学校权力，让学校尽可能有效地自主解决发生的问题，而不是由上级解决这些问题。在实践中，校本管理强调由学校发现问题并自主解决问题。

(四)自我管理原则和执行系统原则

自我管理原则是指让学校在一些主要政策的制定和结构的确定上成为一个自我管理的系统。校本管理并不否定学校需要完成教育政策规定的目标，但它强调完成目标有许多不同的方法，必须让学校在一些主要政策的制定和结构的确定上成为一个自我管理的系统，学校依据自身的条件在开发教学目标、确定管理战略、分配人力资源解决实际问题和完成预定目标上拥有更多的自主权。[①] 这样学校才能主动去履行自己应该承担的责任。

(五)人本原则和结构控制原则

校本管理和外在控制管理分歧的焦点在于人的因素和结构的因素哪个更为重要。传统的学校管理理论认为，学校的目标和任务都已被上级教育行政主管部门限定，如果组织出现了问题，导致学校目标未能实现，那么都归结为组织结构和外在控制出现了问题，而与个人无关，这导致学校成员失去了勇于担当、主动进取的精神。校本管理基于人力资源理论，认为人的因素在组织完成绩效的过程中起着关键作用，人是组织中最为宝贵的资源，学校管理中重要的工作就是开发具有主动性的人力资源。基于此，校本管理的目标应建立在学校成员广泛参与和开发潜能的基础上，因此学校应该充分调动成员的积极性，学校质量的提高应着眼于改进学校管理的内在过程，尤其是人的因素。

四、校本管理的实施策略

校本管理作为一种管理理念，反映了学校教育管理的规律和特点，具有普遍的指导价值。结合我国学校实际，实施校本管理需要解决好以下问题。

(一)校本管理理念的建构

要实施校本管理，首先要实现观念上的转变。从学校层面上来讲，学校管理体制中校本管理理念的建构需要做好以下几件事情。

一是学校全体教师要理解校本管理的本质，并达成这样一种共识：校本管理是以学校内部力量为主的管理方式，是当今社会背景下发展学校之所需。之所以强调全体教师对校本管理的认识，是因为校本管理要求调动学校内所有的管理资源、管理力量来对学校的存在与发展做出决策。教师作为学校层面的一线实践者，熟知学

---

① 毛亚庆：《论校本管理理论》，载《北京师范大学学报(人文社会科学版)》，2002(1)。

校的情况，对于学校的管理应该有一定的发言权。校本管理要求民主参与和民主决策。要形成这样一种理念，需要学校的全体员工共同努力。

二是进行校本研究和校本培训。校本研究是指侧重于发现学校管理方面存在的问题，学校的外部环境带给学校管理的积极与消极因素，学校管理方面的资源，等等；校本培训是指通过形式多样的以学校为本位的培训，提高学校成员解决学校管理层面的问题的能力。校本管理理念的建构不能是空穴来风，而要在校本实践中得到提升。

三是增强决策意识，从学校实际出发。长期以来，人们习惯把校长仅仅看作管理者、执行者，不少校长也固守管理者、执行者的角色，唯书唯上，忽视了自身决策者的形象。校长作为一校之长，不能把决策仅仅看作教育行政部门的功能。校长是学校的组织者、管理者，更是学校的决策者、计划者，要根据党的教育方针和上级教育行政部门的指示，结合学校实际提出办学理念和学校发展蓝图，对学校发展做出有价值的选择，提出近期、中期和远期的愿景和目标，在多种可供选择的方案中确定最佳发展方案。

四是从制度层面上确保校本管理理念的建构。理念的建构需要一定的制度做支持与保障，校本管理理念的建构仅仅靠宣传与学习是远远不够的。如果在学校管理制度上仍奉行原来的管理体制，说一套做一套，即便是有了一些校本管理理念，却无处着力，这样也谈不上校本管理理念的建构。

(二)强化教学中心的意识，走质量内涵发展道路

学校工作以教学为中心，这一命题反映了教育工作的基本规律，是校本管理的题中之义。实施校本管理必须强化以教学为主的观念，使这一理念转化为共同的教育行为。无论是教师还是校长，都要积极投入教学工作，集中精力推进教学改革，提高课堂教学质量。在现代社会，校长角色已发生很大变化，由单一角色转化为多重角色。但是这种多重角色并不能改变校长的主导角色，即管理者、教育者的角色，校长角色的本质规定性并没有改变。校长主导角色，要求校长要承担领导和组织教学工作的职责，坚持以教学为中心，遵循教学规律组织教学。强化教学中心意识，走内涵式发展道路，是校长角色本质规定性的必然要求，也是实施校本管理的必然要求。

(三)学校本位管理权力的实施及其组织变革

学校具备一定的管理权力只是校本管理的一个必要条件。一方面，如果学校中

所有的管理权力都集中于校长等少数领导者手中，那么就谈不上校本管理；另一方面，把权力下放到学校层面，并不能保证学校会有效地使用这些权力去提高教育质量。校本管理的实施还要求校内的管理人员尽可能地参与到学校管理，以团队协作的方式进行管理。这就要求我们在实施的过程中注意两个问题：一是校本管理的学校内部权力的分配，二是团队协作的管理机制如何运行。

（四）增强卓越意识，追求学校管理精致化

学校管理精致化是校本管理的目标，即追求卓越、提升品质、精益求精。精致化是指品质管制与效率讲求的整合，涵盖卓越性、绩效性和科技性。所谓卓越性，是强调学校不仅仅追求有，更追求好；不仅仅求量的扩充，更求质的提升。所谓绩效性，是强调教育内容附加价值的提升，重视教育过程绩效的提高。所谓科技性，是强调借用科技方法提高学校管理的效率。学校要有一流的办学思想、一流的校长和教师队伍、一流的教学设备和条件。把学校办成精品化的学校，就是追求学校管理最优化的状态，以投入最少的人力、物力和财力发挥学校组织的整体功能，获取最好的效果；就是追求学校管理的最佳目标，让学生得到合理、科学的教育和管理，在原有基础上获得最好的发展，也就是讲求学校管理的高质量。

【案例】

湖南省湘西自治州花垣县H小学强化校本管理实践①

近年来，H小学加强校本管理，努力构建学校内外部教育因素的新型关系，取得了很好的成绩。

一、以生为本，创新学习方法，培养学生的能力

以生为本，创新学习方法，是H小学基本的学法指导思路。为创新学习方法，增强学生的学习能力，学校根据学生阅读、写作、思维等特点，努力探究新的学习模式，就学生的信息素养、实践能力等进行了深入的行动研究。近年来，H小学采取发放问卷、分析对比、测试统计、建立创新学习效果和创新能力评价体系等方式，先后向师生发放10000多份问卷，面向社会进行5000多人次校本课程开发意向调查，在此基础上，根据新课标的要求，在应用信息技术教育教学方面确定了

---

① 张耀成、周智敏：《强化学校校本管理 打造湘西“中国名校”——访全国优质教育管理之星花垣小学校长周洛军》，载《科教新报》，2008-10-22。

"利用信息网络环境优化阅读教学，提高学生创新能力"等课题，初步形成了"信息网络环境下的阅读教学'专题探究'学习模式""古诗教学'专题探究'学习模式"和"美术'个性化学习'模式"等。语文学科广泛收集苗族习俗、历史、风情，音乐学科广泛收集苗鼓、苗歌、接龙舞，美术学科广泛收集苗族蜡染工艺、服饰纹样、建筑特色，体育学科广泛收集苗拳、棍术、秋千，建立了与课题研究相辅相成的"苗土风情""饮湖上初晴后雨""奥运·中国健儿"等专题网站。在学习《只有一个地球》时，学生们引用网上的资料据理力争，对"人类不能在火星上生存"的观点提出了异议；一些学生在学完《海底世界》后甚至提出了将人类移居海底的设想。正是这些学习模式、评价体系、教学网站的建立和实践使学生的学习能力和创新能力有了很大的提高。

二、以师为本，创新师训模式，提高教师的素质

百年大计，教育为本；教育大计，教师为本。教师专业化发展是 H 小学校本管理的重要内容。为尽快提升教师的素质，使教师向"专家型教师"发展，H 小学创新师资培训模式，变以前单一的"专家引领"为"专家引领、外出学习、网络学习、骨干培训、同伴互助"的多元培训方式；要求全体教师深入实践；采取"循环主讲、轮流助教"等方法，让"培训者"变成"培训组"；采取共性教案与个性教案相结合的方式，集个人智慧为集体智慧，变"单兵突击"为"兵团作战"，使广大教师实现了"素养互补"。近年来，教师的教研报告、经验论文、课件作品等获省级以上奖励的达 200 多人次，涌现了 30 多位教学科研和管理骨干。教师的专业技术水平提高很快，高级教师的比例大幅提升。仅 2007 年，教师的教学设计获国家级奖励的就有 25 人，其中，特级教师姚秀芝的"画风"与其他 5 项成果获一等奖；教师的教学论文获国家级奖励的就有 38 人，其中吴清霞的《论课改小学数学课堂的有效个性参与》与其他 6 篇论文获一等奖。向锋敏于 2007 年被湘西自治州授予"师德标兵"称号，并被评为全国优秀班主任。

三、以德为本，构建校园文化，创建和谐校园

构建校园文化是创建和谐校园的重要途径，也是提升学校品位、办人民满意的教育的核心内容。学校根据校本管理的实际需要，始终坚持以德为本，努力构建校园文化；紧扣时代旋律，开展"守师德、正教风、树形象"和评选"每月之星"等活动；通过创建校本管理和德育工作示范校等，引导教师发现学校文化、接受学校文化，并把教师优秀的教育教学成果纳入学校优秀文化。教师创作的歌曲《我们从这里扬帆起航》被定为校歌，"苗土风情"等网站被定为校本德育资源。教师在分享成

功的喜悦的同时激发了更强的创造热情和主人翁精神。

学校通过开展“我为学校增光彩”等系列兴校活动，先后筹资500多万元完成了校园绿化、美化和塑胶运动场建设等工程，建成了多媒体教室、电子阅览室和校园闭路电视双向控制系统、校园电视台和千兆校园网络系统。学校还为全校所有教师配备了手提电脑，实现了“无纸化办公”，校园物质文化品位明显提升。与此同时，学校努力实施德育工作课程化、德育活动序列化、德育内容生活化、德育方式艺术化，建立“奥运·中国健儿”等德育网站，开辟“烈士陵园”等校外德育基地，开展“禁毒反邪千人签字”等活动，聘请法治副校长和校外德育辅导员，充分发挥学校文字、图片、音像设备等的育人功能，组织学生进行艺术展示、文明互动等，使学校形成了时时有德育、处处有德育、人人重德育的良好氛围，创建了一种知荣明耻、奋发向上的校园精神文化。近年来，学校多次承办全县德育工作和校本管理工作现场会，并被评为全县校本管理和德育工作示范学校及省红领巾示范校。

分析：H小学是地处湘西自治州的一所百年老校，曾被评为“中国名校”。该校以“彰显特色、打造品牌、造就名师、培育新人”为办学宗旨，走具有民族特色的办学路子。在校本管理实践中，学校自身的特色得以充分彰显。学校教学充分发挥地域优势，挖掘苗族独有的民族课程资源。将这些课程资源加以完善，就形成了有特色的校本课程，自然而然地奠定了校本管理的重要教学基础。

此外，学校的校本管理紧紧围绕“三个”为本深入展开：首先，以学生为本，关注学生学习方法及学生能力的培养；其次，以教师为本，通过建立有效的校本培训模式，提升教师专业发展水平；最后，以德为本，注重加强学校文化建设，发挥文化的德育作用。在每一项管理活动中，学校都采取了符合实际的有效措施，如充分利用网站等丰富的资源，真正地提升了管理的实效。

总之，学校改进必须基于学校本位，这就需要中小学注重完善校本管理的实施。校本管理的实施也是对学校管理者管理智慧及能力的考验。各学校必须立足自身实际情况，制定符合本校特点的校本管理模式。例如，上海市北虹初级中学制定了符合本校发展规划的学校章程，这本身就是实施校本管理的一种有效举措。H小学的校本管理也因符合学校所在地域的特色，并立足本校师生实情，取得了明显的成效。

【要点小结】

1. 学校组织是社会专为实施有组织、有目的、有计划的教育而创办的一种特殊的、正式的规范性社会组织。

2. 中小学组织的特征：结构特征追求结构合理，人文特征突出多方协作，发展特征力求开放创新，网络化的学校组织，以人为本的学校组织，学习型学校组织。

3. 中小学组织的分类：按组织的正规化程度的不同，可分为正式组织和非正式组织；按任务的不同，可分为主体组织和服务组织；按职能范围的不同，可分为决策组织、执行组织、监督组织、参谋组织和研究组织；按管理工作需要的不同，可分为有权力链的权力组织和专业横向职能组织；按组织活动的纪律要求的不同，可分为严密组织和松散组织。

4. 组织机构是指组织发展、完善到一定程度，在其内部形成的结构严密、相对独立并彼此传递或转换能量、物质和信息的系统。其任务是协调各种关系，有效地运用每个组织成员的才智，充分发挥组织系统的力量，达到团体的目标。

5. 中小学组织机构建设的原则：分工协作原则，精简高效原则，权责一致原则，因校制宜原则。

6. 校本管理这一概念具有两层含义：其一，学校决策权从上级部门下放到学校，学校作为自主决策、自主发展的办学主体，在课程设置、人事安排、财政预算、资源分配等方面拥有自主权；其二，与学校联系紧密的各种相关利益者，如校长、教职员工、学生、家长、社区人士等都有权参与学校的决策。

7. 校本管理的特征：倡导共同决策，推动教师专业化发展，促进决策科学化，建立合理的激励机制，转变校长的领导角色，确定课程和教学改革方向。

8. 校本管理的实施策略：校本管理理念的建构；强化教学中心的意识，走质量内涵发展道路；学校本位管理权力的实施及其组织变革；增强卓越意识，追求学校管理精致化。

【思考题】

1. 请说说学校组织特征中的人文特征体现在哪些方面。

2. 为什么要构建学习型学校组织？

3. 请简要说明精简高效原则是什么。

4. 校本管理的特征有哪些？

5. 请阐述一下校本管理理念的建构。

第五章　教育人员管理

>>> **本章学习目标**

1. 了解教育人员管理的概念及特点。
2. 学会结合实际分析校长在学校中的地位和作用。
3. 知道校长的基本职责、任职资格、任用制度和考核形式。
4. 掌握教师管理的意义和内容。
5. 明确教师的基本职责、任职资格、任用制度和考核内容。
6. 了解教师专业性培养与提高的形式。

第一节　教育人员管理概述

一、教育人员管理的概念

在社会中，一切管理活动都是以人为主体的组织协调活动。人是世界上最有决定意义的资源，在管理活动中始终占据主体性地位。教育管理过程中的核心问题是人的管理问题，因为在教育管理过程中，管理者是人，被管理者也是人。人的最大特征是具有主观能动性(也称自觉能动性)，是指人的主观意识和实践活动对客观世界的能动作用。主观能动性具有两方面的含义：一是人们能主动地认识客观世界，二是人在认识的指导下能被动地改造客观世界。在实践的基础上使二者统一起来，即可表现出人区别于物的主观能动性。人的本质属性揭示了人不仅可以管理人和接受别人管理，还可以自己管理自己。

国家教育行政部门管理教育的根本任务是最大限度地调动教育人员的积极性，

提高教育的质量和效益。具体来讲就是通过对校长和教师的管理，并且吸收校长和教师参加管理，提高教育工作的质量。[①] 由此，对教育人员的管理可分为三个层面，即教育行政部门对校长和教师的管理，学校领导班子和教师成员之间的相互管理，学校校长和教师的自我管理。教育人员管理的三个层面既相互贯通、相互联系、相互促进，又相互区别。

第一层面，教育行政部门对校长和教师的管理，主要是教育行政部门通过制定相关政策文件，对教育教学人员进行宏观管理；第二层面，学校领导班子和教师成员之间的相互管理，主要是对教育教学管理对象的有针对性管理，主要目标是创建完善的教育机构的人员结构和运行机制等；第三层面，学校校长和教师的自我管理，主要体现为教育教学人员进行自我控制和自我约束，提高自身的专业能力、专业素养，从而提高教育管理的质量和效益。

对教育人员的管理要始终贯彻习近平提出的“把方向、管大局、作决策、抓班子、带队伍、保落实”[②]的领导职责，坚持从严教育、从严管理、从严自律、从严监督、从严问责[③]，确保党的路线方针政策在各级各类学校得到贯彻落实。教育人员在管理过程中的任务是建立充分激发人的主观能动性和发展潜力的管理机制，构建和谐的人际关系，使人尽其才，事得其人，最大限度地发挥人的积极性和创造性，使教育管理系统实现良性运转。

二、教育事业的特点与教育人员管理

教育兴则国家兴，教育强则国家强。党的十八大以来，习近平多次强调教育的地位及重要性，高度重视教育事业，做出了优先发展教育事业、加快实现教育现代化、建设教育强国的重大部署。

(一)教育事业的特点

习近平强调：“教育事关国家发展、事关民族未来，是国之大计、党之大计，是功在当代、利在千秋的德政工程。坚持把优先发展教育事业作为推动党和国家各项事业发展的重要先手棋，突出教育的基础性、先导性、全局性地位和作用，对加

① 贺乐凡：《教育人员管理》，载《人民教育》，1997(4)。

② 本书编写组：《习近平总书记教育重要论述讲义》，22页，北京，高等教育出版社，2020。

③ 本书编写组：《习近平总书记教育重要论述讲义》，38页，北京，高等教育出版社，2020。

快教育现代化、建设教育强国具有重大意义。”①按照我国人事进行分析，教育属于事业范畴，学校属于事业单位。事业单位是指以社会公益为目的，由国家机关举办或者其他组织利用国有资产举办，从事教育、科技、文化、卫生等活动的社会服务组织。教育事业具有以下特点。

1. 教育性

学校是有组织、有计划地对受教育者实施系统教育的主要场所，学校的管理以促进学校各方面的发展和教书育人、培养人才为根本目的。学校是由管理者、教师以及学生组成的，要以学生为主体，以培养德智体美劳全面发展的社会主义建设者和接班人为主线任务。随着现代化建设事业的不断发展，国家对于人才的培养要求越来越高，教育的作用越发重要。教育作为培养人的事业，是关乎社会发展全局的事业，对提升国民综合素质和实现人的全面发展具有重要作用，对社会发展中的各大领域都有深远影响。基于此，教育事业中的一切管理活动也应是促进人不断发展的活动。

2. 专业性

学校是以影响受教育者的身心发展为直接目标的，并最终使受教育者的身心发展达到预定目的的社会活动场所。学校是专业性单位。在学校中，对受教育者进行教育的主体是教师，教师在学校中是以教书育人为核心的专业工作者。因此，在学校的内部管理中教师起着一定的主导作用，教师不仅要有专业知识、专业能力，还要有专业素养。基于此，教育事业具有专业性的特点，以精神产品为主要成果。

3. 非营利性

习近平强调：“立德树人是中国特色社会主义教育事业的根本任务。学校办学要始终牢记为党育人的初心，坚定为国育才的立场，以树人为核心，以立德为根本，培育和践行社会主义核心价值观，努力培养担当民族复兴大任的时代新人，培养德智体美劳全面发展的社会主义建设者和接班人。”②学校的主要任务是育人，是为国家、民族培育人才。学校管理所追求的是社会效益，而非经济效益。

---

① 本书编写组：《习近平总书记教育重要论述讲义》，72 页，北京，高等教育出版社，2020。

② 本书编写组：《习近平总书记教育重要论述讲义》，44 页，北京，高等教育出版社，2020。

4. 非权力性

学校是非权力性单位，不具有国家赋予的行政权力。它既不能对下发号施令，也不具有指挥其他事业单位的职能。

(二)教育人员管理

1. 教育人员的性质

教师是对学校教育人员的总称。教师是立教之本、兴教之源，教师的基本职责是教书育人，为国家、民族和社会培养新一代青年。在此基础上，教师应遵守相应的法律法规，担当起自己所在岗位的各项职责，始终遵循国家制定的教师职业道德规范要求。

习近平指出："教师是教育发展的第一资源，是国家富强、民族振兴、人民幸福的重要基石。教师工作事关社会主义现代化强国的建设进程，事关教育事业改革发展的成败，事关社会主义建设者和接班人的培养。"①教育是培养人的事业，培养人是对教师劳动最根本的要求。教育劳动是一种复杂的创造性劳动。育人既是一门科学，又是一种艺术，需要教师付出长期的、大量的、创造性的劳动才能取得良好的效果。

2. 教育人员管理的特点

首先，教育人员属于脑力劳动者。其工作不仅需要他们研究专业知识，提高自身专业能力，还需要他们深入研究教育对象的身心发展特点。因此，在时间安排上，学校要给他们更多的灵活余地，让他们有更多的创造机会；在平时多提供交流探讨、相互学习的机会，以使教育人员巩固自身经验，提高专业素养。

其次，教育人员的劳动成果一般属于精神产品。这种精神产品在短期内往往难以显现，有时还具有非物化的特点。与简单劳动相比，教育人员的劳动价值比较高。因此，要尊重教育人员的劳动，发挥他们的特长，保护他们的创造性和积极性，充分发挥他们的主观能动性及发展潜力。

最后，由于教育属于精神生产领域，无论是知识的传授还是品德的形成，周期都比较长，过程都比较复杂，因此，对教育人员的工作质量的评价要十分细致慎重，既要重视定量分析，又要强调定性分析。

① 本书编写组：《习近平总书记教育重要论述讲义》，201页，北京，高等教育出版社，2020。

第二节　中小学校长管理

一、校长在学校中的地位和作用

校长扮演着重要的角色，在各方面具有十分重要的作用。教育家陶行知说："校长是一个学校的灵魂，要评论一个学校先评论它的校长。"①校长处于学校管理系统的核心地位、领导地位和决策地位，只有做到尽职尽责，以身作则，认真履行职责，以优秀的作风和师德影响学校教师和学生，才能成为一位好校长，成为师生学习的榜样。这样，学校才会发展，人才才会兴旺，国家才会发达。

(一)校长在学校中的地位

1. 学校的法人代表地位

校长是学校的法人代表，是学校的最高行政负责人，对学校各项工作负全面责任，要认真贯彻执行党和国家的教育方针、政策，执行国家和上级教育领导机关的法令、法规、指示，按教育规律办事，依法办学，依法治校；从学校实际出发，完成学校的各项工作。校长要运用法律，维护学校及师生的合法权益；要依照法律，对学校的兴衰成败负责；要全身心地投入学校的领导和管理工作，敢于负责，勇于担责。

2. 学校行政领导的中心地位

校长是学校行政领导人，对内负责学校全面工作，是学校行政领导的中心，要对全体师生员工负责，努力办好学校。校长在行政领导工作中有以下几方面的自主权：其一，一定程度的人事自主权，即除了学校编制名额和主要领导人须经上级批准或由上级招聘之外，校长有权任命和聘用其他人员，如副校长、中层领导、教职工等；其二，可同其他单位进行人员交流，校内各种机构的设置、调整应本着精兵简政原则，校长有权增减校内机构调配人员；其三，一定程度的经济自主权，即在国家政策允许的范围内，校长有权决定国家拨给的办学经费的使用方案，有权开辟经费渠道，自筹资金，增强办学实力，改善教职工待遇和福利等。

---

① 江苏陶行知教育思想研究会南京晓庄师范陶行知研究室：《陶行知文集》，106页，南京，江苏人民出版社，1981。

3. 学校管理的决策地位

我国学校管理实行校长负责制，校长是学校管理中的最高决策者。校长的权力是上级授予的，他能够领导、影响校内师生的思想和行为，并在一定范围内具有合法性和强制性的力量。学校中的党组织要大力支持校长履行职权，起到保证监督和政治核心作用。副校长要协助校长工作。校长有权根据国家的教育方针、政策、法规和上级教育行政部门的指令、决定，从学校实际出发，创造性地确定学校的办学目标和管理目标，制订工作计划和各项实施方案；有权决定学校行政工作的一切重大问题，包括非常规性的、改革性的以及教职工有争议的重大问题。校长要履行好选人用人、筹划决策、指导方向、制订计划、组织实施、控制监督等统领性职能。

4. 学校工作的指挥地位

校长是学校行政系统的最高指挥者，学校各部门、各层次应向上一级负责。校长有权按层次下达工作任务，有权按管理层次授权、授责、授奖、授罚，审批下属的工作计划，考核其工作成效，纠正其偏离方针、政策和实施方案的行为。校长在履行职责过程中，学校成员都必须服从其统一指挥。因此，校长必须掌握学校工作的指挥权。

(二)校长在学校中的作用

1. 指引作用

校长对于学校行政工作的领导包含两层意思：从学校权利的运用、规章制度的执行角度分析，校长要通过命令、指挥，采取行政措施，行使行政职权，使学校工作达到预期目标；从人际关系、感情因素角度分析，校长的行政领导又是对学校组织及其成员施加影响的活动。[①] 学校是一个教育组织，是为实现一定的教育目标而存在和发展的。校长的领导活动总是为实现教育目标服务的。教育目标的实现需要把学校内部的各个部门和各种教育力量、管理中的各个环节和因素在时间与空间上进行合理组合，使学校全体成员意向一致，步调整齐，这就需要有强有力的指挥者。校长在学校管理中需要发挥指挥和引领的作用。

2. 组织作用

学校管理过程中要进行大量的组织工作。校长是学校管理中的组织者和激励者。学校中的因素有很多，各种事物怎么分配、怎么组合及各种大型活动怎么进行，都取决于校长怎么组织。学校中包含着不同的部门，都需要校长进行组织。学

---

① 王德清：《学校管理学》，278页，重庆，西南师范大学出版社，2011。

校工作是一个有机整体，必须有一个着眼于全局的组织者。为此，校长要根据学校的实际情况，制定学校组织的决策，以实现学校集体的目标。

3. 协调作用

协调是学校管理的重要职能。首先，校长要善于协调学校内部的公共关系，使全体师生达成目标同一、认识同向、行为同步的共识，以增强学校的感召力、凝聚力、战斗力。内部团结、协调是学校形象的第一需要，是办好学校的基础。校长应该成为民主、平等、和谐的学校人际关系的创建者和维护者，成为全体师生的知心朋友。其次，校长要善于协调学校外部的公共关系，正确处理学校同当地政府与教育主管部门的关系，还要协调好学校同周边学校、社区的关系以及同周边群众的关系，以得到当地政府与群众的支持。最后，在学校内外公共关系的协调过程中，校长要始终增强主体意识，处于主动地位，及时了解情况，掌握信息，一方面缓解矛盾，消除内耗；另一方面促进了解、沟通，增进团结。

4. 榜样作用

校长在学校管理中扮演着多重角色。一名从事教育事业的工作者，首先要成为一名合格的教育人员。如果校长在师生中不能发挥榜样的作用，那么他的管理就难以成功。一位好校长带领一批好老师，才能办出一所好学校。办好一所学校，校长的重要作用在于培养和塑造一代名师。名师是在长期教书育人的实践中，以其高尚师德和人格、某一方面的超常才干被同行认可，代表某学科领先水平的学科带头人。校长应在平等对待全体教师的基础上，善于识才、育才、用才、树才，重视培养青年教师，紧紧依靠中年教师，为他们步入“名师”行列创造良好的条件。①

二、校长的管理

（一）校长的基本职责

校长在管理活动中，首先要明确自己的职责。校长地位重要与否、作用大小，不只是由他的职务决定的，也具体体现在他的职责上。校长明确职责，可进一步了解他在学校中的地位和具体作用。校长的职责应是国家根据学生成长规律以及与之相适应的办学规律，通过“立法”来规定的，这样的规定具有法制力和科学性。校长职责是校长应尽的责任，一般由国家行政机关以政府法规、条例的形式向社会公布。我国校长的基本职责大体包括以下内容。

---

① 蒋茂长：《谈校长在学校管理中的地位和作用》，载《四川教育学院学报》，2000(8)。

第一，全面贯彻执行党和国家的教育方针、政策，自觉抵制各种违反教育方针、政策的行为，按教育规律办学，不断提高教育质量；坚持社会主义办学方向，努力培养德智体美劳全面发展的社会主义事业的建设者和接班人。

第二，认真执行党的知识分子政策和干部政策，团结、依靠教职工；依靠党组织，积极做好教职工的思想政治工作，自觉接受党组织的监督；充分发扬民主，重视教职工代表大会在学校管理中的重要作用，充分调动广大教职工的主动性、积极性和创造性。

第三，全面主持学校工作。①领导和组织德育工作。2018 年习近平在全国教育大会上提出："思想政治工作是学校各项工作的生命线，各级党委、各级教育主管部门、学校党组织都必须紧紧抓在手上。"[①]把德育放在首位，坚持教书育人、管理育人、服务育人、环境育人的工作方针，制订德育工作计划，建设德育工作骨干队伍，采取措施切实加强思想政治工作，并将之贯穿于教育教学全过程，持续不断地对学生进行思想、政治、品德教育。②领导和组织教学工作。坚持学校工作以教学为主，按照国家规定的教学计划、教学大纲，遵循教学规律组织教学，建立和完善教学管理制度，搞好教学常规管理；深入教学一线，正确指导教师进行教学活动，努力提高教学质量。③领导和组织体、美、劳教育工作及课外教育活动，确保学校体育、美育、劳动技术教育工作及课外教育活动切实有效地开展。④领导和组织总务工作。贯彻勤俭办学原则，坚持总务工作为教书育人和教职工服务的方向，严格管理校产和财务，搞好校园建设；关心学生和教职工的生活，保障他们的健康；逐步改善办学条件和群众福利。⑤配合党组织，支持和指导群众组织开展工作。在工作中全面贯彻党的教育方针，不断完善党对教育事业的领导体制，加强党对教育事业的统筹管理，充分发挥工会、共青团、少先队等群众组织在学校各项工作中的积极作用。

第四，发挥学校教育的主导作用，努力促进家庭、学校、社会三大教育场所协调一致，形成良好的育人环境。

(二)校长的任职资格

若想当一名合格的校长，就要具备一定的条件。按照我国的有关规定，校长的任职资格要从两大角度来考虑：一是校长任职的基本条件，二是校长任职的素质要

---

① 本书编写组：《习近平总书记教育重要论述讲义》，27 页，北京，高等教育出版社，2020。

求。基本条件大致包含政治条件、学历条件和自身条件，素质要求大致包含政治素质、知识素质和能力素质。

1. 基本条件

(1)政治条件

拥护中国共产党的领导，热爱祖国，热爱教育事业。坚持党的基本路线，坚持党对教育事业的全面领导；增强“四个意识”，即增强政治意识、大局意识、核心意识、看齐意识；坚定“四个自信”，即坚定中国特色社会主义道路自信、理论自信、制度自信、文化自信；做到“两个维护”，即坚决维护习近平总书记党中央的核心、全党的核心地位，坚决维护党中央权威和集中统一领导。

(2)学历条件

乡镇以上行政级别的小学校长应有不低于中师的文化程度，初级中学校长应有不低于大学专科的文化程度，完全中学、高级中学校长应有不低于大学本科的文化程度，中小学校长应分别具有中学一级、小学高级及以上的教师职称，所有校长都应有从事相当年限教育教学工作的经历，都应接受过岗位培训并获得岗位培训合格证书。

(3)自身条件

身心健康，能够胜任工作。身体健康是工作的基础，只有具备良好的身体素质，才能更好更高效地完成岗位任务。心理健康指要保持积极向上、乐观的心态。思想品质要求校长在立身行事中做到：第一，廉洁勤政，克己奉公；第二，为人正派，处事公道；第三，光明磊落，胸怀坦荡；第四，宽以待人，严于律己；第五，有功不居，谦虚谨慎。

2. 素质要求

(1)政治素质

坚持正确的政治方向。具有一定的马克思主义理论修养和较高的思想水平，能运用马克思主义立场、观点和方法分析教育现象，指导学校工作；忠于人民教育事业，具有为祖国培养下一代人才而献身的精神；热爱教育，热爱学校，热爱学生，依靠教职工办学；坚持一切从实际出发的原则，联系群众，顾全大局。

具有服务精神。服务精神是校长素质的基本内容之一。我们党和人民群众将一所学校交付给校长，这是一种信任的传递。校长要终身为教育事业奋斗，始终保持初心，关心爱护教职工和学生，维护学校名誉。校长只有具有较强的服务精神，才能更好地管理学校。

坚持民主式管理。校长要善于处理统一指挥与群众参与管理的矛盾，使二者有机地统一起来，用群众的智慧丰富领导，将领导意志变为群众意志；坚持实事求是的思想路线和从群众中来、到群众中去的工作路线，说实话，办实事，做老实人，以良好的民主作风来团结群众共同搞好学校工作；管理教职工要充分调动他们的工作积极性和主观能动性，特别是在做决策时要始终保持民主管理作风。学校是一个有机整体，校长不能独自发号施令，要形成群体管理合力。

(2)知识素质

管理离不开知识，校长必须具有广博的知识。理论是实践的基础，是领导、管理活动的来源。

首先是学科专业知识。校长应具备扎实的学科专业知识，这是管理学校的基础。学校是以教学工作为中心的，因此学校管理的中心环节是对教学工作的管理。从这个意义上讲，不懂得学科专业知识的校长是没有资格领导教学工作的。校长必须精通一门学科，具有关于这门学科较深厚的基础知识和技能，熟练掌握这门学科的教学大纲、教材体系和教学方法；除精通一门学科外，还应熟悉其他学科的课标要求、教材体系和教法的一般要求。此外，校长还应广泛阅读，留心各类新知识和信息，并注意引导教师在教学活动中吸取和传授新知识，带领教师在教学工作中不断创新。

其次是教育科学知识。校长要学习马克思主义关于教育的论述，了解社会主义教育的基本特点和规律，具有教育科学知识；熟悉主要课程教学大纲及有关学科的教材教法；了解教育发展、改革的动态以及教育教学规律。校长只有认真学习和掌握教育科学知识、办学规律，才能取得管理学校的主动权。因此，校长应多学习此类书籍，坚持理论联系实际，有目的、有计划地开展教育科学研究和实践活动，成为教育科学的实践家和探索者。

再次是管理科学知识。校长要联系实际，掌握学校管理的基本规律和方法以及与学校管理相关的基本知识、技术和手段。现代经济和科学文化发展的事实告诉我们，成功和高效率总是以科学管理为前提的。管理经验固然宝贵，科学管理更为重要。校长要使学校管理高效率，必须认真学习和掌握现代学校管理知识，并在学校管理实践中灵活地加以应用。

最后是其他相关知识。校长要在实践中领会党和国家的教育方针、政策的基本精神，掌握与教育有关的法规的基本知识和相关的自然科学、社会科学基础知识，了解自然环境、经济与社会发展的基本情况。

(3)能力素质

第一，要具有科学决策能力和业务实施能力。校长要能根据党和国家的有关方针、政策、法规，制订学校发展规划和工作计划；善于做教职工和学生的思想政治工作及开展品德教育；能从实际出发，采取有效措施，促进学生全面发展。

第二，要具有协调组织能力和约束控制能力。校长要善于发挥群众团体的作用，协调好学校内外各方面的关系，发挥社会、家长的积极作用。

第三，要具有指导评价能力和说服教育能力。校长要具有听课、评课及指导教学、教研、课外活动等工作的能力；具有指导教师提高业务水平和改进教学的能力；能以育人为中心，研究学校教育的新情况、新问题，并从实际出发，开展教育教学实验活动，总结经验，不断提高教育教学质量。

第四，要具有较好的口头表达能力。校长进行表达时语言要简明扼要、生动形象、中肯；要有一定的文字功底，能起草学校工作报告、计划、总结等。

(三)校长的任用制度

国内外的校长任用制度主要有委任制、考任制、招聘制、选举制、综合制五种。其一，委任制是指按照管理权限，由国家法定的任免机关依照一定标准和程序直接任命校长的制度。其二，考任制是指通过考试，按照国家规定的条件和考试成绩择优任用校长的制度。其三，招聘制是指按照统一标准向社会公开招聘校长的制度。其四，选举制是指在一个地区或一所学校内由全体教师或全体教职工直接选举校长的制度。其五，综合制是我国改革开放以来，在群众参与和创造的基础上，正在实施和完善的一种校长任用制度。综合制运行的程序是：公开推荐、群众推荐和自荐，组织部门按校长任职资格和标准进行考核，个人提出办学主张，组织考试或答辩，群众评议，主管部门正式任命。

(四)校长的考核形式

对校长的考核是推动学校管理工作的重要措施，是加强校长队伍建设的重要手段，是激励校长自身更快成长的动力之一。对校长的考核要按照中央组织部《关于实行干部考核制度的意见》进行德、能、勤、绩全面考核。考核除了要对校长工作进行考查外，还要在教育督导机构的协同下，结合评估学校工作，定期对校长进行考核，并要健全制度。对校长的考核要听取多方面的意见，实事求是，客观、全面、公正地进行。经过考核，能胜任学校领导工作并不断做出成绩的，可连任校长职务；不能胜任和不宜担任校长职务的，要及时调整。

第三节　中小学教师管理

一、教师管理的意义和内容

习近平指出："教师是教育发展的第一资源，是国家富强、民族振兴、人民幸福的重要基石。教师工作事关社会主义现代化强国的建设进程，事关教育事业改革发展的成败，事关社会主义建设者和接班人的培养。"[①]教师是学校教职工队伍的主要组成部分。课程目标的落实，教育教学的组织等都是由教师实施的。因此，加强对教师队伍的管理，充分发挥教师工作的积极性，提高教师的思想业务素质，具有十分重要的意义。

（一）教师是教育方针的主要贯彻者

长期以来，我国一大批教师认真贯彻党的教育方针，默默耕耘，无私奉献，用爱心、知识、智慧点亮学生的心灵，培养了一批又一批优秀人才，为我国教育事业发展、为国家发展和民族振兴做出了突出贡献。学校是专门从事教育活动的机构，教师是学校教育教学任务的主要承担者。全面发展的教育方针只有通过教师的教育教学实践活动，才能转化为现实。如果教师不能准确地理解和贯彻党的教育方针，那么学校的性质和方向也将随之发生变化。2014 年习近平在同北京师范大学师生代表座谈时提出做一名好老师的"四有"标准，即有理想信念、有道德情操、有扎实学识、有仁爱之心。这就强调在进行教师管理时要遵循"四有"原则，以此为基础抓好教师管理工作。

（二）教师的积极性是教学质量的保证

教师是教育教学的主要组织者，在学校的管理中既是管理者，又是被管理者。他们对于受教育者而言，是主要的管理者和教育者，处于主导地位。对教师的管理，首要任务是激发教师工作的积极性和主观能动性，只有这样才能不断提高教育教学的质量。教师工作的积极性固然在很大程度上取决于教师的社会地位和福利待遇等因素，但学校内部管理方面的因素也是非常重要的。学校领导只有善于行使管

① 本书编写组：《习近平总书记教育重要论述讲义》，201 页，北京，高等教育出版社，2020。

理职能，通过科学的思想工作和激励制度发动教师参与管理，注重创造团结和谐的心理环境，才能激发教师投入教育实践的热情。一名合格的教师应热爱教育事业，终身为教育事业奋斗，不忘初心，砥砺前行。

(三)教师队伍是学校工作的主力军

党的十八大以来，习近平多次强调教师队伍的建设，这也揭示了教师队伍不仅是学校工作的主力军，而且是对党、对国家、对个人有重要影响的因素。“在教师队伍建设中，要把提高教师思想政治素质和职业道德水平摆在首要位置，把社会主义核心价值观贯穿教书育人全过程，突出全员全方位全过程师德养成，推动教师成为先进思想文化的传播者、党执政的坚定支持者、学生健康成长的指导者。”①学校的性质和办学质量归根结底取决于教师队伍在思想道德、教育业务和专门知识等方面的素养和水平。教师队伍的质量，一方面取决于经过师范院校系统训练，输入各级各类学校教师的基本知识；另一方面取决于领导管理的水平。学校领导者的重要职责就是立足于教师队伍的长远规划和基本建设，通过日常教育实践以及各项方案的实施，组织和培养一支相对稳定、质量较高的教师队伍。

(四)教师是学生学习生活的组织者

教师扮演着多重角色，包括教育者、管理者、知识技能传授者、思想品德的教育者、班集体的领导者和组织者等。教师又要定期对学生学业、品德及个性发展诸方面进行考查，面向全体学生组织课程教学，组织学生的课外、校外活动，协调学校与家庭、社会的关系等。

二、中小学教师的管理

(一)教师的基本职责

马克思主义关于人的全面发展的思想是我国教育方针的理论基础。“在全国教育大会上，习近平总书记站在党和国家事业发展全局的战略高度，阐明了培养德智体美劳全面发展的社会主义建设者和接班人这一教育的根本目标，明确了培养社会主义建设者和接班人六个方面的重点任务，为坚持立德树人提供了根本遵循。”②教

---

① 本书编写组：《习近平总书记教育重要论述讲义》，216页，北京，高等教育出版社，2020。

② 本书编写组：《习近平总书记教育重要论述讲义》，59页，北京，高等教育出版社，2020。

师的基本职责是按照我国教育方针的要求，把学生培养成为德智体美劳全面发展的社会主义事业的建设者和接班人。

1. 落实思想教育工作

2018年习近平在全国教育大会上要求：“把立德树人融入思想道德教育、文化知识教育、社会实践教育各环节，贯穿基础教育、职业教育、高等教育各领域。凡是不利于实现这个目标的做法都要坚决改过来。学校要紧紧围绕立德树人的根本任务，加快构建充满活力、富有成效、更加开放、有利于学校科学发展的体制机制。”[①]教师要在教育教学中、生活中真正落实思想品德教育。加强对学生的社会主义思想品德教育，是我国学校教育的本质工作之一。教师有针对学生的身心发展特点，对学生进行思想品德教育的职责。

2. 提高教育教学质量

教学是教师的主要任务，是教师有计划、有组织地引导学生按照一定的目的，主要通过学习教材逐步掌握科学文化知识与技能，发展智能，增强体质，形成科学的世界观和健全个性的教育活动。教师要明确教育目的和学校的培养目标，遵循教育与教学规律，在认真钻研教材、全面了解学生的基础上，组织好教学活动，使学生掌握教学大纲所规定的知识，形成相应的技能技巧，发展智力、能力，此外，还要积极进行教学改革，不断提高教学质量。一名优秀教师必须保持高质量的教学，必须结合教育教学开展科研活动。教师只有通过科学研究，才能不断更新知识，提高教育教学质量。

3. 参与学校管理工作

教师在学校管理中处于重要地位，是学校主要的依靠对象。教师参与学校管理是学校民主管理的主要标志。教师要关心学校工作，了解学校决策的内容，明白自己在实现学校管理目标中的地位和作用，从而积极参与学校各项教育教学的管理工作，使个体与学校共同得以发展。

4. 关心关爱全体学生

教师要关心了解每一名学生，除完成课堂教学任务外，还要根据学生的特点，领导和组织课外活动，通过课外活动引导学生热爱科学、热爱生活、发挥特长、发展个性，促使学生生动活泼地发展。

---

① 本书编写组：《习近平总书记教育重要论述讲义》，48页，北京，高等教育出版社，2020。

5. 协调学校与社会、家庭的关系

学校、家庭、社会是三大教育场所。教师应当关心社会，了解社会，面向社会，分析社会对学生的影响，发挥社会积极因素的教育作用，抵制社会的消极影响；要了解每名学生的家庭情况，协调学校教育和家庭教育的关系，使家庭教育符合社会主义教育原则。家庭、学校和社会教育协调一致，相互贯通，才能更好地促进学生德智体美劳全面发展。

(二)教师的任职资格

第一，政治条件。教师要遵循《中小学教师职业道德规范》，热爱祖国，热爱人民，拥护中国共产党领导，拥护社会主义，全面贯彻国家教育方针，自觉遵守教育法律法规，依法履行教师职责权利，不得有违背党和国家方针政策的言行。

第二，学历条件。教师必须具备相应的学历。幼儿园、小学教师要具备大学专科及以上学历，各类初级、高级中学教师要具备大学本科及其以上学历。教师不仅要有相应的学历、教师资格证书，还要有普通话合格证书。

第三，自身条件。教师要有健康良好的身心，能够承受工作中相应的压力。在思想品德方面，教师必须热爱教育工作，热爱学生，忠诚于社会主义教育事业，志存高远，勤恳敬业，乐于奉献；对工作高度负责，关心爱护全体学生，尊重学生的人格，平等公正地对待学生；遵循教育规律，实施素质教育，循循善诱，诲人不倦，因材施教；培养学生的良好品行，激发学生的创新精神，促进学生全面发展；坚守高尚情操，知荣明耻，严于律己，以身作则；崇尚科学精神，落实终身学习的理念，开阔知识视野，更新知识结构。

(三)教师的任用制度

第一，派用制。派用制是当前我国教师任用的主要形式，是由上级教育行政部门根据教育教学工作的需要，有计划地向学校派遣教师的制度。它的优点是国家能按照需要发展师范教育，按照统一的标准培养教师，并对教师的使用进行统一管理；缺点是教师派入容易调出难，不能形成合理的流动机制，往往使学校管理失去活力，校长无法行使用人权利，使校长负责制流于形式。

第二，聘用制。聘用制是教育行政部门或学校通过一定的契约或合同聘用教师的制度。聘用双方明确各自的权利、义务和责任。教师可以应聘，也可以拒聘。教育行政部门和学校择优聘用，对不称职的教师可以不聘用。教师和学校双向选择。我国正在逐步推行教师聘任制。

第三，代用制。代用制是教育行政部门为解决某些地区，特别是农村地区教育发展与师资不足的矛盾，聘用一部分适合任教的人到学校代课的制度。这种制度虽然缓解了师资短缺的困难，但由于标准不统一，管理不规范，以致整体质量难以保证，而且工资有时不能按时发放，会影响代课教师的积极性。因此，国家已决定逐步将代课教师转为正式教师，以聘用制代替代用制。

(四)教师的考核内容

1. 教师考核的意义

考核是检查教师工作情况的重要手段，是激励教师工作积极性的必要环节，也是评价教师工作效果的主要形式。教师考核指按照教师任职条件和教师职责，通过定性和定量相结合的手段，对教师的工作进行考查和评定。教师考核要坚持客观、工整、准确的原则，充分听取教师本人、其他教师以及学生的意见。教育行政部门要对教师的考核工作进行指导和监督。对教师的考核，一方面可以使领导对教师的政治、业务素质有全面的了解，为对教师的安排使用、职务升迁、职称评定、培养进修等提供依据；另一方面可以使教师对自身有全面的认识，以便发扬优点，改正缺点，总结经验，提高教育教学质量。

2. 教师考核的内容

教师考核的内容包括政治思想、业务水平、工作态度和工作实绩四个方面。在政治思想方面，要考核教师对国家路线、方针、政策的态度，对社会主义事业的态度，对教育对象的态度，对教师集体的态度以及对自身提高的态度等。在业务水平方面，要考核教师的文化素养和专业基础，教学内容的科学性、思想性，教学方法的灵活性、创造性，对教材和学生的分析能力、组织能力等。在工作态度方面，要考核教师接受任务的情况，出勤、出力的情况，遵纪守法的情况等。在工作实绩方面，要考核教师的工作量，包括课时工作量、科研进修工作量、社会活动工作量；工作质量，包括教学质量、思想工作质量、文体活动质量；工作成果，包括学生进步程度、工作经验总结质量、科研论文质量、改革实验成果等。

(五)教师专业性的培养与提高

1. 教师专业性的培养

师范院校是我国培养教师的主要基地，办好师范院校是完善教师结构、提高教师质量的基础工程。师范院校的培养目标是为各级各类学校培养合格的教师。示范性是师范院校的主要特征。教师在师范院校的学习只是基本的理论学习和技能训练，要成为一名好教师，还必须在教育工作中不断地学习和锤炼。每所学校的领导者都应重视对教师的培养。国家规定提高教师待遇，提高师范生奖学金标准，增加对师范院校的投入，改革师范院校的招生办法，号召社会各方面为培养教师提供方便条件，这些都有利于新一代教师的成长。因此，采取得力措施，长期坚持不懈地培养和提高教师的业务能力，是办好学校、提高教育质量、培养优秀人才的关键。

2. 教师专业性的提高

(1)通过不同岗位的锻炼提高能力

要让每一名教师都有计划地经受多种教育教学岗位的锻炼。班主任工作能够比较全面地检验和培养教师的教育思想、教育机智、教育活动的组织能力、对教育对象的研究能力，要防止在一所学校里，班主任永远是班主任，科任教师永远是科任教师的现象。对于有些不易胜任班主任的教师，学校要敢于要求和培养。有经验的前辈要承担起培养新教师的工作，这对新教师的培养是必要的，对有经验的教师也起着一种督促、精益求精的作用，不仅可以巩固有经验的教师的教育教学经验，而且可以使他们在青年教师身上学到新时代的理念，双方在“传、帮、带”中可以互相学习。学校领导者应有计划地把工作能力强的教师安排到教研组组长、年级组组长乃至教导主任等岗位上，使其思想境界更高，驾驭全局的能力更强。人员提拔上来了，还可以轮换下去，使尽可能多的教师得到锻炼。

(2)通过继续教育丰富和更新知识

随着社会持续发展，时代不断变迁，各个学科越来越成熟化，教师更新观念、补充知识、提高能力显得十分迫切。大多数教师不可能脱产进修，主要还是通过在职进修提高自己。在职进修的途径有很多，如校内外互相听课，高质量的教研活动。教师学习常用的方式是自学自修，根据教学实践，客观地评价自身。对于自身的长处应总结经验，使之更为条理化、理论化。学校领导要为教师提供交流教育教学经验、进行学术讨论的机会，如让教师听讲座、开学术会、讨论交流教育教学有关问题等，并为教师提供时间和经费保证。有条件的学校可以让教师脱产或半脱产进修，有计划地选送教师到校外进修和学习。学校可根据教师的业务水平和教学能力，按照各级教师进修院校的招生条件，制订教师到校外进修的计划，从而使教师不断学习。

(3)通过教师集体提高素质

现在各校青年教师日益增多，学校教师团支部应把提高青年教师的政治思想素质、专业水平、教学能力作为重要的工作。学校教师团支部在党总支部的领导下，可专门组织教学观摩评优活动、教育教学工作自我评价交流活动。这是当前教师团支部活动应有的特色。工会可通过教职工代表大会的形式，围绕教育教学工作开展活动。这样做实际上把民主管理与教师培养和提高的工作结合了起来。

【案例】

某学校一位刚上任的校长为了提高学校的教育教学质量，在校内的大会小会上大力提倡竞争。该校长根据实际情况，制定了教育、教学、管理、奖惩等制度共23项。对骨干教师、学科带头人，在同等条件下，好事优先。对提高学历层次、参加进修的教师，学校予以优惠条件。对一小部分教师提出上课的最基本要求，推动进步。适时调换岗位，有的意味着否定，有的意味着肯定。召开表彰大会，大张旗鼓地进行表彰。在竞争意识的催化下，学校里的王老师为了提高教学成绩，争占学生时间，其他老师都不愿意与王老师同班。

1. 你觉得这种学校管理方式合适吗?
2. 请你结合教师培养方式提出相应的建议。

分析：该校长上任后，大张旗鼓地强调竞争。事实也证明，随着经济的高速发展，竞争已充斥在社会的各个角落，成为现代社会不断前进的动力。不管我们承不承认，喜不喜欢，竞争总是无形地在人们的身上发生作用。同样，一所学校要发展，要提高教育教学质量，也需要竞争。如今，学校之间的竞争、教师之间的竞争、学生之间的竞争已日渐激烈，尤其是教师之间的竞争成为竞争的焦点。从案例中我们可以清楚地看到：教师之间的竞争有着积极的作用，同时也存在着消极的影响。

下面先谈谈教师竞争的积极作用和消极影响。

积极作用。一是竞争是一种促进自我提高的活动，在活动中，个人为了取得好成绩与他人展开较量。教师之间有了竞争，才能激发广大教师的积极性和主动性。每名教师为了在竞争中胜出，为了实现自己的价值，就会不断地努力，对自己的工作投入更多的情感和精力，促使自己不断提高、不断完善。二是在竞争中很多优秀教师会脱颖而出，学校也可以从中发现所需人才，选拔骨干教师，着力培养，打造名师工程，发挥示范、辐射作用，引领教师的专业成长。三是在竞争的过程中，通过比较，更多的教师能客观地评价自己，发现自己的局限性，进行自我反思、自我完善，提高自身的专业素质，使得学校更富有生气，教育教学质量进一步提高。

消极影响。教师在竞争中必然会表现出“利己”与“排他”现象。而今，教师都越发地感受到各种竞争带给自己的恐慌与焦虑，失败者往往要承受巨大的精神压力。为了维护自己的利益，教师必然会形成各自为政的“围城式”教学。优秀教师不愿与他人分享智慧和经验，成果得不到推广；青年教师由于求师无门，不得不“闭门”摸索，教育观念和视野不可避免地陷入狭隘和单一，阻碍了专业成长；整所学校处于封闭、保守的状态。这就直接导致了教师人际关系的紧张，影响了教师之间的交往，也影响了教师与学生的交往。也可能由于竞争带来的挫折感和自卑感，一些教师对教育产生了不正确的观点和态度，个人发展处于停滞状态。

对于案例中存在的问题，可以采用以下措施解决。

摒弃成绩唯一的评价观。长期以来，教师为分数而教的思想相当严重，任劳任怨地为考试而教学。该案例中王老师为了提高教学成绩，争占学生时间，其他教师都不与王老师同班。造成这一问题的原因就是分数评价观。学校必须摒弃成绩唯一的评价观，建立平时教学绩效与年终考试相结合的评估与奖励机制，做到过程与结果并重。因为考试成绩并不能与教师的教学水平完全等同，关键要让教师找准各自的“最近发展区”，大胆地进行教学改革与创新，从而摆脱“防御性教学”的束缚。

明确教师的工作目标和结构。学校由不同的资源组建而成。其中教师是学校的第一资源，是提高办学质量的关键。首先，学校要根据教师岗位配置和本校教师的年龄特点、学科特长，合理地安排教师的教学工作，让每名教师“在其位而谋其政”。其次，一所学校教育质量的高低，不是由个别教师的优秀与否所决定的，必须看整个学校的师资水平。学校要关注教师人力资源的质量和可持续性，从实际出发，确立学校的教研机构，根据教师的配置，加强教师间的互助合作，如骨干教师的结对活动，教师间的同伴互助，新老教师的“传、帮、带”，通过制订方案、开展活动、评估验收等过程，营造一个学习研究的共同体。最后，教师之间要有竞争，这已成为共识。学校要鼓励竞争，但也应考虑竞争带来的消极影响，不能“眉毛胡子一把抓”，什么都拿来竞争，而要视教师的年龄、任教年段、任教学科、专业水平加以区别，明确竞争的范围、竞争的量与度，引导教师恰当、公平竞争，尽量避免教师为竞争所困、所累。

竞争的同时提倡合作。案例中的校长力捧竞争，无视合作，这是诸多问题出现的原因。竞争虽然能激发教师的潜能，但也能使人产生紧张和不安。学校如果一味强调竞争，没有教师之间的合作，那么往往会造成不必要的摩擦和内耗。相反，如果善于把竞争与合作结合起来，消除阻碍教师合作的消极因素，引导教师既竞争又合作，就能突破孤军奋战的局限，使教师把自身优势与其他教师的优势结合起来，把双方的长处最大限度地发挥出来，既提高自己也提高别人，变“内耗”为“共享”。当务之急，学校管理者应设法把关注考试成绩的竞争转化为关注教学水平、专业成长的竞争，把“单打一”的个体竞争转化为互助合作的群体竞争，把竞争的压力内化为自我唤醒、责任感增强、专业提升的内驱力。例如，引导教师在教育科研中竞争与合作。学校成立教研组，在校本教研中确定教学专题研究或课题研究，做到人人有任务，个个都参与，使不同程度的教师都能再提高、再发展。在研究中，教师互相学习，取长补短，相互合作，共同交流，共尝甘苦，共同体验成功与喜悦。教学是学校工作的中心，课堂教学质量是关键。学校可以进行校内比赛，要求绝大部分教师参加，通过比赛评出优秀教师，推荐他们参加学区竞赛。无论是校内教学评比，还是推荐教师参加学区教学竞赛，都要全员参与。参与的过程是一个既竞争又合作的过程，是一个人人得以提高的过程。这样学校的整体教学水平就会有较大的提高。例如，一名教师要参加教学比武，真正献给观众的那节课，其实已凝聚了指导老师、教研组其他教师的心血和智慧。类似这样的互助合作的群体竞争值得推广。

友好地竞争。为了激发全体教师的干劲，学校必然会设立先进集体和先进个人等名誉。通过竞争，势必会有一位或者几位被评为先进教师。学校要引导教师以“道德”为基点，恰当、友好地竞争。在公平的竞争中，教师会更加紧密地团结在一起，而不会伤害彼此的感情。学校也应从兼顾公正、公平和师德、师能的角度出发进行评选。这样评出的先进教师才能成为大家学习的榜样。当前学校正处于合作与竞争并存、挑战与机遇同在的新时代，教师面临着广泛合作、内外竞争的局面，摆在绝大多数教师面前的突出问题是如何处理好合作与竞争关系，对教师进行适度竞争与充分合作的引导正是校长和教育行政管理者的当务之急。

【要点小结】

1. 教育人员的管理可分为三个层面，即教育行政部门对校长和教师的管理，学校领导班子和教师成员之间的相互管理，学校校长和教师的自我管理。

2. 教育事业的特点有教育性、专业性、非营利性和非权力性。教育人员管理的特点：首先，教育人员主要属于脑力劳动者；其次，教育人员的劳动成果一般属于精神产品。最后，由于教育属于精神生产领域，无论是知识的传授还是品德的形成，周期都比较长，过程都比较复杂。

3. 校长在学校中的地位：学校的法人代表地位，学校行政领导的中心地位，学校管理的决策地位，学校工作的指挥地位。校长在学校中具有指引作用、组织作用、协调作用、榜样作用。

4. 校长的任职资格要从以下方面来考虑：政治条件、学历条件、自身条件，政治素质、知识素质、能力素质。

5. 校长的任用制度有委任制、考任制、招聘制、选举制、综合制。校长的考核内容是针对校长的德、能、勤、绩进行全面考核。

6. 教师管理的意义和内容有：教师是教育方针的主要贯彻者，教师的积极性是教学质量的保证，教师队伍是学校工作的主力军，教师是学生学习生活的组织者。

7. 教师的基本职责：落实思想教育工作，提高教育教学质量，参与学校管理工作，关心关爱全体学生，协调学校与社会、家庭的关系。

8. 教师的任用制度有派用制、聘用制、代用制三种。

9. 教师专业性提高的策略：通过不同岗位的锻炼提高能力，通过继续教育丰富和更新知识，通过教师集体合作提高教师的素质。

【思考题】

1. 请简述教育人员管理的概念。
2. 结合你的亲身体会，分析教育人员管理的特点。
3. 结合实际，请你谈谈校长的基本职责有哪些。
4. 请阐述校长的任用制度有哪五种。
5. 校长的任职资格包含了哪些内容?
6. 请简述教师管理的意义和内容。
7. 请结合实际分析教师的基本职责。
8. 请阐述教师专业性的培养与提高的策略。

第六章　学生管理

>>> 本章学习目标

1. 学习了解学生管理的概念、特点及原则。
2. 结合实际分析学生常规管理的特点及内容。
3. 明确班级管理目标。
4. 联系班级管理实际分析班级管理模式。
5. 掌握班干部的管理及树立正确班级舆论的方式方法。
6. 了解埃里克森人格发展八阶段论。
7. 能根据初中生身心发展特征进行学生管理。

第一节　学生管理概述

一、学生管理的概念

学生的含义分为广义和狭义两种：广义的学生泛指一切受教育者；狭义的学生专指在社会各级各类学校及教育机构中进行学习活动的个体，包括小学生、初中生、高中生、大学生、研究生及成人学校中的各级学员。

学生是学校管理的主要对象之一，在学校管理过程中既是被管理者，又是管理者。学生管理是学校管理活动的一个重要分支，各级各类学校都设置了专门部门从事学生管理工作。对学生的管理是否得法、是否符合学生身心发展特点，直接影响到教育质量和人才培养质量的高低。学生管理涉及学生的生活、学习和思想等方面，渗透到教务、人事、后勤等职能部门。对学生进行管理，首先必须对作为管理对象的学生有一个正确且清楚的认识。我国通常将学生管理理解为：学生管理是学校对学生在校内的学习和活动进行计划、组织、协调、控制的总称。

综上所述，首先，学生管理是学校管理的一个重要组成部分，需要学校通过专门的组织部门和人员，明确学生管理的指导思想和组织目标。学生管理的主要人员有上级教育行政部门和学校、教师，也包括家长和社区以及学生自身等。因此，要想实现预期的学生管理目标，必须协调好校内外学生管理系统横向和纵向、上下各方的关系。

其次，学生管理的主体是学校和学生，对学生成长成才有着直接的影响，起到维护和支持的作用。学校要丰富学生的校园生活，重视通过组织目的和指导思想对学生进行各方面的规范、指导和服务。

最后，学生管理是学校实施德育的重要途径。习近平多次提出德育在教育中的重要性，强调“各级各类教育要坚持把立德树人作为学校办学的根本，把立德树人内化到学校建设和管理各领域、各方面、各环节，做到以树人为核心，以立德为根本”①。这里主要强调学校管理要注重德育与学生管理的融合。学生管理还要与我国的教育方针紧密结合，既要注重德育，也要注重学生各方面的发展。

二、学生管理的特点

学生管理是学校管理工作的一个重要分支，也是衡量一所学校办学质量的重要指标。各级各类学校学生的管理工作要根据该学校及学生的实际情况，有针对性地制订计划，同时要注重学生的年龄特征及身心发展。学生管理既有不同之处，又有共同特点。一般而言，学生管理具有以下共同特点。

(一)学生管理的整体性

不论是学校管理、教育人员管理，还是学生管理，都是为贯彻国家教育方针、培养全面发展的学生、为国家的未来培养创新型人才服务的。国家的教育政策、教育方针和教育文件都为学生管理工作指明了总方向。对学生进行管理的前提是了解学生各年龄阶段的特征和身心发展规律，让学生处处体验到全面发展是国家和人民对他们的基本要求。

---

① 本书编写组：《习近平总书记教育重要论述讲义》，48页，北京，高等教育出版社，2020。

(二)学生管理的循序性

学生的发展是循序渐进的、有规律的。管理者必须清晰认识学生的发展特征，利用学生管理的规律，明确科学的管理指导思想，在具体的组织活动过程中制订科学的工作计划，对学生实施正确、有效的管理；在实施学生管理的过程中要始终坚持循序渐进，有组织，有次序，潜移默化地进行；要通过学生的发展体现管理活动的价值，促进全体学生的全面发展。

(三)学生管理的集体性

学生管理工作中班集体的管理是尤为重要的，班集体是学生学习的主要场所。管理者要重视集体管理，充分发挥学生集体的作用，坚持全面性与全员性并重。学生管理的全员性是指所有与学生管理活动密切相关的利益者共同参与学生管理活动，不仅需要学校校长、教师、学生的全力参与和配合，而且需要家庭和社区等社会力量的介入。上述各方只有通力合作，才能为学生的全面健康成长保驾护航。管理者还应该关注全体学生的全面发展，力争通过学生管理活动实现全体学生在德智体美劳方面的整体发展和全面提高，在学生管理工作中切实落实我国的教育理念。

(四)学生管理的教育性

教育性是学生管理最基础的特点之一，贯穿于整个学生管理工作的始终。在从事指导性和管理性的学生事务时，学生管理实际上是帮助学生正确处理好个人与集体的关系。即使是处罚违纪的学生，也往往以教育学生为出发点。大量服务性事务管理是根据学生不同成长阶段的要求，为学生提供专业的服务及设施，以帮助学生成长的。因此，学生管理不仅传承、发展了学校文化，对学生起到了潜移默化的教育作用，而且实现了教育属性与管理属性的融合。

三、学生管理的原则

(一)满足学生合理需求的原则

在管理工作中，对人的管理的实质是对人的需求的管理，对学生的管理也是如此。管理者在实施管理工作前要先了解学生的需求动机，分析集体需求或个人需求，预测学生的行为发生和发生方式，干预需求中的不合理成分或提前制止不合理需求，唤起学生积极的需求，以学生内在的需求动机促进学生积极主动地发展。这种通过满足学生合理需求来促进管理的方式还集中体现在学生管理制度的变迁上。

学生总是谋求一种对自己最为有利的管理，当下的管理不能满足学生合理的需求时，学生总会促使学生管理制度更换和创新。①

(二)德育贯穿学生管理的原则

“学校办学要始终牢记为党育人的初心，坚定为国育才的立场，以树人为核心、以立德为根本，培育和践行社会主义核心价值观，努力培养担当民族复兴大任的时代新人，培养德智体美劳全面发展的社会主义建设者和接班人。”②学生管理与思想政治教育共同构成了我国各级各类学校的学生工作系统。主流价值观、社会主义核心价值观等是我国各级各类学校学生管理的理论基石。因此，学生管理要促进学生的全面发展，把德育和学生管理有机地结合起来，将德育切实融入学生管理工作，从而真正实现教育为主、管理为辅的学生管理目的。

(三)保证全面自由民主的原则

对学生的管理最终要达到的目的是促进学生全面、自由、民主发展。习近平指出：“要全面落实立德树人根本任务，推进育人方式、办学模式、管理体制、保障机制改革，建立促进学生身心健康、全面发展的长效机制。”③在教育管理中，管理者要坚持以学生为本。在学校里，教师和学生都是教育的主体。教师是教的主体，学生是学的主体。在教育教学过程中，学生是主体，教师发挥着主导作用。以学生为本还有一层含义，即以学生发展为本。学生个体之间存在着个体差异，管理者要从学生的实际出发，促进学生全面发展，维护学生的个体权益，实施自由民主式管理，充分发挥学生的主观能动性和发展潜力，以达到预期培养目标。

(四)具体问题具体分析的原则

学校与学校之间存在差异，学生与学生之间也存在差异。基于此，不同学校具有不同的情况，管理者要遵循学校及学生的实际情况，制定有针对性、合理的学生管理计划、制度、任务及目标，对于学生管理工作要具体问题具体分析。学校与学校之间也可相互交流和学习，形成更符合自己学校的学生管理方案。

---

① 杨琴、王德清、沈霞：《中小学学生管理之“度”》，载《教学与管理》，2008(33)。

② 本书编写组：《习近平总书记教育重要论述讲义》，44页，北京，高等教育出版社，2020。

③ 本书编写组：《习近平总书记教育重要论述讲义》，48页，北京，高等教育出版社，2020。

第二节　中小学学生常规管理

一、学生常规管理的特点

学生常规管理又称学生静态管理，是指通过各种规章制度对学生进行的管理。常规管理建立在管理制度的基础上，是学校行政领导根据教育工作规律、上级有关指示和学生身心特点，为实现学校工作目标而正式确定的并在一定条件下相对稳定的学生的各种行为规范。学生常规管理中科学合理的规章制度，对于培养学生良好的行为习惯，形成良好的校风校纪有着十分重要的作用。

常规管理主要是由明确常规的指导思想、形成常规的规范和条例、执行常规的组织机构、常规管理的物质保证这四个基本要素组成的。学生常规管理具有以下特点。

(一)琐碎性和反复性

学生常规管理是针对有关学生的琐碎事件，通过制定和执行规章制度进行管理，涉及方方面面、大大小小的事。这些事情的共性是经常发生、反复出现，如要求学生按时作息，讲文明礼貌，养成良好的卫生习惯和学习习惯等，更多偏向于对学生日常生活、日常学习和安全的管理。学生常规管理工作是周而复始的，因此，显示出琐碎性和反复性的特点。

(二)繁杂性和指向性

学校的管理工作本身具有复杂性，管理者要注重各个方面的内容。常规管理是学校管理的重要内容。虽然学生管理工作是烦琐的，但是所有的管理措施都始终以贯彻我国的教育方针为根本目的，即以育人为中心，坚持“以人为本”的核心思想，为国家培养德智体美劳全面发展的社会主义建设者和接班人，从多维度提高学生的素质。

(三)扎实性和持久性

管理者在管理学生时，必须扎扎实实做好每一方面的管理工作，切实让学生在学校培养良好的习惯、健全的人格；在常规制度的建立中遵循实际情况，对学生进行有针对性的、持久的管理。只有这样，学生管理工作才能出实效。

(四)规范性和强制性

常规就是针对日常生活的规章制度。这种常规要求学生必须严格执行常规指令，接受常规训练，将社会和学校共同的规范要求转化为自身的行为规范，从"要我做"转化为"我要做"。

二、学生常规管理的内容

学生常规管理的内容十分丰富，这里从学生学习的常规管理和学生生活的常规管理两方面分别进行阐述。

(一)学生学习的常规管理

学生的学习以课堂学习为基本形式。课堂学习的常规主要包括预习、听课、做作业等。学校主管人员、班主任和任课教师应通力合作，齐抓共管，培养学生良好的学习习惯。

1. 认真预习

预习是学生课前的必要准备，是理解教材内容、掌握知识的重要一环。管理者要抓牢这一重要环节，使学生初步了解教材，明确教材重难点，从而能在上课时做到把握关键，提高听课效率。开发学生的思维是取得良好教学效果的首要条件，预习是使学生思维活跃的有效做法。

对预习这一阶段的常规管理要求如下。

第一，预习要做到上新课前，必须根据教师的指导通读教材，初步感知教材，了解教材的基本内容，对教师授课内容做到心中有数。

第二，保持积极认真的学习态度，预习时要标记出新教材中的重点、难点，使自己对教材的学习有的放矢，做到重点听记。

第三，思考教师提出的预习问题，阅读、思考和做习题紧密结合。

第四，在预习过程中探寻适合自己的预习方法，合理安排预习内容和时间。

第五，激发预习积极性，注重预习质量，不敷衍，不拖拉。

第六，预习不是一时兴起，要养成良好的课前预习习惯。

预习的目的在于实现"掌握学习"。学生在预习过程中要积极发展自己的自学能力，通过自学能够解决的问题力争在预习中自己解决。教师要明确课前预习的重要性，对学生的预习进行指导，并提出相应的预习要求。预习方法有三种。其一是教材通读法，即学生在原来学习的基础上深入拓展教材，从而逐渐扩大领域，在教师授课时再加深理解，这可以产生“滚雪球”的效应。其二是突出要点法，即学生对教师准备讲授的内容的重点、难点事先钻研一下，次要部分可略过，看自己能理解到什么程度，对自己在预习时不理解的地方进行标记，在听课阶段着重学习。其三是问题思考法，教师就教材内容布置一些思考题，学生围绕着思考题来预习。这种方法针对性强，有利于学生加深对于新知识的印象，也有利于教师在上课时组织讨论。

2. 认真听课

课堂教学是学生在校接收知识、掌握技能的主要途径。对于学生来说，听课是学习知识的关键，认真上好每一节课是完成学习任务的基本保证。因此，教师要注重培养学生认真听课的好习惯，既要指导学生掌握基础知识，又要让学生真正明白知识的基本理念。此外，为了提高记忆效果，教师要指导学生做好听课笔记，要求学生尽可能用自己的思路和语言写下关键性的内容和思考的重要问题，以及上课时未弄懂需要课后继续钻研的问题。

对课堂听课阶段的常规管理要求如下。

第一，学生上课时自觉遵守课堂纪律，集中精力，在教师的指导下积极思考教师提出的每个问题，清楚响亮地回答问题，配合教师开展课堂教学活动，充分发挥主体作用。

第二，学生做好听课笔记，把课上学习的基本概念和规律、重要题例记录下来。

第三，教学过程是整体协作的过程，是由教师掌握的。学生应服从教师的安排，做到行动统一，注意力集中，遵守课堂纪律。

第四，在课堂上教师要鼓励学生积极思考与发言，及时予以赞扬，激发学生的创新思维和发散思维。

学生听课尤为重要，是直接吸收书本知识的主要途径，是培养良好学习习惯的重要阶段。认真听课的习惯是通过长期训练形成的，抓好听课常规训练至关重要。

3. 认真完成作业

完成作业的过程是学生应用所学知识解决问题、把知识转变为能力的重要学习过程，按时完成教师布置的作业是学生基本的学习任务，每个学生都应认真对待。学生完成作业情况是对教师教学质量和自身上课听讲情况直接、有效的反馈。因此，不能轻视完成作业这一环节。

对完成作业阶段的常规管理要求如下。

第一，要养成先复习后做作业的良好学习习惯。在对课堂教学内容尚未认真复习的情况下，边翻书边做作业，不利于达到检查自己对所学知识的掌握情况的目的，也不利于自己思维能力的培养，达不到作业最初设置的目的。

第二，严格按照教师的要求完成作业，做到格式正确，解题步骤规范完整，字迹端正，页面整洁，正确率高。在教师批改后，要仔细阅读教师的批语，认真改正作业的错误之处。

第三，要独立完成作业，杜绝抄袭。学习困难较大的学生，在任课教师的具体指导下完成相应的作业。课代表要负责及时把每天的作业收齐后交给教师，不拖拉。

做作业要在确实理解基础知识的条件下进行，要以掌握技能技巧和知识系统为目的。具备了这样的条件并明确了这一目的，教师布置作业才有针对性，才能做到精练简洁、环环相扣。学生在完成作业后，教师要履行基本职责，对学生的作业进行认真批改，对全体学生的作业进行分析，在下次上课时着重讲解学生还不明白的知识点。这样才能逐渐提高练习质量，培养学生灵活而敏捷的思维，使学生熟练地掌握技能技巧。

(二)学生生活的常规管理

学生是学校的主人，学校是学生学习和生活的家园。建立生活常规，是规范学生行为、促进学生德智体美劳全面发展的基础工程。近年来，随着“以人为本”理念的深入实施，生活管理已经成为各级各类学校学生管理的重要组成部分。生活常规主要包括按时作息、遵守校纪、养成良好的卫生习惯。管理者可从这三方面进行学生生活的常规管理，使学生养成良好的生活习惯。

1. 按时作息

针对学生的生活作息，学校有关部门和专项人员应建立合理的作息制度，并严格执行，保证学生的生活作息是科学的、合理的、有序的。作息制度实施时，要有专人进行督促检查，对于制度落实较好的班级要及时公开表扬，对违反作息制度的班级要及时纠正，长期不改的班级应在一定范围内进行批评或者给予处分。

2. 遵守校纪

纪律是学生活动得以顺利进行的基本保证。校纪校规的制定为学校中各项工作的有效运行奠定了坚实基础。学生作为学校的一员，在学校须遵循校纪校规。学校必须制定完善的纪律规章制度，并对各种违反纪律行为的处理办法做出明确规定。遵守纪律的良好习惯是经过长期的活动逐渐养成的。基于此，学校应严格要求，强化对各个环节的管理；上课必须严格考勤，记录迟到、早退、旷课的学生，事后要弄清原因，做出相应的处理；对请假要有严格的审批制度，对打架、酗酒、赌博等严重违纪行为要严肃处理。除了平时毫不松懈地抓纪律以外，学校每学期应集中进行几次纪律整顿，如对违反纪律的典型的人和事进行公开处理，树立遵守纪律的榜样，开展竞赛、评比活动等。校纪校规的制定要遵循国家教育行政管理部门颁布的相关政策，遵循该校学生的实际情况。

制定和执行校园行为规范的目的在于引导、约束和修正学生的行为。对表现突出的学生和集体，学校要给予物质奖励或精神奖励。对违规学生的处罚一般有警告、记过、留校察看、开除学籍等。对违规学生做出处罚应具有严格的程序。一般流程为：原告申诉和举报—学生管理部门调查—专门委员会听证并做出处罚决定—被告申诉—校务会决定—实施处罚。

3. 养成良好卫生习惯

在学生生活管理中，学生的卫生习惯是极其重要的。“病从口入”这四个字充分体现了养成良好卫生习惯的重要性。

讲究卫生可以起到减少疾病、美化环境和振奋精神的作用。学校中的卫生主要包含两个方面：其一是公共卫生，其二是个人卫生。公共卫生的好坏直接影响个人卫生习惯的养成。对于个人卫生习惯的培养，学校应该在向学生提出勤洗澡、勤换衣、勤洗被褥、勤理发、不随地吐痰和不乱丢脏物等要求的基础上，加强对学生的检查，并在不伤害其自尊心的情况下定期公布检查结果，对不符合要求的学生先进行说服教育，在此基础上若还没改进，则适当运用惩罚措施。对于公共卫生的维持，学校要提高学生的思想觉悟，制定公共卫生规章制度，对公共区域实行分片包干制度，责任落实到班，每天搞一次小扫除，每周搞一次大扫除，节假日前进行更大规模、更彻底的大扫除。要使各班长期搞好卫生和保持清洁，必须建立完善的管理系统，以便组织竞赛、检查和评比等活动，并使这些活动制度化、经常化。

第三节　中小学班级管理

班级是学校的缩影，是学校进行教育教学工作的基本单位。班级管理是对班内各项事务的管理，是班级内的活动组织过程，其目的是实现教育目标，使学生得到全面、充分的发展，成为自主学习、生活自立的人。其方法是带领全班学生，对班级中的每种资源进行组织计划和协调控制。总之，班级管理就是有目的、有计划的班级组织活动。

一、班级管理目标

班级中学生管理的主要任务是在班主任的领导和学生的积极参与下，遵循育人原则，按照促进学生德智体美劳全面发展的要求，通过班级工作，全面教育、管理、指导学生，把班级建成有共同目标、有领导核心、有正确舆论的生动活泼、积极向上的集体，为把每个学生培养成有理想、有道德、有文化、有纪律的人打好基础。一个班级若没有目标，就会失去航向，成为一盘散沙。教师在管理班级时，要教育学生不仅学会学习，而且学会生活，学会做人。班级有了目标才有前进奋斗的动力。学生不再是无头苍蝇，而会有明确的方向。每个小目标实现后，学生才会有进取的动力，从而激发积极性。班集体团结一致，提高了学习质量，实现了班级奋斗目标。

一个班级一般由十几名或几十名学生组成，要培养好这些学生，就必须调动学生的思想积极性，充分发挥他们的聪明才智，挖掘他们的内在潜力，优化他们的成长环境，使他们成长为适应时代要求的各类人才。要达到这一目的，必须依靠作为班级领导者和组织者的班主任做出长期的努力和实践，通过切实有效的班级管理，在现代育人工程中描绘灿烂的前景。

确立班级管理目标，是实现班级管理的基本条件。学生的主要任务是学习。从学习的内容讲，包含德智体美劳各个方面；从学习的形式讲，包括课内学习和课外学习。学校要通过学生各个方面和各种形式的学习活动，促使学生得到发展，这是班级管理的总目标。班级管理的总目标应分解为长期目标和短期目标。全班的各类目标应分解为每个学生的具体目标，形成班级管理的目标体系。班主任要善于从班集体的实际情况出发，结合社会新时代背景因素，制定明确具体、有层次性的目标。目标制定后，要切实落实，组织全体学生付诸实施。目标实现后，要及时进行总结，表彰先进个人，找出存在的不足，并在此基础上制定新的奋斗目标。

二、班级管理模式

班级是学生成长的摇篮，一个具有积极健康班风的班级能够有效激励学生不断进步，使学生积极健康地成长。模式是事物存在的一种框架和运行程序，反映了事物的基本结构以及这种结构运行的路线。班主任要不断地研究、实践，摸索出适合班级发展的管理模式，为学生的身心健康发展提供有利条件。常见的班级管理模式有以下几种。

(一)松散管理模式

松散管理模式俗称“放羊式”，在班级管理方式上，属于松散型领导方式。这种领导方式主要表现为：在工作中，许多事情学生群体自做决议，管理者不予干预，甚至对学生决议结果不予评价；充分相信学生，使班级工作由班级成员的积极性来维持。这种管理模式的特点是管理者在班级管理中无目标，在整个班级中只起到对学生基本的看管作用。这种班级管理模式反映了管理者水平低下或事业心不强，是一种需要改善的班级管理模式。此管理模式给予学生过度的“自由”。管理者可以在此基础上对学生提出相应的规范要求，这里强调给予学生一定限度自由的前提是只要不违反既定规范，管理者绝不干涉。这样可以使班级管理者真正成为宏观调控者，使学生真正成为自我管理者。

(二)命令管理模式

命令管理模式又称“独裁式”。这种班级管理模式与松散管理模式恰恰相反。命令管理模式下，管理者包揽了班级管理中的一切事务。这就导致学生发挥不了在班级中的主体作用，班干部也发挥不了班级管理的作用。班主任靠强制手段和命令的形式让学生执行其决定，不仅会使学生失去各方面的积极性，而且得到的反馈也是比较糟糕的。在这种管理状态下，一切工作由班主任包揽，班主任很辛苦，但管理效果不佳。这是一种不宜提倡的管理模式。教师理应树立班级权威，可也要给予学生一定的管理权。班集体是由教师及全体学生共同构成的，由此班级也应由教师和学生共同管理，以形成和谐的大家庭。

(三)民主管理模式

在管理方式上，民主管理模式属于民主集中制管理方式。民主在班级管理中意味着放权，放权程度大小关系到班级成员在多大程度上受制于管理者。在这种管理模式下，班主任是班集体的组织者、教育者、指导者。班主任与学生之间，学生与学生之间，均已建立情感联系。民主和放权在班级管理中应该是辩证统一的，不能顾此失彼。[1] 班干部已成为班集体的组织核心，班级管理的决策是在班主任的指导下，通过班干部组织学生讨论制定的。在这种管理模式下，整个班集体的成员能够建立民主平等的关系。因此，这是一种比较科学、合理的班级管理模式。

以上三种班级管理模式在实际的班级管理中都存在。在班级管理中，班主任是主要的组织管理者，要自觉认识班级管理的发展水平与班集体形成和发展的过程。学校管理者要教育、帮助班主任提高管理水平。

三、班干部管理

班干部是班主任的助手、参谋和信息员，是连接班主任和学生的桥梁，是学生自我管理和自我教育的核心力量。班干部的管理能力直接影响到班风、学风和校风的建设。班干部有权组织本班学生落实学校制定的规章制度，完成学校提出的各项任务；有权对同学日常生活和学习中的言行提出表扬或批评，进行监督和记载。由班干部组成的班委会有权根据本班实际制定班规班纪，有权代表同学向学校和教师提出建议。班干部必须按学校意图开展工作，服从班主任的领导和管理，严守纪律，勤奋学习，履行职责，执行决议，坚持正义，秉公办事。班主任要善于发现新的积极分子，扩大骨干队伍，对某方面有特长的学生，要注意充分发挥他们的作用。例如，班上素质好的学生较多，班干部可采取轮换制，让更多的学生得到锻炼。

在班干部管理方面，首先，班主任要引导班干部制定近期管理目标，让班干部明确眼前任务，自觉主动进行班级管理。班主任把班委建好以后，要迅速引导班干部从学习、纪律、卫生等方面制定好近期的管理目标(最好是条款式的)，做到在宣传和管理时心中有数，以便于在管理工作中操作和执行，从而有效地激发班干部的管理热情。

其次，班主任要放手让班干部开展工作，发现其优点和不足，及时给予肯定或指正。比如，让他们主动、自觉地去宣传、讲解学校和班级的有关纪律、规定、要求，尽最大可能发挥班干部的管理和宣传作用。

再次，班主任要让班干部正确理解自己的意图。在班级工作上对班干部进行指引，这是班主任的本职工作，也是对班干部的信任、关心和支持。班干部在完成班主任交付的工作时，对班主任提出的指导思想、标准要求、方法步骤、完成期限、

① 时伟、王贵海：《试论班级管理模式》，载《阜阳师范学院学报(社会科学版)》，2000(2)。

注意事项等要认真体会、掌握要领、抓住重点，全面正确理解班主任的意图，积极按班主任的意图开展工作。班干部与班主任只有心心相通，才能管理好班集体。

最后，班主任要帮助班干部协调好班内同学的关系。班干部在生活、学习中，能否与同学建立良好的人际关系，直接影响到工作效果的好坏。班主任应秉公办事，坚决打击班干部徇私舞弊、一意孤行、欺软怕硬的恶劣行为，要耐心教育班干部换位思考，站在同学的立场多为同学考虑，全心全意服务于每一名同学，搞好与班级同学之间的关系，团结同学，共同促进班级的发展。

四、树立正确的班级舆论

正确的班级舆论就是在集体中占优势和为多数人赞同的正确言论和意见，是班主任教育和学生自我管理的手段。它需要班主任的正确引导和全班学生的共同努力才能形成。一个健全的班集体离不开正确的舆论导向。在班集体建设过程中，正确的舆论起着重要作用。它是一种无形的力量，能保证集体的发展方向，发扬积极因素，克服消极因素。它能使班集体的好风气、好精神发扬光大，也能把班集体的坏现象和不良思想消除在萌芽状态。一个班级，有了正确的舆论，好人好事会层出不穷。

树立正确的班级舆论，是学生自我教育的重要方面。班级舆论对个别学生的影响往往比教师个人力量要大得多，是建立、保持和发展良好集体不可缺少的因素，也是帮助学生提高辨别是非的能力、形成集体荣誉感、克服不良行为习惯和养成良好品质的重要条件。

树立正确的班级舆论，最根本的就是要树立学生的是非观，这是一个长期的、反复的培养过程。班主任要有意识地通过对学生守则的贯彻、道德问题的讨论、报刊文章的介绍或讨论，以及对电影、戏剧的评论等，来影响集体舆论，让学生知道什么是对的，什么是错的，什么该做，什么不该做，让学生明白这些错误对班级和个人的危害，为树立正确的班级舆论打好基础。

树立正确的班级舆论，要切实执行各项规章制度。班级的规范主要有“学生守则”“班级公约”“教室管理规定”“卫生值日制度”等。只有确立了明确的班级规章制度，学生的言行举止才会受到一定制约，学生才能养成良好的品质。对于执行程度较高的学生，班主任应及时予以表扬，并让他们做班级的表率，代表良好的班级形象。

树立正确的班级舆论，要组织开展形式多样、内容丰富的活动。习近平指出：

"培育和践行社会主义核心价值观要从娃娃抓起、从学校抓起，做到进教材、进课堂、进头脑。要坚持不懈地传播马克思主义科学理论，坚持不懈地培育和弘扬社会主义核心价值观，把社会主义核心价值观融入从基础教育到高等教育、从普通教育到职业教育的国民教育全过程。要坚持育人为本、德育为先，围绕立德树人的根本任务，把社会主义核心价值观落实到教育教学和管理服务各环节，覆盖所有学校和受教育者，形成课堂教学、社会实践、校园文化、网络教育多位一体的育人格局。"①班主任要积极组织丰富多彩的集体活动，营造良好的舆论氛围，将学生置于舆论监督之下，使学生自觉地接受舆论监督，尊重、维护正确舆论。在这些活动中，班主任要始终坚持贯穿我国的教育方针，对学生进行爱国主义教育、集体主义教育、劳动观念教育、尊老爱幼和卫生习惯教育等，帮助学生树立正确的人生观。在教育活动中，班主任还要将理论和实践有机结合，切实培养正确舆论导向，这远比空洞的说教更生动形象、具体深刻，学生也容易理解和接受，并且这种舆论反过来又会增强教育效果。因此班主任要有目的、有意识地引导学生参加各种活动，在活动中把具有一定强制性的集体舆论转化为学生的品德需要和自觉行动。

一个班级有无正确的舆论导向，是衡量班集体是否真正形成的一个重要标志。良好的班级舆论有利于增强班级凝聚力。良好的班风和班级舆论可以使学生之间、班干部之间、班干部与学生之间、班主任与学生之间的关系更为融洽；同时每一名学生的正确言行都受到正确班级舆论的支持和鼓励，从而使全班都为了共同的班级目标凝聚起来，有利于加强班级团结，发扬集体主义精神。②

第四节　学生发展阶段与学生管理

一、学生发展阶段的划分

在学生管理活动中，处于不同发展阶段的学生在身心发展方面会表现出不同的特点。因此，研究不同发展阶段学生的身心特点，对于提高学生管理的实效性具有

---

① 本书编写组：《习近平总书记教育重要论述讲义》，51 页，北京，高等教育出版社，2020。

② 李家柏：《谈良好的班级舆论的作用与建设》，载《齐齐哈尔师范高等专科学校学报》，2009(3)。

较强的理论价值和现实指导意义。“少年智则国智，少年强则国强。”习近平非常重视少年儿童的健康成长，他说：“每个人都是从孩子长大的，未来总是由今天的少年儿童开创的。”“在少年儿童中培育和践行社会主义核心价值观要适应他们的年龄和特点。”①在同一社会条件或教育条件下，不同阶段的学生身心发展特点具有一定的连续性。在不同阶段，身心发展特点虽然具有一定的差异性，但是也具有相对的持续性。具体来说，前一阶段的身心发展水平是后一阶段身心发展水平的前提和基础，后一阶段的身心发展水平是前一阶段身心发展水平的必然结果。

在心理学领域，有关儿童身心发展阶段的理论有很多种。这里主要从埃里克森(Erikson)的人格发展阶段理论出发，找到它与教学的结合点，从而实现对学生人格的培养。埃里克森认为，人的自我意识发展持续一生。他把自我意识的形成和发展过程划分为八个阶段，这八个阶段的顺序是由遗传决定的，但是每一阶段能否顺利度过却是由环境决定的，所以这个理论可被称为心理社会阶段理论，每一个阶段都是不可被忽视的。② 接下来将对埃里克森的人格发展八阶段论进行阐述。

(一)婴儿期(0～1.5岁)：基本信任对不信任的冲突

此时是基本信任和不信任的心理冲突期。所谓基本信任，就是孩子的需要与外界对他的需要保持一致。因为这期间孩子开始认识人了，当孩子哭或饿时，父母是否出现会影响孩子信任感的建立。信任在人格中形成了“希望”这一品质，起着增强自我的力量。具有信任感的人敢于希望，富有理想，有强烈的未来定向；反之则不敢希望，时时担忧自己的需要得不到满足。婴儿如果得不到周围人的关心和照顾，就会对外界特别是对周围的人产生害怕与怀疑的心理，会影响下一阶段的顺利发展。在此阶段，成人需要与孩子建立良好的信任感，以增强孩子的安全感和自信心。

(二)儿童期(1.5～3岁)：自主与害羞对怀疑的冲突

这一时期，儿童掌握了大量的技能，如爬、走、说话等，有了独立自主的要求，开始探索周围的世界。更重要的是他们学会了怎样坚持或放弃，也就是说儿童开始“有意志”地决定做什么或不做什么。这时候父母与孩子的冲突很激烈，孩子出现了第一个反抗期。孩子会反复用“我”“我们”“不”来反抗外界的控制。父母绝不能

---

① 本书编写组：《习近平总书记教育重要论述讲义》，53～54页，北京，高等教育出版社，2020。

② 郭婷：《浅谈埃里克森的人格发展阶段理论》，载《理论导报》，2010(6)。

听之任之、放任自流，否则将不利于儿童的社会化。反之，父母若过分严厉，又会伤害儿童的自主感和自我控制能力。如果父母对儿童的保护或惩罚不当，儿童就会产生怀疑，并感到害羞。因此，把握好“度”的问题，才有利于儿童形成意志品质。

（三）学龄初期（3～6岁）：主动对内疚的冲突

在这一阶段，儿童的肌肉运动与言语能力发展很快，能参加跑、跳、骑小车等运动，能说一些连贯的话。除了具有模仿行为外，个体对周围的环境充满好奇心和探究欲望。若表现出的主动探究行为受到鼓励，儿童就会形成主动性，这会为他将来成为一个有责任感、有创造力的人奠定基础。如果成人嘲笑和指责儿童的创造力和想象，那么儿童就会逐渐失去自信心，这使他们更倾向于生活在别人为他们安排好的狭窄圈子里，缺乏自己开创幸福生活的主动性。

（四）学龄期（6～12岁）：勤奋对自卑的冲突

这一阶段的儿童都应在学校接受教育。学校是训练儿童适应社会、掌握今后生活所必需的知识和技能的地方。儿童可以在努力学习的过程中收获乐趣与勤奋感，如果能得到成人的支持、帮助与赞扬，那么能进一步增强勤奋感，这使他们在今后的独立生活和工作中充满信心；反之，就会产生自卑感。只有当儿童的勤奋感大于自卑感时，他们才会获得有“能力”的品质。

（五）青春期（12～18岁）：自我同一性对角色混乱的冲突

一方面青少年本能冲动的高涨会带来问题，另一方面青少年因面临新的社会要求和社会冲突而感到困扰和混乱。① 因此，青少年期的主要任务是建立新的同一感或自己在别人眼中的形象，确立他在社会集体中所占的情感位置。这一阶段的危机是角色混乱。同一性是指社会与个人的统一，个体的主我与客我的统一；也可以说是在任何情况下都能够全面认识到意识与行动的主体是自己，能抓住自己，是“真正的自我”，即“核心的自我”。这种同一性可以帮助青少年了解自己，了解自己与各种人、事、物的关系，以便能顺利地进入成年期，否则就会产生同一性混乱。

以上就是成年期前的埃里克森人格发展阶段的前五个时期。最后一个阶段是成年阶段，包含以下三个时期。成年早期（18～25岁）：亲密对孤独的冲突。亲密感是指人与人之间的亲密关系，包括友谊和爱情。成年期（25～65岁）：生育对自我专注的冲突。一个人顺利地度过了自我同一性时期，在以后的岁月中将过上幸福充

① 郭婷：《浅谈埃里克森的人格发展阶段理论》，载《理论导报》，2010(6)。

实的生活，将生儿育女，关心后代的繁殖和养育。成熟期(65 岁以上)：自我调整与绝望的冲突。老年人对死亡的态度直接影响下一代信任感的形成。

埃里克森的突出贡献之一是他构造了一个庞大的人格发展模型，即“心理社会性发展”模型。这个模型用他的新心理分析的观点和概念说明人的发展，并把这一发展过程扩展到人的一生。总之，埃里克森的人格发展八阶段理论为不同年龄段的教育提供了理论依据。

二、不同年龄阶段的学生管理

依据埃里克森的人格发展八阶段理论，结合我国中小学教育的实际情况，下面主要介绍基础教育阶段学生身心发展的年龄特征和应采取的主要管理措施。

(一)小学生的身心发展特征与管理

小学阶段对应埃里克森提出的人格发展八阶段中的学龄期(6～12 岁)。该阶段的学生面临着勤奋对自卑的冲突。针对如何融入集体生活，如何养成良好的学习习惯，如何形成对教师权威的尊重等问题，可将这一阶段的学生分为三个阶段：一、二年级(小学低年级阶段)，三、四年级(小学中年级阶段)，五、六年级(小学高年级阶段)。依据不同阶段的年龄特征，管理者要实施不同的管理策略。

1. 一、二年级

小学低年级的学生在身体发育上处在平稳发展的时期，其身高平均每年增长 4～5 厘米，体重平均每年增加 2～3 千克，心率、血压、肺活量及其他生理指标都不稳定，且与成年人的指标有较大差距，骨骼易弯曲，肌肉力量较小，大肌肉动作的协调性比幼儿期有很大的发展，但小肌肉动作的协调性还较差。比如，一年级的学生写字时，不仅速度慢，而且不工整。这一阶段的学生不易做强度太大、时间太久的体育运动，在训练写字、弹琴等这些依靠小肌肉运动的动作时，要注意动作的规范性。

小学低年级学生的脑功能处于“飞跃”发展阶段，大脑神经活动的兴奋性水平提高，表现为既爱说又爱动。由于处于低年级阶段，学生刚从幼儿园的生活作息中慢慢脱离出来，因此他们的注意力不持久，一般只有 20～30 分钟。他们的形象思维仍占主导，逻辑思维不发达，很难理解抽象的概念。他们的独立性和自觉性较差，在生活、学习、活动等各个方面都需要成人的监护和具体指导。他们显著的特点是，对教师有特殊的依恋心理，几乎无条件地信任教师，常挂在他们嘴边的话是

“老师说”。他们开始评价自己和别人，但评价自己时，只看优点，评价别人时容易受成人的左右。他们很少顾及客观外界与自我的关系，只以自我为中心，按自己的目的去行动。一、二年级的教师应充分利用学生对自己的信赖感，培养深厚的师生感情，同时，要在各个方面为学生做出榜样，使学生的这种信赖感能够更加持久。

在此阶段管理者对学生进行管理的主要内容是，培养学生良好的学习和生活行为习惯，让学生在各个方面都能有正确的目标导向，为之后身心全面发展和后期在小学中年级阶段更好地适应奠定基础。

2. 三、四年级

除大脑外，三、四年级学生的各项生理指标只在量上比一、二年级的学生有所提高，基本没有质的飞跃，仍处于平稳发展之中。但是，他们的大脑处于迅速发展时期。9 岁儿童的脑重量约 1350 克，与 7 岁儿童的脑重量 1280 克相比，有大幅度的增长。大脑神经的机能得到进一步加强，特别是大脑的内抑制蓬勃发展，使心理活动更趋稳定。明显的表现是，他们比一、二年级的学生更容易集中注意力听课。

这一时期的学生逻辑思维开始迅速发展，他们在接触“好与坏”“正确与错误”“主要与次要”等概念时，尽管还有些模糊，但已有了初步认识。处在这一阶段的小学生，明显的心理特点是自我意识萌发并逐渐增强，主要表现是对外界事物有了自己的认识、态度，开始尝试自己做出判断；不再无条件地信任教师，而且特别关注教师是否“公平”。由于这一阶段的小学生在心理上处于“动荡”的过渡时期，不听教师话的现象开始出现，因此班级工作的难度明显加大。此时，班主任工作的重点是在学生的“动荡”中仍能赢得学生的信任。

在此阶段管理者对学生进行管理的主要内容是，在班上既能树立班级的权威，又能和学生打成一片，形成和谐的师生关系。这一阶段依赖前一阶段规则制度的制定。若教师在此阶段还没有建立班级常规制度，使学生养成良好的习惯，那么此班集体将是一盘散沙，教师也无从管理。所以，班主任要结合此阶段学生的身心发展特征，结合本班的实际情况，找到合理的方式树立自己的权威，与此同时，还要学会与学生沟通交流，该严肃时严肃，该亲近时亲近，做到收放有度。

3. 五、六年级

此阶段的学生身体发育再次进入一个高速发展期，即第二发展期。10 岁以后，随着青春期的到来，体格快速发育。这一时期，男孩身高一般每年可增长 7～9 厘米，个别可增长 10～12 厘米；女孩一般每年可增长 5～7 厘米，个别可增长 9～10 厘米。这一时期的学生体重每年可增长 4～5 千克，有的可增长 8～10 千克。骨骼有机物和水分多，钙、磷等无机成分少，所以骨骼的弹性大而硬度小，不易发生骨折，但容易变形。虽然肌肉在逐渐发育，但肌肉的力量和耐力都比成人差，容易出现疲劳。9～14 岁的学生脑的重量增加不多，主要进行细胞内部结构与机能复杂化的过程。神经的联络纤维在数量上大大增加，联络神经元的结构和皮层细胞结构机能迅速形成和发展。这是联想的、推理的、抽象的和概括的思维过程的物质基础，也说明这一阶段神经系统的发育特别是脑的发育在机能上进一步成熟。

小学高年级学生正处于由儿童期向青春期过渡的关键时期，处于心理发展的骤变期。由于生理上的变化和抽象思维能力的进一步发展，他们的自我意识、独立意识随之迅速发展起来，进入了个体自我意识发展的第二个上升期。他们已经有了独立意识，不仅摆脱了对外部评价的依赖，逐步依靠内化了的行为准则来监督、调节和控制自己的行为，而且开始从对自己表面行为的认识、评价转向对自己内心世界更深入的评价，喜欢尝试从个性品质、人际关系、自我价值等方面来描述自我形象，这种自我评价的独立性和稳定性都随着年级的升高而逐步提高。思维、认识、兴趣爱好等方面的差异日渐显著，全面发展的学生显现出来，有特长的学生也比较突出，这使得一部分发展相对落后的学生情绪低落，自信心不足。此时他们如果发展顺利，就能获得求学、做事、待人的基本能力；如果发展出现障碍，就会缺乏生活的基本能力，充满失败感，从而产生自卑心理。

在此阶段管理者对学生进行管理的主要内容是，在理解学生的基础上，引导学生根据自己的情况确立奋斗目标。明确了学习目标，学生不仅能控制自己的不良行为，而且能不断激励自己奋发向上。目标成为其行为的约束力和学习的动力。2018 年习近平在给陕西照金北梁红军小学学生的回信中，嘱咐他们“多了解中国革命、建设、改革的历史知识，多向英雄模范人物学习，热爱党、热爱祖国、热爱人民，用实际行动把红色基因一代代传下去”①。管理者应注意帮助学生调整心态，端正学习态度，经常找学生谈心，通过谈话引导学生树立正确的成绩观、人生观，将社会主义核心价值观贯穿于学生管理之中，多提供此阶段学生为班级做事的机会，及时予以赞扬，以此调动他们关心班级、为班级做贡献的主动性和积极性。

---

① 本书编写组：《习近平总书记教育重要论述讲义》，53 页，北京，高等教育出版社，2020。

(二)初中生的身心发展特征与管理

初中生身心发展可以用“在矛盾和不平衡中快速发展”来概括。初中生的“青春期三大巨变”是身体外形变化、内脏机能成熟和性成熟。此阶段学生的身体各个方面都在飞速发展，活动能力增强，自我交往逐渐频繁。此时，他们以“大人”自居，不喜欢大人把他们当小孩看待，讨厌长辈对他们的细微照顾和关怀。他们喜欢在各种场合发表自己的意见，并且希望大人尊重和采纳他们的意见。一些心理学家把初中阶段称为“危机期”“心理断乳期”，意为此阶段学生从心理上摆脱对成人的依赖，表现出追求独立的倾向。这个阶段的学生会出现心理和行为偏差，感受着种种成长中特有的心理压力和烦恼，面临着各种心理矛盾的交织，因此，这个阶段从心理发展的角度来讲，是一个容易出现行为问题和心理偏差的阶段。

在此阶段管理者对学生进行管理的主要内容如下。

首先是尊重学生，信任学生。由于初中生生长发育较快，因此，他们心理上一个重要特点就是以大人自居，要求管理者尊重他们，信任他们。自尊心人皆有之，对初中生来说，自尊心是他们的一种高尚的心理品质，这与虚荣、骄横、妄自尊大是不能相提并论的。我们强调必须尊重学生，但同时也应及时反对那种过分的、不恰当的、没有分寸的关心，因为这种关心本身就是对学生的不尊重，会使学生认为别人瞧不起他，从而达不到教育的效果。

其次是坚持耐心说服教育，不断提高学生的认识水平。说服教育学生时，必须处理好如下两方面的关系。第一，处理好说服教育与规章制度之间的关系，坚持说服教育并不等于不要规章制度，规章制度是说服教育的具体化、制度化和规范化。有了规章制度，还必须对学生进行说服教育，使他们自觉地认识到遵守规章制度的必要性。第二，处理好说服教育与批评之间的关系，在说服教育时，必须坚持多表扬、多激励、少批评、少指责，恰如其分地批评本身就是说服教育的一种形式。

最后是积极组织开展各种各样的集体活动。根据初中生精力旺盛、好动、好奇的心理特点，管理者应该积极组织开展各种各样适合他们年龄特点的集体活动，把他们吸引到集体活动中来，从而使他们充沛的精力得到正常的发挥和施展；要积极珍惜和培养初中生的好奇心，并通过各种集体活动来满足他们的好奇心，从而使他们更加热爱学习，成为学习的主人。

【案例】

小明是初二的学生，年前学会了上网。刚开始的时候，小明能够按教师的要求，在网上查询一些学习资料，学习成绩有了很大进步。偶尔在学习之余，他会打打游戏，与同学聊天。

但最近妈妈发现小明有点不对劲，每天上网时间越来越长，甚至到了午夜还不睡觉，早晨不起床，有几次差点上学迟到，学习成绩直线下滑。妈妈决心要搞清楚小明到底上网做什么。一天晚上快12点了，小明还在玩电脑，妈妈走进他的房间，结果令她很意外：小明根本没有学习，而是在打游戏。

妈妈气坏了，质问他这么玩多长时间了，小明吞吞吐吐地说："有两个月了，有的时候还到网吧去玩，现在一天不打游戏就难受极了。自己有时候也不想玩，但就是控制不住。"妈妈和小明的班主任李老师交流了小明的这种情况。

请你结合此年龄阶段学生的发展特点提出有针对性的解决措施。

分析：网络成瘾又称网络成瘾综合征，临床上是指由于患者对互联网过度依赖而导致的一种心理异常症状以及伴随的一种生理性不适。从上网时间(小明上网已经侵占了个体正常的学习和休息时间，并且为家人所见)，网上行为(小明的网络活动与学习毫无关系，而是无节制地玩游戏)，行为指标(小明对自己的过度上网行为感到焦虑，但无法抵制上网的诱惑)和直接指标(成瘾行为影响了小明正常的学习、生活，导致学习能力减弱，成绩下降)来看，小明的这些情况属于网络成瘾。

矫正方法：一是针对小明好奇心强，可以用有吸引力的刺激物吸引小明，转移小明的注意力，如运动、买些小明喜欢的读物，把小明的注意力从游戏上引开。二是针对网络成瘾，且自控能力差的特点，小明本身可采用行为疗法，通过控制上网时间和次数，形成良好的上网习惯。另外可在书桌旁贴上由小明自己撰写的自警语录，如"有志者事竟成""战胜自己、挑战自己"等，增强其自我控制能力。三是李老师对小明可以采用认知疗法，针对小明网络成瘾本身及背后的问题，如学业不良、人际交往障碍等，与小明进行谈话沟通，探讨如何正确使用互联网。四是小明的妈妈可以营造良好的家庭氛围，为矫正网络成瘾提供条件。

【要点小结】

1. 学生管理是学校对学生在校内的学习和活动进行计划、组织、协调、控制的总称。首先，学生管理是学校管理的一个重要组成部分；其次，学生管理的主体是学校和学生，对学生成长成才有着直接的影响，起到维护和支持的作用；最后，学生管理是学校实施德育的重要途径。

2. 学生管理具有整体性、循序性、集体性和教育性四大特征；具有满足学生合理需求、德育贯穿学生管理、保证全面自由民主、具体问题具体分析四大原则。

3. 学生常规管理的特点有琐碎性和反复性、繁杂性和指向性、扎实性和持久性、规范性和强制性。

4. 学生管理的内容包括两大方面：一是学生学习的常规管理，包括认真预习、认真听课和认真完成作业三个环节的管理；二是学生生活的常规管理，包括按时作息、遵守校纪和养成良好的卫生习惯三个环节的管理。

5. 班级管理的模式有松散管理模式、命令管理模式、民主管理模式。

6. 在班级干部管理方面，首先，班主任要引导班干部制定近期管理目标，让班干部明确眼前任务，自觉主动进行班级管理；其次，班主任要放手让班干部开展工作，发现其优点和不足，及时给予肯定或指正；再次，班主任要让班干部正确理解自己的意图；最后，班主任要帮助班干部协调好班内同学的关系。

7. 树立正确的班级舆论，要培养学生树立正确的是非观，要切实执行各项规章制度，要组织开展形式多样、内容丰富的活动。

8. 埃里克森人格发展八阶段理论。婴儿期(0～1.5 岁)：基本信任对不信任的冲突。儿童期(1.5～3 岁)：自主与害羞对怀疑的冲突。学龄初期(3～5 岁)：主动对内疚的冲突。学龄期(6～12 岁)：勤奋对自卑的冲突。青春期(12～18 岁)：自我同一性对角色混乱的冲突。成年早期(18～25 岁)：亲密对孤独的冲突。成年期(25～65 岁)：生育对自我专注的冲突。成熟期(65 岁以上)：自我调整对绝望的冲突。

【思考题】

1. 请简述学生管理的特点和原则。
2. 结合实际谈谈学生常规管理的特点及内容。
3. 结合班级管理现状论述班级管理目标。
4. 请简述班级管理模式。
5. 如果你是管理者，你会如何进行班干部管理呢？
6. 请论述如何树立正确的班级舆论。
7. 请论述对于小学生如何进行学生管理。
8. 请论述对于中学生如何进行学生管理。

第七章　学校绩效管理

>>> 本章学习目标

1. 了解学校绩效管理研究的发展变迁、相关概念以及重要意义，从而能够较为系统地认识学校绩效管理的基本理论问题。

2. 熟悉学校绩效管理的流程和模式，基本掌握目标管理、关键绩效指标考核、平衡计分卡以及360度绩效评估模式的原理和应用。

3. 了解教师薪酬管理的内涵和内容，充分认识教师薪酬管理之于学校绩效管理的重要意义。

第一节　学校绩效管理的基本理论问题

学校绩效为什么存在？简言之，是为了调动广大教职员工的积极性，促进师生的发展。近几年来，我们以“绩效”为抓手实施学校管理，科学谋划，统筹布局，营造“事事有人做、人人有事做”的工作氛围，最大限度地挖掘学校资源，生成了具有自身特色并能顺应学校发展规律的科学管理策略。[①] 当前学校绩效管理中之所以出现很多问题，是因为人们还无法更好地回答诸如何谓学校绩效管理，它与学校效能和学校发展之间有什么关系，学校绩效管理的流变过程如何，对于当前学校教育变革和发展具有哪方面的启示等学术问题，这关涉学校绩效管理的基本理论问题。所以，学校绩效管理的发展变迁、理论内涵及相关概念辨识、重要意义是需要探索的对象。

---

① 李艳梅：《对学校实施绩效管理的思考》，载《成才》，2016(9)。

一、学校绩效管理的发展变迁

如果从 20 世纪 60 年代算起，学校绩效管理迄今已经走过了大约 60 年的发展历程。为了梳理出较为清晰的发展脉络，这里主要从学校绩效管理实践探索、学校绩效管理困境、学校绩效管理政策三个维度进行回溯。

(一)学校绩效管理实践探索

20 世纪 80 年代以来，始于欧美国家的学校绩效管理逐渐成为世界范围内各国教育改革的一个重要方面，在学校教育管理实践中得到极大重视和推广。美国、英国、荷兰、新西兰等国家先后实施学校绩效责任制度，对学校绩效进行管理。

在美国，联邦政府积极推动绩效责任制度，颁布了《美国 2000 年教育目标法》《学童教育卓越法》《不让一个儿童落后法》。各州政府先后实施绩效责任制度，建立对学区、学校、教师、校长、学生的成就表现方面的绩效评价指标体系和评价标准，根据表现结果给予适当的奖惩。例如，罗得岛州在“绩效责任”即“学校改善”理念的指导下，设计了一项多阶段的“学校教学绩效责任”制度。这项制度的目的在于建立一项可赋予学校改善所需要的能力与资讯的绩效责任制度，帮助学校改善不佳之处，使学校具备自我改善的能力。

在英国，相关教育机构为学校绩效制定了一些配套的指导方针和策略，并颁布了学校绩效管理的有关文件和指令，如《教育规章 2006：学校教师绩效管理》《校长和教师绩效管理的指导方针》等。这些文件都对学校绩效管理的有关内容进行了说明。例如，《校长和教师绩效管理的指导方针》对学校绩效管理中主体的角色和责任、绩效管理的过程等都有较为详细的说明。

在荷兰，1998 年 8 月 1 日生效的《质量法案》规定：学校应对教育质量负责，并为提高教育质量采取措施，建立质量保障体系。在国家规定的范围内，各所学校拥有管理所分配的资源的更大自由，学校在教学大纲的开发和教学选择上拥有完全的独立性，学校管理者在征询专任教师的意见后可以聘任或解聘教师。

新西兰为了推动学校绩效管理改革，提高学校绩效，建立了“紧—松—紧”(tight-loose-tight)的学校管理结构。在这种管理结构下，学校应有明确的目标和任务(紧)，应对如何运作承担重要的责任(松)，应在结果上对中央负责(紧)。建立该制度是为了协调学校自主与绩效责任之间的关系，提高学校绩效和学校教育的质量。

在我国，现代的绩效评价、绩效管理概念与理论进入学校管理实践是近些年才开始的。到目前为止，绩效管理还没有作为一种相对完整的管理模式在学校管理实践中应用。当前学校绩效管理实践主要集中在对教师、校长的绩效评价或考核上，并将考核结果作为职称晋升、薪酬发放、职务任用和奖惩的依据。

【知识拓展】

湖北省武汉市W区教育局对区内所有学校进行绩效考核，考核内容包括教育、教学、管理、成果等各个方面，根据考核的结果，对不同的学校授予相应的荣誉称号。无锡市学校管理中心制定了《无锡市学校管理中心直属学校年度绩效考核实施细则(试行)》，并向所有市属学校下发年度绩效考核目标任务书。深圳市盐田区制定并实施《中小学绩效考核指导办法》，规定了考核的组织机构、考核对象内容以及考核的方式方法，并设计了学校行政领导绩效评价量表、学校教师教育教学绩效评价量表、学校一般行政人员和教学辅助人员绩效评价量表。

2009年1月，教育部颁布了《关于做好义务教育学校教师绩效考核工作的指导意见》，明确提出了实施教师绩效考核应遵循的基本原则，指出教师绩效考核的基本内容应包括教师履行《中华人民共和国义务教育法》《中华人民共和国教师法》《中华人民共和国教育法》等法律法规规定的教师法定职责，完成学校规定的岗位职责和工作任务的实绩，包括师德和教育教学、从事班主任工作等方面的实绩。义务教育学校教师绩效工资改革实施以来，各地方政府普遍出台了义务教育学校教师绩效工资实施意见和绩效考核方案，基础性绩效工资基本兑现，奖励性绩效工资分配逐渐落实。①

(二)学校绩效管理困境

对学校绩效管理内涵的认识相对容易，但要将富有内涵的学校绩效管理落到实处，需要的不仅仅是深刻理解，更重要的是接受和执行。当前学校绩效管理存在困境，既因为绩效管理政策本身有不够完善之处，我们称之为政策困境；又因为绩效管理者与被管理者由于利益和权利受损而形成了排斥心理，我们称之为权利困境；还因为人们对绩效标准缺少深入研究，我们称之为科学困境。

---

① 蒲蕊：《学校绩效管理研究现状与发展动态分析》，载《华中师范大学学报(人文社会科学版)》，2010(2)

随着市场意识在各行各业的渗透与深入，社会对学校教育效率的指责层出不穷，这就对教育行政部门造成了强大的压力。正是在这样的背景下，教育行政部门才在中小学强力推进绩效管理，这首先涉及教师绩效工资政策，因为工资水平标准是教育行政部门较具发言权的，也是中小学教师较为敏感的。但正是因为当前在中小学推行绩效管理的政策手段过于单一，而且直接将政策手段对准了中小学教师较为敏感的工资，既使得绩效工资政策独木难支，又容易导致中小学教师将矛头对准绩效工资的工资部分而忽略绩效部分，这是当前绩效管理中较为明显的政策困境。

从理论上来说，为教育教学工作制定科学的绩效标准，既能够引导教师更好地开展教育教学工作，也有利于学校管理者“有据可查”，搞好管理工作。但在实践中，不管是教师还是学校管理者，对于科学的绩效标准都怀着警惕与排斥心理。教师不得不面对极具规范性和标准化的教育教学绩效标准时，总觉得这是对自己教学专业自主权的干涉，往往用绩效标准不够科学、过于主观等理由来反对绩效标准，以此为自己的“教学自主”赢得更大的空间。对于学校管理者来说，有了绩效管理的标准，看起来学校管理活动显得更简单、更科学了，但学校管理更死板了。学校管理者不得不将以前用于自我判断的权利转让给绩效标准，从而减少了学校管理者在管理过程中的自由裁量权。学校绩效管理虽然增强了学校管理的科学性，但实质性地削弱了学校管理者个人的权威。所以，虽然绩效标准的出台可以整体提高教师的专业水平和学校教育质量，但限制了教师的“教学自主空间”与学校管理者的“个人裁量空间”，后者使得学校绩效管理深陷权利困境之中。

绩效管理之所以在企业界做得相对顺利，在教育界却显得举步维艰，其中一个非常重要的原因在于企业界员工的工作绩效相对容易界定，而教育界对教师的工作给出一个科学而又全面的评价标准异常艰难。目前在中小学推行的绩效工资政策中，对教育教学绩效标准的制定似乎并不是科学研究的结果，而是学校各方妥协的结果，于是在缺少对教育教学绩效标准进行科学研究与论证的情况下，绩效标准的错位与越位成为导致学校绩效管理异化的重要原因，这是学校绩效管理陷入科学困境的重要表现。

（三）学校绩效管理政策

自学校绩效管理产生以来，美国各州以及联邦政府的教育部门对其给予了高度重视，在政策制定和实施过程中，“绩效”已经是一个使用频率非常高的词。在此，我们主要以《国家处在危机之中：教育改革势在必行》《关于美国教育改革的报告》和《不让一个儿童落后法》三个重要的教育文件考查学校绩效管理之于美国教育变革的重要意义。

20 世纪 80 年代初期，美国民众已经不堪忍受长期以来教育水平低下的现状。1983 年高质量教育委员会颁布了影响至今的《国家处在危机之中：教育改革势在必行》报告，该报告基于当时美国的教育现状和其他国家在诸多领域较之于本国的赶超，提出自己的国家已经处于非常危险的境地。其中，公共教育被认为是最重要、最不能忽视的一个环节，高质量教育委员会掌握的调查资料中，大多数是关于美国学校中学生的学习成绩糟糕的论述，甚至教育研究员保罗・赫尔德(Paul Heard)对此曾言，在当代科学革命的条件下“我国正在培养一代科学和技术文盲的美国人”，由此可见当时美国教育处境的尴尬程度。为了实现“高质量教育”改革目标，高质量教育委员会公开并向公众承诺：“我们必须要求所有的学生，无论是天资聪颖的还是生性愚钝的、富裕的还是贫困的、准备升入大学的还是准备到农场或工厂就业的，都要尽各自最大的努力和做出最好的成绩。”①另外，该法案就学校教育情况从教育过程的内容、要求、时间和教学四个维度进行了大范围的调查，针对现实中的问题提出了合理化、可操作性的政策安排。

1988 年，美国颁布了《关于美国教育改革的报告》，该报告事实上是对《国家处在危机之中：教育改革势在必行》颁布以来美国教育的成就、困境和未来进行的一次自我评价和判断。虽然报告中较少直接出现绩效二字，但是它的关注点决定了学校绩效的重要地位。其中，报告认为：“对于美国目前的教育状况，人们的一般看法是：你教得好对你也没有什么好处，你教得很差对你也没有什么坏处；总之，教的好坏都是一回事。在这个国家如果你出售了一个发霉的汉堡包给顾客，你肯定会立刻受到严厉惩罚；但是如果你一而再、再而三地向成千上万的儿童重复那些过时的教育，你却会安然无恙。”②对于这种情况，报告义正词严地声称：“这种情况必须改变。”但是如何改革呢？该报告对此并没有回避，而是非常明确地指出了“明智的开支、提供择校自由、监督教学效果和奖励先进”四项具体的要求。例如，在教育经费上，尽管美国自 20 世纪 80 年代以来增加了大量的教育投入，但是这些投入不应消费在那些与学校教育无关的地方，而应该用在与学生的学习成就直接相关的诸如教育教学设备、教师薪酬事务上来，这样才会避免教育资源浪费，从而提高教

---

① 吕达、周满生：《当代外国教育改革著名文献(美国卷・第一册)》，14 页，北京，人民教育出版社，2004。

② 吕达、周满生：《当代外国教育改革著名文献(美国卷・第一册)》，364 页，北京，人民教育出版社，2004。

育经费的利用效率。

21世纪初美国正式颁布《不让一个儿童落后法》，再一次把学校绩效置于教育改革的重要地位。法案不仅建立了提高学生成就的责任制度，而且提出通过高标准和教学效能核定来实现教育平等，在学生成绩的教学效能方面必须辅之以地方控制和灵活性，学校如果要实行高标准，那么必须拥有自由以达到这些标准。① 此外，法案的最后一项为“自由度与绩效核定”，提出该法案的目的就是为政府和学校在提高学生成绩方面所做的工作进行绩效核定建立一个相应的体系，其中与学校绩效管理相关的包括：在绩效评估与消除边缘状况方面为各州和各学区提供特许学校的选择权，在提高学生成就方面进行绩效核定。② 在以往的学校绩效管理研究中，最易遭受他人质疑之处便是“缺乏明确的评估标准”，该法案对此做出了较为正式的回应。另外，从《不让一个儿童落后法》的名称上即可看出，无论优质学校还是薄弱学校，无论成绩水平高的学生还是待优生，都能够在政策“灵活性”的安排下使组织绩效和个人绩效得到提高，这在一定程度上表明学校绩效管理在政策制定上正在走向成熟。

二、学校绩效管理的理论内涵及其相关概念辨识

(一)学校绩效管理的理论内涵

国内外学者对“学校绩效”以及“绩效管理”概念的界定建立在对“绩效”概念的理解的基础上。目前，对绩效的定义主要有三种观点：第一种是把绩效看作结果，如学者伯纳迪恩(Bernadine)把绩效定义为：“在特定的时间里，由特定的工作职能或活动产生的产出记录。”③第二种观点是把绩效看作行为，认为绩效是员工自己能够控制的与组织目标相关的行为，只有与目标相关的行为才算得上绩效，如学者坎贝尔(Campbell)曾指出：“绩效是行为，应该与结果区分开，因为结果会受系统因素的影响。”他在1993年给绩效下的定义是：“绩效是行为的同义词，它是人们实际的

---

① 吕达、周满生：《当代外国教育改革著名文献(美国卷·第一册)》，197页，北京，人民教育出版社，2004。

② 吕达、周满生：《当代外国教育改革著名文献(美国卷·第一册)》，208页，北京，人民教育出版社，2004。

③ 蒲蕊：《学校绩效管理研究现状与发展动态分析》，载《华中师范大学学报(人文社会科学版)》，2010(2)。

行为表现并能被观察到。就定义而言，它只包括与组织目标有关的行动或行为……”①第三种在对绩效概念的理解上采取综合的观点，认为绩效包括行为和结果两个方面，行为是达到绩效结果的条件之一。这一观点在布鲁姆巴(Brumbrach)给绩效下的定义中得到了很好的体现，即“绩效指行为和结果。行为由从事工作的人表现出来，将工作任务付诸实施。行为不仅仅是结果的工具，行为本身也是结果，是为完成工作任务所付出脑力和体力的结果，并且能与结果分开进行判断”②。我国学者大多赞同第三种观点，如杨杰等人将绩效定义为某个个体在一定的时间范围内所做的与组织目标相关的可评价的行为及结果，即绩效是行为，也是结果。③仲理峰、时勘等人认为在绩效管理的具体实践中，应采用较为宽泛的绩效概念，即绩效包括行为和结果两个方面，行为是达到绩效结果的条件之一。④

由于对绩效概念的理解存在分歧，因此众多学者对学校绩效概念的理解也存在差异。一些学者将学校绩效界定为学校组织期望的结果，是学校为了实现目标而展现的不同层面上的有效输出。另一些学者更关注行为，认为学校绩效是与组织目标有关的行动或行为，这种行为绩效包括任务绩效和关系绩效两个方面。伴随着绩效管理理论的发展，现在更多的学者倾向于主张绩效并非单一的概念，应从多元标准、多角度来理解学校绩效。学校绩效应是多方面的结合，不仅强调组织目标，也重视满足成员的心理，有效运用资源，增强组织适应力。例如，学者凯米罗恩(Cameron)认为：绩效有三个层面，在个人方面指工作满足、目标完成及个人适应，在团体方面指士气、凝聚力、效率、生产力，在组织方面指利润、效率、生产力、旷工、离职、成长及适应力等。

在对学校绩效管理概念的界定上，大多数学者援引了企业界或管理学中的绩效管理概念。例如，赵中建认为：“绩效管理是对绩效实现过程中各要素的管理，是基于学校长远战略之上的一种管理活动，是通过对学校长远规划的建立、目标分解、业绩评价并将绩效成绩用于改善学校质量的日常管理活动，是激励学校员工持续改进业绩并最终实现学校战略规划和目标的一种管理活动。”⑤

---

① 蒲蕊：《学校绩效管理研究现状与发展动态分析》，载《华中师范大学学报(人文社会科学版)》，2010(2)。

② 蒲蕊：《学校绩效管理研究现状与发展动态分析》，载《华中师范大学学报(人文社会科学版)》，2010(2)。

③ 杨杰、方俐洛、凌文铨：《绩效评价的若干问题》，载《应用心理学》，2000(2)。

④ 仲理峰、时勘：《绩效管理的几个基本问题》，载《南开管理评论》，2002(3)。

⑤ 赵中建：《学校经营》，196页，上海，华东师范大学出版社，2006。

本书认为学校绩效管理是学校管理中的一个重要组成部分，是学校管理者综合利用学校内外的人、财、物以及信息等各种资源，采用多种方法，以激励学校全员共同努力，提高学校的效能，最终实现学校教育不断发展的管理过程。

(二)学校绩效管理的相关概念

学校绩效与学校有效性、学校改进以及学校效能等概念有着诸多相似之处，均是如今教育变革中经常被提起的概念。尽管如此，教育研究也不能忽视它们之间存在的一些关键性的区别，这些区别也成为不同研究者凸显多元研究路径和价值旨趣的重要影响因素。

1. 学校有效性

学校有效性是指学校对于学生的成就及素质养成、教师及校长的专业发展和培养有益的社会文化等方面的影响程度。① 在“科尔曼报告”发布之后，关于学校有效性的研究和实验引起了广泛关注，其中以布鲁科弗(Brookover)和莱佐特(Lezotte)对城区学校较高成就学生的研究以及埃德蒙兹(Edmonds)主持的一项主题为“甄别和描述学校效能”的国家研究项目较为著名。②

通过回顾学校有效性研究的理论发展脉络，我们能够看到它与学校绩效研究存在很多相似之处，如都强调学校教育对学生学习成就的影响，效能都是两类研究的中心词等。它们之间的区别主要表现在以下两点。其一，学校绩效较少涉及指标的分类研究，学校有效性重视各种教育指标的完成。学校有效性研究中，有很多总结有效学校教育指标的案例，它们大多是对有效学校自身、校长或者教师所具有的特征进行归类，如有效学校应该是具备对学生的成就有高期望、强有力的教学领导、有序的学校氛围、强调基本技能以及对学生的进步作细致而持续的监控等特点的学校。③ 其二，自从学校绩效产生以来，它一直成为教育研究者和学校管理者不断反思的对象，尤其是在管理学对教育领域的多重影响下，学校绩效成为一个老生常谈、常谈常新的话题。与其相比，学校有效性研究则遭遇到了不少尴尬，尤其是在研究结论中，经常是在鉴别和罗列了一些有效学校的特征之后，并没有进一步提供具有可操作性的改进策略与方法，换言之，在“应当如何”的描述和“怎样改进”的策

---

① 王紫斌：《美国学校有效性研究述评》，载《贵州师范学院学报》，2013(3)。

② 马瑞英、彭虹斌：《“有效学校”研究的历史演进》，载《广州广播电视大学学报》，2008(3)。

③ 朱小蔓：《对策与建议——2006—2007年度教育热点、观点问题分析》，64页，北京，教育科学出版社，2007。

略两个方面，有效学校的研究出现失衡现象。① 正因如此，在 20 世纪 80 年代末学校有效性研究在学校效能与改进运动的兴起之时逐渐走向没落。

2. 学校改进

学校改进开始于 20 世纪 70 年代，在经济合作与发展组织资助的“国际学校改进项目”(ISIP)中，学校改进被认为是旨在改变一所或几所学校的学习条件或者内部条件所进行的持续的努力，其最终目标是有效地实现教育目的。21 世纪以来，我国逐渐开始了对学校改进的研究。有研究认为学校改进首先是一种系统而持续的努力，旨在改变校内的学习环境和其他相关的内部环境，最终能让学校更有效地实现教育目标；其次，学校改进是教育变革的一种策略，可以提高学生的学习成就，同时还能够增强学校应对变革的能力，因此并不是所有对学校进行变革的实践都可以被称为学校改进，事实上它是一个有计划且系统、持久的过程，在此过程中要变革学校的内部环境，这样一种过程是教育变革的一项策略，以提高学生的学业成就、学校应对变革的能力为目的。②

学校改进与学校绩效相比，主要区别包括以下两点。第一，学校绩效是一个中性的概念，学校绩效管理只是学校发展选择的一种手段，没有任何价值意义上的倾向；学校改进具有明确的价值判断，它的功能主要是提高学生的学业成就，增强学校适应教育改革的形势和内外环境的变化。第二，学校绩效是一个包含过程和结果、具有双重性特征的概念，既指在一段时间内学校发展取得的成就，又可以用来体现学校或者这些成就取得过程中的效能；学校改进更强调“一种系统的、持续的努力”的过程，代表着一种动态的变革和发展，虽然其间也许会提到成就和效能，但是很明显它们在被关注的程度上已然远不及学校绩效管理。

3. 学校效能

孙绵涛教授是较早进入学校效能领域的学者，他认为学校效能是指学校合理地利用教育资源，实现教育目标，并能不断满足系统内其他各方面的要求，进而使学校及其成员和社会得到相应发展的特性和有效作用。③ 为了更详细地剖析学校效能的内在机理，学者郑燕祥从三个层面理解学校效能：第一层面是指内部效能，关注的焦点是如何提高校内各种行为尤其是教学方法、教学过程的有效性；第二层面是指外部效能，主要关注相关人士对学校的满意度，教育对公众负责；第三层面是指

---

① 冯大鸣：《美、英、澳教育管理前沿图景》，218 页，北京，教育科学出版社，2004。

② 冯大鸣：《美、英、澳教育管理前沿图景》，218 页，北京，教育科学出版社，2004。

③ 孙绵涛、洪哲：《学校效能初探》，载《教育与经济》，1994(3)。

面向未来的效能，关注学生对未来的适应，学校教育在个人、组织、社区、社会与国际方面能充分发挥其教育效能。[①] 从对学校效能的界定可以看出，它是学校绩效管理过程中的客观要求，事实上可以被当作学校绩效中的一个组成部分，这也决定了学校效能在学校成就上的强调程度不如学校绩效。

三、学校绩效管理的重要意义

绩效管理对促进学校管理的精细化、科学化、规范化有着极为重要的意义，对学校合理评价体系的形成有着积极的作用。学校作为一个非营利组织，具有特殊性，利用绩效管理提高教职工的绩效成果是每一个学校领导与管理人员的期望。[②]

(一)完善学校发展路径

"绩效管理通过自下而上、周期性地提交绩效报告，通过各级管理者的定期评估，清楚地反映了整个组织重要的经营管理活动，实现组织对绩效目标的监控实施，一旦发现问题就可以及时发出信号，避免问题严重化。"[③]在绩效管理理念和技术的支持下，学校发展和变革犹如安装了一套反应灵敏的预警系统，一旦在某一时间某些部门出现或者可能出现问题时，绩效管理系统就立即拉响警报，学校管理者也就能够提前进入现场进行解决。学校绩效管理的应用环节也成为学校改进的强力推手，当经过绩效管理计划、实施和评估之后，学校除了对当前存在的缺陷有了一个较为完整的认知之外，还获得了对自身发展中的诸多优势和未来机遇的理解。基于此，学校管理者就可以在绩效管理应用环节实现改进学校管理和完善学校发展路径。

(二)提高学校绩效水平

首先，学校绩效管理促使学校管理者、教师提高个人绩效。对于学校管理者而言，通过绩效管理可以大大节约时间成本，减少时间和精力的浪费。对于教师而言，他们在平时的教育教学中可能面临很多困惑。例如，自己的教学有无获得领导的认可，是否有利于学生综合素质的提高；自身的专业发展还有无再进一步的空间和机会；工作和生活中是否正在遭受着其他因素的困扰等。绩效管理过程要求学校

---

① 郑燕祥、姚霞：《世纪初学校效能的新取向——从指向内部、连接外界到面向未来》，载《教学与管理》，2002(13)。

② 毛冉：《探析学校绩效管理及绩效考核》，载《教师》，2016(9)。

③ 马作宽：《组织绩效管理》，13页，北京，中国经济出版社，2009。

管理者定期与成员进行工作和生活议题的面谈。在这种面对面的交流过程中，教师可以把自己的所思所想清晰地表达出来，从而顺利走出各种困惑的樊笼。

其次，绩效管理不仅可以提高个人绩效，而且对组织绩效也大有裨益。当前一些学校在发展过程中凸显的问题主要体现为：缺乏对教师和学生明确的、合理的奖惩标准；学校发展规划的具体内容不符合本校发展的实际，流于形式；不能认真对以往的问题进行深刻的总结和反思等。针对这些问题，学校绩效管理能够帮助学校管理者思考有效的改进路径，为学校的发展提供良好的平台。

(三)转变教育发展方式

《教育部 2012 年工作要点》和《全国教育科学"十二五"规划 2011 年度课题指南》中，均把"转变教育发展方式"放到当下工作的重要位置，充分体现了它在我国政府政策和教育研究中的关键意义。要转变教育发展方式，必须改变传统的教育管理方式，这就要求相关部门建立健全针对各级政府的教育政绩考核问责制度，强化对政府的激励与约束。

第二节　中小学绩效管理的流程和模式

一、学校绩效管理流程

学校绩效管理的流程包括学校绩效计划、学校绩效执行、学校绩效评价和学校绩效应用四个维度。从图 7-1 可以看出，学校绩效管理是一个不断循环的过程，管理者可以随时获悉学校绩效管理的成就和不足，进而采取各种措施不断地对各个步骤和环节进行完善和改进。

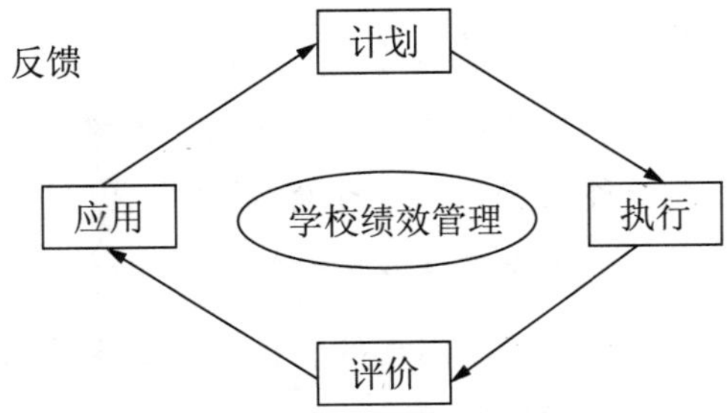

图 7-1　学校绩效管理流程图

(一)学校绩效计划

学校绩效计划是绩效管理循环中的第一个环节，发生在绩效管理的开始阶段，对整个绩效管理过程中的人和事具有统领性的指导意义。学校绩效计划就是在学校发展规划和绩效目标的指导下，在一定时期内对涉及教育教学过程中的具体计划体系的设计和解决事务的方法的选择，是目标和手段相统一的过程。在这个过程中，绩效目标一般应符合学校范围内所有成员的共同利益和需求，与成员自身和整个学校的发展息息相关。因此，在制订学校绩效计划时领导者应与组织成员进行充分的交流和沟通，深入了解各层级教师和学生的需求及困境，感受学校教育教学发展的真实现状，从而与师生达成教育发展和变革的共识，并将此作为学校绩效管理计划的重要思考维度和依据。

根据不同的标准，学校绩效计划可以分为不同的类型。例如，按照时间长短可以分为短期计划、中期计划和长期计划，按照计划的职能分工差异可以分为教学计划、教育科研计划、教师绩效工资计划、教师专业发展计划等，按照层级的不同可以分为高层绩效管理计划、中层绩效管理计划和基层绩效管理计划。

(二)学校绩效执行

无论之前的绩效计划多么复杂和完美，只有真正地付诸具体的教育实践才有可能实现一系列的教育目标，否则计划永远只是水中月、镜中花，因此绩效执行作为绩效管理流程中最具有行动性的一环，直接决定着绩效管理水平的高低和作用的强弱。

在现实中，人们在学校绩效执行中存在的一些误解，导致绩效管理中容易出现一些问题。例如，有些学校校长认为绩效执行的工作都是“可为可不为的琐屑之事”，不但浪费了大量的时间和精力，而且妨碍了学校工作正常有序地进行。甚至一些学校为了应付各种检查，只是在形式上符合外界评价的标准，实际工作中仍然沿用传统的教育方式和习惯。

有效执行学校绩效管理，需要把握两点。其一，持续不断地沟通绩效管理。学校绩效的沟通要求学校校长和相关领导与全体师生、家长以及其他社会人士之间，教师与教师之间以及学生与学生之间就学校绩效管理的方式、途径、内容进行有效的沟通和协商，对于绩效执行过程中出现的各种问题做全面反馈。其二，绩效管理过程中数据的收集和记录。在绩效管理中收集和记录各种信息，不仅仅是为了按部就班地完成绩效执行记录任务，为下一个环节即绩效考核提供重要依据，更重要的是管理者能够从中发现学校组织中可见的和非可见的缺陷，追溯各种问题产生的过程和源头，从而为后来的学校绩效改进工作奠定良好的基础。

(三)学校绩效评价

学校绩效管理的第三个环节是学校绩效评价，它是指开始实施学校绩效管理以来，相关负责人对实施过程和人员的表现进行的全面测量和价值判断，是学校管理者为了提高绩效水平、实现学校教育教学发展目标而实施的管理活动。在这一环节，我们主要探讨学校绩效评价的主体、评价的方法和评价的内容三个问题。

1. 评价的主体

(1)学校管理者

学校管理者包括校长、副校长以及校长助理等人员，在传统绩效评价中他们是评价主体，尤其是主管学校全部工作的校长，往往成为学校绩效评价的推动者和实施者。因为校长作为学校管理者，处于观察整个学校的最佳位置，对于学校师生的情况了如指掌，深谙学校发展目标与各项事务之间的联系，而且评价学校绩效管理实施的权利如果被授予他人，校长自身的权威有可能被削弱，同时校长也缺少了监督和观察学校绩效管理的途径，所以在大多数时间，校长都会当仁不让地成为绩效评价的掌舵者。即使有些学校管理者不直接参与具体的评价工作，他们也会在每一个阶段的评价工作之后进行必要的监督和指导。在某种意义上，校长的个人意见往往成为评价的重要依据。

(2)教师和学生

随着评价理论的发展以及学校自身特征被越来越多的人认识和了解，评价的主体不再仅仅限于学校管理者，教师和学生逐渐以评价者的身份出现在学校绩效评价过程中。教师和学生作为学校绩效评价的主体，具有诸多优势：他们长期身处学校教育教学活动中，对于各种活动相对比较了解，熟悉学校中的不同群体在学校中的表现，这能保证他们客观公正地对绩效管理过程进行评价；教师和学生参与绩效评价工作也能够增强他们的主人翁意识，端正应有的工作或学习态度，提高自我管理和自我发展的能力，形成为提高个人的成就和实现个人目标而努力的自觉；评价视角的转换也有助于学校管理者重新审视一些以往未发现的问题，明确一些潜在的风险和危机，这对于领导者自身专业发展和工作的改进大有裨益。

(3)外部评价人员

除了学校中的人员之外，校外的教育评价专家、中介评价机构以及学生家长都可以成为学校绩效评价的外部人员。

教育评价专家大多来自高校的教育学院或者其他教育研究和培训机构，接受过教育评价理论的教育，拥有较为丰富的实践经验，这一点能够很好地弥补学校成员作为评价主体在评价基本理论和方法上的不足，促进学校绩效管理趋于科学化和合理化。而且，这些评价专家与学校的相关人员没有各种复杂的个人关系和利害冲突，相对容易做到根据收集的信息进行客观评价。

学生家长以及社区中关心教育的相关人员等，他们与学生的亲密关系以及“从外向内”的观察视角都有利于让他们成为合格的绩效评价主体。此外，为了综合利用各方有利资源，获得校内外全方位的支持，部分学校采取由包括学校管理者、教师和学生以及校外人员在内的评价委员会评价的形式。

2. 评价的方法

学校绩效评价是运用一定的评价方式进行的。当前学校教育评价方式按照不同标准可以分为诊断性评价、形成性评价和终结性评价、定性评价与定量评价、常模参照评价和标准参照评价等。学校绩效评价可以选择发展性评价，它能够积极促进学校成员价值观的持续改进、学校主体能力的全面提升以及学校全面绩效的综合提高。[①] 当然，以上这些评价方式属于相对宏观意义上的评价方法。

有研究者认为，学校绩效评价常用的方法包括排序评价法、配对比较法、强迫选择量表、图解式评价法、关键事件法、行为尺度评定量表法、行为观察量表以及目标考评法。[②] 也有研究者认为学校绩效评价常用的方法包括岗位参照法、岗位排列法、岗位分类法、因素比较法、对偶比较法、强制分布法、因素评分法、交替排序法、目标管理法、岗位绩效指数化法、关键事件法、行为锚定等级评估法、海氏三要素评估法以及美世国际职位评估法(International Position Evaluation，IPE)。[③] 基于篇幅所限，这里只选择三种常用的评价方法进行简单介绍。

其一，排序评价法。这种方法一般运用在学校人员绩效的评价中。例如，在教师评价中，要掌握所有教师的姓名清单，然后按照优劣标准把他们从前至后进行排列，最后形成一份教师排名名单。只要确定好具体的标准，这种评估方法就十分易于操作，但是它也容易形成成员之间的直接对比，从而对名单中排名靠后的人群的尊严和士气造成消极影响。其二，配对比较法。配对比较法要求针对每个评价要素，每名被评价者都要与其他被评价者一一做比较，最后根据被评价者的优劣进行

---

① 邬志辉：《发展性评估与学校改进的路径选择》，载《教育发展研究》，2008(18)。

② 王怀明：《绩效管理》，226～239页，济南，山东人民出版社，2004。

③ 周文、虞涛：《绩效管理》，178～195页，长沙，湖南科学技术出版社，2005。

排列。不难看出，这种方法与前者有相似之处，但是在使用过程中稍微复杂一些，尤其是每名被评价者的比较次数均为 $n\times(n-1)\div2$(n 是被评价者人员总数)，因此该方法只适用于那些人数较少的学校和部门。其三，关键事件法。这种方法与上面的排序评价法、配对比较法略有不同，可以通过定性描述来完成评价。具体而言，每名被评价者都有一个类似学生评价的档案袋，里面主要是评价者对被评价者在平时的工作和学习中的主要事件的记录，既有对相关数据的记载，也有对被评价者的行为和言论的详细描述，一般不出现主观价值判断的批评或者赞许的话语，只是客观事件的真实反映。基于关键事件法的特征，它一般与其他评估方法协同使用，成为绩效评价的有效补充。

3. 评价的内容

孙绵涛基于自己对学校效能概念的理解，把学校效能评价指标分为学校人员的发展(学生素质的发展、教师素质的发展、管理者素质的发展)，学校工作的发展(教学工作的发展、德育工作的发展、管理工作的发展)，学校事业的发展(学校本身的发展、社区事业的发展、社会事业的发展)。① 汤林春把学校效能分为结果指标(认知领域的指标、情感领域的指标、运动技能领域的指标)，过程指标(管理因素、教学因素、质量因素)，背景指标(学校背景、学生背景)。② 基于以上研究，本书认为评价的内容大致包括学生评价、教师评价、课程评估和方案评估四个部分。

在学生评价中，学生的学习成就自然是首先被关注的对象，无论国内还是国外的学生评价，都不可能忽略学习成就的获得。然而，这并非评价学生的唯一向度，学生评价应该是对包括认知、行为和道德情感在内的综合素质的整体考核。这种评价不仅反映了学校绩效评价的价值倾向，而且符合当前我国义务教育阶段素质教育的内在要求。在教师评价中，评价对象包括所有的教师、学校行政管理者和后勤保障人员。他们作为学校发展中各个部门的责任主体，其成就都与学校绩效有着千丝万缕的联系。

教师评价宜采用多元评价方式，诸如学校管理者评价、同行评价、自我评价以及学生评价可以混合使用，从而立足多个角度获得更为真实的评价结论。

课程评估主要基于一种“大课程观”，即课程评估的对象包括课程方案和教学工作，主要是对过去一段时间内学校实施的课程计划、课程大纲和教科书分别进行评

① 孙绵涛：《关于学校效能评价标准和方法的两点认识》，载《教育发展研究》，2007(10B)。

② 汤林春：《学校效能评价研究》，博士学位论文，华东师范大学，2005。

估。被评估的课程既包括显性课程，也包括隐性课程；既包括国家课程、地方课程，也包括校本课程；既包括分科课程，也包括综合课程。课程评估可借鉴和运用国内外各种课程评价量表，以提高评价的科学性、合理性。当前学校成就和绩效评价的研究者很少提及方案评估，但是这并不代表它对于学校绩效评价无关紧要。

方案评估应关注以下几点：对过去一年实际成就的回顾及评估，其中包括收集关键绩效指标或工作目标执行的结果，将实际结果与已设定的衡量标准进行对照，评出分数级别；为下一绩效年度制定或调整关键绩效指标、工作目标及能力发展计划；确定报酬调整和奖励方案。[①] 方案评估作为对绩效评价的评估和反思，虽然与学校其他因素的直接关系不大，但是决定着学校在下一轮绩效评价中所能取得的成就。

(四)学校绩效应用

学校绩效应用主要包含薪酬和奖惩方案的设计、学校绩效的改进以及学校成员的专业发展三个方面。

1. 薪酬和奖惩方案的设计

在传统的绩效评价中，薪酬和奖惩方案的设计是极其重要的任务，目的是根据学校教师在过去一段时间的表现，建立起与评价结果相一致的薪酬和奖惩制度，让有不同绩效表现的教师获得有差别的薪酬。我国于 2009 年 1 月 1 日正式开始实施的绩效工资制度，关乎教师薪酬方案的设计问题。《关于义务教育学校实施绩效工资的指导意见》明确提出了“学校要完善内部考核制度，根据教师、管理、工勤技能等岗位的不同特点，实行分类考核。根据考核结果，在分配中坚持多劳多得，优绩优酬，重点向一线教师、骨干教师和做出突出成绩的其他工作人员倾斜”的规定。[②] 我国义务教育阶段学校绩效工资制度的颁布和实施，是对以往我国教师薪酬分配制度的一次革命，真正体现了学校绩效管理中由绩效评价到绩效应用的承接。当然，该方案的设计主要针对教师薪酬中的可变部分。例如，在当下，教师绩效工资中的基础性绩效工资在学校范围内一般固定不变，浮动较大、显示教师工作量和实际贡献大小的主要是奖励性绩效工资。另外，对于那些在教育教学中严重违反学校纪律规定的教师，也要实施严格的教育惩罚制度。对学生而言，合理的教育惩罚作为通

---

① 周文、虞涛：《绩效管理》，167 页，长沙，湖南科学技术出版社，2005。

② 人力资源社会保障部、财政部、教育部：《关于义务教育学校实施绩效工资的指导意见》，载《辽宁省人民政府公报》，2009(2)。

过对学生的不良行为给予否定或批评处分以防止这种行为再次发生的教育手段，符合法律规定和道德规范并具有教育性，对于青少年的成长具有积极的意义。① 然而，对于那些严重违背社会伦理和法律规定的不合理的教育惩罚，必须坚决予以取缔。对于教师而言，相关教育行政部门要适当建立让不合格教师退出的制度，尤其是对于那些严重违背师德和违法乱纪的教师，一定要执行严格的惩罚措施，以消除师资队伍中的害群之马。

2. 学校绩效的改进

绩效改进是一个持续不断的过程。基于前一阶段学校绩效评价的结果，学校管理者可以比较容易地获悉学校教育中存在的困难。现实中亟待解决的问题成为绩效改进的动力。学校管理者可依据问题的特点制定出详细的绩效改进方案并坚定不移地付诸实践。

有效的基于能力的绩效改进应该是一个动态的过程，这个过程应该包括以下活动：明确绩效改进的前提和理念；目标设定，包括绩效目标和能力发展目标；制定达到目标的行动步骤；解决能力发展中存在的问题和障碍；明确指导者的行动；绩效改进方案的实施。② 这些活动能够有序进行，是学校绩效改进成为可能的重要保障。学校绩效改进不仅是动态的过程，也应该成为整个绩效管理乃至学校发展的常态。改进作为教育变革时期学校谋求发展的策略，不仅要回应教育改革政策的当前要求，解决学校面临的问题，而且要通过改进使学校形成一种能够主动适应学校内外变化的机制，提高学校处理教育问题的能力。只有具备有效解决自身问题的能力，学校才能在教育变革进程中立于不败之地。③ 这意味着绩效改进并非学校管理者一时兴起，而是学校日常绩效管理工作中的一个常规性程序。在学校绩效管理中，绩效改进工作的开始、过程和终结不会因组织或个人而随意取消。

3. 学校成员的专业发展

对于包括学校领导者在内的教师而言，绩效评价的目的除关乎自身的物质利益之外，还能够促进自身专业的成长和进步。任何学校的发展都必然体现在硬件和软件两个方面，硬件指“有钱能办到的”，软件指“有钱也未必能办到的”。在财力相对

---

① 何齐宗、肖庆华：《对教育惩罚的理性思考》，载《中国教育学刊》，2004(9)。

② 付亚和、许玉林：《绩效考核与绩效管理》第 2 版，166 页，北京，电子工业出版社，2009。

③ 卢乃桂：《能动者的思索——香港学校改进协作模式的再造与更新》，载《教育发展研究》，2007(12B)。

充裕的今天，学校发展的核心问题并不是硬件，而是“软实力”的有效提升，它最集中、最典型地凝聚于师资水平上。① 对于每位教师，绩效评价的结果都会体现出他在工作中的成就以及遭遇的困境。如何才能基于之前的工作取得进一步的跨越，重要的是主动发现自身的缺陷和差距，找到形成当前状况的原因，制订提高绩效的行动计划，并采取各种手段和措施落实。学生也不例外，每次学业评价之后都是学生主动发现自己的缺陷和问题的时机。发现自己的绩效水平所处的位置后，学生就要主动分析原因，结合绩效评价结果提供的信息，找到解决问题的最佳途径。

反馈在学校绩效管理中也占有重要地位，并且一以贯之地出现在整个流程中，在每个环节都承担着反映绩效管理过程中各种问题、困惑和成就的职责，成为学校绩效管理的负责人掌握学校发展过程中各种信息的主要方式。

二、学校绩效管理模式

学校绩效管理虽然已有几十年的理论积淀和实践摸索，但是与管理学中的绩效管理仍然存在着较强的“姻亲”关系甚至直接移植关系，学校教育领域中即使存在着诸多管理学中缺乏的特性，也难以割断管理学对教育领域的影响。因此，当下各级学校在绩效管理模式的选择上大多借鉴了管理学研究成果，目标管理、关键绩效指标考核、平衡记分卡以及 360 度绩效评估逐渐被教育界接受。

(一)目标管理

目标管理(Management By Objectives，MBO)是美国管理专家彼得·F. 德鲁克(Peter F. Drucker)在他的著作《管理的实践》中提出的。他认为并不是有了工作才有目标，而是相反，有了目标才能确定每个人的工作。② 目标管理要求管理者必须知道和理解组织目标对自己的业绩要求，上级必须知道他所要求并希望的贡献有哪些，如果这些要求没有得到满足，那么管理者就走错了方向，浪费了精力。③

在学校绩效管理中，目标管理是最受欢迎的模式之一，这是因为目标管理不仅顺应了人们“付出就应该有回报”的心理特征和价值观念，而且有效地把组织目标和个人目标进行了有机结合，形成了一种强大的内在机制，激励着组织成员对组织目

---

① 方展画：《农村教育发展亟待三大突破》，载《中国农村教育》，2010(3)。

② 张涛：《在目标管理模式下尽快适应大学生活》，载《考试周刊》，2018(16)。

③ [美]彼得·德鲁克：《管理：任务、责任和实践》[第二部]，陈小白译，74 页，北京，华夏出版社，2007。

标投入更大的激情。学校绩效管理中的目标管理要求校长、教师、学生以及其他社会人士共同参与，思考、讨论、确立学校在某一阶段的发展目标，并且在总目标下分解出若干子目标。这些目标与学校中的每一位成员的职责联系在一起，共同构成了他们积极投入工作或学习的动力。学校中的目标体系成为全校师生各种行为的指导方向，成为评价教育教学绩效和学业成就的标准。

学校绩效管理中的目标管理凸显着诸多优势：使管理者集中精力、时间从事计划、控制行动，避免浪费组织有限的资源；扩大主管管理幅度和授权幅度；让部属有更多一展长处的机会，也是发挥团队创新能力的最佳途径；使绩效易于评估；易于发掘人才和培养接班人；培育人才的好方法；使规划工作更加完整而有系统；改变控制观念，自己管理自己，控制工作而非控制人；更大的参与感与满足感；改善上司和部属的关系；人性化的激励方法。① 然而，目标管理本身也绝非完美无缺的，它在实施的过程中同样会存在一些难以规避的缺点。例如，为学校中的每一位成员设定合理的目标是有难度的，如何准确地对这些目标的完成度进行测量也是需要经过专业的培训和指导才能完成的。这就要求人们在学校绩效管理中运用目标管理模式时避免出现对现实问题置若罔闻的弊端，根据学校中的人、财、物等各种资源的分配情况给予恰当安排。

(二)关键绩效指标考核

关键绩效指标(Key Performance Indicator，KPI)考核是指企业生产经营管理中，会产生各种数据，对这些数据进行收集分析，将产生的结果同设置好的参数进行对比，进而评价企业的经济行为。② 关键绩效指标的产生并不是企业领导臆想所产生的，而是在专业理论知识的指导下，深度结合本企业的真实情况和员工的诉求，发挥集体智慧而产生的。在这一过程中，专业的理论知识起到基础性、领导性、前瞻性的作用，必须予以重视。

关键绩效指标的概念包含以下几个基本特征。其一，关键绩效指标必须是可测量的或者可以用行为来描述的对象。前者意味着评估对象必须是可以量化的；后者表示它即使不便量化，也可以使用行为化的语言进行概括。其二，关键绩效指标是那些能够对学校教育目标起正向作用的指标体系，它们最终实现的程度决定着学校的总体运行。在绩效评估中，与组织目标关系不大的背景指标或者具有反向意义的

---

① 朱飞：《绩效管理与薪酬激励全程实务操作》，112页，北京，企业管理出版社，2007。

② 陈滢：《关键绩效指标与企业绩效管理》，载《商场现代化》，2018(12)。

指标，被排除在关键绩效指标体系之外。其三，关键绩效指标要突出其中的“关键”二字，即它主要包括那些对绩效评估具有重要意义和起关键作用的重点指标，并不意味着涉及所有领域和活动，完整性和系统性并非它的特点。如果这些指标出现缺失或失真情况，那么会给整个评估过程带来困难，甚至会导致评估失效或中断。关键绩效指标符合管理学中的“二八定律”，即组织中20%的因素决定和产生了发展与变革中80%的业绩，剩余的80%的因素决定和产生发展与变革中20%的业绩，其中前面20%的因素在组织的各部门中发挥着关键性的作用。

如何评价关键绩效指标的优劣呢？一般来说，必须从以下六个方面进行测试：该指标是否可理解，该指标是否可控制，该指标是否可实施，是否有稳定的数据来源来支持指标或数据构成，该指标是否可衡量，该指标是否与整体战略目标一致。[①] 每个方面也都有一些问题需要回答。例如，在“该指标是否可理解”中，就需要回答诸如“能否用通用业务语言定义”“能否以简单明了的语言说明”“是否有可能被误解”等问题。

(三)平衡计分卡

平衡计分卡(Balanced Score Card，BSC)产生于20世纪90年代初。美国学者卡普兰(Kaplan)和诺顿(Norton)在《哈佛商业评论》上发表的《平衡计分法：良好绩效的测评主体》一文提出了平衡计分卡的理论和模型。平衡计分卡理论最初仅仅是从公司绩效考核的角度来考量的，主要的目的是弥补以往只靠单一财务指标来衡量公司绩效的不足，进而提出了从财务、内部流程控制、学习与创新、顾客视角来综合衡量公司绩效，这也构成了平衡计分卡理论的基本框架(见图7-2)。[②]

平衡计分卡突出的特点是将企业的远景目标和发展战略与企业的绩效评价系统联系起来，把企业的远景目标和战略转变为具体可执行的目标和测评指标，实现战略和绩效的有机结合。平衡计分卡以企业的战略为基础，将各种衡量方法整合为一个有机的整体，既包括财务指标，又包括非财务指标，通过客户满意度、内部流程、学习和成长等业务指标来补充说明财务指标，这些业务指标是财务指标的驱动因素。

平衡计分卡的实施流程主要包括以下三个步骤：以财务、客户、内部运营、学

---

① 朱飞：《绩效管理与薪酬激励全程实务操作》，86页，北京，企业管理出版社，2007。

② 王朋：《平衡计分卡理论研究及其在战略实施中的运用》，硕士学位论文，云南财经大学，2014。

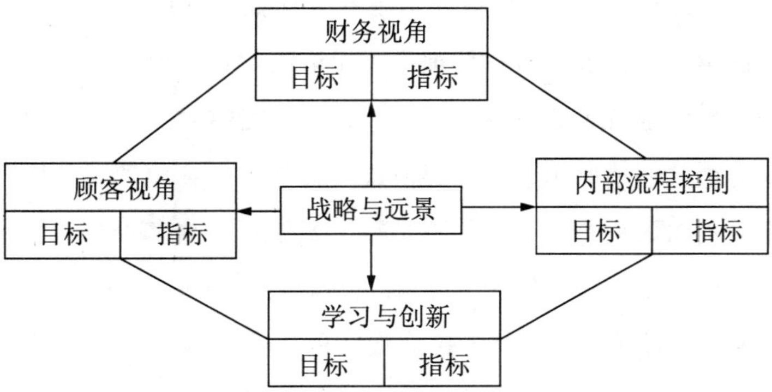

图 7-2　平衡计分卡理论的基本框架

习与成长这四个维度的企业战略和目标为基础，开发出企业包含关键评估指标的平衡计分卡；把这些目标逐层分解、落实到各个部门和每个部门内的员工，激发组织成员工作的积极性；开发或重新设计企业的绩效管理系统，使其与平衡计分卡、能力发展模型和薪酬体系相结合；最后可以通过互联网技术系统来保证整个绩效管理系统中数据的轻松录入与报告生成。① 平衡计分卡只是在宏观上提出了平衡的原则，至于不同层面及同一层面的不同指标分配的比重，当前缺乏可供参考的客观标准。因此在学校绩效管理中，学校管理者在尝试将平衡计分卡作为绩效管理工具时，既要分析学校内外环境的实际状况及其与该工具之间的适切性，也需要借助一定的学习平台接受必要的指导与培训。

(四)360 度绩效评估

360 度绩效评估是美国通用公司董事长杰克·韦尔奇(Jack Welch)于 1982 年提出的。他从尊重人性的角度出发，认为人的个性是难以改变的，管理者的首要任务就是识别和发掘人才，在充分尊重人的个性的基础上，把最合适的人安排在最合适的位置，然后在工作中帮助他设计职业生涯，让他工作时尽量走效率最高、阻力最小的成功之路。绩效管理的目标是改善个人和组织绩效，把成本和效率作为衡量绩效的标准。②

如果反馈只涉及考核对象本人与上级主管，则被称为 180 度评估，也就是传统的考评；如果反馈涉及同事、下属、服务对象和上级主管，则被称为 360 度评估，是我们应该提倡的。360 度绩效评估具有以下优点：第一，通过全面测评能够获得

---

① 周文、虞涛：《绩效管理》，59 页，长沙，湖南科学技术出版社，2005。

② 王珊：《360 度绩效评估在高校绩效管理中的应用》，载《重庆职业技术学院学报》，2006(4)。

对被评估者的全面意见。360 度绩效评估是一种全面评估的方法，能获得对被评估者全面而系统的意见。传统的目标管理考评无论绩效指标设计得有多完善，倘若绩效信息来源不明确，也就无法发挥其作用。第二，能够对被评估者做出客观、公正的评价。传统的绩效评估原则、目标都由管理者制定，管理者的素质和公正性在传统绩效评估中显得尤为重要。然而并不是每位评估者都是客观公正的，一些人为因素会影响评估者的评估工作。第三，发掘人才，为人才提供实现自我价值的渠道。360 度绩效评估是作为培养人才的工作而设计的。通过自我评估，个人可以发现自己的优缺点，从而找到自己的努力方向，并根据自己的缺点有计划、有针对性地对自己进行完善。组织通过 360 度绩效评估，也能制订出更具有针对性、有效性的计划。第四，有助于形成团队精神和良好的组织文化。传统的绩效评估带来组织内部人员之间的竞争。竞争固然能够激励员工积极向上，但过度竞争会导致组织涣散和缺乏向心力。360 度绩效评估以自我评估为基础，避免了评估过程中各种主观因素的干扰，是较为客观、公正的评估，使员工更容易接受评估结果，从而鼓励人们一起工作、互相支持。①

360 度绩效评估包含相互评价，因此在学校绩效管理中，教育评价不仅存在着校长评价教师的教育成就、教师评价学生的学业成就的情况，而且存在着学生对学校教师和领导者的工作进行评价以及同一群体之间互评的情况，这样就有效避免了由上至下的评价带来的过于主观、考核结果不公平以及难以形成激励机制等弊端，让绩效评价趋于准确和公正。其他的评价模式大多聚焦在学校绩效可测量的指标和目标上，对那些难以测量的指标关注不够。事实上，诸如师德、综合能力等定性因素的重要性甚至要远远大于那些容易测量、显而易见的内容。360 度绩效评估的考核对象是集定性和定量为一体的综合体，能够对学校师生的个人能力、道德品质以及行为进行考查，这样就可能体现评价所具有的完整性和系统性特征。

第三节　中小学教师薪酬管理

目前薪酬管理的研究和实施存在两个明显特征。其一，企业界比教育界多，公

① 王珊：《360 度绩效评估在高校绩效管理中的应用》，载《重庆职业技术学院学报》，2006(4)。

司里一般谈论薪酬较多，对员工收入的衡量过程一般被称为薪酬管理；在教育领域，学校以及其他教育机构中的教职员工的收入大多以工资或者收入的名义出现。其二，高校和职业类学校比义务教育阶段学校多，这一点可以通过"中国学术期刊网"来证实。输入关键词"教师"和"薪酬"进行搜索，结果中大多数是探讨高校和其他职业类学校教师薪酬的论文。这也意味着至少在当前的教育界，尤其是在义务教育阶段，教师薪酬管理还未真正走进研究者的视野。本节首先介绍教师薪酬管理，在此基础上介绍教师薪酬设计。

一、教师薪酬管理概述

(一)教师薪酬管理的内涵

1. 薪酬

薪酬是指"雇员作为雇佣关系的一方所得到的各种货币收入、服务及福利之和"。薪酬管理是指企业对所属雇员报酬的支付标准、发放水平、要素结构、管理系统等进行确定、分配和调整的过程。①

广义上而言，自从国家产生之后，薪酬的概念就出现了，并随着经济与社会的发展而不断变化。总体而言，它大致经历了实物工资阶段、货币工资阶段、工资和薪酬阶段以及薪酬阶段。② 薪酬概念从产生至今，在经济学和管理学领域有大量的研究成果，其中，前者主要包括早期的薪酬理论、马克思主义经济学的工资决定理论、维持生存薪酬理论、人力资本理论、薪酬基金理论、边际生产率薪酬理论、供求均衡薪酬论、集体谈判薪酬理论以及效率薪酬理论，后者涵盖了过程激励理论和内容激励理论的相关内容。亚当·斯密(Adam Smith)被认为是近代第一个对薪酬进行研究的学者，随后诸如大卫·李嘉图(David Ricardo)、穆勒(Mueller)以及赫兹伯格(Herzberg)等学者都基于不同的立场表达了对薪酬不同的认识。因此，薪酬的概念也就在不同地区和历史发展阶段出现了不同的变化。例如，有研究者认为学术界和企业界所运用的薪酬概念用词大概经历了从工资到报酬、从报酬到薪酬的发展过程③，这就要求研究者必须以发展的眼光来看待薪酬的变化过程。

---

① 李新建、孟繁强、张立富：《企业薪酬管理概论》，278页，北京，中国人民大学出版社，2006。

② 姜晓萍、范逢春：《薪酬管理》，3～4页，成都，四川大学出版社，2007。

③ 文跃然：《薪酬管理原理》，3页，上海，复旦大学出版社，2004。

本书尝试对教师薪酬管理中经常使用到的工资和薪酬概念做一些区分。工资是在薪酬管理中使用最早、最普遍的词，指不论其名称及计算方法如何，凡是以货币名称表示并根据相互协定或法令规定，由雇主基于成文或不成文的雇佣契约，对所雇员工已完成或应完成的工作、已提供或应提供的服务，支付给他们的报酬或薪资。1995年我国劳动部颁布的《关于贯彻执行(中华人民共和国劳动法)若干问题的意见》中明确提出：劳动法中的“工资”是指用人单位依据国家有关规定或劳动合同的约定，以货币形式直接支付给本单位劳动者的劳动报酬，一般包括计时工资、计件工资、奖金、津贴和补贴、延长工作时间的工资报酬以及特殊情况下支付的工资等。“工资”是劳动者劳动收入的主要组成部分。2001年国家统计局在“从业人员和职工工资”统计中对“职工工资总额”的规定有了新的变化。国家统计局认为工资是指各单位在一定时期内直接支付给本单位全部职工的劳动报酬总额，工资总额的计算原则应以直接支付给职工的全部劳动报酬为根据。各单位支付给职工的劳动报酬以及其他根据有关规定支付的工资，不论是计入成本的还是不计入成本的，不论是按国家规定列入计征奖金税项目的还是未列入计征奖金税项目的，不论是以货币形式支付的还是以实物形式支付的，均包括在工资总额内。显然，对工资的这一界定扩大了工资概念的外延，不仅包括“以货币形式支付的”工资，而且包括“以实物形式支付的”工资，这打破了以往工资必须是以“货币形式”存在的传统。

2. 教师薪酬管理

简单解释薪酬管理的定义，就是企业员工的工作绩效和薪酬挂钩，用工作成绩衡量员工的收入水平，从而激励员工的生产积极性，促进企业持续进步。[①] 薪酬管理既是企业也是学校人力资源管理的一项重要内容。

本书认为教师薪酬包括教师工资，但是并不等同于教师工资。与教师工资相比，教师薪酬是一个无论内涵还是外延都更丰富的概念。教师薪酬是与绩效管理紧密相连的一个概念，而工资则不具有此类属性。教师的薪酬管理就是教育行政部门以及学校的管理者对教师的薪酬结构、薪酬水平、薪酬原则、薪酬标准等内容进行分配和调整的过程。教师薪酬管理的影响因素包括社会政治经济环境、组织形式和结构以及个人意志等。现实中很多学校的薪酬设计之所以没有发挥作用，很大程度上是因为没有对影响教师薪酬管理的因素进行完整、系统的分析。

---

① 赵猛：《现代企业加强薪酬管理机制的探析》，载《现代经济信息》，2011(10)。

(二)教师薪酬管理的内容

在教师薪酬管理中，薪酬水平、薪酬结构、薪酬体系、薪酬关系以及薪酬政策和制度构成了其主要维度。

1. 薪酬水平

薪酬水平是指在一定地区或学校范围内整个教师群体的平均薪酬总量的高低。一般而言，由于决定教师薪酬水平高低的重要因素是教师的基本薪酬，基本薪酬水平与地方经济发展程度和政府对各学校教育投资总量的大小有着紧密的联系，因此不同地区、不同学校在薪酬水平上可能存在着相当大的差异。教师薪酬水平在一定程度上体现了学校发展水平的高低，这是因为往往在经济发展水平较高的地区，学校在人、财、物等方面投入更多，所以这些学校在教育改革和发展中容易走在其他学校的前面，在这些学校工作的教师自然会获得更加优厚的薪酬。

教师薪酬水平也决定了学校自身所具有的针对教师的外部竞争性。虽然把教师当作管理学中纯粹的"经济人"欠妥当，但是至少不能够怀疑和否认经济诱惑对包括教师在内的现代人的强大吸引力，再加上近年来我国市场经济的发展，教师对物质利益的合理追求早已被认为是理所应当之事了。在这样的情况下，如果一所学校的薪酬水平较低，其教师可能会被其他高薪酬学校吸引，反之则会把其他学校的优秀教师吸引进来。

2. 薪酬结构

薪酬结构是指薪酬的主要组成部分及其相互比例关系。教师薪酬一般包括基本薪酬、奖金、津贴以及各种补贴等部分。不同的组成部分和比例分布构成的教师薪酬对于他们的激励意义存在差异。如果包括各种奖金、津贴以及各种补贴等薪金在内的可变性薪酬比例在一定范围内提高，就意味着教师通过自身积极努力获得更高收入是可以实现的，也就更能激发教师投入教育教学工作的积极性和主动性。在薪酬水平一定的情况下，薪酬结构设计的合理性和科学性可以成为衡量教育管理者的理论水平和实践经验的有效标杆。

【知识拓展】

当前在义务教育阶段实施的绩效工资制度中，教师的绩效工资分为基础性绩效工资和奖励性绩效工资。前者占绩效工资总量的70%；后者包括"班主任津贴、岗位津贴、农村学校教师补贴、超课时津贴、教育教学成果奖励"等项目，占绩效工资总量剩余的30%。[①]

3. 薪酬体系

组织成员的基本薪酬以什么为基础，关乎着薪酬体系的选择。综合目前出现的薪酬体系的各种情况，薪酬体系大概可以分为职位薪酬体系、技能薪酬体系、绩效薪酬体系三种类型。

(1)职位薪酬体系

职位薪酬体系又称岗位薪酬体系，是一种传统的薪酬体系类型。这种薪酬体系首先对职位本身的价值做出客观评价，然后根据评价结果来确定从事这项工作的人获得的与该职位价值相当的薪酬。它最大的特点之一是对职位单一因素考虑较多，极少考虑人的因素。人无论有着什么样的表现，一般都不会影响个人获得的具体薪酬。一言以蔽之，有什么样的职位就能得到什么样的薪酬。

(2)技能薪酬体系

技能薪酬体系也被称作能力薪酬体系，与职位薪酬体系的关注点不同。技能薪酬体系与具体岗位的关系不大，与组织中的个人的素质关系紧密，是组织根据成员所掌握的与工作有关的技能、能力以及知识的情况来支付薪酬的一种制度。

(3)绩效薪酬体系

绩效薪酬体系是在对组织成员绩效评估的基础上按照绩效水平的高低规定的一种薪酬支付制度。在绩效管理被越来越多人认可的今天，这种薪酬体系因对组织人员积极性的强力激发优势赢得了管理者的信赖。

4. 薪酬关系

薪酬关系是指组织中不同职位成员的薪酬水平所形成的相互比较关系，这种关系能够让所有人感受到自己对组织的贡献大小和组织对成员的重视程度，同时也能够体现出薪酬体系设计与实施中人们内心的公平感。薪酬关系涉及组织中薪酬的内部一致性。在组织总体薪酬水平固定的情况下，薪酬关系的分布对于组织成员具有非常大的影响。不同成员之间的差距过大或者过小，都会对组织成员的积极性产生重大的影响，乃至改变组织内部人员的流动率。

---

① 人力资源社会保障部、财政部、教育部：《关于义务教育学校实施绩效工资的指导意见》，载《辽宁省人民政府公报》，2009(2)。

5. 薪酬政策和制度

薪酬政策和制度是管理者对于一定范围内组织的薪酬管理人员、薪酬制度、薪酬关系、薪酬原则等方面的规定和安排。薪酬管理人员的选择一般来源于人事管理部门的管理者，他们基于组织薪酬原则的指导以及在本单位管理者的建议下制定和实施具体的薪酬制度。薪酬制度对于具体的薪酬内容也要进行合理选择。例如，组织的薪酬水平是高于、低于还是大致等于其他地区和部门的薪酬水平。薪酬结构设计是指重视基本薪酬从而稳定员工的收入还是激励人们的工作积极性去获得更高的绩效水平，薪酬体系的选择是重视岗位的性质特点还是倾向于组织成员工作的实际绩效结果，薪酬关系是旨在产生公平的组织氛围还是体现出平均主义的分配原则等。此外，我国相关的法律政策也对薪酬原则进行了规定，如竞争性原则、公平性原则、激励性原则、人性化原则、动态性原则、业绩导向性原则等都是现实中薪酬管理的原则。薪酬原则将成为整个薪酬管理过程的行动指南，对薪酬实施的整个流程起决定性作用。

(三)教师薪酬管理的意义

教师薪酬管理作为学校绩效管理中的一个有机组成部分，无论对于教师自身专业成长还是学校绩效管理，均体现出非常重要的价值。

其一，容易吸引和保持高水平的师资。当地区间经济发展水平具有明显差距的时候，经济发达地区的教师一般会获得较丰厚的薪酬待遇。而落后地区基于捉襟见肘的经济状况，当地政府很难做到对教师薪酬进行较大的提升，教师的薪酬水平也就会比较低，甚至出现师资力量非常薄弱以及教师短缺的现象。这说明地方经济状况对教师薪酬水平的高低有着较大的影响。教师薪酬水平也成为影响教师去留的重要因素。固然，由地域优势表现出来的高薪酬水平对教师的吸引力体现了薪酬管理自身的价值，但是该因素在很大程度上取决于地方经济发展状况，很难通过人为管理出现较大的改变。高薪酬水平并不意味着一定对教师有较大的吸引力，这两者之间并非存在着绝对正相关关系。因此在一个地区或者学校薪酬水平固定不变的情况下，教育管理者并非无计可施。他们可以对薪酬体系、薪酬结构以及不同教师之间的薪酬关系等维度进行分配和调节，从而在学校范围内形成积极向上、努力工作的氛围，激励教师以饱满的热情对待自己的教育教学工作。

其二，减少学校内部教师之间的矛盾。由于薪酬牵涉每位教师的切身利益，当组织成员在个人收入上存在较大差距时，他们心里会产生一种强烈的不公平感，甚至引发个人对组织的失望。良好的薪酬管理能够较好地调节组织成员的个人收入，既不涉及容易引起“效率灾难”的平均主义，也不会针对某一部分群体进行过分贬低或抬高，而是在所有的组织成员中合理拉开差距，让每位教师既能够满足个人基本生活需求，也能以饱满的热情积极投入教育教学。然而在教育实践中，人们往往在薪酬设计和实施过程中产生一系列矛盾。例如，虽然国家出台了一系列关于教师绩效工资的政策制度，部分地方政府也投入了极大的资源致力于教师薪酬制度的变革，但是实施效果并不理想。诚然，学校薪酬管理过程中也存在着诸多难以规避的困境，如教师对薪酬的强烈关注容易转移他们在教育教学上的注意力，教师“尽量获得高薪”的心态致使薪酬方案的设计和实施屡遭困难，但是良好的教师薪酬管理仍不失为消解学校内部矛盾的一把“利器”。

二、教师薪酬设计

在薪酬理论的支持下，教育行政部门和学校管理者基于不同的场景对教师薪酬进行精心的设计，经过不同群体的协商，制定、选择并实施适切的薪酬方案，成为当下教师薪酬管理的着力点。

（一）教师薪酬设计原则

设计教师薪酬方案必须遵循一定的原则，这些原则规定着管理者看待、处理事务的准则，成为整个薪酬管理流程的行动指导。有很多研究者基于薪酬管理的特点提出了各种不同的薪酬设计原则，如战略导向原则、体现员工价值原则、经济性原则、激励性原则、内部一致性原则、外部竞争性原则、团队原则、隐性原则、双赢原则以及员工参与原则等。① 也有研究者认为薪酬设计原则包括同步组织战略原则、公平效率统一原则、体现薪酬功能原则、先进适用原则、合法合理原则、清晰易用原则、经济及时原则和分享利益原则。② 结合教育管理较之于企业管理的特殊性，本书将教师薪酬设计原则概括为公平原则、合法性原则、竞争原则、和谐共处原则以及激励性原则。

1. 公平原则

公平是薪酬设计的基础。员工只有认为薪酬设计是公平的，才可能产生认同感和满意度。公平原则是制定薪酬体系首要考虑的一个重要原则，薪酬系统是否公平

---

① 王雁飞、朱瑜：《绩效与薪酬管理实务》，319页，北京，中国纺织出版社，2005。

② 李中斌、曹大友、章守明：《薪酬管理理论与实务》，20页，长沙，湖南师范大学出版社，2007。

直接反映在员工工作的努力程度和工作态度上。[①]

教师认为薪酬体系公平时，会得到良好的激励并保持高昂的斗志；教师认为薪酬体系不公平时，则可能不再珍惜这份工作，对学校的亲和力降低，寻找低层次的比较对象以求暂时的心理平衡，或者辞职等。因此，在进行教师薪酬设计之前，相关人员应对教师各岗位的职责以及市场上相应职位的薪酬水平有比较充分的了解，并在此基础上依照公平原则进行薪酬体系的设计。

2. 合法性原则

任何教师薪酬方案的设计都应该以遵守基本的法律制度为前提，这些法律制度不仅包括国家相关的法律、法规和政策，而且涵盖政府部门以及组织内部制定的规章制度。任何一个地区或学校设计教师薪酬制度，一定要符合《中华人民共和国教育法》《中华人民共和国教师法》等基本法律，义务教育阶段的薪酬制度应以《关于义务教育学校实施绩效工资的指导意见》为指导。如果学校的薪酬系统与现行的国家政策、法律、法规等规章制度相冲突，那么该薪酬设计必然会遭受来自校内外的压力，其自身的合法性危机也就在所难免。另外，这种合法性不仅指符合官方颁布的明文规定的法律制度，也指符合广义上的人们在日常生活中约定俗成的共识。毫无疑问，教育管理者在学校薪酬设计过程中不能无视国家的意识形态，也不能忽略组织内外的制度环境的影响。总之，教师薪酬设计不能违背由各种规范、价值观、社会习俗等形成的制度环境。

3. 竞争原则

企业想要获得具有真正竞争力的优秀人才，必须制定出一套对人才具有吸引力并在行业中具有竞争力的薪酬系统。如果企业制定的薪酬水平太低，那么在与其他企业的人才竞争中必然处于劣势地位，甚至本企业的优秀人才也会流失。[②] 同理，学校若想要提高教师的专业素养，必须制定出一套具有吸引力并在教育行业中具有竞争力的薪酬系统，以培养真正有竞争力的优秀教师队伍。

4. 和谐共处原则

学校绩效管理遵循竞争原则并不是反对和谐共处原则。在绩效管理中，和谐共处原则也是极其重要的一项原则。

教师薪酬作为与教师自身和家庭生活直接相关的教育影响因素，它的水平高低

---

① 王易龙：《薪酬设计的五大原则》，载《企业管理》，2010(6)。

② 王易龙：《薪酬设计的五大原则》，载《企业管理》，2010(6)。

以及设计合理与否构成了体现教师群体工作积极性和稳定性的"晴雨表"。因此，在教师薪酬设计中贯彻和谐共处原则是至关重要的。让全体教师或教师代表参与教师薪酬制度的设计和实施，会增强教师的主人翁意识，激发他们在薪酬管理过程中的灵感，而且也能够充分体现学校管理者对下属的信任，让教师产生得到上级重视的感觉。教师的积极参与也能够体现民主集中制的管理原则。集思广益，彰显民主，不仅减轻了管理者制定和实施薪酬方案的压力，而且能够协调管理者与被管理者、组织与个人之间的关系。

5. 激励性原则

对一般企业来说，通过薪酬系统来激励员工的责任心和工作积极性是最常见和最常用的方法。简单的高薪并不能有效地激励员工，只有建立在科学合理的机制上的薪酬系统，才真正具有激励作用。①

激励体现了薪酬除经济保障之外的另一重要功能。经济保障构成了教师薪酬的基本功能，而激励成为衡量教育管理者对薪酬设计和实施水平的重要标准。一般而言，所谓激励就是激发人的动机，使人有一股内在的动力，朝着所期望的目标前进的心理活动过程。② 激励最为重要的目的之一是激发组织成员的激情，让他们为了组织和个人的目标付出更多的努力，在工作中体现出更富创造性的灵感。无论是经济发达地区还是经济落后地区的学校，薪酬水平只有表现出一定程度的差别，才能对教师产生激励效应。

(二)教师薪酬管理流程

要科学合理地设计教师薪酬方案并付诸实施，需要遵循管理学和教育学的理论研究与现实。学校管理者只有在教师薪酬设计流程的指导下按部就班、循序渐进，才有可能顺利实施教师薪酬管理，并最终取得教师薪酬管理带来的实效。教师薪酬设计流程在借鉴管理学的研究成果并结合教师自身的职业特性的情况下，包括薪酬战略制定、岗位评价、薪酬调查、薪酬结构与水平确定、薪酬体系的实施与控制五个环节(见图 7-3)。

---

① 王易龙：《薪酬设计的五大原则》，载《企业管理》，2010(6)。

② 芮明杰：《管理学：现代的观点》第 2 版，307 页，上海，上海人民出版社，2005。

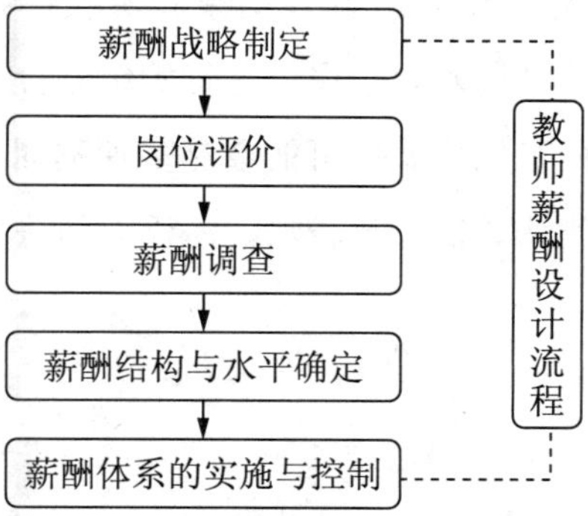

图 7-3 教师薪酬设计流程

1. 薪酬战略制定

薪酬战略制定作为指导和规划整个薪酬设计与实施的环节，是教师薪酬设计流程的起点，从根本上决定了薪酬设计的发展走向和质量水平。教师薪酬战略是学校发展战略乃至一个地区教育发展战略的重要组成部分，制定教师薪酬战略要在学校教育发展战略的指导下进行，要集中体现总体战略的要求。同时，教师薪酬战略也是教育管理者为了提高学校绩效水平、成功实施教师薪酬管理而精心制定的指导性方略，凸显了教师薪酬管理流程的全局性、预见性以及方向性特征。现实中经常出现这样的情况：不管组织如何重视薪酬设计与薪酬制度改革，改来改去仍然有一大堆麻烦，组织成员对于薪酬制度的满意度总是高不起来，究其原因是一些组织容易在薪酬设计一开始就陷入具体的设计，而缺乏对薪酬战略乃至组织战略的考量。①因此，教师薪酬战略对于其他环节的设计与推进的重要意义不言而喻。

2. 岗位评价

岗位评价的第一步是基于学校教育教学发展的需要，明确学校组织部门的结构和岗位设置，而且学校管理者要据此编写岗位说明书和工作规范。在以岗位为基础的薪酬设计中，这被认为是一个至关重要的工作程序。岗位评价主要是根据工作内容、岗位要求、岗位环境等条件对不同岗位教师的薪酬结构和薪酬水平的价值判断，重在解决学校内部教师公平性的问题。进行岗位评价的目的，一是比较组织内部各个岗位的相对重要性，得出岗位价值序列，使不同岗位之间具有纵向和横向的可比性，为确保薪酬的公平性奠定基础；二是为进行薪酬调查建立统一的岗位评估标准，消除不同组织间由于岗位名称不同或即使岗位名称相同但实际工作要求和工

① 王健：《薪酬管理》，60 页，北京，科学出版社，2007。

作内容不同导致的岗位差异，使薪酬调查结果具有实际参照价值。① 岗位评价之后，管理者就可以根据评价结论对各个岗位进行等级划分了。由于社会上各部门的岗位千差万别，因此不同的组织形式中可能会有多种不同的划分方式。岗位评价常用的方法包括排序法、归类法、因素比较法、海氏评估法等。

【知识拓展】

2006 年，人事部、财政部和教育部联合颁发的《高等学校、中小学、中等职业学校贯彻〈事业单位工作人员收入分配制度改革方案〉三个实施意见的通知》明确规定了中小学实行岗位绩效工资制度，中小学教师岗位工资按照以下办法执行：聘为中学高级教师及相当专业技术职务的人员，执行七级岗位工资标准；聘为中学一级教师、小学高级教师及相当专业技术职务的人员，执行十级岗位工资标准；聘为中学二级教师、小学一级教师及相当专业技术职务的人员，执行十二级岗位工资标准；聘为中学三级教师、小学二级教师、小学三级教师及相当专业技术职务的人员，执行十三级岗位工资标准。②

3. 薪酬调查

薪酬调查主要是解决外部竞争性的问题。一个地区或者学校的教育管理者在设计教师薪酬方案时，必须了解其他地区或者其他学校的薪酬情况，具体包括薪酬水平、薪酬结构、薪酬关系以及教师对整个薪酬体系的满意度。教师薪酬现状需求调查的内容可包括：组织所处的发展阶段、组织结构、工作岗位分布、各岗位的工作内容；各类人员的构成、现有薪酬水平、各类人员的薪酬在组织薪酬总额中所占的比例；组织员工对现行薪酬制度的满意和不满意之处，以及员工对薪酬结构和薪酬水平的想法；组织当前最关键的工作岗位和关键岗位上的人员工序目标，薪酬政策应向何种工作岗位、何种员工倾斜，当前应激励什么，约束什么。③ 薪酬调查并非仅仅发生在学校外部，在学校内部也要对现行薪酬的优势和缺点、教师的满意度如何、教师对于薪酬设计的意见和建议以及对现行薪酬进行重新设计和改革的可能性等问题进行系统了解。薪酬调查是一个精心选择调查对象、调查工具、调查方法的

---

① 孙金利：《薪酬管理》，39 页，天津，天津教育出版社，2005。

② 人事部、财政部、教育部：《高等学校、中小学、中等职业学校贯彻〈事业单位工作人员收入分配制度改革方案〉三个实施意见的通知》(国人部发〔2006〕113 号)，2006-10-07。

③ 孙金利：《薪酬管理》，39 页，天津，天津教育出版社，2005。

系统过程。只有真正深入调查对象所在地区的学校，科学合理地运用问卷、访谈调查方法，才能对具有竞争性意义的学校教师的薪酬情况有完整的认识。

4. 薪酬结构与水平确定

有了以上三个环节的基础，学校教师薪酬的结构与水平设计就可以被提上日程了。教师薪酬结构主要是指基本薪酬与可变薪酬之间的比例关系。薪酬结构的不同影响着教师群体的稳定性和教育教学水平。在科学合理的教师薪酬结构中，基本薪酬和可变薪酬之间的博弈达到一种完美的平衡，即基本薪酬既能够满足教师正常的生活保障需求，也能够激发教师的内在动力，催生他们工作的积极性和创造性。与薪酬结构相比，薪酬水平与地区经济发展情况的关系更为密切，直接反映了薪酬的高低和与其他地区的学校的薪酬对比关系，因此学校薪酬水平的高低往往在薪酬竞争中起着决定性的作用。

5. 薪酬体系的实施与控制

在教师薪酬方案实施中，除按照既定的计划、目标和策略按部就班地进行之外，尤其要重视对实施方案的正确解读和大力宣传。尽管在薪酬设计中一些教师得到参与的机会，但是他们并非薪酬管理的专业研究人员，对于薪酬管理的精髓还不能做到深入把握。因此，在教师薪酬方案出台之后，应该邀请来自大学或者其他研究机构的相关教育专家对教师进行指导和培训，为教师指点迷津；也可以通过关于薪酬设计的音像设备、组织内部刊物等途径进行宣传，最大限度地减少各种误解给整个薪酬实施过程带来的羁绊。此外，教师薪酬体系的控制是保证薪酬实施过程按照薪酬设计方案要求进行的过程，同时也是发现偏差、分析原因、提出建议并进行合理改进的过程。任何方案的设计都有一个难以避免的困境，即它不可能估计到实施过程中组织遭遇的所有问题和困难，这也是决策理论的有限理性原则的重要内容。这就决定了任何人设计的教师薪酬方案在实施的过程中都会显露出一定的缺陷，学校管理者绝不能对之进行包庇和隐瞒，而是要勇于进行不断修正和完善。能否正视方案的不足也体现了管理者水平的高低。

【要点小结】

1. 学校绩效管理是学校管理中的一个重要组成部分，是学校管理者综合利用学校内外的人、财、物以及信息等各种资源，采用多种途径和方法，来激励学校全员共同努力，提高学校的效能，最终实现学校教育不断发展的管理过程。学校绩效管理有助于完善学校发展路径、增强学校绩效水平、转变教育发展方式。

2. 学校绩效管理是一个不断循环的过程，主要包括计划、执行、评价和应用四个环节。学校绩效管理模式包括目标管理、关键绩效指标考核、平衡记分卡以及360度绩效评估等。

3. 教师薪酬包括教师工资，但是并不等同于教师工资。与教师工资相比，教师薪酬是一个无论在内涵还是在外延都更丰富的概念。

4. 教师薪酬设计原则主要有公平原则、合法性原则、竞争原则、和谐共处原则以及激励性原则。

5. 教师薪酬设计流程包括薪酬战略制定、岗位评价、薪酬调查、薪酬结构与水平确定、薪酬体系的实施与控制五个环节。

【思考题】

1. 学校绩效管理与管理学中的绩效管理有什么关系？学校绩效与学校有效性、学校效能以及学校改进有哪些联系？区别在哪里？

2. 你所在的学校（或者你遇见的学校）是否实施了学校绩效管理？在你看来，它还需要在哪些地方进行完善？如何完善？

3. 简要论述学校绩效管理的过程和模式。

第三编

课程管理

第八章　课程与教学工作管理

>>> **本章学习目标**

1. 了解课程管理的概念。
2. 明确课程管理的内容。
3. 掌握教学工作管理的任务与要求。
4. 结合实际分析教学工作的常规管理。
5. 知道教学工作的质量管理标准并学会运用分析方法。

第一节　课程管理

一、课程管理的概念

(一)课程的含义

通俗地讲，课程管理就是对课程的管理。所以，定义课程管理的前提是对课程的概念清晰明了。

中国最早出现“课程”一词是在唐代。唐代孔颖达为《诗经・小雅・巧言》中“奕奕寝庙，君子作之”句作疏：“维护课程，必君子监之，乃依法制。”但“课程”在此处的含义与我们今天所说的“课程”的含义相去甚远。宋代朱熹在《朱子全书・论学》中多次提到课程，如“宽着期限，紧着课程”，“小立课程，大作工夫”等，这里的“课程”的意思是功课及其进程，但仅仅指学习内容的安排顺序和规定，并未涉及教学方面的要求，故被称为“学程”。到了近代，由于班级授课制的普及，加上赫尔巴特学派“五段教学法”的引入，人们开始重视课堂教学的程序和设计，因此课程的含义从“学程”转变为“教程”。施良方的研究从六个层面介绍了“课程”的含义：它是从属于某个教学科目，它是有规划有组织的教学活动，它是学习的期望结果，它是对学习经验的总结，它是对社会文化的再生产，它是社会改造。① 潘懋元将“课程”定义为基于特定教育目的构建的学校各学科和各类教育、教学活动的系统。②

在西方，“课程”(Curriculum)一词最早出现在英国教育家斯宾塞(Spencer)的《什么知识最有价值?》一文中，是从拉丁文“currere”派生出来的，意思是“跑道”(race-course)。按照这个词源，课程的定义是“学习的进程”(course of study)，即学程。但这种解释在当前的相关文献中受到很大质疑。名词形式的“currere”是“跑道”的意思，课程就是为不同学生设计的不同轨道，构成一种传统的课程体系；动词形式的“currere”是指“奔跑”，这样理解课程的着眼点就会放在个体认识的独特性和经验的自我建构上，由此可得到一种完全不同的课程定义。

课程的定义在学界是多种多样的。在此我们认为，广义的课程是指受教育者所应学习的学科总和及其进程与安排；狭义的课程专指某一门学科，即课程是此学科的教育教学目标和内容、活动组织形式的规划与安排，是国家课程规划和课程标准等实施过程的总和，是一种教师有目的、有计划地传授各门学科知识和技能、培养学生良好的行为习惯的教育教学活动。

(二)课程管理的含义

学界对于课程管理的概念界定大多是从课程编制的视角出发的。顾明远编著的《教育大辞典》中对“课程管理”的定义是组织、领导、监督和检查“课程编订、实施、评价”。国家基础教育课程改革专家工作组负责人崔允漷认为，课程管理是指组织及其人员进行课程设计、课程实施、课程评价，以及准备与上述活动相关的课程文件、课程资料，利用相关管理方式进行规划、组织、协调、指挥和控制的活动。课程管理的主体既包括教育行政部门，又包括学校领导者、教师、家长、学生。课程管理的范围包括整个课程运转过程，即课程编制、课程实施、课程评价与改革等。课程管理的直接目标是更好地完成课程目标，间接目标是促进学生积极而全面地发展。③

---

① 施良方：《课程理论——课程的基础、原理与问题》，3～7页，北京，教育科学出版社，2003。

② 潘懋元、王伟廉：《高等教育学》，55页，福州，福建教育出版社，1995。

③ 褚宏启、张新平：《教育管理学教程》，159页，北京，北京师范大学出版社，2013。

课程管理是基于管理学的基本原理，对课程各个方面进行管理的过程，即在一定社会条件下，有计划、有标准、有组织地协调人、物与课程的关系，并对课程建设与课程实施进行指挥和控制，以实现预定的目标的过程。据此，学校课程管理可被定义为：学校根据国家及地方出台的课程政策和相关文件，并结合实际情况等要素，监督和协调管理课程的规划、决策、实施和评价，系统地管理课程的一连串活动过程。课程管理的目的在于贯彻落实国家教育方针政策，培养真正的德智体美劳全面发展的社会主义建设者和接班人。在学校管理过程中，随着网络课程的出现，线上线下相结合的课程管理难度加大，给中小学管理带来了新的挑战。学校管理者要及时发现课程管理中存在的问题，将新时代思想融入课程管理，进行科学合理的调整以及一定程度的反馈，从而推动学校的持续发展。

二、课程管理的内容

结合中小学课程管理实际，可将课程管理划分为课程计划的管理、课程标准的管理以及教材的管理。

(一)课程计划的管理

课程计划也称教学计划，是教育主管部门根据一定的教育目的和培养目标制定的教育教学工作的指导文件，决定着教学内容总的方向和总的结构，是课程设置与编排的总体规划。它根据教育目的和学校的培养目标，对有关学校的教育活动、生产劳动和课外活动等各方面做出了全面安排，具体规定了学校的学科设置、各门学科的教学顺序和教学时数以及各种活动等。

表 8-1　新中国成立以后的课程改革

改革时间	改革情况简介
第一次 (1949—1952)	1. 1950 年 8 月，教育部颁布了《中学暂行教学计划(草案)》，这是新中国第一份教学计划，设置了门类齐全的学科课程，如政治、语文、数学、自然、生物、化学、物理、历史、地理、外语、体育、音乐、美术等课程。 2. 1952 年 3 月，教育部颁布了《中学教学计划(草案)》。 3. 1952 年 10 月，教育部颁布了中华人民共和国成立以来第一份五年一贯制小学的《小学教学计划》。
第二次 (1953—1957)	1. 在四年时间中，国家共颁布了五个教学计划，其中 1953—1955 年颁布的三个计划中，大幅削减了教学时数，首次在教学计划中设置劳动技术教育课。 2. 1956 年，国家正式发行新中国成立以来的第二套中小学教科书，这套教科书的理论性有所加强，特别注意了对学生动手能力的培养。

续表

改革时间	改革情况简介
第三次 (1958—1965)	1. 这一时期是我国经济发展的重要时期。 2. 1958 年，大量缩短学制，精简课程，增加劳动，注重思想教育，还出现了多种学制的改革试验。
第四次 (1966—1976)	整个教育领域受到一定影响。
第五次 (1977—1985)	1. 1978 年颁发《全日制十年制中小学教学计划试行草案》，统一规定全日制中小学学制十年，小学五年，中学五年。 2. 1980 年出版了新中国成立以来全国统编第五套中小学教材。
第六次 (1986—1991)	1986 年，《中华人民共和国义务教育法》出台。国家教委公布了义务教育教学计划初稿，突出了新型教育方针的具体要求，适当增加了基础学科的教学时数，在教学计划中给课外活动留出了固定的、足够的空间。
第七次 (1992—2000)	1. 1992 年，国家教委第一次将以往的“教学计划”改为“课程计划”。 2. 1993 年秋，新的计划突出了以德育为首，德智体美劳五育并举的全面发展的教育方针，第一次将活动与学科并列为两类课程。后来又将“课程管理”作为课程计划中的一部分独立出来。 3. 1999 年，教育部出台的《面向 21 世纪教育振兴行动计划》有专门关于课程管理的规范。我国教育界掀起了国家课程、地方课程、校本课程以及活动课程、研究性学习课程研究的热潮。
第八次 (2001—2013)	2001 年 2 月，国务院批准《基础教育课程改革纲要(试行)》，印发了《义务教育阶段课程设置方案(试行)》和语文等 21 个学科的课程标准(实验稿)，这标志着我国基础教育课程改革全面启动。
第九次 (2014 年至今)	2014 年，教育部颁布了《关于全面深化课程改革落实立德树人根本任务的意见》，该文件要求研制各学段学生的核心素养体系，这标志着我国基础教育课程进入深化改革时期。 2022 年 4 月 21 日，教育部印发《义务教育课程方案和课程标准(2022 年版)》，改革重点体现在强调素养导向、优化课程内容组织形式、突出实践育人上。

20 世纪 50 年代至 60 年代中期，课程计划的制定权集中在中央教育行政部门。1952 年，《小学暂行规程》《中学暂行规程》分别规定了小学和中学应当设置的教学科目，全国实行统一的教学计划。1963 年，《小学暂行工作条例》《中学暂行工作条例》分别规定了全日制中、小学必须根据教育部统一规定的教学计划、教学大纲和教科书进行教学。地方教育行政部门和学校不得任意修改；如果确有修改的必要，必须由省、区、市教育行政部门报教育部批准。

20 世纪 80 年代以后，课程计划的制订有了变化。中央教育行政部门颁发指导性教学计划，并授权地方教育行政部门根据中央教育行政部门颁发的指导性教学计划制订指令性教学计划。例如，1984 年，教育部颁布的《关于全日制六年制小学教学计划的安排意见》是各地拟订全日制六年制小学教学计划的参考性意见。1981 年，教育部颁发的《全日制六年制重点中学教学计划(试行草案)》《〈全日制五年制中学教学计划(试行草案)的修订意见〉的通知》是指导性的教学计划，各省、区、市教育厅(局)可结合本地区实际情况适当加以调整，调整后的教学计划报教育部备案。在此之后，中央教育行政部门印发的教学计划均作为指导性的教学计划，省级教育行政部门可据此制订符合本地区实际情况的教学计划。

2001 年，《义务教育课程设置实验方案》在明确义务教育课程设置及其比例的情况下提出："省级教育行政部门可根据本省(自治区、直辖市)不同地区社会、经济、文化发展的实际情况，制定不同的课程计划；学年课时总数和周课时数应控制在国家所规定的范围内；根据教育部关于地方课程、学校课程管理与开发的指导意见，提出本省(自治区、直辖市)地方课程、学校课程管理与开发的具体要求，报教育部备案。""民族学校、复式教学点、简易小学等学校的课程设置，由省级教育行政部门自主决定。"

从中华人民共和国成立以来，课程历经多次改革(见表 8-1)，课程计划显著的变化有以下两点：一是由高度集中统一的课程管理体制逐步向追求灵活性、扩大地方和学校自主权的方向发展；二是由以片面强调基础知识和基本技能的学科中心课程为唯一模式的课程体系向学科课程、综合课程、活动课程等多元化课程发展，形成了中央教育行政部门的指导性计划与地方教育行政部门的指令性计划相结合的管理模式。当前，国家治理体系和治理能力现代化提出的新要求，以及社会经济格局和时局的影响，使网络课程管理也成为新时代课程管理的一种新形态。

具体到学校层面，课程计划管理包括课程设置、课程安排和课时规定等方面的决策和统筹。课程计划的呈现形式有学校年度课程实施方案和校本课程开发方案，各方案应包含对各年级的课程门类、课程目标、课程内容、课时分配、课程总表、作息时间等内容的整体规划。学校课程计划是国家课程方案在学校层面的具体体现。学校通过对课程计划的不断完善和更新，提升课程管理能力。

(二)课程标准的管理

课程标准是规定某一学科的课程性质、课程目标、实施建议等的教学指导性文件，是根据课程计划规定的课程要求，对学生在经过一段时间的学习后应该知道什么和能做什么的界定与表述。学校对课程标准的管理主要从研读国家课程标准和地方课程标准入手，制定出符合本校学生实际的课程标准体系及相应的教学目标、课程实施要求等。

1. 课程标准的制定(修订)

课程标准是指导课程教学的依据，各教研组组长应当认真组织教师研究该课程教学应达到的知识、能力、素质培养目标，指定专业带头人、课程负责人进行编写。

制定(修订)课程标准的程序是：教务处提出制定(修订)课程标准的指导性意见，教研组组织实施；教科室根据专业培养计划，确定每门课程的总体目标和要求；主讲教师执笔编写课程标准；教科室研究审核主讲教师提交的课程标准；教研组审议，并以适当方式征求学生和用人单位的意见；教务处审查备案；报学校主管领导批准施行。

对于课程计划中规定开设的课程，必须严格按照本计划制定出课程标准。相同课程设置在不同专业中，要根据不同专业的培养目标制定不同的课程标准。

知识覆盖面较宽的文化素质课、职业基础课的课程标准应顾及不同专业的要求，在编制课程标准的过程中要征询有关方面的意见。

各门课程的课程标准必须按照学校确定的统一格式编制，力求文字严谨，意义简明扼要，名词术语规范。

如果需要修改课程标准，应在开课前一学期，主讲教师提出申请，教科室提出报告，说明变动范围和理由，经教研组批准，报教务处审批同意后，方能进行修改。

2. 课程标准的存档

经审核完备的课程标准要逐级存档备案。课程标准的存档一式三份，分别由任课教师个人存留，教研组和教务处存档。

3. 课程标准的执行

课程标准是课程教学实施的基本依据，是实现培养目标的重要保证。每位教师在教学过程中都应当严格执行课程标准的要求，在教学过程中必须严格按照课程标准备课、撰写教案、组织教学考核学生。

教务处统一编印专业课程标准，并下发给每一名学生，作为学生学习课程的指南，以达到师生双向互动、学生充分监督教师教学、增强教学的透明度的目的。

严格对课程标准执行情况的检查。首先，任课教师分别于期中和期末向教科室年级组组长书面汇报课程标准执行情况。其次，教研组组长应经常检查教师对课程标准的执行情况，并以此为教研活动的主要内容之一；教务处主任应在期中、期末定期检查教师执行课程标准的情况，组织小结和交流，及时解决教学中存在的问题，推广教学经验。最后，教科室年级组不定期组织听评课活动，检查课程标准的执行情况，并将此作为教科室年级组活动的主要内容之一。

对于课程标准规定的基本内容，任课教师在执行过程中不能随意变更；如需变更，需经教务处主任和主管校长审核批准。

教研组每学年组织有关专家对各课程标准进行评议，对于不规范的课程标准应重新编制或修订。

课程标准质量不合格、格式不规范，或者教师不能严格按照课程标准实施教学的，学校将追究教师所在教学单位和相关教师个人的责任。

(三)教材的管理

教材是每位教师每天都在使用的核心载体，准确了解、及时把握国家的教材管理与使用要求，是落实立德树人根本任务、为国家培养高质量人才的重要前提。教育部于2020年年初提出了一系列有关教材管理的规定，如国家教材委员会和教育部发布《全国大中小学教材建设规划(2019—2022年)》和《中小学教材管理办法》，从教材的编写与修订、教材的审核和教材的选用这三部分对教材进行管理。

1. 教材的编写与修订

国家课程教材要依据国家课程教材建设规划、中小学课程方案和课程标准编写与修订。地方课程教材要依据相应的课程教材建设规划或编写方案，立足区域人才培养需要，充分利用地方特有资源进行编写与修订。

教材编写与修订应符合以下要求。第一，教材要始终以马克思列宁主义、毛泽东思想、邓小平理论、“三个代表”重要思想、科学发展观、习近平新时代中国特色社会主义思想为指导，有机融入中华优秀传统文化，引导学生树立正确的世界观、人生观和价值观，使学生努力成为德智体美劳全面发展的社会主义建设者和接班人。第二，教材编写要体现科学性和先进性，内容选择既科学适当，又与时俱进。第三，教材编写要着眼于学生全面发展，遵循学生身心发展规律，适应不同年龄阶段学生的认知特征，充分体现教育教学改革的先进理念。第四，教材编写要注重教材的系统性，结构设计合理，不同学段内容自然贯通，各学科内容协调配合；选文篇目内容积极向上，导向正确，选文作者历史评价正面，有良好的社会形象；语言文字规范，插图质量高，图文配合得当，可读性强。第五，教材编写要符合知识产权保护等国家法律、行政法规，不得有民族、地域、性别、职业、年龄歧视等内容，不得有商业广告或变相商业广告。

我国中小学教材实行单位编写制，是由具备相应条件和资质的单位组织编写的。统编教材是由国务院教育行政部门组织编写的。教材编写人员需要满足以下条件：首先在思想政治上，始终坚定拥护中国共产党领导，自觉践行社会主义核心价值观，爱党、爱祖国、爱人民，坚持正确的国家观、民族观、历史观；其次在个人素质上，树立正确的世界观、人生观、价值观，能正确理解和把握课程方案、学科课程标准，具备一定的文字表达能力以及丰富的教学和科研经验，遵纪守法，有良好的思想道德、社会形象和师德师风；最后应具备乐于奉献精神，为国家教材建设贡献实践经验和智慧。

2. 教材的审核

教材完成编写修订后，须按规定提交相应机构进行审核。国家教材委员会专家委员会负责审核国家课程教材和其他按规定被纳入审核范围的教材，其中意识形态属性较强的教材还须报国家教材委员会审核。各省(自治区、直辖市)成立省级教材审核机构，负责审核地方课程教材，其中意识形态属性较强的教材还应送省级党委宣传部门进行政治把关。教材出版部门成立专门政治把关机构，加强工作队伍和专家队伍建设，在教材正式送审前，以外聘专家为主，进行专题自查，把好政治关。

教材审核应依据教材规划、课程方案和课程标准，实行政治审核，重点审核教材的政治方向和价值导向，政治立场、政治方向、政治标准要有机融入教材内容，不能简单化。政治上有错误的教材不能通过。选文篇目内容消极、导向不正确的，选文作者历史评价或社会形象负面的、有重大争议的，必须更换。实行专业审核，重点审核教材的学科知识内容及其对学生的适宜度。实行综合审核，重点审核教材的内部结构、跨学段衔接和与相关学科横向配合的程度。实行专题审核，由党委和政府相关职能部门按照职责审核教材涉及的专门领域的内容。实行对比审核，审核修订教材的新增和删减内容。

对于新编教材和根据课程标准变化修订的教材的审核一般分初审和复审两个阶段。每个阶段均按照个人审读、集体审核的方式开展。初审重点审核全套教材的编写思路、框架结构及章节内容。复审重点审核教材根据初审意见以及一线教师审读反馈意见进行修改的情况。

新编教材和根据课程标准变化修订的教材，在初审通过后，须进行试教试用，并选聘一线优秀教师进行审读，在教学环节对教材进行全面检验。试教试用的范围、方式等要求由负责组织教材审核的教育行政部门具体规定，原则上应覆盖不同教育发展水平的学校。编写单位应根据试教试用情况和一线教师审读意见对教材进行修改完善。

3. 教材的选用

我国中小学教材实行的是教材审定制度。编好的教材经由国家教材委员会专家委员会多重、严谨的审核，通过后，由国务院教育行政部门履行行政审定程序。审定通过的教材列入全国中小学教学用书目录。这一目录在教育部教材局官网公开发布。学校选用的教材须在由国家审定通过的、确保了基本质量的用书目录中进行选择。

国家要求教育行政部门建立教材选用、使用监测机制。中小学教材选用工作的责任部门为省级教育行政部门，由教材选用委员会具体执行。教材选用委员会要由多方代表组成，且教材出版、发行人员以及与所选教材有利益关系的教材编写人员不得参与。教材选用工作须遵循公开、公平、公正的原则，保证过程的规范、有序。

习近平指出要抓好教材体系建设。教材是传播知识的主要载体，体现着一个国家、一个民族的价值观念体系，是教师教学、学生学习的重要工具。教材要坚持马克思主义指导地位，体现马克思主义中国化要求，体现中国和中华民族风格，体现党和国家对教育的基本要求，体现国家和民族基本价值观，体现人类文化知识积累和创新成果。习近平指出："学科体系同教材体系密不可分。学科体系建设上不去，教材体系就上不去；反过来，教材体系上不去，学科体系就没有后劲。"[①]"培养有用之才，就要有好的教材。要从培养社会主义建设者和接班人的高度抓好教材建设，切实保证教材的正确政治方向和价值导向。在教材编写、推广、使用上要注重体制机制创新，科学规划大中小学课程，分类制定课程标准，充分利用现代信息技术，丰富并创新课程形式。健全国家教材制度，统筹为主、统分结合、分类指导，增强教材的思想性、科学性、民族性、时代性、系统性，完善教材编写、修订、审查、选用、退出机制，形成适应中国特色社会主义发展要求、立足国际学术前沿、门类齐全的教材体系。"[②]

① 习近平：《在哲学社会科学工作座谈会上的讲话》，23页，北京，人民出版社，2016。

② 本书编写组：《习近平总书记教育重要论述讲义》，127～128页，北京，高等教育出版社，2020。

第二节 教学工作管理的任务与要求

一、教学工作管理的任务

教学是学校的中心工作，是贯彻教育方针、实现教育目标、培养合格人才的主要途径。教学工作是一所学校存在和运行的要件之一。教学管理工作的效果决定着教育质量和培养人才的规格，直接影响着学校的生存与发展。教学工作的顺利进行靠学校管理工作来保证，因而加强对教学工作的管理是学校工作中特别重要的内容。教学管理是学校行政管理的重要构成部分，也是保证教学质量与教学有效性稳定提高的前提。学校教育事业的不断发展需要建立健全教学质量保障体系，不断提高教学管理水平，更好地为全校师生的教学工作服务，促进教学改革深入进行。研究对教师有效教学的管理将有力地推进教师专业发展，促进学生学习方式的转变及学习能力和综合素质的提高，使学校走上以提高质量为核心的内涵式发展道路，步入科学发展的管理轨道。

教学工作管理的首要任务是明确教学任务。对于教学任务，特别是中小学的教学任务，我国教育界多年来达成了一个共识，即教学任务包括三个方面的内容：第一，传授系统的科学知识和基本技能；第二，在此基础上发展学生的智力和体力；第三，在这个活动过程中培养学生科学的世界观、人生观和道德品质。高质量地完成教学任务需要顺应学生的身心发展规律以及年龄特征，遵循一定的教育教学规律。教学活动包含“教”和“学”，两者之间互为主体，相互渗透。因此要将“教”和“学”双重因素进行有机结合，高效完成国家主管部门制订的教学计划和教学大纲规定的任务，提高教学质量，以实现预定的教学目标。

教学工作的管理不仅要依据教学的基本任务，还要全面贯彻我国的教育方针，遵循国家和地方政府颁布的教育政策，“自觉向党中央看齐，向党的基本理论、基本路线、基本方略看齐，把‘四个意识’落实到教育改革发展的方方面面，融入教育教学研究的各个环节，真正解决好培养什么人、怎样培养人、为谁培养人这一根本问题”①。管理者在教学工作中要始终坚持把德育放在首位，培养德智体美劳全面

① 本书编写组：《习近平总书记教育重要论述讲义》，20页，北京，高等教育出版社，2020。

发展的人。

教学工作管理的具体任务主要有以下几项。第一，抓好教学思想管理。一切教学活动总是受一定的教学思想支配的，教师只有端正教学思想，在教学中才能按照正确的指导思想自觉地进行自我调节，从而有效地提高教学质量。第二，加强教学工作的计划管理，包含全体教学工作的总计划、教研组工作计划和各科教学工作计划，通过对教学工作实行计划管理，使整个学校的教学活动正常运行。第三，抓教学工作的组织管理，建立健全有效的教学指挥系统，充分发挥各个管理部门的力量。第四，进行教学改革管理。这一改革主要指改革教学方法，强化素质教育，提高教学质量。第五，紧抓教学常规管理，制定科学合理的教学常规管理制度，形成科学的常规体系。[①] 第六，加强教师队伍建设，不断提高教师的文化、业务素质。在全国教育大会上，习近平指出，要建设一支宏大的高素质专业化教师队伍，加强师德师风建设，要坚持“四个相统一”，即坚持教书和育人相统一，坚持言传和身教相统一，坚持潜心问道和关注社会相统一，坚持学术自由和学术规范相统一。坚持“四个相统一”是对教育规律的自觉遵循，也是教师为人、为师、为学的内在要求。[②]

基于此，教学工作管理的总任务就是在党和国家教育方针的指引下，按照教学工作的规律，科学地组织全部教学工作，充分调动全体师生员工的积极性，创造教学工作的高效率，不断地提高教学质量，保证全面实现教学目标。

二、教学工作管理的要求

(一)坚持用正确的教学思想管理教学工作

教学思想贯穿于教学工作的管理中，教学活动受教学思想的支配，在整个教学活动中教学思想一直发挥着指引和导向作用。学校管理者只有具备了正确的教学思想，才能制定出科学合理的教学措施。

教学思想一般被分为传统教学思想和现代教学思想。在教育学原理中，传统教学思想的主要代表是赫尔巴特提出的“旧三中心”，即以课堂为中心、以教材为中心、以教师为中心；现代教学思想的主要代表是杜威提出的“新三中心”，即以经验为中心、以活动为中心、以学生为中心。“旧三中心”和“新三中心”在教育教

---

① 顾宇淳：《浅谈教学工作管理》，载《文教资料》，2005(4)。

② 本书编写组：《习近平总书记教育重要论述讲义》，216～218页，北京，高等教育出版社，2020。

学主体地位、知识传授方式、教学方法上有所区别。首先是教育教学主体地位的不同：前者主张教师处于主体地位；后者主张以教师为主导，学生为主体。其次是知识传授方式的不同：前者强调课堂上知识的单向传授，主要以灌输为主；后者强调知识是基于学生自身经验的主动建构。最后是教学方法的不同：前者强调学生被动地学习、获取新知，后者强调学生的学习是自主的、创新的和探究性的学习。

在新时代的教学管理中，管理者要顺应时代的发展，树立正确的、贯彻国家教育方针的、符合现状的教学思想。现代教学思想主要包含以下几种。

第一，坚持以人为本的教学理念。以人为本是“三个代表”重要思想的必然要求，是科学发展观的核心所在，是社会主义和谐社会的最高价值理念。2016 年提出的“四为服务”的重要论断，排在首位的是坚持教育为人民服务。“中国共产党来自人民、植根人民、服务人民，任何时候都把群众利益放在第一位……教育是党的重要事业。坚持教育为人民服务，是党全心全意为人民服务根本宗旨的具体体现。”①习近平的教育论述揭示了教育教学工作要充分落实“以人为本”的理念。现如今，社会已经由以重视科学技术为主发展到以人为本，教育作为培养和造就社会所需要的合格人才以促进社会发展的崇高事业，自然应当全面体现以人为本的时代精神。教学工作管理各个环节要坚持贯彻以人为本的现代教育思想，顺应学生的身心发展特点和年龄特征。

第二，坚持全面发展的教学理念。现代教育以促进人的自由全面发展为宗旨，关注人的发展的完整性、全面性。表现在宏观上，它是面向全体国民的国民性教育，注重民族整体的全面发展，以大力提高全民族的思想道德素质和科学文化素质、提高全民族的知识创新和技术创新能力、增强包括民族凝聚力在内的综合国力为根本目标。“树立正确的人才培养观念。新时代的人才培养要树立全面发展观念，努力构建德智体美劳全面培养的教育体系。”②

第三，坚持素质教育的教学理念。在现代社会，科学技术在生产力发展中的作用越来越突出。与之相适应，发展教育成为发展社会生产的必要条件，教育越来越成为提高人的综合素质、促进人的全面发展的重要手段。习近平强调：“不仅要通

---

① 本书编写组：《习近平总书记教育重要论述讲义》，100 页，北京，高等教育出版社，2020。

② 本书编写组：《习近平总书记教育重要论述讲义》，164 页，北京，高等教育出版社，2020。

过教育提高科学知识水平，而且要注重培养思想道德素养；要教育引导人民群众树立正确健康观，提升全民健康素养；要以美育人，以文化人。”[①]素质教育更注重教育过程中知识如何向能力转化及如何内化为人们的良好素质，强调知识、能力与素质在人才整体结构中的相互作用、辩证统一与和谐发展。

第四，坚持创造性的教学理念。“新时代改革开放和社会主义现代化建设事业，需要培养和汇聚一大批优秀人才投入到民族复兴的伟业中。这就要通过教育发展，培养造就一大批高水平科技人才、哲学社会科学人才和技能人才等创新型人才队伍。”[②]教师在教学工作中要利用多重手段充分激发学生的创造性，最大限度地发挥学生的创造力和想象力，挖掘学生的发展潜力。

第五，坚持主体性的教学理念。主体性教学理念的核心是充分尊重每一名受教育者的主体地位，“教”始终围绕“学”来开展，以最大限度地开发学生的内在潜力与学习动力，使学生由被动的接受性客体变成主动的学习主体，使教育真正成为学生自主自觉的活动和自我建构的过程。现代教育思想强调以教师为主导，以学生为主体。教学工作管理也应以学生为主体，不论是教学工作计划的制订，还是教学任务的完成，都应以学生的发展为中心。

总之，“教育能够帮助人们学习新知识，掌握新技能，增长新本领，提高思想道德素质和科学文化素质，培养综合能力和创新思维，获得发展自身、奉献社会、造福人民的能力”[③]。教学工作管理作为其中重要一环，要始终坚持围绕现代教育教学思想，科学、有目的、有组织地进行。

(二)按照国家、地方政策要求管理教学工作

第一，以习近平新时代中国特色社会主义思想为指导，全面贯彻党的教育方针，落实党中央、国务院关于中小学教育教学改革、教育评价改革和“双减”工作的重要部署，遵循教育教学基本规律，规范教育教学行为，推动中小学教学常规管理制度化、科学化和规范化，促进学生德智体美劳全面发展。

第二，在《国家中长期教育改革和发展规划纲要(2010—2020年)》的引导下，

---

① 本书编写组：《习近平总书记教育重要论述讲义》，74页，北京，高等教育出版社，2020。

② 本书编写组：《习近平总书记教育重要论述讲义》，105页，北京，高等教育出版社，2020。

③ 本书编写组：《习近平总书记教育重要论述讲义》，74页，北京，高等教育出版社，2020。

重新构建教育管理体系，进一步促进学校管理的规范化、科学化；强调机构建设，建立新的管理模式，通过监督检查和测评全面了解教师的工作情况，努力提高教育管理和服务水平。

第三，建立健全教学工作管理制度，强化教师的教学工作管理，规范教师的教育行为，确保教学中心地位的落实，推进教学计划改革和素质教育的全面实施，创造优秀的外部制约机制和相对宽松的发展环境。完善教师评价机制，促进教师主体发展，充分发挥评价制度的引导、鼓励、促进作用，不断提高教师的职业伦理水平和专业水平，稳定教师队伍，保证教育质量稳定上升。

第四，课程计划、教学大纲和教科书规定了学校的教学内容及其体系，是学校实现教育目标、培养合格人才的保证，是学校进行教学工作的重要依据。因此学校管理者要严格按照课程计划、教学大纲和教科书的要求管理教学工作。

第三节　教学工作的常规管理

学校常规管理是为了保证学校工作正常运行而进行的基本的管理活动。教学常规管理工作是学校的中心工作。教学常规包括教与学两个方面，直接关系到师生共同发展，涉及教学工作计划、备、教、批、辅、考、研等方面的工作。抓好教学常规管理工作是抓好教育教学质量的根本保证。

一、教学工作计划的管理

(一)学校教学工作计划

计划所要解决的是“做什么”和“怎么做”的问题。制订切实可行的教学工作计划是学校教学管理过程中的首要一环。① 教学工作的常规管理是一个极其复杂的过程，因此，在管理教学工作前必须制订科学全面的教学工作计划。学校教学工作计划是全校工作计划的主要组成部分，规定着一个学期或一个学年学校对教学工作的基本要求，通常是在校长的领导下由教导主任制订的，包括以下基本内容。

1. 对以往教学工作的基本情况和当前社会要求的分析

这是制订教学工作计划的首要步骤，主要内容是对学校前一阶段教学工作、

① 杨鹤龄：《教学管理过程的基本环节及其相互关系》，载《中小学管理》，1998(5)。

教学质量的全面、准确、简明扼要地分析和评价，分析取得了什么成就，还存在什么问题，经验是什么，将其作为本学期或本学年教学工作的参考。找出主要经验和问题，同时对本学期的教学工作基本条件，如领导力量、师资条件、学生数量与质量、教学设备等做出具体分析。对当前国家的政策予以讨论分析，将国家和地方颁布的教育政策以及国家领导人关于教育的重要论述全面融入教学工作计划，以使教学工作者和学生清晰知晓新学期或新学年教学工作的计划和新的政策背景。

2. 确立本学期或本学年教学工作的目标、任务和要求

根据国家及地方提出的教育方针、培养目标、课程计划等相关指示和政策，结合本校教学实际情况，制定出本学年或本学期的教学工作目标、任务和要求。对教学工作的各个环节、各个方面都要制定一定的目标，且目标要切实可行，理论结合实际，具有明确的方向性、科学性、激励性、可行性、可检性。教学任务和要求要明确具体，对要完成什么任务、解决什么问题、在哪些方面得到发展和提高、坚持哪些正确做法和纠正哪些错误做法，提倡什么和反对什么都应有明确的规定。

3. 制定本学期或本学年教学工作具体可行的措施

第一，改善对教学工作的领导措施。第二，加强教师队伍建设，提高和培养教师业务能力的措施。教师是素质教育的实施者，是学生发展的服务者。因此，各校教师应该具有先进的教育理念，关注自身发展。第三，改革教学思想和方法的措施，提高学生学习效率的措施。第四，开展教学研究，促进教学改革的措施。在新的教育形势下，教师必须具备教学研究的能力，从经验型教师向专家型教师转变，有自己的教育理念和教学思想。第五，加强对学生学习的指导，联系学生身心发展特点和年龄特征改进学习方法，提高学生学习主动性和积极性的措施。第六，加强学校实验室、专用教室的建设，改善教学设备和条件，完善现代化教学手段，做好教学工作的物质保证及服务工作的措施。各项措施必须紧紧围绕落实学校教学工作的目标、任务和要求，提高教学质量这个中心。

（二）教师教研工作计划

指导教研组制订工作计划，是学校领导对教学工作实行计划管理的一项重要任务。教研组制订工作计划应以学校教学工作计划为依据，结合本组具体情况，围绕改进教学、提高教学质量这个中心内容，以研究教材、教法为根本任务。习近平强调："教师应是学问之师，扎实的知识功底、过硬的教学能力、勤勉的教学态度、

科学的教学方法是教师的基本素质，其中知识是根本基础。”[①]教研组工作计划由教研组组长负责，在全组教师集体研究的基础上制订，经主管校长或教导主任批准后执行。

第一，对以往常规教研工作进行总结和分析。对以往教研工作进行详细分析，坚持以往教研工作中成效良好的举措，及时找出以往工作的不足，为后续制订教研工作计划奠定基础。

第二，明确本学期或本学年开展教学研究、改进教学工作、提高教学质量以及加强教师队伍建设的基本目标和任务要求，并对本学期或本学年改进教学工作的设想和教学研究活动的内容进行说明。主要内容如下：教师业务进修和培养提高工作；组织教师学习教育方针、政策、法规和教育科学理论，有关本学科教学的先进经验等。

第三，开展常规教研活动，给每位教师提供相互交流的平台。每个学科组根据学科特点和上课时段自行确定每周本组教研活动时间，报请学校领导参与活动，活动形式根据学科特点自定。把听课、评课落到实处，提出建议，不相互恭维、敷衍塞责，提出的问题有针对性和可行性；相互讨论交流教学中存在的问题，每周必须有一个议题，写出方案，提出解决方法，做好讨论记录，落实到实际教学中；每个教研组每学期必须举办两次全校参与的大型教研活动，写出实施方案，制定活动步骤。这些活动的开展，使教师之间取长补短、共同进步，促进了教师的均衡发展。[②]

第四，组织教师进行基础教学工作探讨。组织教师研究教学大纲，明确教学目的和任务；组织教师制订教学计划，开展备课活动，检查本科教学工作情况，总结教学工作并研究改进教学工作的措施等。

第五，依据教师的教研学习，组织教师选择课题进行研究。课题研究是系统性的研究，有利于教师把以往的教学经验和新的教育思想结合起来，形成自己的教学理念，在教育之路上找到成就感和荣誉感，创造自己的职业幸福感。通过这些课题研究，让教师充分认识到教育的意义和价值，真正把教书职业转变为教育事业。[③]教师不仅要研究教材，还要研究学生，包括学生学习的情况，学生学习的指导，学生对本科教学的意见，学生课外学习活动的组织和辅导等。

---

① 本书编写组：《习近平总书记教育重要论述讲义》，212 页，北京，高等教育出版社，2020。

② 田东：《细化教学常规管理，提高学校教学质量》，载《贵州教育》，2017(1)。

③ 田东：《细化教学常规管理，提高学校教学质量》，载《贵州教育》，2017(1)。

第六，制定相关教研制度，确定教学研究活动的内容和时间。例如，集体备课的常规安排，专题讨论的内容和次数，公开教学的次数，研究成果的总结交流以及观摩课的组织，教学心得体会交流活动的组织和安排等。

开展教研工作是教师提高自我的重要方式。学校提供教研平台，是促进教师不断提高的途径。“随着信息技术高速发展、经济全球化进程加快，社会需要具备灵活性、适应性、自主性、合作能力以及创新精神的高素质人才，这对教师素质的要求越来越高。教师要始终处于学习状态，站在知识发展前沿，刻苦钻研、严谨笃学，不断充实、拓展、提高自己。好老师必须与时俱进，追求卓越，不断汲取新知识，更新自己的知识结构，积极回应新的挑战。只有这样，教师才能始终站在时代前列、知识前沿，实现自身的长远发展，并引导学生走向未来。”①

【案例】

农村教师教研问题

在农村小学进行教研，困难是比较大的。在教研活动中，我们遇到了如下的难题。

一是重视结果，轻视过程。在教研活动中，教师产生了一些片面认识。我们知道，教研是我们有目的、有计划、有系统地采用科学方法去认识教育现象，探索其本质规律的过程。它的特点是创造性，即通过探索、思考新的情况和问题，认识客观规律，求得新的发明与发现。但实际中常常存在片面强调参与教研的问题，即重形式上的结果的展现，如发表论文、参加教案评比等，忽视研究过程。因此，教师必须树立正确的科研观，根据实践活动的特点，在教学实践中不断探索、不断发现，发挥自身在教研中的实践优势。

二是重自己的教学工作，轻学校教研工作。实践中，因研究力量得不到充分保证且研究制度不健全，研究成果或迟迟出不来，或成效不显著。

三是教师参与教研的积极性不高。有人认为教师仅仅是为评职称而写论文、搞教研的。毋庸置疑，搞教研确实有使个人受益的一面。但事实上，教师从事教研的首要目的应是提高自身素质，提高教育教学水平。

① 本书编写组：《习近平总书记教育重要论述讲义》，213 页，北京，高等教育出版社，2020。

四是教师教研能力参差不齐。教研不同于具体的技术操作，是更高层次的实践，对教师提出了较高的要求，包括具备发现并提出问题、收集资料、调研分析、总结经验、撰写论文等能力，具有从事科研的信心，面对困难不畏缩，勇于探索，不断自我完善，坚信自己能够成功。

结合材料，针对农村教师教研问题提出相应策略。

分析：第一，建章立制，激发教师自觉参加教研活动的热情。教师是教研活动的主体。没有广大教师的辛勤劳动，教研只能是纸上谈兵。首先要使教师知道，教师参与教研是国家的要求；其次要让教师认清发展趋势，在当今时代，教师不再是教书匠，而应该向学者型、研究型、专家型教师方向发展；最后要引导教师比一比、看一看，激发斗志，唤起主人翁意识，鼓足干劲，为学校的发展而努力奋斗，使全体教师坚定走科研兴校之路的决心。第二，建立校本教研机制，经常组织教师学习研究，及时解决问题。

针对案例中的四个问题提出的相应策略如下。

解决重视结果轻视过程的问题的方法是：按计划开展主题研究活动，把握好活动过程，注重过程性档案材料建设。

解决重自己的教学工作，轻学校教研工作的问题的方法是：建章立制，规范教研行为，为研究工作提供制度保障；制定奖励办法，组织教师进行教学经验交流、优秀教研论文和教育改革先进个人的评选，并形成制度；向上级教育部门推荐本校优秀的教育改革成果。

解决教师参与教研的积极性不高的问题的方法是：让事实说话。事实说明，不断开展教研才是有效提高学校教育教学质量的保证，才能使教师终身受益。

解决教师教研能力参差不齐的问题的方法是：千方百计为教师创造必要的条件，鼓励教师投入更多的时间和精力，尽量创造良好的科研环境，以保障教研活动的顺利进行；多多支持，既提供物质支持，又提供精神支持。

教研实践告诉我们，凡是重视和加强教研的学校，其教研成果就会不断涌现，教育质量就会不断上升，学校在区域内的知名度也会稳步提高。我们尝到了“科研兴校”的甜头，也清清楚楚地看到了教研在学校发展中发挥的越来越大的作用。我们愿意把我们的实际工作、我们的思想认识、我们的科研成果毫无保留地拿出来交流，让大家共同受益。

(三)学科教学进度计划

学科教学是教师的基础工作，也是教师的重要任务。学校教学工作计划和教师教研工作计划都是基于教师学科教学工作的。教师必须依据教学大纲和教材的内容与要求，结合授课班级的实际情况，按照学校和教研组工作计划提出的目标、任务和要求，认真制订切实可行的学科教学进度计划。各科教学进度计划包括以下内容。

一是对学生掌握的基础知识和基本技能、学习态度、学习方法的情况的回顾与反馈，以及对本学期学科知识体系、教材重点难点的分析。

二是制定出本学期学科的教学目的、任务，并明确学生应掌握的知识内容和发展能力的要求，有针对性地改进教学，提出具体可操作的措施，提高教育教学质量。

三是编制出具体的教学进度表，写明章节题目、所需课时、起止时间等。

在制订学科教学进度计划时，首先要做到集思广益，统一认识。制订学科教学进度计划不应是个人行为，应按照一定的程序进行：教学处先根据学校决策中心下达的工作目标，拟订教学工作计划草案，然后在学科主任会议上征求意见，在归纳大家的意见后，修改草案，制订正式计划，并在全校教师大会上宣讲。这样既保证了计划的合理性、可行性，又使计划充分发挥了“统一认识、统一意志、统一行动”的作用。

二、教学工作各环节的管理

振兴民族的希望在教育，振兴教育的希望在教师。2014 年习近平在北京师范大学师生座谈会上指出：“老师对学生的影响，离不开老师的学识和能力，更离不开老师为人处世、于国于民、于公于私所持的价值观。”①学校教育教学质量的高低主要取决于教师素养的高低。教师素养提高了，才能转变教育观念；有了新的思想和理念，才能推动教学工作的开展。深化教学常规管理，要抓好备、教、批、辅、考、研几个方面。

(一)备

在教学过程中，要呈现一节优质课，首先需要教师结合本班学生的实际进行备课。备课应从三个方面进行。一是备教材。教材是课程标准的具体化，是教学的依

---

① 本书编写组：《习近平总书记教育重要论述讲义》，210 页，北京，高等教育出版社，2020。

据。要上好课，必须吃透教材，即掌握教材的体系结构、每个单元的教学目的和意图、每一课的重难点。二是备学生。要对学生的经验、学生的智力情况有全面的了解。三是备教法。在对教材重点、难点和学生情况了解的基础上，根据实际情况，采用有利于学生掌握教材内容的教学方法。教师写的教案在课前经教研组审查合格后，教师方能进行教学。进行集体备课时，首先由教师拟写个性教案；其次进行集体商讨，形成共性教案；再次发给相应的任课教师修改成符合本班学生实际的教案；最后教师进行教学，教学后进行反思，进一步完善教案。

【案例】

备课风波

某农村中学从外校调来一位年轻语文教师张某。奇怪的是，平日他从不书写备课笔记，上课竟然只带两支粉笔、一本教科书，而且对老教师的认真备课也不以为然："抄教学参考书算什么事!""抄别人的教案有什么水平!"于是，其他教师议论纷纷："自己不认真备课，还说三道四。""不认真备课怎能保证教学质量?"这件事传到分管教学工作的马校长耳朵里……

1. 校长如何引导教师开展教学工作?
2. 校长如何引导教师在业务活动中处理人际关系?

分析：实行两项举措：一是检查教案，二是开期中教学质量分析会。教师备课一要研究教材，钻研教材，理解教材，驾驭教材；二要研究学法，促进学生自主发展；三要研究教法，以学生为主体，调动学生的积极性，激发学生的求知欲。

校长引导教师在业务活动中正确处理人际关系的方法如下。第一，善用辩证法，解决教学管理中的矛盾，突破"没有教案就是没有备课"的思维定式，尊重和信任教师，激发和维护教师的积极性和创造性，创造有利条件，为教师专业发展提供空间，使教师在所教学科领域有一定的话语权。第二，利用"柔性管理"，妥善处理教学人际关系，面对种种议论和不满，不能简单粗暴，而是要耐心细致，以情感人、以理服人，巧妙促进青年教师和其他教师间的情感沟通和理解。对待青年教师既热情、敏感又看问题偏激有时甚至"狂傲"的特点，校长既要保护青年教师的积极性，发掘其闪光点，又要指出其缺点、弱点，帮助教师尽快成熟起来。

（二）教

教是要抓好课堂教学。教学过程是由“教”和“学”组成的。教师在前期备课的基础上明确教学目的、教学任务以及教学要求，充分考虑教学内容的处理和教学方法的应用等方面。在教的过程中，教师要以学生为主体，充分激发学生学习的积极性，挖掘学生的发展潜能，使之得到充分的锻炼。国家在进步，时代在前行，教学理念也在不断更新。教师要紧贴时代背景及政策，保持终身学习的思想，不断更新教学方法，实实在在地抓好课堂教学。在一段时间后，教师需要对这段时间的教学工作进行反思，这样可促进教学质量的提高。

【案例】

课堂出现突发状况，怎么办？

一班的A老师正在上“为你打开一扇门”一课，突然，窗外传来一阵急促的“嘀嘟、嘀嘟”声。这声音犹如一块巨石落入平静的水面，教室里顿时喧闹起来。

紧接着，像有谁下了一道命令：“向左看齐。”所有的学生都向左边看去。这是怎么回事？还没等老师喊出话来，坐在窗边的学生已经站起来，趴在窗台上向外张望了。其他的学生更是着急。他们有的站在椅子上，有的一蹦一跳，脖子伸得老长了。平时上课就坐不住的索性冲出座位，涌到窗前。原来是两辆消防车由南向北从窗前驶过……

教室里恢复平静后，A老师灵机一动，放弃了原来的教学内容，让学生把刚才的所见、所闻、所想说出来、写下来。结果，学生个个情绪高涨，说得头头是道，写得也很精彩。

二班的B老师面对以上情境，板起面孔，努力维持纪律，让学生回到座位上，继续原来的教学。学生却余兴未止，沉浸在刚才的氛围中……B老师不愿意放弃原来的教学内容，否则他认为自己“没有完成教学任务”

请问A、B两位老师的做法有何不同？你赞同哪位老师的做法？

分析： 我赞同A老师的做法，课程改革的价值取向之一就是“变课程的预定性和封闭性为课程的生成性和开放性”。A老师突破预定计划，进行创造性的教学，凸显了课程多元创新的价值取向；尊重学生的兴趣、情感，注重培养和保护学生的求知欲，依据学生的兴趣、爱好和个性化选择来拓展课程的内涵和外延。A老师机智地捕捉到了学生饶有兴趣地关注消防车这一偶发事件，把它转变成培养学生观察能力的活教材，引导学生看、听、说、写，指导他们正确、全面、有条理地观察事物，取得了意想不到的教学效果。

而B老师的教学是一种"插秧式"的教学，这种教学其实就是试图维护严格的甚至苛刻的课堂秩序，通过这种方式来确立所谓教师权威。B老师"以知识、学科为本位"，把学生当作"学科人"而不是真正的"成长中完整的人"。

B老师力图完成教学内容和任务，剥夺了学生作为学习主体的地位和权利，忽略了学生的兴趣、需求、情感，不重视学生的身心发展特点。

总之，在课堂教学中，教师应以学生为主体，运用教学机智巧妙地处理课堂偶发事件。

（三）批

批主要指教师批改学生作业。作业是上一阶段的延伸，是为了让学生巩固课堂知识，检验课堂知识的获取程度，在一定范围内进行拓展。教师在作业批改的教学工作管理过程中，要做到关注全体学生错误率较高的知识点，进行简单记录，对学生作业进行反馈及指导，讲解错误率较高的题目。

（四）辅

辅导工作是教师对学生课上知识点学习的查漏补缺。对学生的辅导需要坚持面向全体学生、因材施教、启发诱导、循序渐进的原则，始终以学生为中心，坚持不抛弃、不放弃的理念，做到一视同仁，对学生的指导要细心、耐心，帮助学生一步步突破难关，从不同视角引发学生思维。

（五）考

考试是为了检测教师教学效果和学生学习情况。考试分为随堂测验和阶段考试。随堂测验主要指在课堂上对某一方面的内容进行测验。阶段考试是对学生这一阶段学习掌握程度和教师教学质量的评估。前者能够及时发现学生掌握知识的情况；后者更具有总结性，有利于教师及教研组进行分析总结。考试前教师需要正确把握试卷的知识点，同时编制两套卷。通过考试，学生可以发现自己某一方面的不足，后期进行有针对性的学习；教师可以直观地看到自己的教学质量，及时发现问题，及时调整。

(六)研

学校要积极开展教师教研活动，教师要保持终身学习理念。第一，集体研习活动，主要是学校组织全体教师钻研课程标准，使教师更明确地掌握教材体系和教学要求，为提高教学质量奠定基础。钻研课程标准的过程是：学习—讨论—汇报。第二，研教学，研究教材，吃透教材。教师之间开展各类说课、试教的比赛，相互学习、相互点评，并提出问题及解决措施。第三，研学生，学生是教学的主体，教师要了解学生的身心发展特点及年龄特征，根据教学规律对学生进行有效教学。

【案例】

遭拒的随堂课

小李是这个学期才从别的学校调来的老师，大家对她都不了解，所以教导处决定对小李进行一次随堂听课。

上课预备铃响了，大家敲门进了教室。小李一见先是一愣，然后问："你们……是来听课的吗?""对啊，我们想来听听你的课。"小李一时紧张得不知所言。我马上安慰她："不用紧张，就当家常课，随堂听课而已。"但是小李并没有放松，她红着脸说："对不起，我这堂是练习课……""我们听练习课也可以。""我只是给他们做一张考卷。"说完，小李转身从柜里拿出一沓考卷发给学生。这一下弄得我们很尴尬，不知道是继续留在教室还是出去。但是我留意到小李有些无助和无奈，于是就先带头离开了教室。临下班前，我叫来了小李："我们是同路，今天我们一起走好吗?""好，我也想找你谈谈呢。"原来，小李以前所在的学校对教师的评价非常严格，还采取了"末位淘汰制"。一次随堂听课就有可能"定了终身"。从那以后，小李一听有人要听课评课，心里就发慌，脑子一片空白。原来如此……

分析小李的做法，思考如果你是校长，你将如何使教师自然接受"推门课"?

分析：原因分析有四点。第一，随堂听课的形式。教师由于事先没有接到通知，因此没有心理准备，有不被尊重和信任的感觉，很反感，容易产生抵触情绪。第二，听课者与教师是领导与被领导、监督与被监督的关系，所以教师往往认为听课关系到自己的前途。第三，领导往往习惯于在教师所教班级某次成绩落后时进行随堂听课，听后批评多、表扬少，教师在潜意识中认为一定是自己出了问题，心理压力巨大。第四，有些领导把随堂听课作为处罚教师或给教师施压的手段，而不是为了帮助教师切实提高教育教学水平。

寻找原因解决问题。首先，提高教学质量，不是靠喊喊口号，召开一两次会议提提要求就可以实现的，而是靠扎扎实实地工作。如果教师平时工作松松垮垮，那么教学质量提高就是一句空话。随堂听课与其他听课形式最大的不同在于随机性，听课者可以适时了解教师教学的真实情况，进而督促教师平时多练内功、规范执教。其次，随堂听课的目的在于发现有效的教学手段，推广优秀教师的先进经验，整改低效的教学流程，帮助教师发展，而不是给教师挑“刺”，或作为处罚教师、给教师施压的手段。再次，改变听问题课多、听优秀课少的习惯，改变听后批评多、表扬少的习惯，给教师更多的鼓励，帮助教师诊断教学状况，提高教学质量。最后，调整随堂听课的评价目标，注重教师对课堂基本要求的把握，使教师真实展现自己的日常教学，避免臆断。

具体解决策略。第一，实施“三课并进”制度。三课指：相互听课，教师相互随堂听课，既锻炼心理素质，又相互取长补短；指名听课，定期开展集中听评课活动，指定专人上课，提高学科带头人的专业素养；指导听课，对年轻教师进行随堂听课，提出改进的方案并督促落实。第二，针对不同教师实施不同对策。对新分配的教师取消随堂听课制度，采取行政预约和教师相邀两种方法听课；对不求上进的年轻教师继续采用随堂听课方式，督促他们提高业务能力；对于工作积极、业务能力出色的教师，不再实行随堂听课。

第四节　教学工作的质量管理

一、教学工作质量标准

教学质量主要取决于教师、学生、教学手段三方面，前两者是管理的对象和主体。教学质量是制约教学过程的主要因素，教学质量管理直接影响教学过程的每一环节。因此，教学质量的管理要着眼于教学过程各个环节的质量。学校教学管理的根本目的是提高教学质量。学校教学质量的高低是衡量学校教学工作优劣的客观尺度。

确定教学工作质量标准是教学工作质量管理的一项重要的基础工作，没有教学工作质量标准，就无法进行教学质量的检查和评估。标准应当根据教育方针、培养目标、学校教学工作任务、教学大纲和教科书的内容与要求、教师教学和学生学习的规律制定，应当是科学的、全面的，不仅为检查、分析、评价教学工作提供依据，而且为全体师生提出教学或学习的努力方向和目标。

首先，教学工作质量的检查标准。教学工作质量标准应要求教学工作是科学合理的、有依据的、规范的。高质量的教学过程是由高质量的教学工作和高质量的学习过程组成的。由此，需要对教师教学过程中的备课、上课、作业布置、辅导、作业批改、复习等教学工作各环节和学生学习过程中的预习、上课、课后复习、完成作业、阶段小结、复习等学习活动各环节提出明确的质量标准，用以检查教师的教学和学生的学习。

其次，教学效果标准。评价教学质量，必须看教学效果，即要考查教学目的实现程度，包括：第一，知识质量，学生掌握知识的范围、数量，对知识的理解程度、巩固程度以及灵活运用程度等；第二，技能质量，学生掌握阅读、计算、口头表达、书面表达、实验操作等技能的准确与熟练的程度；第三，智力质量，学生的观察力、记忆力、想象力、思维力、注意力等的发展水平；第四，能力质量，学生分析问题、发现问题、解决问题的能力，学习能力，创新精神，实践能力等；第五，思想品德及其他非智力因素等方面的质量，如学生的思想道德品质和兴趣、意志、情感、性格等心理素质以及行为习惯养成方面的质量等。

最后，时间标准是衡量教学工作质量不可忽视的因素。评价教学工作的效果，还应看所取得的教学效果是通过改进教学工作、提高教学水平，还是靠加班加点、加重学生学习负担。2021 年 7 月，中共中央办公厅、国务院办公厅印发了《关于进一步减轻义务教育阶段学生作业负担和校外培训负担的意见》。“双减”政策的主要内容有两方面：一是减少校内作业量，减轻学生负担；二是减少校外培训负担，从严治理校外培训机构。为了学生身心更好地发展，为贯彻落实国家教育相关政策，评定教学质量应当有时间标准。学校应根据课程计划、教学大纲的规定，严格控制各科教学时间，科学规定各学科课后学习与完成作业的时间。

教学工作质量标准是由教育目的和教育任务决定的。因此，我们在制定教学工作质量标准时，必须在教育目标和教育任务的指导下进行。教学的对象是人而不是物，培养人的过程是极其复杂的。所以，教学工作质量标准不是自发地形成的，而是通过深入研究，在取得可靠资料的基础上制定出来的。心理学家维果茨基(Vygotsky)提出的“最近发展区”是指儿童有两种发展水平：一是儿童的现有水平，即由一定的已经完成的发展系统形成的儿童心理机能的发展水平；二是即将达到的发展水平。这两种水平之间的差距就是“最近发展区”。我们可以理解为儿童在有指导的情况下，借助成人帮助所能达到的解决问题的水平与独立解决问题所达到的水平之间的差距。依据此理论制定教学工作质量标准需要遵循两个方面的要求：一是在学生知识经验的基础上制定一定的教学工作目标，这是一种基本的要求，即学生在经验的基础上“跳一跳”就可以触碰到目标的要求；二是在基本要求基础上更高一层的目标，即学生在教师的正确指引下努力达到的目标要求。

二、教学工作质量分析

教学工作质量分析就是对教学质量检查的结果进行整理、分类、统计、比较，及时发现问题、分析问题，并提出有针对性的改进教学的措施的过程。教学工作质量分析的方法主要有以下几种。

第一，定量分析。这种分析方法主要是针对教学工作中比较具体的、可以量化的问题进行分析，如教师工作量、学生考试成绩、出勤率、学生学习负担等。定量分析的主要过程是：首先统计数据，其次处理分析量化信息，最后得出结论。定量分析中包含着相互对比法，即通过数据指标的相互比较来揭示各项指标之间的数量差异。这种方法可分为两种：一种是自己同自己的纵向比较，即分析的主体不变，将现在与以前的教学工作质量进行比较；另一种是横向比较，主要是在本校各年级、各班级、各学科之间进行对比，也可以将本校成绩与外校成绩作比较。运用相互比较法时，要注意比较项目内容的可比性，注意排除影响比较结果真实性和准确度的各种因素。

第二，定性分析。此分析方法在定量分析的基础上使用，这样可以得出更准确、更客观、更科学的结论。这种分析方法是针对教学工作中的一些难以量化的问题而采用的。定性分析的过程主要是：首先进行综合分析，其次进行比较，最后进行抽象和概括。定性分析在教学工作质量分析中的运用主要是对教学思想、教学经验、教学问题、教学总体效果等要素进行分析。

第三，因果分析。制约教学质量的因素很多，如教师方面、学生方面、教材方面、教学手段方面等。教学工作质量检查分析不仅要发现教学工作中的问题，而且要找出问题产生的原因，以便在以后的工作中进行调整，实现教学质量的提高。因果分析方法有两种。一种是横向因果分析，即对影响教学工作质量的各种因素进行分析。这些因素主要有教师、学生、教材、教学设备、服务工作、教学环境、管理工作等方面。教学质量提高或者降低了，要分析是由哪些因素造成的，问题的症结何在，在此基础上，提出具有针对性的措施。另一种是纵向因果分析，是从教学质量形成的整个过程进行分析，找出教学工作诸环节中的薄弱环节，进一步分析薄弱环节形成的原因，确定管理对策，以进一步提高教学工作质量。

第四，追踪分析。教学质量高低的最终表现是学校培养出的人才在社会实践中作用的大小。此方法的运用是一个长期持久的过程，是对学生在一定学习阶段的持久记录。对学生从入学到毕业进行追踪分析是一种很好的检验学习成效和教学工作质量的方法。

教学工作质量分析的目的在于建立教学工作的反馈机制，及时准确地掌握教学工作实际状况，发现教学中的问题，分析问题产生的原因，确定管理重点，提出改进措施，以取得更理想的教学效果。

【案例】

为什么教学质量越抓越滑坡?①

A校是某市城郊接合部的一所普通小学，第一学期期末在区里的“三部测查”(部分学校、部分学科、部分班级)中成绩不是很理想，十项抽测项目中两项没有达到区常模标准。这意味着如果第二学期还有若干项目不达标的话，学校在区督导等级评估中将会直接下降一个等级，从而影响学校的声誉。

第二学期开学后的第二周周五，学校召集全体教师召开了“教学质量分析会”，教学副校长亲自主持会议：“上学期，我们学校的‘三部测查’情况堪忧……”忧心忡忡的副校长的一席话立刻使全场气氛紧张了起来，台下的教师都低下了头。接着是教导主任走上讲台，根据第一学期的教学质量情况进行了分析。会场一片肃静。教导主任分析完毕，校长又围绕该内容做了一番指示，重点就是要牢固树立质量意识。会议结束后，大家面色凝重地离开了会场……

其后，学校果然在狠抓教学质量上出台了一系列新措施。首先由教导处牵头，成立了语文和数学各年级备课组，要求各备课组认真开展工作，并且发给每个备课组一份活动记录，然后就由备课组组长自行组织开展活动了。但是，在具体活动的实施中，每一个备课组是否正常开展活动，活动是否有成效，不得而知。教导处组

① 李波：《教育管理与案例分析》，113页，上海，复旦大学出版社，2011。

织了每月一次的学力调查活动，分别由备课组组长交叉出卷，调查中也模拟区里“三部测查”的模式，之后由各年级任课教师交叉阅卷。第一次学力测查下来，二年级的写作情况很不理想。作文题是依据学校近期正开展的“孝顺活动”拟的，目的是了解学生参与这次活动的情况，同时调查学生的写作能力。但是，阅卷老师发现，绝大多数学生不能有条理地把自己帮助家人做的事情写下来，成绩优秀的学生数量很少。这次学力调查之后，阅卷老师把情况向教研组组长做了汇报，并和二年级任课教师进行了个别交流。其后的两次学力调查，出卷老师吸纳了二年级任课教师的意见，降低了写作难度，调查发现写作成绩有了一定的提高。教导处还实行了“推门听课”，即在不通知教师的情况下就进教室听课，了解教师的日常课堂教学情况；还组织了校级骨干风采展示观摩课，组织教师外出听课学习，邀请专家进校讲课。期末将至，学校进入了紧张的复习状态。无论是领导还是教师，都绷紧一根弦：抓好教学质量，要在区“三部测查”中取得至少与上学期持平的成绩。

于是，学生早上到校的时间比以前更早了，放学时间更晚了，回家作业量也增多了，家长在校门口怨声载道。

终于，期末考试如期而至。但是，结果却令所有人都非常失望：区里又组织了抽测，情况比上一次更糟糕。为什么狠抓之后，教学质量不但没有提高，反而继续滑坡？

1. 你认为该校教学质量问题的症结在哪里？
2. 学校如何对教学质量进行有效的管理？

分析：本案例主要涉及学校教学质量管理问题，可以从以下三个方面进行分析。

第一，质量管理本质上是一个控制过程，其核心是信息反馈，即在及时、准确地获得信息并进行正确判断的基础上，采取措施保证工作达到标准要求。学校质量管理有一整套科学程序，不仅能够监督教育工作的每一步进展和最终结果，还能预测可能出现的问题，防患于未然，从而减少资源的浪费。

第二，教学质量不能等同于教育质量。学校要生存，必须靠质量，但这个质量应该是教育质量，而绝非简单的教学质量。教育质量的内涵远大于教学质量，只有教育质量抓上去了，教学质量才会紧随其后有较大幅度的提升。当然，教学质量能在一定程度上反映一所学校的教育质量，该学校的教学质量问题其实已经暴露出了学校在教育质量管理方面的问题。

第三，抓教育质量必须注意处理好教书与育人、教学与发展、课内与课外之间的关系，这实际上也是抓教学管理要正确处理的几个关系。教学永远具有教育性。学校应引导教师自觉重视教书育人，在传授知识、培养智力的同时，保证学生在能力、情感、意志、性格等方面都得到发展。

如果单纯考虑抓教学质量，所涉及的范围也比较广泛。因为教学质量包括教师教的质量和学生学的质量，所以管理者必须树立全员管理的思想。案例中采用备课组的形式，听骨干上课、邀请专家讲课等形式都非常好。但是，这些做法的实效性如何，是否真正解决了学校教育教学中存在的问题？例如，设置备课组这样的制度有什么预期目标？依靠什么机制保障目标的有效完成？成员之间是否会产生相互依赖或相互戒备的心理，从而导致合作的低效？值得研究的问题很多。案例中讲到在具体的实施活动中，每一个备课组是否正常开展活动，活动是否有成效，不得而知，说明备课组成立后并没有发挥预期的作用。又如，听骨干上课的目的是什么？邀请专家讲课的目的又是什么？如果是为了切实提高教师的课堂教学水平，那么这样的目的能否实现？如果没有实现，是否还可以有更好的办法？另外，抓教学质量不能以此为借口增加学生的学习负担，让学生把大量的时间用在上课、完成作业上并不一定能取得预想的效果。

抓好教学质量管理，首先要通过教导处抓教学常规管理，完善教材、教学设备等硬件条件，保障教学时间，保证教学正常运转；其次要通过教研组和年级组(或备课组)引导教师把主要精力投入教学工作，提高教师的教育教学能力，尤其是教师的反思性教学能力；再次要通过每一位教师引导学生乐于学习、善于学习，把学习当作快乐的事情，在学校中营造良好的学习风气；最后学校领导要经常深入教学一线，检查和发现教学中出现的问题，采取措施及时予以补救。如此坚持下去，学校的教学质量才会上一个台阶。

【要点小结】

1. 课程管理是基于管理学的基本原理，对课程各个方面进行管理的过程，即在一定社会条件下，有计划、有标准、有组织地协调人、物与课程的关系，并对课程建设与课程实施进行指挥和控制，以实现预定的目标的过程。

2. 课程管理内容包括课程计划的管理、课程标准的管理和教材的管理。新中国成立以后，我国课程经历了九次改革，显著的变化是：由高度集中统一的课程管理体制逐步向追求灵活性、扩大地方和学校自主权的方向发展；由以片面强调基础知识和基本技能的学科中心课程为唯一模式的课程体系向学科课程、综合课程、活动课程等多元化课程发展。

3. 教学工作管理的总任务就是在党和国家教育方针的指引下，按照教学工作的规律，科学地组织全部教学工作，充分调动全体师生的积极性，创造教学工作的高效率，不断地提高教学质量，保证全面实现教学目标。

4. 教学工作管理的要求：第一，坚持用正确教学思想管理教学工作；第二，按照国家、地方政策要求管理教学工作。

5. 教学工作计划的管理，首先是学校教学工作计划：对以往教学工作的基本情况和当前社会要求的分析，确立本学期或本学年教学工作的目标、任务和要求，制定本学期或本学年教学工作具体可行的措施。其次是教师教研工作计划：对以往常规教研工作进行总结和分析；明确本学期或本学年开展教学研究、改进教学工作、提高教学质量以及加强教师队伍建设的基本目标和任务要求，并对本学期或本学年改进教学工作的设想和教学研究活动的内容进行说明；开展常规教研活动，给每位教师提供相互交流的平台；组织教师进行基础教学工作探讨；根据教师的教研学习，组织教师选择课题进行研究；制定相关教研制度，确定教学研究活动的内容和时间。最后是学科教学进度计划：一是对学生掌握的基础知识和基本技能、学习态度、学习方法的情况的回顾与反馈，以及对本学期学科知识体系、教材重难点的分析；二是制定出本学期学科的教学目的、任务，并明确学生应掌握的知识内容和发展能力的要求，有针对性地改进教学，提出具体可操作的措施，提高教育教学质量；三是编制出具体的教学进度表，写明章节题目、所需课时、起止时间等。

6. 教学工作各环节的管理包括六个方面，即备、教、批、辅、考、研。

7. 教学工作质量标准包含：教学工作质量的检查标准、教学效果标准和时间标准。

8. 教学工作质量检查分析的方法有定量分析、定性分析、因果分析、追踪分析。

【思考题】

1. 请简述课程管理的概念。

2. 论述课程管理的内容。

3. 请简述教学工作管理的任务及要求

4. 请结合实际谈谈教学工作的常规管理。

5. 请论述如何对教学工作质量进行分析。

【案例分析题】

我国中小学作业改革面临三大重点问题①

近年来，虽然基础教育阶段开展了多元化的作业优化实践，但各中小学校还存在以传统家庭作业观布置作业、作业的内容不能有效匹配教育发展和学生自身发展需求、作业管理流程松散等突出问题。

一是作业理念偏差：科学的作业观尚未形成。作为教育教学的重要一环，作业改革要与课程改革、教育教学理念更新齐头并进，才能有更加明显的效果。第八次课程改革至今，教育理论研究者与实践者的课程观和教学观都不同程度地与时俱进，然而，与当代教育理论相适应的家庭作业观尚未形成。受凯洛夫教育思想影响，作业即对单一知识技能的巩固与完善的作业观在我国基础教育界根深蒂固，尤其在考试本位的思维方式影响下，部分教师将作业视为课后习题，只让其承担强化课堂学习内容的功能，遵循“考什么—教什么—学什么—做什么”的作业布置原则。强调统一行动、整齐划一的社会文化背景，又增强了作业布置的同质性和随意性。很多学校的作业布置并不是基于对学生的学习基础、能力与需求的分析，而是从巩固课上内容的视角出发，简单、随意地给全班学生布置相同的作业。作业策略以量而不是以质取胜，学生重复完成课内练习与课外作业、新课作业与复习课作业、单元复习作业与章或学期的复习作业。在错误的作业观的影响下，学生对作业产生抵触情绪，做作业兴趣低，被动做作业、被迫做作业、抄作业应付教师等现象频繁出现。

二是专业能力缺乏：作为形成教育教学完整闭环的一个关键环节，完善的作业研究与支持体系亟待构建。布置、研究作业的能力是教师应具备的专业技能之一，应得到区域教育行政部门、学校以及教师自身的重视。但是，很多学校和教师并未把布置和研究作业看作一项单独的、需要训练和提升的能力。区域教育行政机构也多未将教师布置作业的能力作为教师专业发展链条中的关键一环，进行系统规划与相应的技能培训。教师不会研究、不愿研究是造成作业问题的一方面，还有部分教

① 杨晓梦：《为“减负”破局：探寻作业管理与改进的实践智慧》，载《中小学管理》，2021(10)。

师缺乏对作业的研究，是出于功利性与“安全性”的考虑。在中考、高考的压力之下，很多教师选择依赖传统的“题海战术”布置作业，在作业布置上形成了路径依赖，导致作业的质量得不到有效提升，师生都被沉重的课业负担拖累。PISA2018相关数据显示，中国学生虽取得了傲人成绩，但成绩的背后仍存在着总体学习效率不高、学习时间偏长、整体幸福感偏低等问题。

三是管理机制不畅：高效有序的作业管理体系有待建立。提升作业管理能级是一个系统工程，需要区域、学校、教师各司其职。然而我国目前的作业管理还处于管理失效与失序的实践困境之中。区域层面，很多地区尚未建立起区域内作业管理的垂直管理体系。学校层面，很多学校对于教师作业批改情况的评价大多聚焦在是否完成批改上，缺乏对作业布置的数量、难度、形式、效果等的评价。教师层面，影响教师推进作业改革、进行作业优化的核心症结是教师的教育教学自主权问题。教师教学创新自主性小，同时还被很多非教学任务分散精力，难以全身心投入教学，表现在作业上就是“一刀切”地布置、单纯增加作业量、要求家长参与评改。除了之前积累的问题，作业管理还面临许多新问题。例如，在通信技术的助力下，家校沟通方式更加便捷，教师如何把控家长批改学生作业的参与程度；线上作业辅导App层出不穷，学校如何把控其于学生的负面影响等。

【课堂讨论】

请结合我国当前学生作业的现状，论述如何将“双减”政策贯穿于解决我国中小学作业改革面临的三大重点问题中，切实做到为学生和教师“减负”。

第九章　德育工作管理

>>> 本章学习目标

1. 了解德育工作管理的目标与任务。
2. 掌握德育工作管理的方法与原则。
3. 结合实际学习德育工作管理的内容与途径。

第一节　德育工作管理的目标与任务

德育工作管理是学校专项管理的重要一环。习近平强调："立德树人是中国特色社会主义教育事业的根本任务。""立德树人关乎党的事业后继有人，关乎国家前途命运。"①国家富强和民族复兴需要强大的精神力量和价值支撑。道德作为一种宝贵的精神财富，具有规范社会行为、维护社会秩序、引领社会风尚的重要作用。由此德育不仅对个人具有重要作用，还在社会和国家中起着不可替代的作用。道德教育作为一种教学活动，对学生的影响是巨大的，是培养高尚人才的重要内容。立德是一个人学会做人的基础。一个人只有明大德，守公德，严私德，其才方能用得其所。

基于此，德育工作的管理需要坚持社会主义的办学方向，端正德育工作在学校中的地位；协调德育工作管理构成要素之间的关系，形成强大的德育合力。要始终把立德树人融入思想道德教育、文化知识教育、社会实践教育各环节，不仅要融入教育活动中，还要在德育工作管理的各个环节中全面贯彻立德树人的根本任务。

---

① 本书编写组：《习近平总书记教育重要论述讲义》，44 页，北京，高等教育出版社，2020。

“要注重把立德树人、规范管理的严格要求和春风化雨，润物无声的灵活方式结合起来，充分发掘各门课程中的德育内涵，加强思想政治理论课程建设。”①

一、德育工作管理的目标

德育工作管理的目标是把有关德育的各要素的作用充分发挥出来，各要素之间有机融合，形成合力，使德育工作在管理过程中得到整体优化。

2017 年发布的《中小学德育工作指南》明确提出了中小学德育的总体目标：培养学生爱党爱国爱人民，增强国家意识和社会责任意识，教育学生理解、认同和拥护国家政治制度，了解中华优秀传统文化和革命文化、社会主义先进文化，增强中国特色社会主义道路自信、理论自信、制度自信、文化自信，引导学生准确理解和把握社会主义核心价值观的深刻内涵和实践要求，养成良好政治素质、道德品质、法治意识和行为习惯，形成积极健康的人格和良好心理品质，促进学生核心素养提升和全面发展，为学生一生成长奠定坚实的思想基础。

(一)德育目标的层次性

德育工作的目标不能是笼统的，要遵循一定的依据，分出层次性。按中小学学生身心发展规律和年龄特征，可将小学分为小学低年级和小学高年级。由此，中小学年龄阶段被分为三阶段，即小学低年级、小学高年级和中学。相应的德育工作的管理也要分为三个层次，即自理阶段、自律阶段和自主阶段。

第一，自理阶段主要针对小学低年级学生，这一阶段的德育工作以培养学生的规范和道德行为习惯为中心，确保学生进校出校自理、课间活动自理、用餐卫生自理、午休排队自理等。

第二，自律阶段主要针对小学高年级学生，这一阶段的德育工作以培养学生严于克己、勇于担当的优良道德品质为核心，确保学生独立解决问题的能力，培养他们遵守班规班纪、合理分配学习时间、管理自我、承担家庭责任、与同学和教师友好平等相处等行为习惯和优秀品质。

第三，自主阶段主要针对中学学生，这一阶段的德育工作以培养学生的主动性、积极性为核心，确保该阶段学生拥有一定的思维能力和辨别是非的能力，培养他们自主参与道德生活，自主制定课堂纪律，自主策划班级活动，自主参加管理或

---

① 本书编写组：《习近平总书记教育重要论述讲义》，49 页，北京，高等教育出版社，2020。

服务活动，自主承担学校、家庭和社会责任等多种能力。

综上，学校德育工作的目标是循序渐进的，前一阶段是后一阶段的基础，后一阶段是前一阶段的拓展。对学生进行的德育工作首先要使学生达到最基本的目标，即具有社会主义合格公民最起码的品质和行为规范，在此基础上向更高层次提升，达到一定程度的自律，能够担当责任，严格要求自己的言行举止，最终达到社会主义建设者和接班人的标准。

（二）德育管理的层次性

学校德育目标具有层次性，相应的德育工作的管理也是层层递进。“各级各类教育要坚持把立德树人作为学校办学的根本，把立德树人内化到学校建设和管理各领域、各方面、各环节，做到以树人为核心，以立德为根本。”①将德育工作管理进行细化，可分为三个基本层次。第一层次是学校对学生的管理，即学校通过各种制度，把学生作为管理对象的管理，也称常规管理。常规管理是学校管理工作的基础，是各项常规制度的来源，贯穿于学生一日生活的各个方面，有对其他层面进行补充的作用。第二层次是学校通过班集体，让学生相互管理。班集体是学校管理的核心，培养良好的班集体是对学生进行德育工作管理的重要途径。第三层次是学校引导学生自己管理自己，即自我管理。让学生逐渐学会自我管理，是德育工作管理取得实效的基础。

二、德育工作管理的任务

（一）落实政策，明确地位

党的十八大以来，习近平高度重视立德树人在教育中的重要地位和作用，多次强调“要坚持把立德树人作为根本任务，培养德智体美劳全面发展的社会主义建设者和接班人。在这个根本问题上，必须旗帜鲜明、毫不含糊。”②德育工作管理要始终拥护党的领导，坚持正确的政治方向，全面落实德育在教育建设中的重要地位。

教育是立德树人的事业，学校要培养以德为首、全面发展的高质量人才。学校在进行德育工作管理时，要始终坚持正确的办学和管理方向，把德育贯穿于学校教

---

① 本书编写组：《习近平总书记教育重要论述讲义》，48 页，北京，高等教育出版社，2020。

② 本书编写组：《习近平总书记教育重要论述讲义》，45 页，北京，高等教育出版社，2020。

育教学工作和学生日常生活的各个方面。

(二)制订计划，指明方向

在真正落实国家政策，明确德育工作的重要地位的基础上，管理者需要制订德育工作计划，组织和协调德育工作，从而提高德育工作的质量。学校德育工作是一项涉及面广且较为复杂的工作，是各种教育内容、教育方式和教育力量综合影响学生成长的工作。

提高德育工作质量是德育工作管理的出发点和归宿。德育工作管理要有计划、有组织地实行目标管理，必须设计科学的管理程序，选择最佳管理方案，控制管理过程，严格考查、考核；同时要认真做好协调工作，确保德育工作质量不断提高。

(三)健全制度，提供保障

制订了德育工作计划后，还必须有切实可行的制度保证。健全学校德育工作制度，才能为学校管理建立良好的教育教学秩序，为国家培养全面发展的高质量人才。健全制度是实现目标的基本保证，是计划得以实施的必要前提。

德育工作管理制度既是一种管理手段，也是一种教育因素，体现了正确的道德内容和行为标准。我国关于德育工作管理制度的文件有《中小学德育工作指南》《小学德育纲要》《中学德育大纲》《小学生守则》《中学生守则》《小学生日常行为规范》《中学生日常行为规范》等。2017 年发布的《中小学德育工作指南》明确了德育在新时代的“五个内容”和“六个实施路径”，开辟了德育工作的新阶段，也为新时期最大限度地凝聚向心力、聚焦德育治理奠定了基础。学校可依据国家的相关制度制定《德育工作管理制度》《文明班评比方案》等，使学校德育工作有章可循，克服德育工作中的随意性、临时性，保障德育工作的顺利开展。

学校要全面贯彻国家、地方的政策，联系现状，遵循学生的身心发展规律及年龄特征，制定出有针对性的德育工作管理制度。管理部门要各司其职，督促学生严格遵守规章制度，用制度管理人、塑造人。

(四)组建队伍，提高质量

习近平高度重视师德师风建设，把师德师风作为评价教师队伍素质的第一标准。“教师思想政治状况和师德水平决定着人才培养的质量，关系着国家和民族的未来。在教师队伍建设中，要把提高教师思想政治素质和职业道德水平摆在首要位置，把社会主义核心价值观贯穿教书育人全过程，突出全员全方位全过程师德养成，推动教师成为先进思想文化的传播者、党执政的坚定支持者、学生健康成长的指导者。”①

德育管理工作既是学会做人的工作，又是通过人去管理的工作，因此必须组织一支强有力的德育工作队伍。组织好德育工作队伍，提高德育工作队伍的素质，是德育管理工作的重要任务。建设德育工作管理队伍，要做好以下三个方面。第一，建设好学校党组织。团队的专职干部队伍是德育工作管理的领导和骨干力量。专职干部队伍的建设既要注重政治素质，又要注重业务素质，改变政工干部无业务的观念，树立德育管理要讲科学、政工干部要具有较高的管理水平和业务水平的观念，坚决维护党的领导。第二，建设好班主任队伍。班主任对本班的德育管理工作起主导作用，要承担起应有的职责和义务，树立正确的现代德育管理思想。第三，建设好学生干部队伍。德育管理也包括学生会、班委会和学生的自我管理。教师要改变那种把学生仅仅视为管理对象的传统思想，确立学生也能进行自我管理的新观念。

(五)整合资源，促进发展

学校是德育管理的主要监管方，教师是德育管理的主要负责人，家长及社会力量的加入会让德育管理更加全面。鉴于此，必须加强学校教育、家庭教育和社会教育的联系，有效构建三方的合作伙伴关系。在学校开展德育工作的时候，相关教师负责与学生家长沟通。家长从家庭教育角度出发，积极配合学校工作。家长有任何想法或者意见，都可与教师直接交流，讨论并设计最佳的德育方案，真正促进中小学生身心健康成长。学校与家庭协调配合开展德育工作，同时引进社会力量，不断扩大宣传范围，汇集多方力量。比如，组织各种各样的研讨会、交流会等，确保德育信息广泛传递，整合各种意见，促使学生发现道德的价值，立志成为有道德、有追求的栋梁之材。此外，借助网络平台，实现资源共享，将使德育管理工作取得事半功倍的成效。② 德育管理不能缺少校外教育力量的密切配合，要改变那种德育管理搞封闭式“孤军作战”的倾向，确立校内外有机配合的全方位管理思想。

学校、社会、家庭是影响学生的三大场所，德育工作管理需要将三大场所的资源力量合一，最终促进学生成为德智体美劳全面发展的社会主义建设者和接班人。

---

① 本书编写组：《习近平总书记教育重要论述讲义》，216 页，北京，高等教育出版社，2020。

② 张向锋：《新课改视野下中小学德育管理工作创新策略》，载《教育界》，2021(13)。

第二节 德育工作管理的方法与原则

一、德育工作管理的方法

教师必须把德育工作放在重要地位，强化学校德育工作管理，讲究科学的德育工作方法，努力提高德育工作的针对性和实效性。学校中的工作是复杂多样的，有各个专项部门各负其责，但总的出发点和归宿就是培养人。学校在德育工作管理过程中要采用科学、合理、高效的方法，切实提高学校管理工作质量，提高学生各方面的思想道德素质。

(一)分析实际情况，抓住管理重点

分析实际情况，要从三方面进行：首先是分析大局，紧跟时代的步伐，分析当前国家、地方颁布的有关学校德育工作的政策，组织教师充分学习和探讨，在交流和讨论中谈论怎样切实将政策落实到德育工作的各个环节；其次是分析学校以往德育工作的实际情况，对前一学年的德育工作进行总结和反馈，及时发现问题。在今年的德育工作中以以往的德育管理问题为出发点，将要解决的内容贯穿于整个德育工作管理过程中；最后分析管理主体，始终坚持以学生为本，分析学生在过去一年德育素质是否得以提升，在哪些方面有所提升，提升到哪种程度，由此抓住德育工作管理重点，有针对性地实施德育，逐步提高学生的思想道德素质，以便开展后续的德育工作，提高德育工作质量。

(二)创设德育环境，促进学生发展

学校的德育环境对学生道德的发展具有直接影响。要想提升德育工作管理的有效性，教师就要创设民主、和谐的德育环境，合理应用创新策略管理学生、影响学生，坚持以生为本和有的放矢两项原则，帮助学生更好地处理问题，使他们充分发挥主体优势，成为乐观积极、自立自强、敢于拼搏进取的人。教师要在德育工作管理中全面渗透“以人为本”理念，妥善解决中小学生的心理问题，在民主、和谐的德育氛围中深入挖掘中小学生的潜能。

文化建设分为物质文化建设和精神文化建设。学校的物质文化主要指以校园建筑、文化设施、景点、草坪等为载体的校园文化。它既是学校物质文化建设的成

果，又是学校精神文化建设的表现载体，是学校教育教学及管理的基础。只有建设好融情趣、个性、艺术于一体的校园环境，美丽的校园才能塑造美丽的心灵，学校的物质文化才会成为有生命力的文化，也才能真正发挥其“育人”功能。[①] 学校的精神文化主要指学校的思想、道德、制度、风尚等，一般来说是思想层面的内容。精神文化建设是学校文化建设的精髓和灵魂，是形成学校办学特色的关键所在。精神文化建设要将中华民族优秀传统美德贯穿其中，促进学生树立正确的世界观、人生观、价值观。

(三)加强教师队伍建设，树立正确榜样

习近平指出：“教师重要，就在于教师承载着传播知识、传播思想、传播真理，塑造灵魂、塑造生命、塑造新人的时代重任。”[②]由此，教师队伍的建设首先要对教师提出相应要求，新时代教师要成为“四有”好老师。在德育工作管理中，主要引导人是班主任。德育处要加强班主任建设，有计划地指导青年班主任做好班级日常管理工作，明确工作职责，努力做到“四落实”，即班风建设落实、班干部建设落实、常规工作落实、班队活动落实；加强教师队伍建设，通过校外名师指导、外出培训和交流等途径加强对学校教师的培养。

教师是学生健康成长的引路人。习近平在全国教育大会上强调：“广大教师要做学生锤炼品格的引路人，学习知识的引路人，创新思维的引路人，奉献祖国的引路人。”[③]教师应严格要求自己，时刻注意自己的言行举止，充分发挥主导作用，激发学生的主观能动性。师生共同参与德育活动，教师树立良好形象，给学生提供锻炼道德意志、完善道德行为的机会。

(四)丰富德育内容，提高学生素质

学校德育工作应贴合时代要求，拓展德育内容，使学生形成正确思想，成为高素质、有理想的优秀人才。第一，教师可以通过班会活动、周会活动，培养中小学生积极、乐观的心理品质。教师要多开展德育案例分析活动，让学生在分析思考、师生互动及小组合作中懂得更多做人的道理，在潜移默化中养成理性批判的思维。第二，教师要运用灵活的德育形式，可以引导学生从互联网中收集相关资料，讨论

---

① 沈立新：《学校德育管理方法探索》，载《新教育》，2015(2)。

② 本书编写组：《习近平总书记教育重要论述讲义》，204页，北京，高等教育出版社，2020。

③ 本书编写组：《习近平总书记教育重要论述讲义》，206页，北京，高等教育出版社，2020。

生命的意义，感悟生活，尊重生命，摒弃错误的、消极的思想观念，促进学生个性化发展，真正彰显出人生价值。各学科教师协调配合，将德育贯穿于学校教育的始终，消除学生的抵触情绪、叛逆心理，提高学生的综合素质，落实素质教育的创新要求。第三，教师可以应用故事教学法、案例分析法、小组游戏法等，帮助中小学生树立正确的道德观念，指导他们主动学习文化知识，进而体现出德育管理的价值。第四，适当减少说教次数，选择有效的评价方式、训练方法等，不断提高学生的道德认知和道德素质。

(五)协调三方统一，促进德育管理

协调学校、社会和家庭的统一，前提是要加强三者的联系。首先，加强学校与家长的联系，可以建立家长委员会，定时开展德育工作大会，进行家校分工协作，激发家长积极参与德育管理；其次，加强学校与社会的联系，使德育工作走出校门，走进社区，如开展宣讲科普等一系列德育工作；最后，将三者有机结合，协调三者之间的关系，使三者的资源整合起来，共同促进学生的全面发展。学校与家庭协调配合开展德育，同时引进社会力量，加强网络化建设，不断扩大宣传范围，使更多的人积极加入，主动配合中小学德育管理，汇集多方力量，提供德育实践机会。比如，可以组织各种各样的研讨会、交流会等，确保德育信息广泛传递，整合各种意见，促使学生发现道德的价值，立志成为有道德、有追求的栋梁之材。[①] 三方分工协作、相互促进，不仅能促进学生的道德发展，还能提高德育工作管理的效率。

二、德育工作管理的原则

德育工作管理原则是学校管理者实施德育工作管理活动必须遵循的基本要求和行动准则，是学校德育工作管理客观规律的反映和实践经验的概括总结。管理者只有在正确的管理原则的指导下进行德育工作管理活动，才能达到预期的德育目标和管理目标，取得最佳效果。德育工作管理应遵循的基本原则如下。

(一)方向性原则

由于德育工作管理具有明显的社会性和阶级性，因此德育工作管理过程的各个环节始终不能偏离社会主义方向，一定要坚持党的路线、方针、政策，培养学生的

---

① 张向锋：《新课改视野下中小学德育管理工作创新策略》，载《教育界》，2021(13)。

社会主义道德品质。“在事关办学方向的问题上，必须站稳立场，敢于亮剑、敢于斗争。习近平总书记强调，在方向问题上，我们头脑必须十分清醒，不断推动社会主义制度自我完善和发展，坚定不移走中国特色社会主义道路。要坚持马克思主义在教育工作中的指导地位，让马克思主义主旋律唱得更响，底色更加鲜亮。要把社会主义核心价值观贯穿办学育人全过程，引导广大师生坚定信仰、积极传播、模范践行社会主义核心价值观。要认真落实意识形态工作责任制，以马克思主义为指导思想，引领一切有益思想文化的涓涓细流汇入主流意识形态的浩瀚大海，营造良好的政风、教风和学风，防范错误思潮在学校抢滩登陆，确保学校和谐稳定、风清气正。”①

学校德育工作管理要始终坚持中国特色社会主义发展道路，没有正确的道路，再美好的愿景、再伟大的梦想，都不能实现；要坚持社会主义办学方向；坚持以马克思主义为指导，全面贯彻党的教育方针，坚持不懈地传播马克思主义科学理论，抓好马克思主义理论教育，为学生一生成长奠定思想基础。“教育领域要成为马克思主义学习、研究、宣传的重要阵地……为巩固马克思主义在意识形态领域的指导地位，推动马克思主义进教材、进课堂、进学生头脑，发挥应有作用。”②

(二)时代性原则

教育要坚持不忘本来、吸收外来、面向未来，既向内看，深入研究关系国计民生的重大课题，又向外看，积极探索关系人类前途命运的重大问题；既向前看，准确判断中国特色社会主义发展趋势，又向后看，善于继承和弘扬中华优秀传统文化，努力培养出更多能够满足党、国家、人民、时代需要的人才。“坚持中国特色社会主义教育发展道路，必须扎根中国、融通中外，立足时代、面向未来；必须不断解放思想、开拓创新，紧扣时代主题，结合中国实际，认真吸收世界上先进的办学治学经验，探索更多符合国情的办法，促进中国特色社会主义教育事业蓬勃发展。”③

---

① 本书编写组：《习近平总书记教育重要论述讲义》，93 页，北京，高等教育出版社，2020。

② 本书编写组：《习近平总书记教育重要论述讲义》，97～98 页，北京，高等教育出版社，2020。

③ 本书编写组：《习近平总书记教育重要论述讲义》，114 页，北京，高等教育出版社，2020。

德育工作管理作为教育事业的一部分，在各个方面具有重要作用，理应具有时代特色，要根据当代社会的要求和未来社会的需要进行。

(三)整体性原则

德育工作管理是一个系统工程，涉及各个方面的工作。德育工作管理必须从系统观点出发，在科学分析整体目标的基础上，全面辩证地处理各要素之间的关系，优化组合学校各方面的力量，以取得最佳的管理效果。学校内部有班主任工作管理、团队工作管理、课堂教学中的德育管理、校园文化管理等。学校外部有家庭德育工作指导、社区德育工作协调等。德育工作管理必须从整体上考虑问题，把各方面力量协调起来，形成合力。

贯彻这项原则的要求是把学校德育工作看成一个有机的整体。学校德育工作管理要把各个部门、各个层次、各个要素的力量组织起来，协调一致地开展德育工作，充分调动各方面的积极因素，努力达到总体最佳效果；努力增强全员的管理育人意识，从根本上转变“管理育人是行政部门人员的事”的狭隘观念，使全校各部门、全体教职工和学生都参加管理，都参与思想政治教育和道德品质教育工作，使德育工作处处有人管，事事有人负责，从而不断提高德育工作管理的效果。

(四)民主性原则

教育教学活动是一种双边互动的活动，是教师“教”和学生“学”的双向互动。因此德育活动也是双边活动，被管理者既是管理的客体，又是管理的主体。管理过程必须提倡民主性，充分发扬民主，主张各个部门、各位教师、各名学生都参与管理。民主管理可以使领导的决策更科学、更合理和更完善；可以充分发挥人的主观能动性，调动学生自我管理的积极性。

(五)实效性原则

德育工作管理要力戒假、大、空，力戒形式主义，一切以学生为本；要提倡实事求是，讲求实效，以较少的投入获得较好的实际效果，通过管理提高德育工作的效率。此原则需要管理者有坚实牢固的知识理论基础，掌握学生的生理和心理特点以及不同学生的不同个性，按照教育规律和学生实际情况，有针对性地组织开展德育工作管理活动。

第三节　德育工作管理的内容与途径

一、德育工作管理的内容

(一)德育工作各途径的管理

德育工作的实施途径是完成德育工作管理任务的具体渠道。“做好学校思想政治工作，既要管好课堂，也要管好课外；既要管好网上，也要管好网下。思想政治工作绝不是单纯一条线的工作，而应该是全方位的，无处不在、无时不在的，融入式、嵌入式、渗入式的，不能搞成‘两张皮’。”[①]中小学对学生进行德育的主要途径有：教学活动、班主任工作、少先队和共青团活动、校外教育工作。德育工作各途径的管理要针对各自的特点和作用进行。

1. 教学活动

教学活动是对学生进行德育的基本活动，是教师“教”和学生“学”的双边互动活动，包括各门学科的教学活动。各科教师都必须明确本学科的德育任务，寓德育于教学过程始终。其中，思想政治课具有较突出的地位和作用，绝不能等同于一般的文化课，更要保证质量。

学校管理者应从以下几个方面加强对思想政治课的管理。首先，明确选任专门的思想政治教师的要求：一是在思想政治上，思想品性好，政治觉悟高；二是在个人素质上，以身作则，具有一定的理论基础，能够帮助学生树立正确的“三观”，符合新时代的教师要求。其次，给予专门的思想政治教师提升的机会。学校管理者要高度重视学生的德育工作，注重思想政治教师业务能力的提升，给专任教师提供学习和深造的机会，开展多种形式的教研活动，为更好地培养学生的素养创造条件。最后，组织教师全面学习党的教育方针政策，结合学生实际情况改进思想政治课的教学形式，努力提高德育质量。

2. 班主任工作

班主任在德育工作管理过程中是主要管理者和主导者。因此，班主任工作对德

---

① 本书编写组：《习近平总书记教育重要论述讲义》，27～28 页，北京，高等教育出版社，2020。

育工作管理有着直接的影响。班主任工作的主要内容如下：首先，班主任的选用，要选择热爱教育事业、政治思想好、关心关爱学生、有坚实知识基础且工作管理能力较强的教师担任班主任；其次，加强学校管理者对班主任工作的管理，提高班主任的思想素质和业务素质，创设班主任学习的机会；最后，组织班主任互相交流、学习，开展班主任专项研讨活动，结合我国新形势下的各项政策，不断提高班主任开展德育工作的水平。

3. 少先队和共青团活动

少先队是中国少年儿童的群团组织，是少年儿童学习中国特色社会主义和共产主义的组织，是建设社会主义和共产主义的预备队。共青团是中国共产党领导的先进青年的群团组织，是广大青年学习中国特色社会主义和共产主义的组织，是中国共产党的助手和后备军。这两个组织的活动在培养学生自我教育能力、自我管理能力和独立思考能力以及创造精神方面，有着自身的特点和特殊的作用，是对学生进行德育的重要途径。

少先队和共青团要做到以下几点：一是要做好相关的工作计划，将德育工作贯穿于其中；二是定时召开学生代表会议，进行学校德育工作管理的协作分工，培养学生的责任心和担当意识；三是学校管理者应重视少先队和共青团的建设，培养和提高学生的独立工作能力和自我教育能力，注重发挥学生的积极性。

4. 校外教育工作

德育工作不仅是学校的工作，还是关乎社会、关乎家庭的工作。学校、家庭和社会三方有机整合，有利于学校德育工作的管理。因此，学校管理者首先要明确认识到三方对学生的重要性，使三方紧密相连、相互协作、相互配合。其次，学校管理者要向家长、社会各方面的有关人员介绍“德育大纲”“学生守则”“行为规范”以及党和国家关于加强学生德育工作的方针政策，宣传和普及教育学生的有关知识，推广成功的教育经验，把德育工作落到实处，争取德育工作管理获得最佳效益。再次，学校管理者要重视对社会和家庭资源的有效应用，将各种资源充分融于德育工作管理中。最后，学校管理者要建设三方协作的管理体系，加强各方面的联系，提高德育工作的管理质量。

(二)德育工作的常规管理

德育工作的常规管理是指按德育工作计划、规章制度对固定活动的经常性管理。这种管理是按事物发展规律进行的，是学校德育工作正常运转不可缺少的管理手段。坚持常规管理有助于保持德育工作的连续性和建立正常教育秩序，对实现德育目标有着重要意义。

一是制定校训校规，培养校风。校训是学校规定的对全校师生员工有指导意义的需要学校所有人共同遵守的训词。它作为学校倡导的一种风尚和行动准则，逐步成为一所学校的特色。校规是学校规定的学生必须遵守的各项规章制度，是学校管理的重要手段，是依法治校的必要条件。校规一经制定公布，就要认真执行，以维护校规的权威性和严肃性。校规的内容主要包括对学生的学习行为、礼貌行为、纪律行为、劳动 卫生行为、仪表行为、互助行为、爱校行为、爱国行为等方面做出的具体明确的规定。校风是学校的风气，体现在学校各类人员的精神面貌上，体现在学生的学风、教师的教风、领导的作风和班级的班风上。学校管理者应把校风及校风制度的建设放在重要位置，努力建好。

二是制定先进班集体评选条件及考核办法，主要包括：优秀班集体的评选条件，班集体建设达标创优考评条件和办法，“文明礼貌良好班”条件和考核办法，“卫生整洁班”条件和考核办法，课间操及课外德育、体育、文娱活动考核要求及措施，升国旗仪式的要求及考评办法等。

三是制定先进个人评选条件及考核办法，主要包括：评选“三好学生”和“优秀干部”的有关规定，表彰“文明学生标兵”的有关规定，评选“‘学雷锋，见行动’积极分子”的有关规定，评选“特优生”的有关规定，学生参加各种单项活动的评选办法等。

四是制定少先队、共青团制度，主要包括：先进团支部的评选条件及奖励办法，优秀团员、优秀团干部的评选条件及奖励办法，先进少先队中队、小队的评选条件及奖励办法，优秀少先队员、优秀少先队干部的评选条件及奖励办法，违纪团员的处理规定，团员组织生活的规定，少先队队会活动的规定，学生参加少年团校、青年团校、预备党校学习的条件和要求等。

二、德育工作管理的途径

（一）组织校本课程开发，促进德育目标的实现

校本课程是德育工作开展的重要载体，在德育中对于培养学生的品格、兴趣、特长，引导学生认知自我、树立信心有很重要的作用，有利于促进德育目标的实现。校本课程的开发是依据学校自身的性质、特点、条件以及可以利用和开发的资源，由学校教育人员与校外团体或个人合作开展的课程开发活动。校本课程开发是

促进教师专业发展的又一条重要途径，因为校本课程开发不仅对教师提出了新的要求，还为教师的专业发展提供了可能。

组织校本课程的开发是德育工作的重要内容。校本课程的开发应以核心素养为课程建构的方向和原动力，明确把握校本课程开发的方向，坚持围绕德育工作目标，将道德与法治和中国传统节日等内容相整合；将学生学习的各门课程与德育内容相整合，结合各个领域充分拓展德育实施的范围，为学生全面发展奠定基础。

(二)开展多彩活动，促进德育管理形式多样化

开展形式多样的课外实践活动也是德育工作的重要途径。丰富多彩的课外活动不仅可以提高学生的知识水平，而且可以培养学生的思想道德品质，丰富学生的实践经验。学校可以组织学生参加社区的义工活动，让学生亲身体验保洁阿姨的辛苦，进而使学生的思想品德得到升华，在潜移默化中受到德育的熏陶。

学生受教育的场所是极为丰富的，无论哪里都可能存在德育过程。新时代学校应大力发扬各大受教育场所的作用，结合德育内容开展相应的活动。学生接受德育是一个将道德观念逐渐内化的过程，仅仅对学生进行说教是远远不够的。由此，学校德育工作的管理者应该开设多种多样的德育活动，让学生在实践活动中感受德育、理解德育。

【要点小结】

1. 德育工作管理的任务有：落实政策，明确地位；制订计划，指明方向；健全制度，提供保障；组织队伍，提高质量；整合资源，促进发展。

2. 德育工作管理的办法有：分析实际情况，抓住管理重点；创设德育环境，促进学生发展；加强教师队伍建设，树立正确榜样；丰富德育内容，提高学生素质；协调三方统一，促进德育管理。

3. 德育工作管理的原则有：方向性原则、时代性原则、整体性原则、民主性原则、时效性原则。

4. 德育工作管理的内容分为德育工作各途径的管理和德育工作的常规管理。其中，德育工作各途径的管理包含教学活动、班主任工作、少先队和共青团活动、校外教育工作的管理。德育工作的常规管理包含制定校规校训，培养校风；制定先进班集体评选条件及考核办法；制定先进个人评选条件及考核办法，制定少先队、共青团制度。

5. 学校德育工作管理的途径有：组织校本课程的开发，促进德育目标的实现；开展多彩活动，促进德育管理形式多样化。

【思考题】

1. 请简述德育工作管理的目的和任务。
2. 结合实际论述德育工作管理的办法有哪些。
3. 请简述德育工作管理的原则。
4. 结合中小学学生年龄特点论述德育工作管理的内容。
5. 请试述德育工作管理的途径。

【案例分析题】

在德育实施途径方面体现多元和特色①

学校德育的实施途径是否多元有新意、是否实践重落实，很大程度上影响着德育工作的成效。中小学校要按照《中小学德育工作指南》要求，把德育工作目标和内容通过课程、文化、活动、实践、管理等途径落实到各方面，并且突出可操作性和特色。

在课程育人方面，学校要积极开发和利用好地方课程和学校课程，要统筹好“德育学科”和“学科德育”，将德育内容落实到各学科课程中，渗透到教育教学全过程。例如，北京市海淀区中关村第三小学将学科德育与日常教研无缝对接，对90分钟的教研时间进行模块化、常态化管理，并对学科德育进行了突出强调，其内容包括：10分钟“学科德育”交流＋10分钟讨论“课堂引导性标准”落实情况＋60分钟“梳理核心课程，重点分析和讲解”＋10分钟“班级活动、师生关系”故事分享。

在文化育人方面，学校要因地制宜地开展校园文化建设，通过优化校园环境、净化网络环境、营造文化氛围等，让校园时时处处都能育人。例如，云南省保山市永昌小学结合云南特色生态文明教育，打造“和美德育年级文化”，六个年级分别用兰花、荷花、梅花、翠竹、红枫、青松六种植物来命名，以激励学生在

---

①　赵福江、龚杰克、李月：《新时期构建学校德育工作体系的思考与建议》，载《中小学管理》，2021(6)。

不同阶段学习不同植物的品格与风骨。在实践育人方面，学校要善于将德育工作与综合实践活动课程紧密结合，通过各类主题实践、志愿服务、研学实践等活动，不断增强学生的社会责任感、创新精神和实践能力。例如，吉林省长春市第二中学秉承"奉献、友爱、互助、进步"的志愿服务精神，通过与社区对接推动"学雷锋"活动常态化，打造出了"心星"学生志愿者服务队及"心烛"青年教师志愿者服务品牌。

【课堂讨论】

请结合材料及《中小学德育工作指南》论述如何在德育工作管理途径中体现出多元和特色。

第十章　体育工作管理

>>> **本章学习目标**

1. 了解体育工作管理的目标与任务。
2. 掌握体育工作管理的方法与原则。
3. 结合实际学习体育工作管理的内容与途径。

第一节　体育工作管理的目标与任务

党的十九大以来，习近平在新时代关于体育工作的指导体系逐渐构建，该体系囊括了体育强国梦、体育改革、竞技体育、群众体育、体育外交等方面的内容，这是新时代体育哲学社会科学新的理论建树，是马克思主义中国化在体育意识形态层面的最新理论成果，是习近平新时代中国特色社会主义思想的重要组成部分。该体系结构完整、内容丰富、逻辑严密，对于加快建设体育强国，完成“两个一百年”奋斗目标具有重大的理论价值和现实意义。[①] 学校体育工作在提高学生身体素质、健康水平，以及促进学生全面发展、丰富学生精神文化生活等方面都有着不可替代的重要作用。搞好学校体育工作，必须要有先进的体育指导思想。另外，学校体育发展还需要有明确的引领目标与适合我国教育的发展计划。

学校体育工作管理是指为了达到学校体育目标，在遵循教育规律和体育规律的基础上，运用管理学的理论与方法，以育人为目的，对学校体育进行计划、实施和检验的活动。

---

① 李可兴、江轶：《习近平总书记关于体育工作重要论述的科学内涵和重大价值》，载《北京体育大学学报》，2018(11)。

一、体育工作管理的目标

习近平强调把满足人民健身需求、促进人的全面发展作为体育工作的出发点和落脚点。[①] 学校体育目标由总目标和具体目标组成。学校体育管理目标是指学校体育管理所要达到的一种状态和结果，主要依据国家教育方针、学校教育目标、学校体育目标、体育功能及体育发展状况来确定。进行学校体育工作管理在于通过发挥管理职能，合理调控资源，最大化地发挥学校体育资源的效用，实现学校体育的总目标和各级具体目标。

学校体育工作开展的目的是不断地提高学生的身体健康水平，这个问题也越来越受到国家的重视。学校体育工作的开展首先要注重提高学生的身体健康水平，通过不断提高学生的身体素质来促进学生的全面发展。

我国学校体育的总目标可归纳为增强学生体质，促进学生身心健康发展，培养学生的体育意识及能力，使学生成为德智体美劳全面发展的社会主义事业建设者和接班人。由此可见，学校体育管理目标的落脚点是提高学生体育素质。体育素质是人在先天因素与后天因素共同作用下形成，通过一定的体育活动形态表现出来的体质基础、心理发展水平、体育文化素养和体育能力等特征。

二、体育工作管理的任务

习近平多次发表重要讲话，“体育承载着国家强盛、民族振兴的梦想。体育强则中国强，国运兴则体育兴”，“体育代表着青春、健康、活力，关乎人民幸福，关乎民族未来”。民族振兴，体育当先，因此，一个健全的人既要有丰富的知识和文化内涵，又要有强健的身体。只有身体素质提高了，中华民族才能屹立不倒。[②] 随着中小学体育教学改革的不断深入，体育教学管理逐渐走向科学化、专业化。作为教学改革的一部分，体育教学管理在其中起着举足轻重的作用。中小学体育教学管理的有效程度直接影响着学生的身心健康水平。中小学体育教学是一项复杂的教育工程，必须调动各方面的积极因素。因此，为促进学生体育素养的提升，为学校更有效地管理体育工作，体育工作管理要完成以下几项任务。

---

① 李晖：《习近平总书记关于体育工作重要论述的 4 个维度》，载《体育科学》，2018(8)。

② 李晖：《习近平总书记关于体育工作重要论述的 4 个维度》，载《体育科学》，2018(8)。

(一)全面学习并落实国家、地方政策

2021年，为全面贯彻落实全国教育大会及《关于全面加强和改进新时代学校体育工作的意见》的精神，教育部印发了《〈体育与健康〉教学改革指导纲要(试行)》，从总体要求、主要任务、组织保障、督导评价、工作要求五个方面做了部署，对进一步深化体育教学改革，指导全国中小学体育教师科学、规范、高质量地上体育课，更好地帮助学生在体育锻炼中"享受乐趣、增强体质、健全人格、锤炼意志"，促进学生身心全面发展具有积极指导作用。《〈体育与健康〉教学改革指导纲要(试行)》以习近平新时代中国特色社会主义思想为指导，旨在全面贯彻党的教育方针，落实立德树人根本任务，树立"健康第一"的教育理念。

基于此，学校体育工作的管理要组织全体教师全面学习《〈体育与健康〉教学改革指导纲要(试行)》的内容，分析我国当前学校体育工作的相关政策，在体育工作管理过程中切实落实我国的教育方针，明确体育工作管理方向，各个管理环节共同向着总目标迈进。

(二)建立并完善体育工作的管理制度

学校各部门和各级领导要根据本校的实际情况制定相应的体育教学管理制度，大力加强规章制度建设，完善各种体育管理工作的政策与规则，对体育教学的管理人员进行详细的分工，制定出全面、科学的管理章程。为管理活动系统、科学地开展保驾护航。学校体育工作管理的主要制度有：体育成绩考核和考勤制度，设备检查、整修和保管制度，学校体育工作文件、资料、档案管理制度等。

提高领导重视程度是中小学体育教学管理工作开展的必要保障。领导要通过学习与培训了解到体育工作管理的重要性与现实意义，认识到体育工作管理对于学校教育的重大作用，加大对体育工作管理的投入。

(三)组织创建并管理体育教师队伍

提高学校体育工作质量的关键是要有重视体育工作的校长及其领导的高素质的体育教师队伍。学校要按照国家定编规定数量，配齐体育教师。教师结构要合理，男女体育教师比例适当。承担体育后备人才培养的学校，要增加适合担任教练的体育教师。缺少体育教师的学校，可采取由班主任上体育课，或采用复式课的办法解决师资不足的问题。学校在有条件的情况下，要尽可能按照标准选用体育教师，以更好地促进学生体育素养的发展。学校还应按照体育条例的要求，加强对体育教师的培养和培训，提高他们的文化、政治、道德、教育、业务素养。对体育教师的职

务聘任、工资待遇应与其他学科教师同等。

(四)健全学校体育工作岗位责任制

校长是实施体育工作管理的决策者，负责制订全校体育工作规划、计划并将它们纳入学校整体规划、计划。校长应领导相关人员制定体育工作岗位责任制，并付诸实施。教务处和教务主任的主要职责是协助校长做好体育工作，定期检查与研究学生的体质、健康状况，广泛征集意见，提出改革体育工作的建议，促进学校体育工作质量的提高；总务处和总务主任的主要职责是做好学校体育工作的后勤保障工作；体育教研组在校长和教务主任的领导下，由教研组组长负责，组织全组教师搞好体育教学和教研以及其他体育工作；体育教师是学校体育工作的骨干力量，是学校体育工作的主要执行者与组织者，主要职责是提高体育课的教学质量，组织好学生的课外体育活动、课余体育训练、体育竞赛，协助学校领导和教研组组长做好各项相关工作；班主任在体育方面的主要职责是全面贯彻教育方针，把体育工作纳入班级工作计划，在体育教师的指导下，教育、督促学生上好体育课，带领学生积极参加体育锻炼，并把思想工作贯穿在各项体育活动中。

第二节　体育工作管理的方法与原则

一、体育工作管理的方法

体育工作管理的一般方法有：政策法规管理法、行政管理法、目标管理法、评估与奖惩管理法等。科学的管理需要强制性的、规范的行政方法和法律方法作为支撑。这些管理方法都属于定性的管理方法，其运用效果主要取决于管理者的技巧与艺术。

(一)政策法规管理法

学校体育工作管理的政策法规工作管理法是运用国家各项有关学校体育工作的法令、条例、决议、规章制度对学校体育工作进行管理的方法，又可被称作法律法规管理法。法律法规由于具有普遍性、规范性和强制性等特点，因此在其适用范围内具有普遍的约束力。关于体育的法律法规、学校体育规章制度，是学校进行体育工作管理的依据，有利于维护学校体育管理秩序，调整各种管理关系，促进学校体育事业的发展。

在体育工作管理过程中采用政策法规管理法，首先要建立和保障正常的管理秩序。管理的目的在于提高系统的功效，实现管理的目标，这些都有赖于人、财、物、时间、信息等管理资源的合理流动。如果通过法律形式把这种合理流动的方式固定下来，通过各种法律规范对各种关系进行调节，就能够建立起正常的管理秩序，使管理活动有效地进行。其次要调节管理主体之间的关系，根据管理对象的不同特点和所承担任务的不同性质，规定不同管理主体在整个管理活动中应尽的义务和职责。最后要把管理活动纳入规范化、制度化轨道。严格执行这些制度和方法，有利于管理系统有效地运转，既可保证管理活动的效率，又可节省管理者的精力。

(二)行政管理法

行政管理法是依靠行政组织的权威，运用行政手段，按照行政系统的规范进行管理的方法。行政管理系统采用命令、指示、规定、决议等行政手段进行管理。行政管理法具有权威性、强制性、针对性和自上而下的纵向性等特点。学校体育工作管理的行政管理法即运用行政组织的职能与手段，对学校体育工作实施管理的方法。

学校体育工作管理利用行政手段可以在短时间内使学校体育工作管理各部门统一目标、统一意志、统一行动，使学校体育工作管理部门制定的方针和政策得到迅速贯彻落实，从而实现对学校体育工作全局的有效控制。行政管理法一般适合处理学校体育工作中的重大问题或者教师无法处理的实际问题。例如，在遇到为学校争取荣誉的体育活动时，需要协调学校各部门的力量，这对体育教师来说就显得有些棘手，必须借助于行政管理法才能很好地完成。行政管理法的时效性强，能及时对具体问题发布命令和批示，较好地处理管理中的特殊问题和管理中出现的新情况。同时，行政管理法也是实施其他管理方法的必要手段。

(三)目标管理法

学校体育工作管理的目标管理法是指依据学校体育工作的有关规划及计划，科学确定出一定阶段的工作目标，并在实施后检查达到目标的程度的一种方法。

目标管理法在体育教学、课余体育训练、学生课外体育锻炼等活动中经常运用。运用目标管理时应掌握实际情况，目标不宜太高，也不能太低。

(四)评估与奖惩管理法

学校体育工作管理的评估与奖惩管理法是指对完成中小学体育工作目标的程度

进行监督、控制，并针对完成情况采取奖励或惩罚的方法。它强调对集体和个人的体育工作成绩进行肯定、表扬，以起到推动学校体育工作的作用。

学校体育工作管理的评估与奖惩管理法是表彰、奖励先进，批评后进的激励办法，因而也可以被称作激励法，是学校体育工作管理中常用的行之有效的方法，符合体育是一种竞技性的活动的特点。

二、体育工作管理的原则

学校体育工作管理原则是学校体育管理者和被管理者为实现预定目标进行管理活动的基本准则，也是处理各种体育事务的理论依据。学校体育工作管理应坚持整体性原则、教育性原则、科学性原则、有效性原则和创新性原则。

(一)整体性原则

体育工作管理应坚持整体性原则。这里的整体性有两层含义。

其一，教育的最终目的是培养人，我国教育方针提出要培养德智体美劳全面发展的社会主义建设者和接班人。整个教育管理体系是一个有机的整体，是由各个子系统有机整合而成的。体育工作管理作为学校教育管理的子系统，首先应服从并服务于学校教育管理这个整体，正确处理好与其他子系统之间、与整体之间的关系，与学校教育管理相适应。其次是学校的领导者、有关部门应该处理好子系统之间、子系统和整体之间的关系，在整个教育管理过程中，重视对各个子系统的管理。各个子系统只有得以发展，才能促进学校管理更高效。

其二，学校体育工作管理也是由各个子系统构成的。按学校体育工作管理的内容分，可以分为体育教学管理、课外体育活动管理、运动队训练管理、体育竞赛管理等子系统。这些子系统虽然各自管理的对象的内容与特点不同，所采用的管理手段和方法也存在区别，但却是相互联系、相互促进、相互制约的。子系统的整合形成了学校体育工作管理的整体，子系统始终以总目标为出发点和落脚点。

(二)教育性原则

体育活动是学校教育教学活动的重要组成部分，教育教学活动基本的特征是教育性，基于此，体育工作管理理应遵循教育性原则。搞好学校体育工作，才能更有效地达到促进学生身心健康、增强学生体质、使学生掌握体育基本知识、培养学生的体育能力的效果，全面完成学校体育工作的基本任务。

学校体育工作管理本身也是一种教育形式。合理的体育管理制度、有效的管理措施、严格的管理要求等，能对学生的体育行为和道德行为起到很好的规范作用，因而能发挥积极的教育作用。加强对体育教学的管理，不仅能更好地完成体育教学的任务，也能教育学生树立为实现中华民族伟大复兴锻炼身体的思想；搞好对课外体育活动的管理，能培养学生的集体主义精神；做好对体育竞赛的管理，能使参加者树立公平竞争的思想，养成遵守规则、尊重对方、尊重裁判的习惯。因此，体育工作管理也是对学生进行教育的过程。学校体育管理者在管理中要严格要求，一丝不苟，以身作则，做好表率。

(三)科学性原则

学校中的一切教育教学管理活动都是一种有目的、有组织的活动，是依据党的教育方针、国家有关教育的法律和法规进行的。学校体育工作管理的科学性原则是指在学校体育工作管理中，一切管理活动都应有科学的依据，采用科学的手段和方法。科学合理的规章制度和工作规程既可保证学校体育管理者正常、稳定地工作，又可使被管理者自觉地完成体育任务，以维护和保证学校各类体育活动正常、合理地进行。遵循科学性原则应注重把握和运用教育规律、体育规律和学生身心发展规律，从而高效地实现学校体育工作管理目标。

(四)有效性原则

管理的目的是在管理过程中，合理地使用人、财、物、时间、空间和信息，以取得最佳的效益。体育工作管理的有效性是以管理效率为评价的主要标准的。管理效率是指人、财、物、时间、空间、信息的耗量与单位效果之比。讲管理效率，就是要用最少的人、财、物、时间、空间和信息获得最佳的效果。因而管理的有效性也可被称作管理的经济性。贯彻有效性原则还要求在实施学校体育工作管理时，对管理工作的效率和效果进行科学的评价。

(五)创新性原则

学校体育工作管理既是一门科学，也是一门艺术。因此，学校体育工作管理既要有组织、有计划地进行，又要鼓励创新，敢于打破常规，拓展管理工作的新局面。第一，在管理体制上创新。改革僵化的学校体育工作管理体制，以保证学校体育工作的高效运转。创新学校体育工作管理体制要求转变管理思想，变革管理组织结构，制定新的规章制度。第二，要在管理技术上创新。管理技术属于软实力，是现代组织的核心竞争力。学校体育工作管理技术要与时俱进，果断摒弃落后的管理技术，大胆寻求和运用新的管理技术。

第三节　体育工作管理的内容与途径

一、体育工作管理的内容

学生作为祖国的未来，其身心健康的发展尤为重要。学校体育工作作为促进青少年身体健康的重要方式，不仅要向学生传授体育文化知识，而且要充分利用体育运动来增强学生的体质。学校体育工作管理内容主要包括体育教师的管理、体育课的管理、“三操”和课外体育活动的管理、运动会的管理、运动场地和设备的管理五项。

(一)体育教师的管理

学校体育工作管理的主导者是教师，体育教师在学校各项体育工作中会直接影响学生各方面的发展，对学生有着指引和导向作用。因此，在学校体育工作管理过程中，体育教师的地位是不可动摇、不可替代的。对体育教师的相应管理要求如下。

第一，体育教师应当热爱学校体育工作，认真贯彻落实《学校体育工作条例》，依法治教，遵守学校各项规章制度，具有良好的思想品德和文化素养；对待学生主动热情，关心爱护学生，不体罚学生；努力钻研业务，掌握体育教育理论和教学方法，积极工作，勇于探索。

第二，学校应在各级教育行政部门核定的教师总编制数内，按照教学计划中体育课授课时数所占的比例和开展课余体育活动的需要配备体育教师。

第三，各级教育行政部门和学校应有计划地安排体育教师参加进修培训；按照国家有关规定，每学年应妥善解决体育教师的工作服装问题以及发放室外津贴，对负责课外活动以及运动训练的教师，按要求计算工作量。

第四，学校要按课程要求配备好体育教师。体育教师要认真执行体育课程标准，依照《体育课堂常规》要求备好课、上好课，制订好教学计划，不断改进教学方法。对教学、教研、训练工作突出的体育教师，学校要给予表彰、奖励。

第五，体育教师要切实组织课间操、课外体育活动和课余训练、体育竞赛，保证学生每天的体育活动时间；认真执教，做好学生安全教育工作，如有伤害事故应与卫生室和班主任联系，及时送医院就诊，并做好事故原因的调查取证工作。

(二)体育课的管理

体育课是我国各级各类学校学生的必修课，是学校体育的基本组织形式，是各项体育活动的基础。中小学体育教学的根本目的在于增强学生体质。《义务教育体育与健康课程标准(2022年版)》提出体育与健康课教学主要有三个总目标：一是掌握与运用体能和运动技能，提高运动能力，二是学会运用健康与安全的知识和技能，形成健康的生活方式；三是积极参与体育活动，养成良好的体育品德。学校管理人员必须抓好体育课这一体育工作的中心环节，努力提高体育课的教学质量。体育课的管理是学校体育工作管理的重要方面。

1. 明确目标，做好计划

学校管理人员应组织体育教师认真学习和贯彻执行《义务教育体育与健康课程标准(2022年版)》。该版课程标准规定了学校体育教学的任务、教材体系和对教学的基本要求，指明了体育教学的基本方向，是国家指导学校体育教学的指令性文件。教师要根据国家及地方颁布的体育政策，遵循学生的身心发展规律和年龄特征，制订学期教学工作计划，做好本职工作。

第一，制订教学工作计划。教师要遵循相关政策和学生的实际情况，遵循学校体育工作的总体安排，根据大纲的要求钻研教材，在学期开始前定好学期教学计划和进度，并根据实际和本校条件，写出下周的课时计划，做好场地器材的安排；要考虑季节和天气变化，将课程做适当的调整和更改，使课程能顺利进行；要特别重视教师的讲解和示范动作，明白做好示范动作是上好体育课的关键，注意集体备课，以便共同研究解决具有代表性的问题。

第二，做好备课基本工作。教师备课不仅要备教材，还要备学生。体育教学工作还要求教师将体育场地和器材纳入备课环节。体育教师要熟悉教材，依据教材分析体育课堂的重难点；要对本班学生的身体健康情况清晰明了，特殊学生特殊对待；要根据各种外界因素提前规定上课的场地和需要的器材，保证学生的基本安全。学校体育工作管理人员要定期对教师的备课工作进行检查，随时了解教师的课堂情况，以便进行指导，后期进行反馈和总结。

2. 制定常规，维持秩序

管理需要以制度为依托。学校体育工作的管理也不例外，需要制定体育教学常规。制定体育教学常规不仅有助于建立体育课的正常教学秩序，而且能加强对学生的思想教育，培养学生守纪律、讲文明、懂礼貌的优秀品质。体育教学常规的内容包括：出勤情况的报告制度，请假手续的规定，安全措施，穿着要求陈列，收检器材和爱护场地的规定，以及教师的言传身教规定等。

体育课是一种放松身心、愉悦心情的教学活动。体育教师要遵循体育课堂的基本特征和学生的年龄特征，制定合理的常规制度，使学生保持身心愉悦，有序地进行体育活动。

3. 及时总结，评价反思

教师要重视对自己教学工作的总结反馈。反馈也是发现问题、解决问题的过程。教师要反馈自己的工作，也要反思这段时间内学生在哪些方面有了提升，哪些方面还存在不足，在不断反思和交流的过程中探索体育教学规律。

(三)“三操”和课外体育活动的管理

“三操”是指学校的早操、课间操和眼保健操，课外体育活动是体育课的继续和补充，是学生进行体育锻炼的重要形式。

1.“三操”的管理

早操的内容一般以广播操为主，也可安排慢跑或提升身体素质的简单练习。通过早操，学生可以锻炼身体，逐渐进入积极活动状态，精神振奋地开始一天的学习。

课间操又称课间体育活动，是学生每天必须参加的一项体育活动，也是校园体育文化建设的重要内容和综合反映。冬季以课间操为主，夏季以早操为主，走读生的早操可在家里进行。场地不足的学校，课间操可在室内，如过道、走廊进行。集体操练要求集合迅速，动作整齐。班级之间可以互相检查、评比，以提高操练质量。离场时要有秩序，不得拥挤，队伍须在离场后散开。

眼保健操可以提高学生的护眼意识，促进眼及头部的血液循环，调节肌肉，改善眼疲劳。做眼保健操要求手法正确，用力得当。全体学生应按照眼保健操图示去完成，以确保科学性与规范性。管理者应安排相应人员进行巡检记录，对表现优异的班级提出表扬，反则提出批评。

2. 课外体育活动的管理

首先，开展课外体育活动应当从实际情况出发，因地制宜。每周安排五次大课间活动，保证学生每天有一小时体育活动的时间。其次，教师在对学生进行体育知识传授的过程中，必须认真推行国家及地方颁布的相关政策文件。再次，学校在体育课教学和课外体育活动的基础上，根据条件建立各种运动队，开展多种形式的课余体育训练，保证训练时间、场地、经费，提高学生的运动技术水平，鼓励学生积极参加各级各类体育竞赛活动，力争取得优良成绩。最后，教师应制订课外体育训练计划，努力克服训练中的盲目性和随意性；对参加课外体育训练的学生，应当安排好文化课学习，加强思想品德教育，并注意改善他们的营养。

(四)运动会的管理

学校运动会的管理是体育工作管理的一部分，是检阅学生体质和运动技术水平、选拔运动人才的好形式。学校管理人员应抓好以下几个环节。

第一，做好前期准备。在运动会开始前要使学生明确认识运动会的目的所在，鼓舞学生积极踊跃参赛，充分激发学生的潜能，让学生明白不仅为自己拼搏，也是为班级争得荣誉。管理者应认真修整场地，检查器材，加强保护措施，防止运动会中伤害事故的发生，在运动会期间始终以学生的人身安全为首。

第二，做好播报工作。在比赛期间，可通过广播或小报的形式及时报道成绩和表扬好人好事，对比赛中出现的不良作风应及时纠正，防止和克服锦标主义。

第三，做好组织工作。在运动会期间，遵守会场纪律和规章。为保证运动会顺利地进行，要对学校教职人员进行详细分工，如运动会由校长主持，体育教研组负责组织和裁判，教职工团队、学生会及各班班委配合。

(五)运动场地和设备的管理

运动场地和设备的管理是体育工作管理的重要内容和基础内容。学校管理人员应努力建好运动场地，充实器材设备；建立体育器材保管室，配专人负责保管维修；制定相关制度，教育学生爱护场地、器材和设备；始终坚持以学生的人身安全为主线，在此基础上最大限度地运用好的设备和安全的场地为学生的体格训练提供条件，激发学生的积极主动性，使之热爱运动。

二、体育工作管理的途径

在中小学学生的身心发展过程中，体育占据重要地位，在促进学生身心健康全面发展等方面有着不可代替的作用。由此，体育工作管理要从新的维度出发去提高学生的体育素养。

(一)组建和培养体育师资队伍

第一，要不断加强中小学体育教学管理人员队伍建设，增加专业管理人员的数量，使管理工作得以更好地开展。第二，提高体育工作管理人员的能动性，充分发挥管理者的能动作用和创新意识，为管理工作的改进提供专业的意见与要求。第三，注重对体育教师敬业精神的培养，安排老教师帮扶年轻教师。第四，要不断地培养管理者的综合素质和业务能力，为管理者创建一些学习、培训的机会，对考核制度加以完善，适当增加考核手段，可选用问卷调查、评选最优、选举投票等多种方式进行考核，以提高管理者的竞争意识，调动管理者的积极性，使每位教师在管理中都能发扬优点、改进不足，在提升教学质量、教学效率的同时，为体育工作管理提供有力的保障。

(二)科学合理地分配体育内容

各学校应明确管理工作的内容，以全局为重，统筹兼顾，不要顾此失彼，尤其是对容易被忽略的教学效果的评价与监督环节，更应重视。体育教学应严格按体育教学大纲的内容开展。为保证教学工作的正常进行和教学质量，体育组要制定《体育教学工作要求》和《课堂教学常规》，并在师生中贯彻实施。有了相关的理论指导，还要有切实的实践活动。学校应大力组织体育教学管理工作，积极调动人力、物力、财力，为体育教学管理工作营造良好的内部环境与外部环境，使体育教学管理工作在良好的氛围中开展。

(三)始终坚持“以学生为本”

学校体育工作管理应顺应时代的发展，坚持现代化理念，始终坚持“以学生为本”，尽量满足学生的个性化需求，以促进学生全面发展。为了确保学校现代体育课程顺利实施，学校应根据实际情况，广开财源，在学校体育管理目标设置、管理方法选择、体育资源开发与配置等方面应体现出以人为本的特点。此外，对体育教师的管理也应坚持以人为本。学校要关心体育教师的切身利益，维护体育教师的合法权益，提供物质上的支持，保持各项体育器材齐全，充分满足全校师生进行各种体育教学和课外体育锻炼的需求。

(四)加大体育经费投入，最大限度地争取财政支持

在中小学的体育教学中，要想保障教学管理工作得以持续、稳定地开展下去，政府、教育部门的财政支持是不可或缺的。只有经费投入充足了，才能保障各项工作的开展，并达到预期的管理效果。因此，学校要加大对体育经费的投入，为管理工作准备充分的专业人员和管理工具，使得管理者在管理工作中可以游刃有余、收放自如。学校单纯依靠经费远不能全面做好管理工作，所以也需要政府和相关教育部门的财政支持。学校应积极地获取政府部门、教育部门的资金投入，为管理活动的开展提供更多的资金保障。

【要点小结】

1. 学校体育工作管理是指为了达到学校体育目标，在遵循教育规律和体育规律的基础上，运用管理学的理论与方法，以育人为目的，对学校体育进行计划、实施和检验的活动。

2. 体育工作管理的任务有：全面学习并落实国家、地方政策，建立并完善体育工作的管理制度，组织创建并管理体育教师队伍，健全学校体育工作岗位责任制。

3. 体育工作管理的方法有：政策法规管理法、行政管理法、教育管理法、评估奖惩管理法。

4. 体育工作管理的原则有：整体性原则、教育性原则、科学性原则、有效性原则、创新性原则。

5. 体育工作管理的内容有：体育教师的管理，体育课的管理，“三操”和课外体育活动的管理，运动会的管理，运动场地和设备的管理。

6. 体育工作管理的途径有：组建和培养体育师资队伍；科学合理地分配体育内容；始终坚持“以学生为本”；加大体育经费投入，最大限度地争取财政支持。

【思考题】

1. 请结合政策要求论述体育工作管理的目的和任务。

2. 请简述体育工作管理的方法和原则。

3. 结合现状论述体育工作管理的内容。

4. 请试述体育工作管理的途径，联系实际阐述不同观点。

【案例分析题】

当前农村学校体育的待解之“结”①

一般认为，农村学生由于拥有广阔的活动天地，课外学业负担相对较轻，其体质状况和体育成绩会优于城区学生。然而事实上，本人在农村学校工作多年，感到农村学生的体育项目优势并不明显，农村学生的体育素质甚至明显低于城市学生。农村学校体育观念落后、相关体育保障设施匮乏、体育师资严重不足、对体育的理

① 刘轶男：《当前农村学校体育的待解之“结”》，载《中小学管理》，2015(2)。

解不足等待解之“结”，已严重影响农村中小学生体质的提升。审视问题之所在，是我们解决问题的基础与前提。

一是观念偏差，部分师生认为农村学生没必要上体育课。国家将体育纳入中考科目之后，城区学校和学生家长的体育意识有所提升，但农村学校对体育重要性的认识并未同步提高。首先，农村学校片面追求升学率的应试教育思想仍然存在。在“一切为中考、高考让路”观念的影响下，凡是与中考、高考成绩关系不大的科目，包括体育都难以得到应有重视。其次，有许多学生，包括一部分教师认为，农村学生进行体力劳动和户外活动的机会较多，没有必要再进行专门的体育锻炼。实际上，体育活动与体力劳动的作用不能等同。体力劳动只能锻炼学生某一部分的身体素质，无法对学生进行全面综合的训练。

二是硬件短缺，农村学校运动场地与体育设施配置多不达标。虽然在推进义务教育均衡发展过程中，许多地区已经对农村中小学进行了诸多投入，但仍有许多农村中小学基础设施建设与国家规定的相差甚远，甚至严重落后。农村学校运动场地的合格率极低，很多学校没有规范的运动场地，只有一块凸凹不平的空旷操场，跑道不规范，面积不达标。究其原因，既与农村建设规划与投资不到位、用于学校建设的土地紧缺直接相关；也与农村学校整体建设布局不合理、缺少专业的建筑设计有关。同时，许多学校体育基本运动器材配置的情况也不理想。例如，有的学校购置了一系列体育设施，但只关注表面的装饰效果，没有关注到是否切合师生的实际需要，导致器材使用率不高。有些学校体育设施寥寥无几，且年久失修，基本无法正常使用，如双杠、单杠、山羊、跳箱等体操器械基本没使用过。有些学校由于教学管理水平较低，体育用品被闲置在器材室里，甚至因长时间无人维护而损坏。

三是师资薄弱：体育教师数量不足、专业水平低下。农村学校尤其是农村小学体育师资队伍十分薄弱。其一，农村中小学体育教师的数量普遍不足，一小部分学校甚至没有体育教师，无法按国家规定课时量开足体育课程。其二，大多数学校的体育教师由没有经过专业训练的教师兼任，即便有专职体育教师，也多半是由无法胜任其他主课教学的教师担任。其三，师范院校体育专业科班毕业的学生到农村小学任教后，在正规院校毕业生匮乏的农村学校比较受重视，多半会改教其他学科。如此，农村学校体育教学质量低下成为必然。

四是理解偏差：未认识到学校体育的独特价值。社会上的一些认识误区也影响了农村中小学体育工作，主要表现在这样几方面：其一体育与健康教育混淆在一些教师心目中，学校体育与健康教育相近，甚至出现了把学校体育等同于健康教育的认识。实际上二者虽然都强调"健康第一"，但健康教育"是以传授健康知识，建立卫生行为，改善环境为核心内容的教育"，而学校体育则是让学生通过积极主动的身体活动来锻炼身体，增强体质。许多农村学校认为只要学生身体健康，没有疾病，就没有必要在体育课上"费功夫"，这就是忽视了二者的区别，没有认识到体育课对学生发展的独特价值。其二将体育局限于校内促进学校体育的发展，仅靠几节体育课和学校体育活动还远远不够。它必须以学校为龙头，以社会为平台，以家庭为基础，把学校、社区、家庭三方力量有机结合起来，形成"一体化"的学校体育网络才能取得实效。但我们经过多次调查发现，超过八成的学生的课外活动以看电视、玩游戏、上网、看书为主，只有19.8%的学生会在课外进行体育活动。学校对学生在校外的体育活动关注严重不足。其三"终身体育"意识不强，体育应当贯穿人的一生，学校体育应为学生进行终身体育活动奠定基础。所谓"终身体育"的指导思想，是指以培养学生终身参与体育活动的能力和习惯为主导的思想。"终身体育"的含义包括两方面的内容：一是使体育成为一个人一生中始终不可缺少的重要内容；二是以体育的体系化、整体化为目标，为学生在人生不同时期都能进行体育活动打下良好基础。目前许多农村学校的体育教学，还是将体育视为"学习阶段的体育"，还没有将体育的重要性提高到"终身体育"的高度上来，这直接影响了农村体育教学的实效性和可持续性。

【课堂讨论】

请结合农村体育现状，联系体育工作管理的方法和途径谈谈如何对农村体育工作进行有效性管理。

第十一章　美育工作管理

>>> **本章学习目标**

1. 明确了解美育工作管理的目标与任务。
2. 学习掌握美育工作管理的方法与原则。
3. 结合实际学习美育工作管理的内容与途径。

第一节　美育工作管理的目标与任务

美育是培养学生认识美、感受美、鉴赏美、表现美和创造美的能力的教育，也是审美教育、美感教育以及美学教育的简称。新中国成立初期，美育在我国学校中占有一席之地，是全面发展教育的组成部分。1952 年 3 月教育部颁发的《幼儿园暂行规程（草案）》《小学暂行规程（草案）》和《中学暂行规程（草案）》，都规定对学生实施智育、德育、体育、美育全面发展的教育，并对各阶段的美育提出了不同的任务和要求。这些规定在很大程度上保证了学校美育的实施，有力地推动了那一代学生全面和谐地成长。1957 年以后的 20 年间，教育方针中不再提美育了，只提德、智、体三育，美育从此不再具有独立地位。党的十一届三中全会后，美育重新得到提倡，在教育体系中应有的地位得到恢复。“五讲四美”活动的开展使美育的作用受到了进一步重视。

党的十八大以来，“改进美育教学”与“传承和弘扬中华美学精神”成为我国基础教育改革和创新的重要内容。在 2018 年全国教育大会上，习近平强调，要“坚持以美育人、以文化人，提高学生审美和人文素养”①，美育受到前所未有的关注。实施

---

① 本书编写组：《习近平总书记教育重要论述讲义》，65 页，北京，高等教育出版社，2020。

美育是培养全面发展的社会主义新人的需要，是建设社会主义精神文明的需要。在学校工作中，美育占有重要地位。美育的实施涉及学校工作的各个方面、各个阶段。要取得好的整体效应，必须加强对美育工作的管理。

一、美育工作管理的目标

美育是全面发展教育不可缺少的组成部分，具有促进德育、智育、体育和劳动教育发展的积极作用。新时代高度重视培养德智体美劳全面发展的社会主义建设者和接班人这一目标。“五育”之间是相互联系、相互依存、相互渗透的。美育可以育德，高尚的道德行为与追求美的理想是密不可分的，人们在倾心审美的过程中也在净化自己的心灵；美育可以启智，审美活动可以充分调动大脑积极思维，提高人的智力水平；美育可以促健，体育是健与美的结合，按照美的规律进行锻炼和训练，能使人逐渐具有形体美；美育有助于学生掌握劳动技能，鼓舞学生的劳动热情，激励学生用自己的双手创造美好的劳动成果，创造美好的社会生活。美育是以形象思维和情感因素为主的活动，有自己的特点和功能。没有美育的教育是不完整的教育，这是对美育的作用及其地位的高度概括。

美育工作管理的目标有以下几点。首先要培养学生感受美的能力，也就是通过感官反映客观存在的美，产生美感；其次要培养学生鉴赏美的能力；最后要培养学生表现美和创造美的能力。制定目标应依据新时代背景、国家及地方的相关政策、学校的实际情况，明确在某一阶段应当使学生的审美能力达到怎样的水平。学校管理工作要给美育管理应有的地位，学校管理目标体系中应包含美育管理目标，全校总体工作计划中应有实施美育的具体安排，以便使全体师生对美育的实施有明确的方向，有进行美育的具体依据及评价美育成效的标准。

二、美育工作管理的任务

《中国教育改革和发展纲要》特别强调：“美育对于培养学生健康的审美观念和审美能力，陶冶高尚的道德情操，培养全面发展的人才，具有重要作用。”美育是其他教育不能替代的。美育工作管理要求学校管理者按照美的规律来管理学校，使学校师生员工身心和谐健康发展，使校园环境美丽整洁，使学校有良好的校风、校貌。总之，美育工作管理既是学校管理强有力的手段，又是取得良好管理效果的必然要求，其价值是独特的，是其他教育不能代替的。明确美育工作管理的重要性，加强对学校美育的管理，对于学校管理者来说是十分必要的。美育工作管理的任务有以下几个方面。

(一)端正指导思想，提高认识水平

学校美育工作管理的首要任务是使全体领导和教职工确立德智体美劳“五育”并重的管理思想，使教职工对于美育与学生全面发展、美育与精神文明建设、美育与各科教学和校园环境建设等有一个正确的认识。中央美术学院百年校庆之际，习近平给学校老教授亲切回信。信中指出：“做好美育工作，要坚持立德树人，扎根时代生活，遵循美育特点，弘扬中华美育精神，让祖国青年一代身心都健康成长。”① 美育教学生以美的语言、美的行为陶冶道德情操。管理者要加深对学校美育含义的理解，真正把美育落到实处，这是学校美育工作管理的首要内容。管理者除了自己从对国家和民族负责的高度认识美育的必要性和重要性外，还要通过广泛深入地宣传教育，提高学校全体教职工对美育的认识水平，树立正确的审美观点，认清学校美育的特点和规律，明确学校美育的任务。

(二)确保党的教育方针全面落实

全面贯彻和落实党的教育方针，是学校管理者的重要职责，也是学校管理的基本任务。青少年是祖国的未来，对青少年一代开展美育有助于形成良好的社会风气。加强学校美育工作管理，不仅是全面贯彻落实党的教育方针的需要，也是社会主义精神文明建设的需要。学校管理者应下大力气把美育抓好，使学生得到全面和谐的发展。

(三)制订科学合理的美育工作计划

为了保证美育的实施具有计划性，增强美育工作管理的效果，学校要制订美育工作计划，根据培养目标、美育规格、学生审美心理的发展和审美观的形成的规律，对不同年级美育的任务和要求、内容与途径、程序与时间安排等做出具体的规定，使学校美育的实施有依据。制订美育工作计划是实现美育目标不可缺少的具体步骤和措施。美育工作计划包括美育的任务、内容、方法、程序和要求。学校要把美育工作计划列入学校整体工作计划，在实施过程中还应有检查、指导、督促，以保证美育工作计划的落实和美育任务的完成。

---

① 《习近平给中央美术学院老教授回信强调 做好美育工作弘扬中华美育精神 让祖国青年一代身心都健康成长》，载《美术》，2018(10)。

(四)创建并培养美育师资队伍

学校中的教育教学活动是以教师为主导的，美育活动当然也不例外。学校美育教师的素质状况会直接影响学生的审美能力和创造才能的发展，建设一支精干的美育师资队伍是搞好美育工作的重要条件。首先，要提高教师对美育工作管理在学校工作管理中的地位的认识，转变教师的观念；其次，提高教师的审美素质，优化师德风范，要求教师在仪表风度、行为举止、接物待人等方面成为学生的楷模；再次，学校要按照不同情况、不同方式致力于对教师美育素质的培养，采取各种方式让他们参加进修；最后，要用请进来、送出去等方法培养教师多方面的审美能力，结合学校实际情况，最大限度地培养美育师资队伍，维护美育教师的自身权益。

(五)加强对美育工作管理的组织领导

学校在组织管理过程中，从校长、教导主任到教研组组长、年级组组长，再到每一位学科教师，在确立他们的岗位职责时都应赋予他们美育工作管理的任务。美育意识应该渗入学校每个成员的内心和每项工作的全过程。中小学可设立美育工作领导小组，成员由学校领导、团队干部、学科教师以及部分班主任组成，负责制订美育工作计划并认真组织实施。学校按照实际情况，还可聘请校外专家和有特长的家长组成顾问组或辅导组，指导开展艺术教育方面的工作。这样就形成了校内外美育工作管理的组织网络。由于美育与德育之间的密切联系，因此学校美育工作领导机构要坚持以立德树人为根本，特别注意和德育工作领导机构的联系，将德育思想贯穿于美育工作管理过程中的各个环节。习近平强调："立德树人是中国特色社会主义教育事业的根本任务。学校办学要始终牢记为党育人的初心，坚定为国育才的立场，以树人为核心、以立德为根本，培育和践行社会主义核心价值观，努力培养担当民族复兴大任的时代新人，培养德智体美劳全面发展的社会主义建设者和接班人。"①美育的管理要始终贯彻习近平提出的教育论述，切合新时代教育思想。

---

① 本书编写组:《习近平总书记教育重要论述讲义》，44 页，北京，高等教育出版社，2020。

第二节　美育工作管理的方法与原则

一、美育工作管理的方法

(一)榜样示范法

榜样示范法是指给受教育者树立学习和模仿的榜样，以他人的优良行为、积极向上的思想去影响受教育者的一种方法。在美育工作管理过程中，榜样示范法主要是指教师树立正确的榜样影响学生。教师在美育工作中的榜样示范包含内在和外在两个方面。内在方面更多是指美育思想，外在方面更多是指教师的仪容仪表和教态行为等。学生会模仿教师的一言一行、一举一动。基于此，教师应以身作则，规范自己的言行举止，为学生审美能力的发展提供条件和基础。“亲其师，信其道”阐明了教师为人师表的作用。教师在行为、语言、心灵上表现出对美的追求，在世界观、人生观和价值观方面表现出对真、善、美的追求，在学识和品格上不断丰富完善，这些都能激发学生对美的向往。

(二)目标管理法

目标管理是指由下级与上司共同决定具体的绩效目标，并且定期检查目标完成情况的一种管理方式。目标管理体现了现代管理的哲学思想，是领导者与下属之间双向互动的过程。美育工作管理的第一步就是制定管理目标，有了目标，整个管理过程就有了明确的方向，因此目标管理法具有指向性、目的性等特点。

(三)情感陶冶法

情感陶冶法是指教师利用高尚的情感、美好的事物和优美的环境感染和熏陶学生的方法。在美育工作管理中，情感陶冶法主要是运用以境染情、以境触情、以境陶情的原理对受教育者进行耳濡目染、潜移默化的影响，使受教育者在认识上和情感上逐渐完善。情感陶冶法包括以下几种。

一是人格感化，这是教育者以自身的品德和情感对学生进行陶冶的方法，即教育者通过真诚的、无微不至的关心爱护及高尚的人格来触动、感化、熏陶学生，促进学生转变思想，积极进取。

二是环境陶冶，即通过创设良好的学习和生活环境，或者创设教育情境或氛围，使学生产生情感上的共鸣，长期受到熏陶，逐渐形成良好的美育素养。比如，美观清洁的校园，明亮整洁的教室，学校的文化长廊，矗立在校门口的名人的雕塑，贴在墙上的名人名言，有秩序、有节奏的教学活动和作息安排，良好的班风和校风等都可以使学生受到熏陶。环境陶冶是情感陶冶的重要组成部分，美育工作不是仅对学生进行说教就能完成的，还需要运用环境对学生进行熏陶，让学生在环境中感受美、鉴赏美、表现美和创造美，从而提高学生的美育素养，提高学校美育工作管理的质量。

三是艺术陶冶，即借助于音乐、美术、诗歌、小说、影视等艺术手段创造的生动形象感染学生，使学生在欣赏、评论、创作及演出过程中受到熏陶。比如，组织学生阅读文学作品，聆听音乐，欣赏画展，观赏影视等。艺术陶冶是美育工作管理的高级阶段，学校的美育工作不仅需要通过美术课堂去传授美育相关的知识技能，还需要通过多彩多样的活动去提升学生的美术欣赏能力，从而使学生更好地表达美。

二、美育工作管理的原则

美育工作管理的原则是进行美育的指导思想和应遵循的基本要求，是学校美育及其管理的客观规律的反映，也是美育工作管理理论的重要课题。美育工作管理的原则是根据美育的目的、特点和规律制定的，也是美育工作管理实践经验的概括和总结。随着美育的发展及美育工作管理理论研究的深入，美育工作管理原则更加科学，更具应用性。美育工作管理具有以下几个原则。

(一)整体性原则

整体性原则要求学校对方方面面做整体思考和通盘设计、安排，发挥综合功能和整体育人效应。实施美育必须从国家的教育目的出发，促使学生德智体美劳诸方面全面发展，面向全体学生，全面完成美育任务。管理者要科学安排有关美育的各项活动，落实内容，确保质量。教师在审美教学活动中起主导作用，在校园文化建设中起着设计师和导向及榜样示范作用。学生参与校园文化建设有着极其重要的教育意义。进行美育不能只限于对优秀学生的培养，也不能只依靠音乐教师、美术教师等少数教师，而要动员各方面的力量，并注意协调各方面的教育影响；不能把美育只局限于音乐课、美术课，而要充分发挥各科教学、课外活动和社会活动的巨大作用。

贯彻这一原则要求学校管理者认识到，审美是一个多层次、全方位的系统工程，不仅要把美育渗透到教学领域，努力挖掘和利用各科教学中的美育因素，而且要鼓励学生参与建设整洁优美、富有教育意义的环境，参与创造团结友爱、和谐一致的班风、校风。

(二)形象性原则

实施美育必须重视美育活动的可感受性，运用生动的、可直接感知的形象、艺术品、榜样等感染学生。这一原则是由美育本身具有形象性、感染性和艺术性的特点决定的，也是青少年的思维特点所要求的。贯彻这一原则切忌一味地进行空洞的理论说教，要强调运用形象生动的例证和榜样的作用，引导学生自然而然地进入美的境界。只有如此，才能充分展示美的力量，感化教育对象。

美育工作内容的艺术性要求艺术形象完美，有较高的审美价值。美育工作内容的思想性和艺术性统一要求在运用艺术手段实施美育时首先要考虑艺术作品具有积极向上的、正确的、先进的思想内容，同时要求表现内容的审美形象生动鲜明，有感染力和说服力，能激发学生的想象和情感。贯彻这一原则要注意选择那些在思想上和政治上积极向上的、艺术性高的作品，密切结合具体的美的形象去激发学生的思想情感，寓思想教育于美的形象、美的欣赏之中。

(三)实践性原则

教师在向学生传授美的基础知识和基本技能时，要培养他们认识美、感受美、鉴赏美、评价美、表现美和创造美的能力。美育本身的价值只有通过一系列的审美实践活动才能充分发挥出来。美育的实践活动具有广泛性，可分为两种。其一，在学校内开设各种美育专业课程，如艺术欣赏课、美学理论课等。其二，组织学生到校外进行广泛的美育实践活动。例如，春游、秋游，到各个景点去游玩，感受自然界的美；组织义务活动、慰问孤寡老人活动等。

贯彻这一原则应注意把美的理论与实践密切结合起来，大力开展各项活动，并寓美育于各项活动之中，培养学生感受美、鉴赏美、表现美和创造美的能力，引导学生在各种实践活动中感受、理解什么是真、善、美，什么是假、恶、丑，从而树立正确的审美观念。

(四)情感性原则

审美活动是理解美的对象时的情感活动。美育的特点之一是以美感人，以情动人。因此，在实施美育的过程中，教师必须重视激发学生的情感体验，引导学生深入作品的意境和角色，创设具体的审美情境，无论是电影、戏剧、小说、诗歌的欣赏，还是音乐、绘画的欣赏，都应当引导学生设身处地地体验艺术形象和艺术家本人的思想情感。对于中小学生来说，这种情感性的作用更为突出。为此，教师在贯彻这一原则时，在引导学生直接感受和享受美的同时，要注意引导学生对美的形式和内容进行分析和理解，掌握有关审美知识。

(五)渐进性原则

实施美育工作时必须充分考虑学生的年龄特点、身心发展规律、知识基础和接受能力，采用相应的方式，提出不同层次的要求，逐步达到学校美育的目的。例如，小学低年级以美感教育为主，小学中、高年级可以把美感教育和审美能力的培养有机地结合起来；对中学生要逐步培养他们评价美、表现美和创造美的能力。此外，要注意对不同年龄的学生采用不同的教育方法。例如，小学低年级的美感教育可从个人衣着、仪表、坐立行走姿势、讲礼貌、绘画入手，对于小学中、高年级学生可指导他们阅读浅显易懂的文学作品、参加各种活动；对于中学生可指导他们通过学习美学基础理论来提高他们评价美、表现美和创造美的能力。

第三节　美育工作管理的内容与途径

一、学校美育思想的管理

随着社会的不断发展，美育的地位越发重要。但仍有一部分学校没有真正地重视美育工作，将美育工作流于形式，这表现出学校管理者及教师还没切实贯彻正确的美育思想。在美育工作管理过程中，应加强对美育思想的管理。

(一)充分认识美育的重要性，转变美育可有可无的观念

教师在教育活动中要始终明确德育、体育、智育、美育、劳动教育是缺一不可的，既是一个整体，又是相对独立存在的个体；美育是学校全面发展教育的重要组成部分，在管理过程中要促进学生全面均衡发展。如果说没有美育的教育是不完整的教育，那么没有美育工作管理就是不完整的学校管理。因此，加强学校美育工作管理具有多重意义。

(二)正确理解美育教学内容，转变美育增加负担的观念

中小学美育的内容主要有：对学生进行文学、音乐、图画、戏剧、电影、舞蹈及其他艺术教育，组织学生对自然美进行观察与鉴赏，引导学生感受社会生活之美、劳动之美。《义务教育艺术课程标准(2022年版)》关于艺术教育内容的要求提出艺术教育课程应贯穿于义务教育的全过程，并对所设置的门类和课时做了详细规定。新的艺术课程标准涵盖了五个学科，在原有音乐、美术课程建设成功经验的基础上，新增设了三个学科——舞蹈、戏剧(含戏曲)、影视(含数字媒体艺术)。这既是对艺术教育理念、课程内容的更新，也是对育人方式转变的反映，旨在注重对学生核心素养的培养。各种艺术实践过程能够有效地促进学生创造性思维能力、动手能力及合作能力的发展，并最终帮助学生将创意表达能力应用于其他科目的学习及日常生活，使学生终身受益。其实许多证据都显示艺术能够使学生身心放松，更轻松地学习并掌握其他学习技能。学生在繁忙的一日学习中抽出一堂课来学习音乐、绘画等，能更好地放松自己疲惫的大脑。

(三)树立"五育"并举的理念，转变教学只需智育的观念

在学生受教育的过程中，智育固然重要，但促进学生德智体美劳全面发展才是关键。"五育"既是相互联系的整体，又是相互区分的个体。美育在学生身心发展过程中有着不可或缺的作用。管理者要将美育思想贯穿于美育工作管理中，培养学生发现美、认识美、感受美、鉴赏美、表现美和创造美的能力，让学生知道美的多样性，将美育和智育等同起来。

二、教学中的美育工作管理

中小学的所有学科都具有美育的因素，学校管理者要引导教师认真挖掘自己所教学科的美育内容，有计划地对学生进行审美教育。教学中的美育工作管理是十分重要的，应注意以下几个方面。

(一)艺术学科教学中的美育工作管理

中小学进行美育的主要途径是以音乐课、美术课教学为主线，融入舞蹈、戏剧、影视等。音乐是以音响、节奏和旋律等来塑造艺术形象的艺术，美术是以绘画、雕塑和工艺等来塑造艺术形象的艺术，它们以典型的艺术形式对中小学生进行基础艺术教育。音乐、美术除培养学生的唱歌和绘画技能外，还着重培养学生的审美情趣和审美能力。抓好艺术教育管理，应采取以下措施。

第一，制定总体规划，确定管理人员。首先，学校应根据《义务教育艺术课程标准(2022年版)》及本校实际制定艺术教育规划，加强宣传，切实确立艺术教育在学校中的地位。其次，学校应确立分管艺术教育的校长、主任，便于在当地行政部门和上级艺术教育管理机构的指导下，督促学校贯彻执行美育方针。

第二，加强教师队伍建设，提高师资水平。国家除了要调整现有艺术师范教育专业、多培养艺术教育师资之外，还要发挥教师进修院校的作用，举办艺术教育师资短训班。学校要采取各种得力的具体措施，稳定艺术教育师资队伍，切实维护其权益，在评职称、评先进、奖励、改善工作条件等方面采取相应措施，鼓励艺术教育教师终身从事艺术教育事业。

第三，加强艺术教研活动的开展和美育设施的建设。学校管理者要积极配合教研部门，检查艺术教师备课、上课的情况，保证艺术教师能参加艺术教研和培训活动，定期组织艺术教学经验交流，切实改变那种音乐课只教唱歌、美术课只教绘画的单一局面。美育设施建设主要包括开展艺术教育所需的各种器材和音乐、美术专用教室及文娱活动场地。学校要根据实际情况，最大限度地给美育设施建设提供条件。

(二)其他学科教学中的美育工作管理

除了艺术学科教学之外，其他学科从内容到形式也都具有丰富的美育因素。语文教学可培养学生对文艺作品的审美鉴赏能力和审美表达能力；体育课、劳动技能课有形体美、心灵美的因素；地理课、生物课等有自然美的因素；政治课、历史课等有社会生活美、人物形象美的因素；数学课、物理课、化学课等有对称、均衡、严密的逻辑推理美的因素。这一切无不对学生起着感染熏陶的作用。在这些学科教学过程中，教师生动简练的语言、工整流畅的板书，学生整齐的作业、良好的学风，都是美育的重要内容，都能潜移默化地给学生以美的熏陶，使学生耳濡目染地受到教育。

课堂教学活动过程的美育性质与专门的美育课程的美育性质不同，前者的主旨在于培养学生对智力活动本身的审美兴趣和能力，促进学生的智力发展。后者在于培养学生对客观事物的审美兴趣和能力，使学生能够欣赏美、创造美。抓好学科教学中的美育管理工作，应采取以下措施。

第一，创设和谐的课堂氛围。首先，和谐的情感交流是课堂教学活动审美化的首要标志。教师态度和蔼，讲述生动有趣，学生听课就精神饱满。其次，维持课堂秩序。课堂教学应该按学生兴趣、需要进行，充分激发学生的学习主动性。最后，要有张弛结合的课堂节奏。课堂节奏是为了适应学生学习的心理特点而对教学进度与结构做出艺术化安排和调整的结果，能够给学生带来精神上的振奋和愉悦。

第二，使课堂教学艺术化。学科教学的艺术化是对学生身心进行陶冶的一种形式。艺术化包括教学内容组织的艺术化和教学活动过程的艺术化。教学内容组织的艺术化包括：以阐明基本概念、规律为依托，合乎学生的知识经验、理解水平和智力发展的可能，结构合理地组织教学内容。从教学活动过程的艺术化来看，它体现在教学活动各个环节之中。不同类型的课堂具有不同的结构，它们之间的相互关系和时间比重互不相同。课堂教学整体结构巧妙安排，是学科教学活动中美育工作管理的重要内容。

(三)课外活动中的美育工作管理

中小学的课外活动是进行美育的重要形式。课外活动中美育的形式丰富多彩，有阅读课外文学作品，观看电影、戏剧，开展兴趣小组活动、节日活动，参观，旅游，远足等。学校管理者要根据美育的要求和学生的年龄特征，激发学生参与的积极性，提高他们的审美水平和创造美的能力，发展他们的艺术才能。抓好课外活动中的美育工作管理，应采取以下措施。

首先，要处理好课堂教学和课外活动的关系。课堂教学和课外活动是学校教育教学工作的两个组成部分。二者相互渗透，相互促进。强调课外活动的重要性和美育意义的同时，不可因此而削弱或轻视学科教学。理想的课外活动应当与学科教学组成有效的教学体系。教师要把课外活动引进课堂，使课堂生动活泼；在课外活动中着重于知识的综合运用，丰富学生的感性认识和生活经验，为学科教学打好基础。

其次，教师要正确认识学生的审美兴趣。在课外活动中发现和明确学生的审美兴趣所在，需要教师不断探索才能实现。学生的审美兴趣随着知识面的扩大和能力的增强而变化、发展。

最后，管理者要对课外活动的时间进行分配，在教学活动管理中合理地将教学活动进行动静搭配，文化课的教学和课外活动穿插进行，合理调节学生的精神状态，使学科教学专业化、系统化，课外活动多样化、综合化。

三、日常生活中的美育工作管理

日常生活中有各种各样的美，日常生活也是实施美育的一条重要途径，因此日常生活的美育工作管理不可被忽视。日常生活中的美育工作管理主要包括以下三方面内容。

(一)教师的美育工作管理

对学生来说，教师是最直接的榜样，教师的榜样示范在美育工作中有不可估量的作用，这就要求教师按照美育工作的要求，正确对待自己的衣着、仪表、行为举止，提高识别能力，抵制不健康审美观念的影响。做好教师的美育工作管理，需要抓牢以下几方面的工作。

第一，注重教师的外在美。外在美包含教态美、外貌美。教师的仪表包括教师的精神面貌、行为举止、言谈风度以及服饰妆容。教师要衣着朴素整洁，举止大方，在教学中不仅精神振奋，教态亲切，有长者风度，而且要有良好的卫生习惯。

第二，注重教师的内在美。内在美包含职业道德美、心灵美。它要求教师热爱教育事业，关心关爱学生，以身作则，始终坚持以教书育人为本，促进学生全面发展。由于中小学生的可塑性、模仿性强，因此教师的表率作用就显得特别重要。教师的一言一行、一举一动都会对学生心灵产生影响。由此，教师要加强自身的审美修养，为学生树立良好的榜样。

第三，培养教师的专业素养。学校管理者要通过开展各种活动培养和提升教师的美育专业素养。教师要始终保持终身学习的理念，在不断的学习和研究中探索规律。只有这样，教师才能更好、更有效地培养学生的美育素养，提升美育工作的管理质量。

(二)校园环境的美育工作管理

校园环境不仅包括自然环境，而且包括心理环境。美育的一个重要特点就是潜移默化地使学校成员于不知不觉中受到教育。整洁美观的校园环境，秩序井然的活动，团结友爱、文明礼貌的风气，不仅能使师生产生舒服的感觉，而且对学生的情操和行为习惯的陶冶有着不可估量的作用。抓好美化学校环境的工作，需要做到以下几个方面。

第一，对校园环境的创建做总体规划。校园建筑及辅助设施建设要有时代气息和审美情趣，在规范化、标准化的基础上要有自己的文化风格，无论是形式还是色彩都应给人一种愉悦的心理体验。在实施过程中，学生也可参与其中。

第二，根据学校实际情况创设环境。校园环境的创设要贯彻勤俭节约原则。管理者要根据本校实际情况创设环境，避免铺张浪费，可以组织师生员工共同建设校园环境。

第三，用正确的管理理念创设校园环境。管理者在校园环境的创设中要坚持用“以美启智、以美修德、以美育人”的理念构建校园美育文化，给学生提供令人身心愉悦的多种感官刺激，帮助学生积累美的感性认识，陶冶学生的性情，提高学生对美的审视能力和判断能力。

【要点小结】

1. 美育工作管理的任务有：端正指导思想，提高认识水平；确保党的教育方针全面落实；制订科学合理的美育工作计划；创建并培养美育师资队伍；加强对美育工作管理的组织领导。

2. 美育工作管理的方法有：榜样示范法、目标管理法、情感陶冶法。其中，情感陶冶法包括人格感化、环境陶冶、艺术陶冶。

3. 美育工作管理的原则有：整体性原则、形象性原则、实践性原则、情感性原则、渐进性原则。

4. 美育工作管理的内容和途径包含：学校美育思想的管理、教学中的美育工作管理、日常生活中的美育工作管理。

5. 学校美育思想的管理包括：充分认识美育的重要性，转变美育可有可无的观念；正确理解美育教学内容，转变美育增加负担的观念；树立“五育”并举的理念，转变教学只需智育的观念。

6. 教学中的美育工作管理包括：艺术学科教学中的美育工作管理、其他学科教学中的美育工作管理、课外活动中的美育工作管理。其一，艺术学科教学中的美育工作管理包含制定总体规划，确定管理人员；加强教师队伍建设，提高师资水平；加强艺术教研活动的开展和美育设施的建设。其二，其他学科教学中的美育工作管理包含创设和谐的课堂环境，使课堂教学艺术化。其三，课外活动中的美育工作管理包含要处理好课堂教学和课外活动的关系，教师要正确认识学生的审美兴趣，管理者要对课外活动的时间进行分配。

7. 日常生活中的美育工作管理包括：教师的美育工作管理、校园环境的美育工作管理。其一，教师的美育工作管理包含注重教师的外在美和内在美，培养教师的专业素养。其二，校园环境的美育工作管理包含对校园环境的创设做总体规划，根据学校实际情况，用正确的管理理念创设校园环境。

【思考题】

1. 请结合政策要求论述美育工作管理的目的和任务。

2. 请结合实际论述美育工作管理的方法和原则。

3. 美育工作管理的内容有哪些？应采取哪些相应的管理途径呢？

4. 结合实际谈谈美育工作管理的途径还有哪些。

【案例分析题】

当代学校美育的异化和迷失①

以美育人，培养学生的审美情趣和人文素养，是各级各类学校美育应该达到的基础性目标。然而当下学校美育评价体系的缺失和以升学率为主要考核标准的客观现实，使得学校美育走向了异化和迷失。

1. 学校美育的技艺化倾向

音乐、美术类课程是学校传统的艺术类课程，但这些作为美育主要渠道的艺术类课程，在课堂上更多是教授唱法、画法之类的技能，很少涉及艺术素养的浸润。有研究者在调查中发现：低年级音乐课主要以教唱为主，偶尔涉及基础音乐知识，然后就是维持班级秩序，至于学生是否体会到了作品的意义和美感就不那么重要了。“老师关注的只是音唱得准不准、拍子节奏是否到位，模仿老师的范画‘像不像’等。”对于学校的各种艺术兴趣班和社团的调查发现，在不少学校，这类艺术兴趣班和社团不是面向全体学生的，而是面向少数有“艺术基础”或者“艺术特长”的学生的。这部分学生承担着在上级组织的各种艺术类比赛中为学校“争荣誉”的任务，因此艺术兴趣班和社团的课程教学更加注重艺术技能的训练。这些因素直接导致学校美育呈现课程结构单一和严重的技能化倾向，背离了美育育人目标。

2. 学校美育的功利化倾向

随着高考艺术类院校与普通高等学校艺术类专业的扩招，中小学生与家长产生了功利性的美育需求。为回应这一需求，艺术特色学校和普通学校的艺术特长班越来越多，旨在通过艺术技能的教学，让学生考入各类艺术院校与艺术类专业，以此提高学校的升学率。另外，上级主管部门经常组织的检查、评比、文艺汇演和展览

---

① 舒丹：《走向文化立场：当代学校美育的价值选择》，载《中小学管理》，2019(6)。

等，也使得学校重视“装门面”的大型艺术活动与比赛，轻视面向全体学生的基础艺术类课程的开设与实施。学校美育在升学率的追逐和“装门面”的艺术表演中滑入功利化的边缘，这使得学校中多数艺术类的专职和兼职教师把时间和精力放在学校一部分学生艺术技能的提升上，忽视了多数学生审美素养的需求。

3. 娱乐文化对学校美育的裹挟

随着当代大众文化和娱乐文化的兴起，在美学的生活转向背景下，学生生活在娱乐文化产品充斥和日常生活审美化造成的“泛审美”环境中。“娱乐文化对大众尤其是青少年的负面影响是毋庸置疑的。现在中小学已经有‘5＜2’的说法，即学校五天的‘正统文化’的教育效果，抵不过孩子们在双休日受到社会娱乐文化的影响。”学校美育如果一味地抵制娱乐文化，那么其作用可能甚微，但对娱乐文化敞开大门也存在着诸多风险。学校美育在娱乐文化的裹挟下处于进退两难的境地。

【课堂讨论】

请结合当前学校美育的现状问题，联系美育工作管理的方法谈谈如何对学校美育工作进行有效性管理。

第十二章　劳动教育工作管理

>>> **本章学习目标**

1. 了解劳动教育管理的任务与要求。
2. 熟悉劳动教育管理的方法与原则。
3. 掌握劳动教育管理的内容和相关措施。

第一节　劳动教育工作管理的任务与要求

党的二十大报告提出，要全面贯彻党在教育方面的方针，完成立德树人的根本任务，造就德智体美劳方面都能得到发展的社会主义建设者和接班人，再一次把劳动教育与德育、智育、体育、美育摆在了同等重要的战略地位，阐明了在新时期全面加强中小学劳动教育工作的重要性。劳动教育作为我们党在新时期对教育提出的一项新要求，在中国特色社会主义教育制度和全面培养教育体系中占有重要地位。劳动这门课程和语文、数学、英语有着相似的特点，不仅有自己特有的目的，还融合了学生终身发展的素养，最终是要培养出符合未来社会需要的人。

劳动教育工作管理是指学校依据国家的教育方针和有关规定以及学校教育工作的特点，有目的、有计划地采取一定的组织形式和管理措施，通过与家庭和社会相结合的渠道，对学校劳动教育实施有效的管理，从而培养学生的生活自理能力，帮助学生逐步树立正确的劳动观点，形成良好的劳动习惯，掌握现代生活和社会生产所需要的基本劳动知识和基本技能，并使劳动教育与德育、智育、体育、美育有机渗透和贯通，为学生身心和谐发展奠定基础。

一、劳动教育工作管理的任务

(一)确保把劳动教育列为学校的正式课程

中共中央、国务院颁发的《关于教育工作的指示》指出:“在一切学校中,必须把生产劳动列为正式课程。每个学生必须依照规定参加一定时间的劳动。”为此。中小学管理者必须把实施劳动教育作为贯彻全面发展方针的一项重要任务,按规定安排,加强领导;在组织教师学习的过程中,联系实际摸清下列问题:怎样认识教育与生产劳动的相互作用?怎样认识劳动教育与其他几育的关系?开展劳动教育应掌握哪些基本原则等。保证中小学劳动教育沿着正确的方向发展。

就目前看来,各地对劳动课的重视程度不一,其教育的效果也相差悬殊。长期以来对劳动教育的忽视,致使一些学生自理能力差,不珍惜劳动成果,轻视劳动人民,缺乏实践操作能力,这已引起了学校、家庭和社会的普遍关注。从根本上说,劳动观点、劳动习惯和劳动能力的培养,是全面和谐发展教育的重要内容。在新的历史条件下,是否认真坚持贯彻教育与生产劳动相结合的方针,能否确立劳动教育在学校教育中的重要地位,仍然是衡量一所学校是否坚持正确的办学方向的一条重要标准。为此,必须保证把劳动教育纳入学校教育的正常轨道。这是学校管理者面临的一项重要任务。

(二)努力形成劳动教育的合力,发挥劳动教育的效能

所谓劳动教育的合力,是指学校、家庭、社会各方面,各种劳动教育内容和途径,都应尽可能地与学校劳动教育的管理目标和计划相配合,充分发挥整体的力量。学校应在当地政府和社区教育组织的领导和支持下,取得家庭和社会有关方面的积极配合,形成劳动教育的合力,从而更好地发挥劳动教育的应有效果。就学校内部而言,各种教育力量也应形成合力。学校劳动教育实施的途径是多种多样的。每条途径既要发挥其独特的作用,又要与其他途径相配合,围绕劳动教育的目标和计划,形成统一的整体。

家庭中的劳动教育是指父母或其他长者在家庭内有意识地对子女进行劳动教育和训练的活动。家庭中的劳动教育具有潜移默化的渗透性作用。学校应加强与家庭的联系,注意了解学生在家中参加劳动的情况,并针对出现的问题,及时予以指导和解决;尤其是小学生,更应注意其在家中的表现。教师应帮助家长学会在家庭中对孩子进行劳动教育。争取家庭的配合是中小学劳动教育的重要一环。

社会的支持和配合对学校劳动教育也起着相应的促进作用。例如，由学校附近的厂矿企业或科技组织选派兼职教师和辅导员，为学生提供劳动基地和社会实践活动场所，等等。组织学生参观现代社会生产，也是实施劳动教育的重要内容。通过参观，学生既可以学到劳动技能，又可以了解和学习现代工人阶级的优秀品质。

(三)用现代管理理论与方法做好劳动教育工作管理

劳动教育工作管理包括劳动教育思想管理、组织管理、计划管理、教学管理、制度管理、环境管理及考核与评价等。学校管理者与教职员工对待劳动教育应有正确的态度，确保教育方针得到全面贯彻。学校应设以高层管理者为首的由教导处、总务处、班主任、由校办厂(场)领导和劳动课教师组成的上下级交流的劳动教育指挥系统，做到统一指挥，综合布置，深入细致，强化调控；要有符合本地区、本学校实际的学年或学期劳动教育计划(由劳动课教学计划和劳动计划两部分组成)，以保证学校劳动教育的稳定性；不仅要加强对劳动课各教学环节的管理，继续探讨劳动课在教学及管理上的特点和规律，提高其科学性，而且要对学生到工厂和农村学习、走访街道并参与劳动实践管理进行指导，形成学校、家庭、社会相结合的劳动课教育网络，促进劳动课教学质量的提升；要制定合理的劳动教育工作管理制度，如劳动组织与考勤制度、劳动操作制度、劳动保护与安全卫生制度、劳动考核与奖惩制度等；必须具备劳动教育必要条件，优化环境；必须及时、公正地对学生的劳动观点、劳动态度、劳动纪律、劳动习惯及劳动知识与技能的掌握情况和程度等方面做出综合考核与评估，从而推动学校劳动教育事业的良性发展。

二、劳动教育工作管理的要求

(一)坚持劳动教育的教育性

在劳动教育和管理工作中，必须渗透思想品德教育，重视学生劳动态度、劳动观点、劳动习惯的养成。

劳动教育虽然以劳动实践为主，但又不同于一般的生产劳动。它的主要目的在于培养德智体美劳全面和谐发展的一代新人，而一般生产劳动的主要目的在于生产物质产品。因此，着眼于培养人、教育人，是劳动教育基本的要求。

坚持劳动教育的教育性，必须做到如下几点。

第一，德育：根据学生参加劳动实践过程的各个环节的特点，进行劳动态度、劳动观点、劳动纪律的教育。要教育学生热爱劳动，懂得劳动创造了人类、创造了世界的道理，懂得劳动是光荣的；教育学生学习劳动人民勤劳、诚实、谦虚、艰苦朴素等优秀品质，珍惜劳动成果，爱护公共财物；要对学生进行爱国主义教育、集体主义教育、国情乡情教育、职业道德教育以及初步的生态平衡教育、国土教育和综合利用自然资源的教育。

第二，智育：传授自我服务劳动、家务劳动、公益劳动、手工艺生产劳动、农业劳动、工业生产劳动等基本知识和技能。

第三，体育：通过劳动教学和其他劳动实践活动，培养学生的劳动习惯，使学生习得劳动技能，从而增强学生的体质，促进学生身心和谐发展。

第四，美育：在劳动教育过程中，教师应以身作则，为人师表，以自身的模范言行影响和感染学生；还可组织先进模范人物报告会、劳动教育总结会、表彰先进和劳动技能表演等生动多样的教育活动，使学生体悟劳动的美感，塑造劳动情怀。

劳动教育与德育、智育、体育、美育相互融通、相互促进。没有劳动的德育，就无法产生真切的道德体验和感受，品德的修养需要劳动；没有劳动的智育，是没有实践作为强大根基支撑的空泛的理论习得，智能的增进离不开劳动；没有劳动的体育，是不协调的“纸上谈兵”，体质的强健依靠劳动；没有劳动的美育，就无法捕捉美、创造美，美的发现源自劳动。劳动教育与德育、智育、体育、美育并列而生，同等重要，缺失任何一方面的培养都会使人的发展不全面、基础不牢固。习近平对德育、智育、体育、美育、劳动教育相互渗透、相互融合的关系有着科学的认识和准确的把握。他提出把“劳”纳入人的全面发展的教育体系，实现“五育”并举。劳动教育成为全面培养的教育体系中举足轻重的组成部分，打破了我国劳动教育长期缺位的局面，有助于受教育者真正实现德智体美劳全面发展。

(二)加强劳动教育的科学性

劳动教育的科学性是指劳动教育的内容、方法等都应既符合教育本身的规律，又符合学生认识过程的特点，从学生的知识水平、认识能力、身体素质和本地本校的实际情况出发，由浅入深，由易到难，循序渐进，力求形成一个由低级到高级的互相联系的若干阶段组成的劳动教育整体方案。

加强劳动教育的科学性，必须做到如下几点。

第一，教师传授的知识，如概念、定义的表达，问题的论证，讲解的语言和操作的技术等，都应该是正确的、可靠的、严密的。否则，就谈不上提高劳动教育的质量，也就达不到教育人的目的，劳动教育也就会因此而失去生命力。

第二，劳动教育的内容和强度都要符合各年级学生的生理、心理和智能发展水平，使学生既有兴趣，又力所能及。切不可损害学生的身心健康，要严防工伤事故的发生。

第三，要根据本地区、本学校的实际情况，总体考虑不同阶段、不同年级学生劳动教育的目的、要求和内容的阶段性与衔接性，并努力做到序列化、科学化。

(三)坚持劳动教育的实践性

在劳动教育过程中，必须正确处理理论与实践的关系，把理论知识与实践活动紧密结合起来，培养学生运用理论知识指导实践、有效地解决实际问题的能力，并在劳动实践中发挥其创造力。

坚持劳动教育的实践性，必须做到如下几点。

第一，重视把学生学过的知识技术通过劳动实践转化为技能、技巧，努力提高学生的实际操作能力。

第二，逐步完善劳动教育基地建设，为劳动课和学生课外参加劳动实践活动提供有利的场所。

第三，充分发挥实验室、实习工厂、实习农场、生产现场、陈列室等教学基地的作用，使之成为理论与实践相结合的教育基地。

第四，尽可能使教学内容、教学进度与当地农时季节相适应，与当地经济建设和社会发展状况相适应，知识技能传授与学生实践活动相结合，校内学习与社会生产服务相结合。

三、劳动教育工作管理的要求

了解了劳动教育思想的产生与发展，明确了劳动教育的科学内涵，认识了劳动教育的重大意义，那么如何贯彻和实施劳动教育呢？下面依据劳动教育的内涵及意义，提出几点要求。

第一，劳动教育必须与生产实际结合。也就是说，教育中所传递的生产原理及生产技能必须符合生产需要，努力做到为生产服务，为社会发展和国家建设服务。只有这样，劳动教育的实施才能有的放矢。

第二，开展劳动教育过程中，必须将劳动观点的确立与劳动习惯的培养结合起来，在理论说教的同时注重行为习惯的形成。

第三，生产知识的传递与生产技能的培养必须并驾齐驱，不可偏废一方。只进行知识传递而不进行技能培养只能是“游手好闲地学习”；只从事生产技能培训而忽略了知识学习，就会造成新一代文盲。两种做法都是极端的、不可取的。

第四，必须注重劳动教育师资队伍的建设，培养一批既懂生产原理又具备使用生产工具的技能的合格师资，这是将劳动教育落到实处的关键所在。

第五，重视教材建设及基地建设，是劳动教育的重要环节，是保证劳动教育将理论与实际结合起来的有效措施。

第六，将低水准与高水准的劳动教育结合进行，具体问题具体分析，选择恰当的形式，并能够妥善地处理过渡阶段的问题，逐步完成由低层次向高层次的迈进。

第二节 劳动教育工作管理的方法与原则

一、劳动教育工作管理的方法

劳动教育工作管理涉及的内容较多，概括起来有以下几个方面。

(一)制订劳动教育工作的计划

1. 预设计划

为了确保劳动教育正常进行，并具有学校的传统特色，必须制订学年计划和学期计划。校长应按照长远规划提出每学年或每学期劳动教育管理机构、校办工厂或农场的具体任务和目标，并将总体任务和目标分解成劳动教育管理机构、校办工厂或农场的具体任务和目标，责成它们去完成。上述担负劳动教育任务的单位和个人要根据学校下达的任务和目标制订自己的具体工作计划，报校长审批后执行。这是计划的整体性的客观要求。如果只有学校总的计划，而没有下属单位或个人的具体计划，那么学校计划就很难真正贯彻落实。

制订劳动教育工作计划必须坚持实事求是，走群众路线，紧密联系实际，学习国家的教育方针、政策，学习有关劳动教育的文件以及与此相关的政策、法规，明确劳动教育的地位、作用、目的、任务和政策依据；要运用历史的、全面的、发展的观点，至少对以下几个方面进行周密的调查：

第一，本校的长远规划，实施劳动教育的经验和存在的问题，学校人、财、物等方面的情况；

第二，兄弟学校实施劳动教育的经验和教训；

第三，社会政治、经济动态及其发展趋势；

第四，学校所在地区的社会、自然条件及其发展趋势。

在此基础上，进行综合分析和科学预测，做出决断，力求计划的任务、目标能充分体现中小学教育的性质、特点和本校实际。

计划规定的总体任务和目标，或者给下属部门和工作人员规定的具体任务与目标，都要保持一定的弹性，使人们经过努力能够完成，偏高或偏低都会挫伤人们的积极性。在充分估计有利条件的同时，要充分估计困难，宁可把困难估计得多些、大些，也不可把困难估计得不足，并且要设想出解决困难的办法。最后，还要有奖励措施，把责、权、利三者结合起来，以激励人们努力工作。

2. 检查计划

在实施计划的过程中，必须加强检查督促。在这一管理环节，学校管理者应着重注意的是：

第一，是否存在未预见到的实际困难；

第二，是否出现偏离劳动教育、勤工俭学活动的正确方向的问题；

第三，是否有偏重偏轻的现象；

第四，是否有违反政纪、法律、校规的问题；

第五，学校各部门的活动是否协调；

第六，是否存在安全隐患；

第七，师生员工的思想情绪是否正常，谁勤谁懒，谁优谁劣。

通过检查，要肯定成绩，总结、推广先进做法，批评不正之风，将发现的问题进行综合分析，按照轻重缓急的顺序，采取有力措施，逐一加以解决，推动计划的全面落实。

(二)建立劳动教育工作管理的组织系统

实施劳动教育要求一所学校要有一名校级领导分管劳动教育工作，成立劳动教育委员会或领导小组，吸纳教务处和总务处的负责人参加；若有校办工厂(农场)的学校，还应吸纳其负责人参加。任务是制订实施方案和计划，要有专人负责劳动教育、教学工作及其成绩的考核、评定等，还需有人负责财务管理、物资供应，筹划生产劳动基地及其设备，保管固定资产等。

校外劳动教育活动需要学校委派一人临时组织和指挥，各班由班主任负责组织和管理，各班班长和劳动委员协助班主任工作。人数较多的学校在校外劳动中应有一名校级领导带队，劳动课教师要参加教育指导，学校有关领导和教师要尽可能和学生一道劳动，以便掌握情况，及时指导，并起到以身示范的作用。

（三）建立劳动教育工作管理制度

劳动教育工作管理制度是保证劳动教育工作正常进行、提高劳动教育质量的重要手段。学校领导应根据上级有关规定和学校实际，制定切实可行的制度。不同的制度有不同的要求。

1. 劳动教育目标管理制度

第一，要明确一个阶段劳动教育的基本要求和要达到的指标。指标是目标的具体化、数量化，要确定一个时期内劳动教育在几个方面要达到的指标。

第二，在学生思想品德方面要达到的要求，包括劳动思想、劳动态度及相适应的行为表现。要明确在劳动教育过程中，对学生进行哪些理论教育和思想修养教育。

第三，明确劳动教育对专业知识的要求，并和学科教育相结合，达到相应的具体标准。

第四，学生在生产技术的基本原理和劳动技能方面掌握到相当程度。学生根据生产劳动的要求，掌握一般性的生产知识和劳动技能，培养生产能力。

第五，在一个阶段的生产劳动中，应明确产品质量、数量的要求。

第六，在管理过程中，要对每个人的工作指标和生产指标提出明确要求。管理者在劳动教育过程中，对每个人的任务及作用都要有明确的规定。不论对学生还是对教师，确定目标都要从学校的实际出发，师生经过努力能够达到。管理者要严格要求，绝不能松松垮垮，但也不能脱离实际，制定出过高的目标。

2. 劳动教育计划管理制度

第一，制订计划首先要以明确的目标和具体的指标为依据。计划的目的和任务是达到目标。计划的开端要明确目标的内容、指标的质量和数量。

第二，劳动教育计划要规定达到目标和实现指标的时间安排与工作步骤。时间安排是计划的核心问题。合理的时间安排，能够明确合理的工作步骤，稳定学校以教学为主的工作秩序。

第三，制订计划要掌握不同渠道的信息，包括社会信息、家长信息、生产信息和学生信息。掌握了信息，才能保证计划对社会的适应性、对生产的适应性、对家长的可接受性以及学生完成计划的可能性。

第四，计划要规定每个人（包括管理者、教师和学生）工作或学习的内容与要求，使每个人都明确自己要做什么，达到什么程度。

3. 劳动教育组织管理制度

第一，人员的使用与人力的组合是组织管理的核心内容，是解决如何把人力组织起来，如何充分发挥人在劳动中的力量，形成整体力量的问题。

第二，对师生的思想、心理与体力状况的了解和掌握，是对劳动教育进行组织管理的基础。

第三，根据教育和生产任务把学生组织起来。生产中的组织和教育组织最好一致。但在生产实践中，往往会根据工种的要求，为适应劳动形式，把生产力量重新组合起来。这种新的组合要有利于生产，有利于教学。

第四，要建立劳动教育管理机构。在日常情况下，学校要有固定的管理劳动教育的机构。有的学校成立生产劳动处(科)，有的在教务处或教导处设生产管理科或勤工俭学科(组)，这要因校制宜。机构不论如何设置，必须是管理教育和管理生产的统一机构，具有在生产过程中达到教育目的和在教育过程中进行生产的双重职能。

第五，机构设置要科学、精简。各机构(包括教导处、总务处、团队组织)都要将劳动教育纳入自己的工作范围，根据本职工作的职能，参加劳动教育的管理工作。各级各类干部要同心协力，对劳动教育齐抓共管。

二、劳动教育工作管理的原则

学校领导、教师在管理劳动教育时必须遵循以下原则。

(一)以核心素养为主的原则

组织学生参加劳动要使学生认识到劳动是人类生存的第一个基本条件，劳动人民是物质文明和精神文明的创造者，把劳动看成光荣的事，养成劳动习惯，热爱劳动，热爱劳动人民。

要善于挖掘劳动教育的综合育人价值，要有计划、有目的地使学生通过劳动实践增强集体观念，自觉遵守纪律，爱护公共财物，珍惜劳动成果，养成勤劳俭朴、艰苦奋斗的优良品质，增强社会责任感。

(二)理论与实际相结合的原则

优先选择与学科课程紧密联系的劳动项目，使学生在劳动实践中做到手脑并用，把理论和实践、感性认识和理性认识、直接经验和间接经验结合起来，学到比较系统的知识，这对于发展学生的智力和培养学生的能力都是有好处的。

(三)适合学生的年龄、性别特点和知识水平的原则

组织学生参加劳动，必须考虑学生的年龄特点。首先，劳动量要适当，不能要求

学生同工人、农民一样参加同等强度的劳动，要注意劳逸结合。其次，高年级学生和低年级学生在劳动项目、劳动强度等方面均应有所区别。再次，要选择学生力所能及的、无毒害、无危险的劳动，不搞突击劳动，不组织劳动竞赛。最后，学生在校外参加劳动，要有指导教师带领，要妥善安排学生的饮食、住宿等，关心学生的健康。

(四)统一安排，正确处理教学与劳动的关系的原则

在工作上要统一安排，正确处理教学与劳动的关系，按照教学计划的规定对学生进行劳动教育。劳动教育的时间可以集中安排，也可以分散安排。劳动课应以劳动实践为主，也应适当安排一定的时间讲授生产、劳动原理。劳动教育是普通学校教育中的薄弱环节，因此，统一安排、按教学计划办事是十分重要的。

(五)因地制宜、因校制宜的原则

我国中小学的办学条件千差万别。向学生进行什么样的劳动教育，一定要根据学校的实际情况，从实际出发，因地制宜，因校制宜。只有这样，才能发挥本地、本校的优势，使劳动教育收到实效。

第三节　劳动教育工作管理的内容与措施

劳动教育工作管理属于学校管理的一部分，其主要内容包括以下几个方面。

一、建立领导机构

中小学劳动教育的管理，要以学校行政为主，以少先队组织或共青团组织、校办工厂(农场)、家长委员会为辅，可由教导主任、大队辅导员、校办工厂(农场)负责人等组成领导小组，分工管理。

学校行政主管手工劳动和生产劳动，少先队组织或共青团组织主管公益劳动，家长委员会配合班主任主管自我服务劳动。中学应由一名副校长分管劳动教育，可由教导主任、总务主任、校办工厂(农场)负责人、教研组组长组成领导小组，在校长领导下，统一安排和指导全校学生的劳动。

教导处负责劳动组织和劳动教育教学工作；总务处负责财务管理、物资供应、劳动基地的有关设备和固定资产的保管；校办工厂(农场)实行校长领导下的厂(场)长负责制，全面负责校办工厂(农场)的日常生产和行政业务工作，并对学生进行技术指导。

二、解决师资、劳动场地、设备和教材等问题

(一)配备一定数量的劳动课教师

各地在制定师资的培养和培训规划时，应考虑劳动课的师资，通过多种渠道解决师资问题。例如，从现有教师中选派一些具有一定实践能力和专长的人充任或兼任；从教职工、校办工厂(农场)的人员中选拔具有一定劳动技能和文化水平者，经过必要的培训考核后充任；从校办工厂(农场)、高校、科研部门中聘请技术人员或具有某些专长者做兼职教师，从学生家长中聘请具备条件的人做兼职教师。

劳动课的实践性、技术性较强，目前教材尚不完备，教学尚处于实验阶段，教师需要通过进修来提高。管理者在制定任课教师的工作量时，应充分考虑这些因素，关心劳动课教师的学习、工作、进修、劳动保护和待遇，以利于这支队伍整体素质的提高。

(二)在当地教育行政部门和人民政府的领导和支持下建立劳动场地，添置必要的设备

学校要充分利用现有的教学仪器和设备、校园的房前屋后、走道两侧、围墙周围和校办工厂(农场)。校办工厂(农场)要为教学服务，为育人服务，并有较好的经济效益。学校还可与本地的高校、机关、科研部门联系，请它们在场地、设备等方面给予支援，也可请它们将更换下来的仪器、设备调拨给学校。

(三)劳动课的教学内容应具有本土性

由于劳动课的内容广泛，各地千差万别，编写全国通用的教材难以适应各地的实际情况，因此各校可根据教学大纲的要求，或自编地区性的教材，或选用适合当地情况的已有教材，或选用职业中学教材中适用的部分。

学校要从实际出发，根据学生的年龄和性别特点选择教学内容，做到统一性和灵活性相结合。农村中学的劳动教育要与职业技术教育紧密结合，努力为当地的生产和经营服务。

三、推进专门的课程设计

教育部于 2022 年 4 月颁布了新版义务教育课程标准，其中就有《义务教育劳动课程标准(2022 年版)》，由此，劳动课程从原来的综合实践活动课程中独立出来。《义务教育劳动课程标准(2022 年版)》规定劳动课程平均每周不少于 1 课时，用于活

动策划、技能指导、练习实践、总结交流等。具体实施时，学校可根据学生年龄特点和课程任务群中的实践情况单节排课或 2～3 课时连排。

义务教育劳动课程以培养学生的核心素养为导向，围绕日常生活劳动、生产劳动和服务性劳动，共设置 10 个任务群，每个任务群由若干项目组成(见图 12-1)。

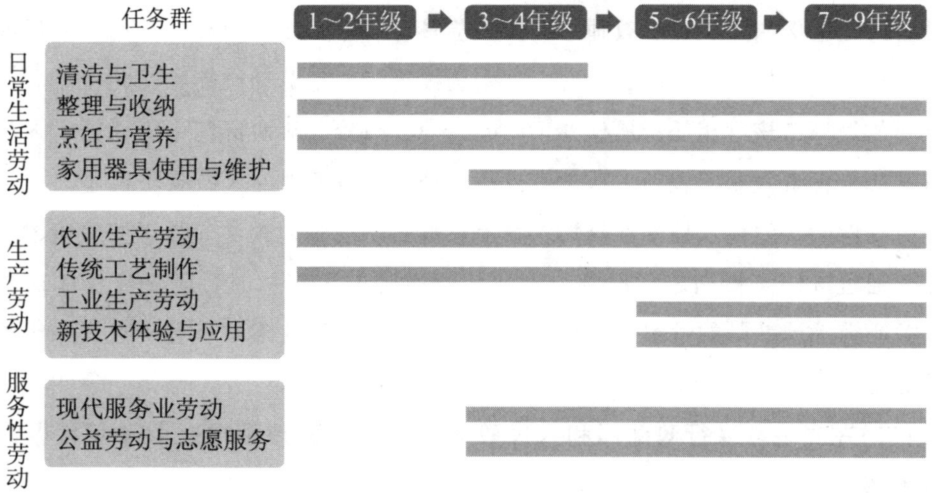

图 12-1　劳动课程内容结构示意图

四、明确目标管理制度

在劳动教育过程中，要明确一个阶段劳动教育的基本要求和要达到的指标。例如，学生在思想品德方面达到的要求，包括劳动思想、劳动态度及与之相适应的行为表现；在劳动教育过程中，对学生进行哪些理论教育和思想修养教育；在劳动教育中对专业知识的要求；学生在基本生产技术的基本原理和劳动技能方面掌握到相当程度；等等。

管理者在劳动教育过程中，对教育和管理工作方面每个人的任务及作用都要有明确的规定。不论对学生还是对教师，确定目标都要从学校实际出发。

五、建立成绩考核制度

在劳动教育过程中，对学生应严格要求，要经常检查学生的劳动态度和劳动效果。每学期或每阶段劳动结束后，要认真总结，表彰先进。每名学生都要写劳动小结，学校应建立劳动档案。

每学年末要根据学生的劳动态度、劳动纪律及掌握知识和技能的情况评定成绩，并计入学生成绩册。劳动态度和劳动表现应作为学生操行评语的重要内容之一。劳动态度和劳动表现不好的学生不能被评选为优秀学生。

六、加强校园文化创设

校园文化是学校发展的灵魂，可以凝聚人心、展示学校形象、提高学校文明程度，承担着影响学生的重要作用。在校园文化中融入劳动教育，能够潜移默化地使学生在心里种下热爱劳动的种子。

扎实推进劳动教育与校园文化相结合，要通过各种丰富灵活的方式和手段，积极营造校园劳动文化景观和氛围；要积极开展劳动教育系列活动，通过各类学术和文体活动发扬劳动精神；要积极发挥劳动模范和大国工匠的榜样作用。

七、结合社会实践和志愿服务

实践是人们能动地改造客观世界的物质活动，人类历史是由人们的实践活动构成的。劳动是人类特有的社会实践活动，劳动概念是实践概念的具体化。在一定意义上，劳动与实践的最终指向都是作为其主体的人本身。在社会实践和志愿服务中融入劳动教育，既有助于学生形成良好的劳动习惯，提升劳动技能，感受劳动带来收获后的乐趣，形成尊重劳动、热爱劳动的真挚情感，又有助于培养学生的社会实践和志愿服务能力，引导学生在做中学，从而在实践中不断成长进步，提升能力和素质。志愿服务是典型的公益劳动。公益性社会实践在志愿服务中能够强化学生的劳动意识，有事半功倍之效。

扎实推进劳动教育与社会实践和志愿服务相结合，要强化社会实践育人的功能，通过工学结合、勤工助学、劳动体验等途径，促使学生积极参与社会实践，锻炼劳动技能；要积极引领学生参与志愿服务，培养学生的劳动情怀、责任意识和奉献精神。

【要点小结】

1. 劳动教育工作管理的任务包括：把劳动教育列为学校的正式课程；努力形成劳动教育的合力，发挥劳动教育的效能；用现代管理理论与方法做好劳动教育管理工作。劳动教育工作管理要坚持劳动教育的教育性、科学性、实践性。

2. 劳动教育工作管理的方法包括：制订劳动教育工作的计划，建立劳动教育工作管理的组织系统，建立劳动教育工作管理制度。在管理劳动教育时，遵循以核心素养为主；注意理论与实际相结合；适合学生的年龄、性别特点和知识水平；统一安排，正确处理教学与劳动的关系；因地制宜、因校制宜五项原则。

3. 劳动教育管理的内容和措施有：建立领导机构，解决师资、劳动场地、设备和教材等问题，推进专门的课程设计，明确目标管理制度，建立成绩考核制度，加强校园文化创设，结合社会实践和志愿服务。

【思考题】

1. 简要概述劳动教育工作管理的任务与要求。
2. 如何有效进行劳动教育工作的组织管理？

【案例分析题】

创客劳动社团的项目学习①

在劳动课“生活中的问题”项目会议上，学生们讲述了他们在学校生活中的两个发现：一个是保洁阿姨每天打水、拖地，来往于水房和100多米的走廊之间，很辛苦；另一个是开运动会前，体育老师在操场上绘制弧形的跑道很麻烦。于是学生们就确定了两个项目，设计并着手制作“多功能拖把”和“多功能划线器”。接下来，学生们继续讨论、分析项目的可行性，并开始学习绘制图纸，然后在老师和家长的帮助下准备材料和工具。在加工制作过程中，学生们面对困难时坚持不懈，及时发现问题所在，向老师寻求帮助，与伙伴们共同研究，还通过查阅资料自主学习到了虹吸、杠杆等在书本上没有学到的知识。在真实的生活场景中，在好奇心的驱动下，学生们一直保持着较强的劳动兴趣，了解了工程、科学、数学、艺术等相关的知识概念，表现出了敢于尝试、勤于动手、善于创造的品质。最后经过四周的劳动课，学生们制作完成了这两个项目，并且应用到了学校保洁阿姨和体育组老师的工作中。

【课堂讨论】

1. 结合上述案例，简述在日常生活中如何进行劳动教育工作管理？有何意义？
2. 尝试举出能有效促进劳动教育工作管理的举措。

---

① 杨海霞：《“教学做合一”：在生活教育中培养学生劳动素养》，载《中小学管理》，2020(4)。

第四编

学校总务管理

第十三章　学校后勤与财务管理

>>> 本章学习目标

1. 理解后勤管理的特点和原则。
2. 掌握教育设施设备的管理。
3. 了解食品卫生安全制度管理。
4. 明了教育财务管理的原则与过程。
5. 知晓教育经费的筹措和分配。

第一节　后勤管理的特点和原则

“后勤”一词于19世纪30年代起源于军队管理。在军事管理的范畴内，“后勤”是指通过国家经济动员，为武装力量提供保障。后来延伸到社会的各个行业领域当中，后勤工作专指能为社会某行业提供物资条件、生活保障和服务的事务性工作。

后勤管理是指管理者运用一定的管理原则、方法和手段，围绕后勤保障这一特定事务，通过一系列的管理行为和领导活动，在人、财、物等方面协调保障行业或事业的正常运行，以达到后勤工作目标的过程。后勤管理处又称总务处，其职能是协助校长管理学校的财务工作及教学设备的申购、使用等校务。

学校后勤管理工作是学校整体工作的重要组成部分，在学校各项具体工作中有着举足轻重的作用。学校后勤管理承担着当家理财、营造良好校园环境、为教学提供保障的重任，是其他各项工作开展的基础和保障。后勤管理要遵循学校总体工作思路和后勤工作计划，以提供良好的物质条件和优质的教育教学环境为重点，从而保障学校工作顺利进行。

一、学校后勤管理的特点

(一)服务性

学校后勤管理的最终目标是为广大师生提供优质的服务，体现在保障学校正常教学活动的有序进行上，因而具有显著的服务性。后勤部门不仅在校内与各处、年级组、教研室等部门存在联系，而且与所有人息息相关。同时，后勤也要与校外许多部门和单位打交道，如教育行政部门、公安局、财政局、粮食局、消防队、街道办等部门，学校后勤工作离不开这些单位的支持。因而，学校后勤工作也表现在协调校外资源以服务校内工作上。

(二)先行性

“后勤”原来是相对于部队作战的前方而言的。“后”字是空间上的概念，而不是时间上的概念。实际上，“后勤”并不是工作可以后做，恰恰相反，必须先做。“兵马未动，粮草先行”，就确切地反映了后勤工作的重要性。对学校来说，后勤工作的先行性体现在：其一，办学必须具备一定的设施条件，如在筹建学校的过程中，首先要抓基础建设，为师生准备必要的教学条件等，否则就不能引进教师、招收学生；其二，学校在不断发展扩大的过程中，要始终抓住这项工作不放松，要提前做好教学、科研和其他事务的各种物资准备工作，否则这项工作就成了无源之水、无本之木，影响学校各项工作的开展；其三，后勤管理工作贯穿于学校工作的始终，学校的任何工作和活动都必须有充分的物质条件做保证，这些物质条件的提供都是先于学校其他活动的开始而完成的。

(三)阶段性

学校处于不同的学习阶段，其任务和教学目标也不一样，这就要求后勤管理要根据学校所处阶段的不同而做出调整。例如，在刚开学阶段，要采购教学用书，配置教学器材，做好教室打扫工作；在学期中，后勤部门的主要工作是检查后勤管理计划的落实情况，纠正工作中的错误，协调与各方面的关系，保证教育教学工作顺利进行；在学期末，后勤部门需要配合教导部门做好学生期末复习工作，保证物资供应，维护校园秩序；在放假期间，学校其他工作结束后，后勤部门还必须做好收尾善后工作，做好生活设施维修和保养以及校园安全保卫工作，以保证按时开学。

(四)广泛性

面广、量多、事杂是后勤管理的显著特征。校园环境与安全、食堂管理、教学设备维修与采购、宿舍管理、财务决算等都在后勤管理的范围内。后勤管理者要考虑的问题很多，所做的工作更为复杂多面，如宿舍安全的保卫、计算机教室设备的维修与保养、教学用品的采购、部门责任制度的制定等。因此中小学后勤管理的涵盖面非常广，需要与学校各个方面的工作紧密联系。

(五)偶然性

学校工作中难免会出现一些不可预料的事件。例如，学校发生的安全事故、卫生事故、交通事故、财务事故等，都需要后勤部门拥有及时的反应反馈机制和较为完备的应急预案。除此之外，学校也经常会面临一些非常规性工作，如承办社会考试、承办比赛活动等，这些工作的开展都需要后勤工作及时到位。

二、后勤管理原则

(一)整体性原则

学校后勤管理要从学校的基本任务和后勤工作的特点出发，处理好整体与局部的关系，服从和服务于学校发展大局。只从学校人、财、物等某一要素出发是不可行的，必须坚持整体性原则，用开阔的视野、发展的观念、科学的手段处理好后勤管理和学校整体工作的关系，从而优化后勤服务工作，发挥其综合效益。只有这样才能够使后勤管理工作更好地开展，进而促进学校管理水平的提升。

(二)民主管理原则

后勤管理要坚持民主管理原则。后勤工作人员不仅是学校管理的对象，也是学校管理的主体。只有将他们的主导性与积极性有机地结合起来，才能够提高后勤工作的效率。后勤管理工作涉及学校的各个方面，有着较大的任务量，所以仅仅依靠一个人的努力是远远不够的，必须将广大师生调动起来，引导他们参与到管理过程中。例如，教学用的电器设备、门窗桌椅、学校的公共设施等，都应该由师生共同维护、共同监管，这样才能够使广大师生的利益得到更好的保障，才能够提升后勤管理工作的效率。

(三)效益性原则

学校后勤工作要讲求效益，这里的效益既指经济效益，又指社会效益，是二者的统一。坚持效益性原则就是要以优质周到的服务去促进教学、科研等各项工作的开展，充分调动师生员工学习或工作的积极性，优化配置人力、物力、财力等资源，争取使有限的资源得到充分合理的利用，最大限度地满足教育教学工作的需要；要充分发挥有限资源的作用，做到人尽其才，物尽其用，从根本上保证办学效益的提高；要努力使后勤工作的社会效益和经济效益尽可能一致，出现矛盾时应把社会效益放在第一位。在具体工作中，对于为了满足师生员工基本生活需要而设立的服务项目，应以社会效益为主要考核指标；对于为了提高生活水平而增添的服务项目，应以经济效益为主要考核指标。总之，要把社会效益和经济效益有机结合起来，改进后勤服务工作，从而实现综合效益的最优化。

（四）权变性原则

权变性原则是指在实施后勤管理的过程中，综合运用经济方法、行政方法、法律方法等，根据不同的管理对象和具体的管理环境，灵活取舍与变通，以提高管理效能，实现管理目标。经济方法就是运用工资、利润、奖金、福利、罚款等经济手段或经济杠杆来管理后勤，是组织经济活动、调节经济利益、鼓励先进、鞭策后进的有效手段。行政方法就是依靠行政机构，采用行政命令、决定、指导和下达任务等行政手段管理后勤，具有权威性，能起到令行禁止的作用，是规划、指导和调节经济活动必不可少的手段。法律方法就是以有关法律条文、规章制度为准绳对后勤有关活动进行强制性规范。

【案例】

某县的一所山区寄宿制小学共有教职员工17人，其中在校内安家的教师有3人，家在校外的教师有14人。教职员工基本以校为家，每周星期一至星期五都在学校工作和生活，工作期间每天两餐都在学校食堂吃。因学校地理位置偏僻，基础设施落后，教师的工作和生活环境比较艰苦。学校食堂有总务主任1人，除负责管理住校生外，还负责食堂采购等工作；有炊事员3人，主要负责食堂的炊事工作。3名炊事员中，有2人是从教学一线转下来的大龄专职教师，未经过炊事技能培训；1人是专职工人，参加过炊事技能培训。

F校长到该校负责学校管理工作后，考虑到炊事工作的特殊性，对后勤炊事员的工作没有做出过细的分工，而是让3名炊事员自行安排，轮流值周。值周的炊事员主要负责本周食堂的炒菜等工作。开始的两年时间里，食堂一直是按照这样的方式开展工作的，虽说是众口难调，但广大师生对饭菜的质量还基本满意，没有出现太大的意见。炊事员之间在工作中也能够互相协调，为学校教育教学工作的正常开展提供了必要的生活保障。但在一个学期初，师生普遍向F校长反映在××负责炒菜的一周里，饭菜的质量明显下降，有时候部分教师吃不饱。一起工作的炊事员也反映和他工作配合不起来，有的工作无法协调。

为进一步规范后勤管理，重新调动教师的工作积极性，F校长和总务主任研究后，决定改变学校炊事工作的分工方式，对炊事工作进行重新分工，专门把师生吃的菜拿出来，由专职人员负责加工、烹调，不再由值周炊事员轮流做，还对师生饭菜的烹调提出了明确的要求，并要求生活教师在条件允许的情况下尽量改善师生的伙食，同时，制定了对教师和后勤人员的奖励制度，对××进行了单独谈话，了解到造成工作失误的思想原因，给予了一定的鼓励和安慰。从会后第二天开始，师生的饭菜质量有了明显的改善，炊事员之间配合更加默契。教师工作劲头起来了，学生的学习热情上来了，学校的各项工作越来越正常了。

分析： 后勤人员之间工作的协调是后勤工作得以正常开展的基础，师生的生活质量是师生工作学习的保障。

1. 要重视后勤工作人员之间的关系，做好思想疏导工作。

2. 倾听教师的呼声，关心师生的生活，体现了管理的民主性原则。

3. 落实工作职责，抓好后勤管理。

第二节　教育资源的配置与管理

一、教育资源的含义

教育资源也称教育经济条件，是教育过程所占用、使用和消耗的人力、物力和财力的总和。人力资源包括教育者人力资源和受教育者人力资源，即在校生数、招生数、毕业生数、行政人员数、教学人员数、教学辅助人员数、后勤人员数和生产人员数等。物力资源包括学校中的固定资产、材料和低值易耗物品。固定资产分为公用固定资产、教学和科学研究用固定资产、其他一般设备固定资产。

教育资源配置是指社会对教育产业的人、财、物的投入在各种不同使用方向上的分配，具体地说就是将有限的教育资源在各级各类学校之间、地区之间、学校内部各部门之间的分配。在当今世界，个人及社会对教育的需求日益增长，而用于发展教育的资源却十分有限，需求的广泛性与教育资源的局限性的矛盾决定了教育资源的配置对教育发展的重要意义。

习近平强调："要健全社会教育资源有效开发配置的政策体系，加大图书馆、博物馆、科技馆、纪念馆、运动场、少年宫、儿童活动中心等公益设施的建设力度。各相关单位特别是宣传、文化、科技、体育机构要积极为学生了解社会、参与实践、锻炼提高提供条件。"①

二、教育资源配置的原则

(一)公平配置原则

公平配置原则是指教育财政资源要公平分配。关于公平，从不同的研究领域和层次出发，有不同的视角。但无论哪个视角，都必须从起点、过程和结果三个方面进行评判。就起点而言，施教者和受教者在教育资源的使用上机会均等；就过程而言，主要指对待教育资源分配的对象一视同仁，不能有特殊化和例外的受体；就结果而言，是分配的公平。确保公平性是教育资源配置的关键所在。

习近平指出："公共资源配置要优先满足教育和人力资源开发需要。坚持把教育摆在优先发展的战略位置，要求不断健全公共资源配置制度机制，更加注重教育和人力资源开发，加大投资于人的力度，加速人力资本积累。要主动适应经济发展和人民群众需求，统筹利用好、布局好各类教育资源，突出保基本、补短板、促公平，公共教育资源配置向薄弱地区、薄弱学校、薄弱环节和困难人群倾斜，推动区域、城乡协调发展，着力提高基本公共服务的覆盖面和水平。"②

(二)目标导向原则

目标导向原则即学校根据资源需求和整体发展目标，制订资源配置规划和配置计划的原则。目标导向是资源优化配置的出发点和基本要求，资源优化配置必须以学校制定的发展目标为资源配置活动的准则与导向，以防止资源配置偏离学校的整体发展目标。将资源配置目标与学校发展的整体目标相结合，也有利于资源配置与学校发展战略的紧密结合。

(三)公平与效率相统一原则

教育资源配置的公平与效率统一于教育实践。教育资源配置公平本身就隐含教育资源配置效率的意义，教育资源配置效率又体现着教育资源公平的价值。二

---

① 本书编写组：《习近平总书记教育重要论述讲义》，86 页，北京，高等教育出版社，2020。

② 本书编写组：《习近平总书记教育重要论述讲义》，85 页，北京，高等教育出版社，2020。

者互为因果，互相促进，相辅相成。一方面，教育公平促进教育效率的提高。人类社会发展的历史表明，任何社会制度的建立与发展，都必须有与之相联系的公平机制。公平是制度合法性的依据，是社会效率增长的源泉。同理，实现教育资源配置公平也必然会促进教育资源配置效率的提高。另一方面，教育资源配置效率的提高反过来会促进教育资源配置公平的完善，教育效率的提高为追求进一步的教育公平奠定了物质基础。教育的社会经济效率的提高为教育公平准备了物质条件，教育的社会精神效率的提高为教育公平营造了良好的精神氛围和舆论环境。

三、教育设施设备的管理

(一)教育设施设备管理的概念

教育设施设备是指开展教育工作所必需的物质资料。它主要包括两个方面：一是教育活动所需要的空间环境，二是配套的教育教学设备等。

教育设施设备管理就是对教育事业所必需的物资条件实行的管理。具体而言，它是指对教育基础建设、学校设备等方面实行的管理。

教育基础建设是指学校的基本物质环境建设，主要包括两个方面：一是以校舍为主的建筑物建设，即教学、行政、生活用房的建设；二是学校用地建设，即校舍用地、运动场地和绿化用地等。

学校设备是学校教育与管理工作必需的基本物质条件，主要由教学设备、科研实验设备、行政办公设备、后勤服务设备组成。

(二)教育设施设备管理的任务

1. 整建校园环境

建设优美的校园环境是培养良好校风、造就一代新人的重要措施。学校是建设精神文明的重要基地。建设优美的校园能够陶冶师生的情操，提高师生的文化素养，激发师生的工作或学习热情。

教育家维多里诺(Vittorino)认为，良好的学校环境有助于学生的学习。近代教育理论体系的奠基人夸美纽斯(Comenius)继承了人文主义教育的传统，在他的代表作《大教学论》中提出“学校的本身应当是一个快意的场所”。教室要清洁明亮，饰以地图、图表和伟人照片；校园里要有可供游戏、散步的空地和可供观赏的花园，使学生来到学校就感到快乐。到了现代，各国的许多学校都努力把校园建设得非常优美。我国许多学校十分重视校园环境建设，力求校园内绿树成荫，花草茂盛，道桥错落有致，格调高雅清新。

2. 完善学校设备

不断完善学校设备是教育设施管理的一项重要任务。要完善设备，就必须使设备标准化。为此，许多国家制定了有关教室、实验室等学校设备配置的规范和标准。我国原国家教委以及国家计委和建设部也制定过学校的建设规划面积指标，并对内部设施的匹配提出了相关的要求。完善学校设备的目的是使学校设备尽可能地符合各类学生的身心发展特点，更好地为培养人才服务。

3. 管好校舍设施

管好校舍设施首先要做到校舍布局合理，教学区、生活区等区域划分明确，互不干扰，使教育与服务有机协调；其次要加强管理，保障师生员工的安全和健康，在为师生员工提供良好的学校环境的同时创建服务便捷、安全的环境。

(三)教育设施设备的使用

1. 使用前强化培训

学校购入新的设施设备后，必须对该设施设备的有关操作人员进行培训，使他们了解设施设备的基本构成、工作原理、性能和指标，掌握正确的使用方法和操作程序，特别要掌握保证设施设备安全的措施以及有关注意事项，有必要的话应在明显的地方标明操作程序，并让操作人员进行操作实习，掌握设施设备日常保养、维护的技能及管理方法，掌握检测设施设备的安全性和有效性的方法，保证所使用的设施设备能安全、稳定地运转，发挥出应有的价值。

2. 使用时爱护设施设备

学校教学设备等资产由总务处或各系统根据校长意见统一调配给有关部门使用，记入有关部门的固定资产。根据谁使用谁负责的原则，由使用人负责保管好设施设备。如果使用人在使用过程中发现设施设备自然损坏，应当及时通知总务处维修或者更换；若是因为失误造成损坏，应当酌情赔偿。使用人发生变更时，应当通知财产保管员及时调整账目。

3. 教育设施设备的借用

学校固定资产一般不借给个人或者其他单位，在特殊情况下，要经主管校长或者校长批准，同时在借条上注明归还日期。借出 1 个月以内的由主管校长签字批准；借出超过 1 个月的必须由校长签字批准，最长借用时间不得超过 3 个月。校内单位或个人因为工作需要借用小型贵重物品时，必须在借条上说明用途、使用时间、归还时间，还必须由主管校长签字批准，由财产保管员办理借用手续，安全保卫部门开具出口条，方可借出校园。常用设备一般不得借出校外，校内人员借用小型设备时须经原使用人同意，主管主任批准。凡是借用公物，必须要有书面借条，借条上必须注明借用时间、归还时间，由有关领导签字批准。凡是借出的公物，到期统一由批准人和经手人负责追回。如果有损坏或者丢失，借用者要照价赔偿。借用者调出本校前应当先归还借物，然后办理借出手续。凡借用公物逾期不归还，经手人、批准人多次催促依然不归还，超过归还日半年的，学校按丢失赔偿办理，借用者要照价赔偿。

4. 教育设施设备的领用

教职员工在学校办公所需要的教学、办公用品，按照学校的有关规定，由个人登记领用。教师教学所用的教科书、参考书，教职员工个人办公所需的一次性消耗物品领用后不再交回；教职员工教学、办公所用的其他器材、用品领用后长期使用的，退休、调出或更换工作岗位时应当如数归还；还有一些教具等常规用品，每学期开学初领用，学期末交回。

【案例】

某天下午5点多钟，天渐渐地黑了下来，司炉工高师傅急匆匆地打电话给后勤管理负责人，说锅炉房的鼓风机不转了，锅炉烧不了了，让找电工来修。后勤管理负责人接到电话立刻给校长打电话汇报情况，同时寻找电工师傅进行检查、维修。检查时，按照经验，鼓风机不运转的原因无外乎电线烧坏。所以后勤管理负责人决定维修鼓风机的电路，几番检查，确认更换新的电线后，还是无法让鼓风机正常运转。尝试多种办法后，负责人决定再联系“高手”来检查，于是联系一家锅炉安装公司进行维修，最后检查出鼓风机无法使用的原因是操作工没有严格按运行规程操作，甚至违章操作，设施设备日常维修保养没跟上。对症下药后，鼓风机终于于第二天中午恢复正常。

分析：后勤管理人员要经常深入一线，加强日常安全检查，进行事故的排查，做到“眼勤、手勤、口勤”，对可能发生的事情进行预判。案例体现出后勤管理人员平时巡检工作不勤、不严，理论知识不够丰富，发现故障处理方法单一的问题。

(四)教学设施设备的配置

从物资分类而言，学校教学设施设备包括固定资产、材料和低值易耗品。其中固定资产指的是单价在200元以上，耐用期在一年以上，能够独立使用的各种仪器、家具、交通工具等；单价虽不满200元，但耐用期在两年以上，能独立使用的大批同类资产，购入大型设备所带的附件等。材料是指经过一次使用，就已消耗或者不能恢复原状态的物资。低值易耗品是指凡达不到固定资产标准又不属于材料范围的用具。本章的学校教学设施设备主要是固定资产和低值易耗品，是学校教学所需的各种物品或是设施的总称。

1. 普通教室设备

(1)课桌椅

课桌椅是学生学习的必备物品，与学生的学习和健康有着密切的关系。学校配置课桌椅时，一要注意课桌椅的构造，力求使课桌椅简朴、牢固、轻巧、美观；二要根据各年级、各阶段学生的不同身高特点进行，不要一刀切，做到适时调整。

(2)黑板

黑板是教室内的基本设备，制作材料多种多样。材料的选择要根据学校的实际情况；安装制作要符合教学和卫生要求，要有利于保护学生的视力；大小要根据教室面积大小和采光情况做到长宽适中，一般而言，黑板的高度不应小于100厘米，宽度不应小于300厘米。

(3)讲桌与讲台

讲桌与讲台是学校教室的固有设备。讲桌应与课桌有区别，长度、宽度、高度应大于课桌，必须有遮板，这样可防止学生分散注意力。讲桌下要配有放置教师随身物品的抽屉等。黑板前要加设讲台，以垫高教师的位置，从而使教师更好地观察与照顾全班学生，让学生更清楚地看清教师的演示和书写。

2. 实验室设备

实验室设备是教学设备配置的一个重要领域，是物理、化学、生物等学科进行实验教学的必要设备，是提高自然科学教学质量的重要保证。配置实验室设备应注意符合卫生安全标准，做到规范化、标准化；按标准配置教师演示用实验桌和学生用实验桌；为实验室配备自来水、水龙头、水池以及放映幻灯片、电影及其他投影的设备等。

3. 电化教学设备

电化教学是将现代化的视听设备与资料应用于教学过程的一门科学技术，有利于提高教育质量和教学效果。学校配置电化教学设备是实现现代化教学的条件。配备电化教学设备，既要注意多种教材、资料的收集整理以及教学软件的开发，又要重视选购好各种硬件设备。硬件设备包括：投影设备、电声设备、电视设备、光盘、录像录音带等。

4. 图书阅览馆(室)设备

图书阅览馆(室)设备配有书架、书橱、报架、目录柜、借阅台和阅览桌椅等设备以及一定量的图书杂志。一般而言，中学藏书量为2.7万～6万册，平均每名学生30～40册；小学藏书量为1.6万～3万册，平均每名学生20～30册。除此之外，在图书阅览馆(室)配备一定量的电脑，不仅有利于加强对图书的管理，而且为学生提供了更为便捷的查询书目的路径。

5. 体育卫生器械

学校体育工作所需的运动器械应参照国家教育部门印发的标准进行配备，同时还要依据体育教学大纲的规定和国家体育锻炼标准项目的要求，配备好田径场地和其他附属场地，保证学生体育锻炼时对场地和设施、器械的要求。卫生器械与设备也要依据国家教育部门发布的卫生器械与设备配备标准和学校自身的实际情况进行配备，以保证学生健康成长。

(五)教育设施设备的保养和维护

学校的实验室、电教室中的专用教学仪器设备必须要有专人管理，还必须建立专用设备的日常维护和保养的责任制度，根据设备的不同性能采取不同的保护措施。此外，对于非专用的教育设备，也应当制定比较具体的管理办法，并由专人负责管理。

在学校设施设备的管理过程中，要特别重视设备的日常保养，要经常检查仪器的零部件是否松动，做好仪器的防尘、防潮等工作，保持设备清洁完好。

相关部门要定期对设施设备的运行情况进行检查，以消除隐患，保证设施设备的安全使用。当教育设施设备出现故障时，要及时进行维修，排除故障，以免造成不良后果。相关管理人员要根据设施设备的损坏情况，有计划地进行维修。修理时还应当坚持勤俭节约原则，能自己修理的尽量自己修理，确实不能修理的应当请校外专业人员进行修理。对于那些使用年限较长、修理多次、陈旧落后的设施设备，可以申请改造或报废。

第三节　食品卫生安全制度管理

学校食品卫生安全工作是学校工作的重要组成部分，是管理育人、服务育人的重要内容。学校是人口密集的场所，因而食品卫生安全一直受到各级政府和业务主管部门的高度重视。食品卫生安全关乎师生生命健康，牵涉千家万户，影响社会和谐与稳定。

一、严格遵循法律法规，重视食品卫生安全

党的十八大以来，习近平对食品安全做出了一系列重要指示，确立了食品安全工作的思想基础、理论指导、制度框架、实践方法。《学校食品安全与营养健康管理规定》第一条指出：为保障学生和教职工在校集中用餐的食品安全与营养健康，加强监督管理，根据《中华人民共和国食品安全法》(以下简称《食品安全法》)、《中华人民共和国教育法》、《中华人民共和国食品安全法实施条例》等法律法规，制定本规定。《食品安全法》第五十七条指出：学校、托幼机构、养老机构、建筑工地等集中用餐单位的食堂应当严格遵守法律、法规和食品安全标准；从供餐单位订餐的，应当从取得食品生产经营许可的企业订购，并按照要求对订购的食品进行查验。供餐单位应当严格遵守法律、法规和食品安全标准，当餐加工，确保食品安全。

学校食品卫生安全工作管理是后勤工作管理中的重中之重，学生是学校的主要服务对象，服务于学生就应树立“以学生为本”的思想，既要注重学生的德智体美劳全面发展，又要重视学生的身体健康和饮食卫生。因此，学校要将食品卫生安全工作摆在重要位置。食品是每个人每天必不可少的，学校要重视对食品卫生安全的把控，预防和控制学生食品中毒事件的发生，维护全体师生的生命安全。

二、加强领导管理机制建设，重视人员培训工作

在严格遵循国家相关政策和法律法规的基础上，对于食品卫生安全管理重要的方法就是加强领导管理机制建设，重视对食品卫生安全相关人员的培训工作。市场监管总局和教育部联合会议要求，各级教育部门要进一步强化风险意识、担当意

识、治理意识、健康意识、监管意识、问责意识，严格落实食品安全管理校长（园长）负责制，提升学校食堂食品安全水平，深入开展新时代校园爱国卫生运动，有效防范食品安全风险，严肃查处食品安全管理渎职行为，维护广大学生身体健康。[①] 基于此，学校应开展以下食品卫生安全管理工作。

（一）健全领导管理

《食品安全法》第五十七条指出：学校、托幼机构、养老机构、建筑工地等集中用餐单位的主管部门应当加强对集中用餐单位的食品安全教育和日常管理，降低食品安全风险，及时消除食品安全隐患。学校要成立食品卫生安全领导小组，切实把学校卫生防疫与食品卫生安全工作纳入工作职责，实行“一把手”负总责、分管领导具体负责的制度，确保工作落实到位。

我国学校管理主要是以校长负责制为主，校长是总负责人，必须履行自己应尽的管理责任，将食品卫生安全管理切实纳入自己的工作计划，每学期与学校领导班子对学校工作进行研究和安排时，必须将学校食品卫生安全作为重要内容之一，根据学校食品卫生安全的特点提出相应的工作要求和措施，并加强对各有关部门和人员的督促检查，保证各项措施的落实。与此同时，学校也要明确主管领导及相关部门和人员的具体责任，确定专人或固定的人员具体分管学校食品卫生安全工作。食堂内的相关工作人员，如食堂采购人员、厨师、辅助加工人员等，也要明确各自的职责，每个人按照各自的岗位负起自己的责任，把好自己的关口。[②]

（二）完善监管机制

各地各相关部门要扎实做好学校食品卫生安全相关工作，认真贯彻执行《食品安全法》，确保学生食品、饮用水卫生安全。各地各学校要加强师生食堂管理，相关部门必须严格执行学校食堂和学生集体用餐单位的卫生准入标准；要接受当地卫生部门对学校食堂和学生集体用餐单位的监督与指导，配合职能部门认真开展学校食品卫生安全专项整治行动，及时发现问题，消除隐患。学校主要由校务会领导和食堂管理人员组成卫生检查小组，对相关从业人员的个人卫生、环境卫生和食品卫生进行定期和不定期的检查，发现问题及时通报、处理。

除了要加强对人员的监管外，还要注重对食品的监管。食品监管包含对食品原材料、食品加工和食品用具消毒的监管。首先，在食品原材料的监管中要向提供商

---

① 周萍：《对校园食品卫生安全工作再部署再落实》，载《中国市场监管报》，2020-09-30。

② 廖文科：《学校食品卫生安全管理与对策的思考》，载《中国学校卫生》，2004(5)。

索要营业执照、卫生许可证、税务登记证等相关合法证照，健康证和食品检测报告等相关证件的复印件要随货物交学校备案。其次，在食品加工的监管中建立健全食品原料验收制度、出入库登记制度。原料验收是保证食品质量的关键，必须设专人验收过磅，严禁不符合食品卫生要求的原料及食品入库。此外还要对进出库的物资进行登记，做到物资分类、分架摆放，坚决杜绝“三无”产品进入校园。最后，在食品用具消毒工作的监管中采取定期和不定期相结合的形式，对食品加工间、操作间、售饭间、食堂内外过道、餐厅以及洗净的炊具和餐具进行消毒处理，对刀、墩、盆等器具进行清洁消毒，以防止各种病毒和有害物质的传播和蔓延。

(三)重视员工培训

食品卫生安全管理要求重视对学校相关人员开展相应的培训，在每学期开学前组织相关人员进行岗前培训，学习我国食品安全方面的政策法规；定期安排学校食堂炊管人员接受食品卫生安全方面的专业培训，使之了解国家食品卫生安全法律法规的要求，熟悉学校食品卫生安全的相关要求，掌握必要的食品卫生安全专业知识，提高做好学校食品卫生安全工作的能力；对食堂炊管人员加强法制教育、职业道德教育，增强其法律意识、责任意识和敬业精神；关注食堂炊管人员的思想品德与心理健康状况，对有不良行为苗头和心理问题的员工及时进行教育和疏导并加强相应的管理，提高从业人员的职业道德水平。

(四)加强舆论宣传

为了使师生进一步明确学校加强食品卫生安全工作对自身健康成长的目的、意义和要求，发挥自身的宣传优势，学校要向广大师生宣传学习《食品安全法》《传染病防治法》《学校卫生工作条例》等法规条例，加强学校食品卫生安全知识宣传教育工作，提高学生的自我保护意识和能力。学校可以利用健康教育活动、校园展板、广播等多种宣传形式，对学生进行食品卫生安全教育，使学生树立食品卫生安全意识；可以采用板报、手抄报等学生喜闻乐见的方式，开展经常性的卫生宣传工作，做到每周一广播，每月出一期板报，每学年宣传活动十次以上，使食品卫生安全宣传工作从校内走向校外；可以发挥课堂的主渠道作用，进行食品卫生安全知识教学与实践，使学生对生活卫生、饮食卫生、疾病预防、环境卫生等常识有更系统的了解，并能自觉运用于日常的学习、生活之中，切实增强自我防范能力。

第四节　教育财务管理的原则与过程

财务是指国民经济各单位以资金运动形式反映的经营活动，是有关资金的筹集、运用和分配等经济业务活动。财务管理就是按照党和国家的方针、政策和制度的要求，遵照资金运动规律，在利用价值形式筹集、分配、运用资金的过程中所进行的计划核算、监督考核、分析等综合性管理活动。按照国家不同经济部门的分工，财务管理可以分为企业财务管理、事业财务管理、行政机关财务管理等。教育财务管理包括行政机关及学校等教育机构的资金管理。

随着社会生产力的发展，社会分工越来越细，社会经济活动日趋复杂，要求人们从大类中分出若干小类。教育事业迅速发展，国家对教育投资逐年增加，为社会多方向教育提供资金，我国已形成一个多渠道多层次筹集教育经费的局面。教育财务管理是教育管理的重要组成部分，是以马克思主义政治经济学为理论基础，根据教育经济活动的特点，在总结财务管理经验的基础上运用现代科学管理的手段，对教育资金筹措渠道、分配重点、使用效益等进行预测、控制、监督和管理。它不仅要求有效使用教育资金，还要求协调教育内部与外部的经济关系，有效配置教育资源。教育在国家发展中具有基础性、先导性与全局性的作用。教育资金的投入与分配是否科学，直接影响教育发展的规模大小与速度快慢。所以，要优先发展教育，就要增加教育投入，科学管理教育财务工作，使教育资金真正成为启动和促进教育发展的动力，从而更好地为促进人的发展服务。

一、教育财务管理的原则

教育财务管理总的任务是：正确贯彻执行国家有关法律法规和财务规章制度，依法多渠道筹集事业资金，合理编制学校预算，并对预算执行全过程进行控制和管理，努力节约支出，提高资金使用效益，加强资产管理，防止国有资产流失；遵循党的教育方针，发扬艰苦奋斗、勤俭办学的精神，按照教育规律和经济规律，科学地使用和管理各项经费，保证教育事业计划和教学任务的完成，努力为教育事业的发展和教学质量的提高服务。为更好地发挥教育财务管理的职能，更好地服务于教育事业，财会人员必须在党的领导下开展工作，并遵循以下原则。

(一)遵纪守法的原则

在财务管理的过程中始终遵循国家的法律法规，严格执行国家相关政策，做到遵纪守法，避免违法乱纪行为的发生。财务管理是复杂的，如果不遵循国家的法律法规和规章制度，就会出现管理上的混乱，以人治代替法治，给国家造成损失，浪费教育资源。在财务管理活动中，财务人员必须遵守《中华人民共和国会计法》，此法律给教育财务管理指明了方向，为财务管理提供了纲领和行为准则。

(二)讲求效益的原则

讲求效益的原则是指以尽量少的资金投入培养尽量多的合格人才。习近平在全国教育大会上指出："要提升教育服务经济社会发展能力。"①其中效益主要指社会效益和经济效益。党的十九大报告指出："要全面贯彻党的教育方针，落实立德树人根本任务，发展素质教育，推进教育公平，培养全面发展的社会主义建设者和接班人。"②基于此，社会效益是指通过教育投入、资金耗费培养出全面发展的社会主义建设者和接班人，提高全民族文化素质，推进精神文明建设。经济效益是指必须将教育经费利用在恰当的事务上，以较少的投入办更多的实事，培养更多的人才。为国家培养人才不仅要在数量上有所提高，还要确保质量的提升。因此，坚持讲求效益的原则就要加强宏观预算，合理进行教育布局、结构调整、专业设置，从社会需要出发进行教育投入，避免资金的铺张浪费，通过科学的方法、手段、途径提高教育资金的两个效益。

(三)勤俭办学的原则

艰苦奋斗，勤俭节约是我党一贯的作风。教育事业是国家的重要事业，教育财务管理者应切实贯彻勤俭办学的思想理念。教育财务管理首先要解决教育经费的投入问题。要解决这一问题就要平衡国家财力与教育需求之间的关系，协调教育需求与其他行业需求之间的关系，在教育内部也要妥善处理各级各类教育需求的关系。对此，教育财务管理者要坚持从实际出发，勤俭办学，精打细算，增收节支，尊重客观规律，使有限的资源发挥最大效力。

---

① 本书编写组：《习近平总书记教育重要论述讲义》，190页，北京，高等教育出版社，2020。

② 本书编写组：《习近平总书记教育重要论述讲义》，183页，北京，高等教育出版社，2020。

(四)服务教学的原则

教育工作始终要以教学为中心。“教育是人类传承文明、培养年轻一代、创造美好生活的根本途径。人类社会需要通过教育不断培养社会需要的人才，通过教育传授已知、更新旧知、开掘新知、探索未知，从而使人们能够更好地认识世界和改造世界，更好地创造人类的美好未来。”[①]教育财务工作作为教育工作的重要部分，也应以教学为中心，始终坚持为教学服务。在教育财务管理过程中，管理者首先要对教育资金进行合理分配，在合规合法的基础之上，急教学之所急；其次要坚持合理使用教学经费，不占用、不窃取教学经费和学生费用；最后要坚持以教学为中心，为受教育者提供良好学习条件，确保教学质量，提高教学效益。

(五)协调三方的原则

要管理好教育财政工作，就要正确处理国家、单位、个人三者之间的关系，这是教育财务管理工作的核心原则。国家可以管理单位和个人。其中，国家对教育事业单位采取不同形式的预算包干办法，明确其权利范围，适当扩大各单位财务管理的自主权，在保证国家利益的前提下，让各单位恰当地处理自身的财务问题，调动单位当家理财的积极性。教育事业单位的教学活动与广大师生息息相关。因此，三者是教育财务管理的三要素。教育财务管理者既要考虑国家财力的可能，也要照顾到师生的利益，使广大师生积极配合，圆满完成教育财务管理任务。

二、教育财务管理的过程

教育财务管理过程是指进行教育财务管理的相关工作以及实施相关工作的环节。一般来说，教育财务管理要经过预算、会计、决算、审计四个环节。

(一)预算

预算是依据一定的标准，按照一定的方法和程序所做的年度收支计划。预算管理是对预算、财务计划的管理，是为确保国家预算资金规范运用而进行的一系列组织、调节、控制、监督活动的总称。从预算编制的层次上，预算可分为国家预算、地方预算和单位预算。单位预算依据事业发展计划，参考以前年度的有关数据以及定员定额和各项开支标准进行编制。预算、财务计划规定了财务活动的纲领和方

---

① 本书编写组：《习近平总书记教育重要论述讲义》，73 页，北京，高等教育出版社，2020。

向，是组织和指导财务工作的关键和前提。

预算包括预算编制和预算执行两个阶段。编制预算采用基本数字和定员定额的办法，基本公式为：计划年度经费预算＝支出定额×基本数字。基本数字包括学生数、教职员数、班级数等。在编制预算时，要遵循国家有关文件的要求，科学分析上年度预算执行情况，仔细核实各项基本数字，正确核算各项收支指标，严格划清资金界限，合理运用经费包干结余，遵守报表期限。

预算管理的目的和任务主要有：第一，制订教育财务经费预算计划，帮助管理者编制目标，指明方向；第二，促进各个部门的合作与交流；第三，促使全体员工共同面向未来，激励全体员工向着同一目标迈进。

编制预算时要根据实际情况，贯彻国家政策及方针，目标制定合理、有依据。在后续执行阶段要执行好预算，必须建立健全预算会计机构，配置好预算会计人员，严格按照国家规定的收支标准进行开支，分清资金来源，合法使用各项预算资金，加强会计监督，防止违反国家财经纪律的现象发生。

(二)会计

会计是根据各种规章制度和科学方法，核拨经费，筹集资金，安排支出，考核效果，以及对现金、银行存款、财产物资进行日常性的管理。经费的领拨、使用、核算是财务管理的主要内容，经费支出是财务管理的主体。会计工作主要是以货币为主要计量单位，通过记账、算账、报账等一系列专门的技术和方法，对机构的经济活动进行全面、系统、连续、综合的核算和监督，以提高经济效益、获取较好的经济效果的管理活动。会计工作是烦琐的、复杂的，又是尤为重要的。

会计的基本职能包括核算和监督两个方面。

会计核算主要是从价值数量上记录、计算和分析经济活动情况，为经济活动提供系统、完整、综合的核算资料。会计核算一般包括设置会计科目、设置账户、确定记账方法、填制和审核会计凭证、登记账簿、编制会计报表等几个基本环节。

会计监督是对经济活动进行预测、控制与分析，使有关单位的经济活动有效合法地运行，一般通过会计分析和会计检查的方法来实施。会计分析是指以会计核算资料为依据，综合调查并收集其他方面的有关资料，以此分析教育机构预算执行情况偏离预算收支计划的原因并寻求解决方法。会计检查是指通过对会计凭证、账簿和报表等会计核算资料来检查机构的收支情况和经济业务是否合理、合法的财务管理方法。

在教育财务管理过程中，对会计这项工作的要求是相对较高的，不仅是对这项工作质量、工作效率要求较高，而且对从事会计工作的人员有一定的要求。此环节是教育财务管理的核心环节，因此，一定要加强对会计工作环节的管理，定期进行筛查和监管。

(三)决算

决算是指依据年度预算的执行结果，按法定程序编制、审核和批准年度会计报告。此环节需要对教育财务管理工作进行财务分析，就是借助于有关数据和资料，分析验证预算、财务计划、财务管理正确与否，分析研究费用水平、比例关系、增长速度，分析影响因素，查找原因，改进和完善财务管理。教育决算依层次不同可划分为国家决算、地方决算和单位决算。教育决算由于是教育预算结果的反映，因此是教育预算的继续和延伸，可以反映预算是否科学、预算的执行情况如何。决算一般要经过准备编制决算、审批决算等工作。

预决算工作的不断改革促进了事业单位会计信息质量的显著提升，通过决算工作形成的定期检查诊断和改进提高财务管理工作的机制为财务监管工作奠定了坚实基础。决算报告编制前，要将会计核算系统与资产管理信息系统的相关数据进行核对，不一致的要查明原因，并进行调整。决算要注重预算管理、会计核算和会计报告一体化管理水平的提升，注重教育财务综合预算与相关部门预算编制和管理的一致性，便于形成关于财务预算管理的综合报告。决算报告要根据年度内全部经济业务事项、会计账簿和其他会计资料来编制，要做到全面、完整、真实。决算报告经管理层人员一致审核签章后，要严格按照教育厅和财政厅规定的格式及时上报审核。

(四)审计

在教育财务管理过程中，预算环节是前提，会计环节是关键，决算环节是手段，审计环节是保证。它们在资金运动的整个过程中相互联系，相互制约，相互促进，为实现财务管理的目标共同发挥作用。审计是一种监督机制，是由国家授权或接受委托的专职机构和人员，依照国家法规、审计准则和会计理论，采用专门方法，对被审计单位的财政、财务收支、经营管理活动及其相关资料的真实性、正确性、合规性、合法性、效益性进行审查和监督的过程。由此，审计一般来说是一种财务监督，是对预算、财务计划、财务管理进行检查、督促、评价，监督教育资金的使用效果，保证党和国家的方针政策贯彻执行，保证教育事业计划圆满完成。

审计是财务管理的最后一个环节，对财务收支起审查监管的作用。审计的内容包括：财务管理制度、预算管理情况、收入和支出、结余及其分配、专用基金、教育资产、负债、财务决算等。审计一般可以通过查账、抽样审查等方法来进行，其方式可以分为报送审计、就地审计或报送审计与就地审计相结合三种；根据需要，也可以组织行业审计、专项审计或专项审计调查。

第五节　教育经费的筹措和分配

一、教育经费的筹措

教育经费，就其一般意义而言，是指用于教育事业方面的公共开支和个人开支。公共开支为其主要方面，往往由各国政府纳入预算。教育经费的来源在各国不尽相同，但一般有税收、学校收入、捐赠款项、经营收入、借贷款项和发行教育公债等，其中前三项为主要经费来源。各国公共行政或公共事业的经费，均需依靠税收来维持。教育事业(以普通教育为主)为公共事业之一，因此其经费来源无法脱离税收。这在各国是相同的。①

(一)教育经费筹措的行为主体

教育经费的筹措，一般来说，通常是由国家、个人、学校等主体进行的。

1. 国家层面

一直以来，国家对教育的财政拨款和支持是教育经费的主要来源。也就是说，我国教育经费的主要筹措主体是国家，更进一步而言，是政府税收机构。政府拨款对教育的发展具有非常重要的意义。我国的教育机构以公立学校为主，这基本上奠定了教育经费筹措主要由国家负责的整体格局。

2. 个人层面

除了国家层面的经费拨款外，教育经费的另一大主要来源是受教育者，因而，个人也是教育经费的重要筹措主体。虽然教育事业是国家事业，但是国家不可能承

---

① 赵中建：《美、英、法、印教育经费筹措的比较》，载《比较教育研究》，1993(3)。

担所有受教育者在教育上的其他支出。从目前来看，虽然国家已经免除农村义务教育阶段的学杂费和书本费等费用，但一些学生及其监护人依然有必要承担一部分教育费用，如食宿支出等。除此之外，国家也鼓励有条件的个人或企业以捐赠、帮扶、奖助学的方式为学校提供一定的经费援助。这也是除了国家拨款之外维持教育发展的有益的经费筹措来源。

3. 学校层面

除了政府和受教育者这两大来源之外，教育经费部分来源于学校自身。一般而言，学校多少都有属于自身的固定资产，如校舍、场馆、设备等资源。在符合国家相关政策法规、条件允许的情况下，学校后勤部门可以通过出租闲置房屋、开设勤工助学岗位、空闲时期承办社会培训等方式获取一定的盈利，以补贴学校日常开支。

(二)教育经费筹措的方法

办教育需要大量经费，因此，教育经费的筹措便成了一个永恒的、共性的话题。即使是在经济状况相似的国家或地区，采用不同的教育经费筹措方法，也会导致教育发展的不同速度。许多教育发展较快的国家在教育经费筹措方面进行了大胆创新和长期实践，积累了许多成功经验，有不少值得借鉴。中国是人口大国，受教育人口众多；又属于发展中国家，财力有限。教育要加快发展，必须在现有的基础上开源节流，为进一步开辟我国教育经费的来源渠道寻求更多更有效的办法。

1. 拓宽政府财政拨款主渠道，加大预算内教育拨款力度

依据中国国情，教育经费供给主要是国家财政。新中国成立以来，国家财政拨款一直是教育拨款的主渠道。对于国家财政性教育拨款，现在的问题主要是：国家财政性教育拨款占国内生产总值(GDP)的比例太低。据世界银行《1994 年世界发展报告》公布的数字：1994 年世界各国公共教育经费占国内生产总值的平均比例为 3.6%，其中发达国家为 5.7%，中等发达国家为 4.4%，低收入国家为 2.6%，而中国至 1997 年仅为 2.5%。① 1993 年中共中央、国务院颁布的《中国教育改革与发展纲要》要求，到 2000 年，国家财政性教育经费支出占国内生产总值的 4%。即便如此，我国在教育资源的分配上，还存在着巨大的差距。这些问题都有待解决。

---

① 俞东宁、黄莉萍：《谈教育经费的筹措渠道》，载《江西农业大学学报(社会科学版)》，2002(4)。

纵观世界各国，无一不是主要依靠政府的财政拨款来解决教育经费问题的。就拨款的绝对数来说，不同国家之间差距很大，但就拨款额占政府总开支的比例来说，还是有一个不相上下的比例，它应该是有一个底线保障的，这也是保证一国教育巨额开支之必须，否则，教育就难以为继。①

2. 划出部分税收收入为补充，增加稳定的来源

从世界范围来看，教育经费主要靠政府拨款，不少国家政府拨款又主要靠税收。② 这是因为，凡公共事业的经费应由政府财政负责，政府财政又主要来自税收。义务教育的产品性质为纯公共产品，非义务教育属于准公共产品。因此，教育经费应该主要依赖于税收。③

我国一直没有开征专门的教育税，也没确定某税种的税收收入专门用于教育。20 世纪 80 年代中期，我国开始征收城市教育费附加费等用于教育，为教育筹集经费发挥了重要作用。尽管这方面取得了可喜成绩，但与别国比，划定税费用于教育经费总投入所占比例仍然偏低。如果能在当前税收框架之下，适当划拨一定的比例专门用来支持教育事业，或将征收的教育税费予以正式确立，统一拨付给教育事业，那么对于教育系统而言，无疑大大增强了经费保障。

3. 完善教育成本分担机制，区分不同学段收取学费

教育经济学家约翰斯通(Johnstone)的成本分担理论认为，教育成本应由纳税人、学生、家长及社会人士(捐赠)共同分担。一般来说，义务教育应由政府举办并提供全部费用，其他各阶段的教育由政府与个人共同分担教育成本。由于受教育者的私人收益率高于社会收益率，且越是高层次教育，私人收益率则越高④，因此，受教育者应该支付一定的学习费用，即学费。不同层次、类别、档次的学校的学费标准应有区别，并拉开差距和档次；招收海外学生，也是获得学费的一条重要途径，不少发达国家每年都大量招收海外留学生以获得一笔相当可观的教育经费。⑤

4. 鼓励个人或社会团体等向教育捐赠

教育的主要任务是提高学生的综合素质。在大力提倡全社会都来关心和支持教

---

① 李祖超：《教育经费筹措方法的比较与借鉴》，载《教育理论与实践》，2002(3)。

② [美]Martin Carnoy：《教育经济学国际百科全书》第二版，闵维方等译，239 页，北京，高等教育出版社，2000。

③ 陈国良：《教育筹资》，28 页，北京，高等教育出版社，2000。

④ 曾满超：《教育政策的经济分析》，149 页，北京，人民教育出版社，2000。

⑤ 李祖超：《教育经费筹措方法的比较与借鉴》，载《教育理论与实践》，2002(3)。

育事业的前提下，要热情鼓励某些团体及个人对文化教育等事业进行捐赠。但捐赠应该是自愿的，不能强行摊派。因此，捐赠只能是教育经费的一种补充来源，并不稳定。

政府对于那些积极向教育捐赠的人士应该出台某些优惠政策，如减免某些税收等，并加以鼓励；还应该提倡集资办教育，并且要求领导干部带头，不能向学生家庭强行收取，要坚持自愿原则。有的人愿意向学校提供奖学金或其他基金，应适当放开，允许设立；对于捐资建校等也应欢迎，且提倡形式灵活多样。

二、教育经费的分配

(一)教育经费分配的重要性

教育经费分配的重要性取决于两个方面：首先，因为教育资源相对短缺，所以分配的合理性问题必须得到重视；其次，鉴于教育经费分配本身的复杂性，必须进行适度、理性、科学的分配调拨规划，使有限的经费用在最需要的地方。

从许多国际通用的衡量指标来看，我国的教育经费指数偏低。然而，我们却要用这十分有限的教育资源去养活世界上最庞大的教育队伍。处在如此窘困的境地，除了继续开拓经费筹措渠道外，剩下的就是合理分配和有效利用了。只有将经费分配得尽可能合理，才能使有限的资源发挥最大的作用。由此，我们不得不研究教育经费的分配问题。

真正做到合理分配教育资源，并不是一件容易的事，需要考虑很多因素：谁最需要？哪里最需要？如何衡量需求的迫切程度？由于教育经费主要来自国家或集体，那么在分配上就该做到公平公正、一视同仁。但是，教育又不可避免地要考虑国家的需要以及地区、个人的特殊性，完全做到公正事实上不可能。因此，这个问题就变成了如何在分配中协调公正与优先的关系。地区的差别、人口的因素、教育层次的高低、决策者的个人倾向等，都会对教育经费分配工作带来影响，迫使人们不得不认真对待分配问题。鉴于教育经费分配的复杂性，有的学者提出，教育资源的分配不单纯是一个技术问题，更是一个政治问题。像公平、公正、效益、家长对学校的期望、教师对自己工作报酬的向往等，这些问题的背后实际上蕴含了政治及价值观的色彩。所以，教育经费分配本身的复杂性也需要我们对它进行认真研究。

(二)教育经费的分配方式

教育经费的分配，如按例行性分配来区分，可分为统一分配和独立分配两种形式。统一分配是将教育经费与一般行政经费进行合并并通盘考虑之后，再根据教育需要，决定分配给教育的比例或数量。此方式能兼顾社会多方面的需要，但可能影响教育财源的稳定性，使得教育决策者不能掌握固定的经费，由此影响教育的发展。独立分配指确定一定数量或比例的教育应分配的款项，使其不受其他行政经费分配的影响。一般来说，教育界人士较欢迎这种分配方式，因为这种分配方式能保持教育经费的稳定性，有助于教育决策者根据固定的财源拟订整体性教育发展计划，并使教育计划与预算相配合，对教育发展较有利。

除了以上例行性分配外，还有非例行性分配，也就是对某个专门的教育项目分配经费，以弥补例行性分配的不足。各个国家几乎每年都要拨出一定的专门资金，分配给一些教育项目。例如，美国曾专门分配经费用于补偿教育、阅读教育、残疾儿童教育等，我国有专项基金用于贫困地区教育、师范教育等。

教育经费经由例行性分配或非例行性分配之后，如何分配给受教育者，又有两种方式：直接分配与间接分配。直接分配就是将教育经费直接分配给受教育者。例如，国外有学者建议，最好将经费收入直接分配给家庭中的受教育者，由其根据自己的能力和意愿以及所分得的经费选择上什么类型的学校。这样一是可以打破公立学校垄断的教育的局面，给家长选择学校的机会；二是可以根据学生的家庭背景情况做出调节，使贫困家庭儿童适当多分教育费用，富有家庭减少分配量，无形中起到转移社会财富的目的，有助于缩小社会贫富差别。此外，奖学金和助学贷款也是一种直接分配。但奖学金限于名额，且多发给优秀学生，故并非最佳分配办法；助学贷款利率不高，又大都在学生毕业后偿还，所以较受学生欢迎，有利于贫困家庭学生就学。间接分配是将教育经费分到各类学校，通过学校提供教育来使受教育者受到益处。目前世界上绝大多数国家采用这样一种分配方式。它的特点是便于操作，有利于政府宏观调控，也有利于学校自身发展。但由于这种分配大都入于公立学校，学生如果选择进私立学校，就享受不到其中的益处。针对两种方式各自的特点，有学者提出，对于全民都能享受的教育，如义务教育，可采用间接分配的方式；对于并非人人都能享受的带有较多选择性的教育，如义务教育阶段后的教育，可采用直接分配的方式。

【知识拓展】

政府的教育经费分配方式主要体现为拨款模式。据世界银行对 38 个国家的研究分析，可将其归纳为四种不同模式：协议拨款模式、收入拨款模式、产出拨款模式和质量拨款模式。它们的基本特征可见表 13-1。这四种模式，除了协议拨款模式，其他三种都试图引入激励机制，但也都存在值得进一步探讨和完善之处。投入拨款的最大问题是拨款与招生政策的联系。在学校拥有招生自主权的情况下，政府如何对拨款进行有效分配？产出拨款单纯以毕业生的数量为依据，而忽略了质量问题，并且也无法解决学校所需的科研资金问题。质量拨款的根据是大学入学能力测验，但这种测验的信度和效度并不完全可靠，招收到优秀高中毕业生的大学的质量也不一定就高，它与学生的专业选择有很大关系。

表 13-1 38 个国家的主要拨款模式

模式	基本特征	采用国家
协议拨款	预算根据上年基数、财政能力和发展要求提供增长系数，主要反映历史趋势和政治需要，对质量和效益的提高缺乏有效的激励机制。	意大利、印度、菲律宾等 20 多个国家，大多是亚洲、非洲不发达国家。
投入拨款	依据学生人数和单位成本拨款，在拨款公式中增加加权系数，以反映学校环境、学生层次及教学质量的差别。	日本、英国、法国、加拿大、印度尼西亚、越南等 12 个国家，大多是中上等收入国家与发达国家。
产出拨款	拨款与毕业生数量挂钩，以减少重读率和辍学率。	荷兰、澳大利亚、以色列等 5 个国家。
质量拨款	实施间接拨款计划，对高中毕业生进行大学入学能力测验，招收优秀高中毕业生的大学可获得特别资助。	智利。

(三)教育经费的分配结构

教育经费的分配要有一个科学比例，不能随意分配，这是有限教育经费得到有效合理使用的前提保证。不过，由于各国教育经费来源统计口径与分类不完全相同，各国教育体系也不一样，加之各国经济、政治、社会制度方面存在差异，因此教育经费分配结构的分类较为复杂和困难。但如果从总体上进行观察，教育经费的分配结构主要是指初等教育、中等教育和高等教育经费分配的相互关系及其在教育总经费中所占的比重。教育经费是为教育事业发展服务的，因此，学校教育经费的分类和结构与学校教育结构基本相同。

学校教育结构，从纵向上看，主要分为初等教育、中等教育和高等教育，通常简称为三级教育。我们讲教育经费的分配首先就是在三级教育中的分配。教育经费在三级教育间的合理分配是使整个教育得到协调发展的保证。那么，如何评价和判断教育经费在三级教育中的分配是否合理呢？通常有两个指标。

第一，总量指标，即各级教育经费在教育总经费中所占的份额。由于在教育经费中，公共教育经费占其主要部分，而且有相关部门的统计，便于在国家间进行比较，因此也可只计算公共教育经费，计算公式为：某级公共教育经费÷全部公共教育经费×100％。这一指标是各国政府和国际组织通常使用的指标，从宏观教育投资角度表现政府投资在三级教育中的分配结构。其缺陷在于总量结构体现不出三级教育各自的规模(在校生数)，教育经费最终会分摊至每个学生身上，因而不能充分表现三级教育经费分配合理与否。

第二，生均教育经费比值指标，即三级教育按在校生人数平均计算的生均教育经费比值。其计算方法为：将小学生生均教育经费作为1，计算中学生和大学生生均教育经费为小学生的倍数。生均教育经费也可用生均公共教育经费或生均教育事业费代替。用生均教育事业费代替，还因为教育基建经费需要确定固定资产折旧率，存在技术上的困难，同时教育事业费也是教育经费中的主要部分。这一指标以生均教育经费为基础，体现的是三级教育生均教育经费绝对量的关系，能准确地判断教育经费的分配结构是否合理。其缺陷在于，生均教育经费随教育级别提高而增加，而指标的数量关系不能体现这一现实。但如果进行国际比较，那么在一定程度上可弥补这一缺陷。

(四)影响教育经费分配的因素

评价和判断教育经费在三级教育中的分配是否合理，除了要确定合理的指标外，还必须考虑到影响教育经费分配的因素，主要是教育结构和生均教育经费。

1. 教育结构

这里所说的教育结构通常是指三级教育结构。衡量三级教育结构的指标，一是三级教育在校生人数的总量指标，即每级在校生占三级教育在校生总量的比重；二是三级教育入学率的比较。

教育经费最终用于学生培养，教育经费分配基本的依据是学生数量。有了学生数量，通过师生比、教职工和学生比，就可以确定教师和教职工的数量及其人员支出水平及数量，确定各种固定资产及各种物资消耗的数量及费用。在三级教育生均教育经费一定的条件下，三级教育结构是决定和影响教育经费分配结构的基本因素。一般来说，教育经费在三级教育中的分配结构与三级教育结构基本上是一致的，某级教育在校生在三级教育中所占份额较大，该级教育经费在三级教育经费总量中所占份额也较大。反之，所占份额则较小。

教育经费是教育发展的物质基础，教育经费结构对现有教育结构也会产生反作用。通过教育经费增量分配，可以调整现有的教育结构，使其达到预期的结构目标。例如，政府、企业团体和私人所提供的教育经费是以初等教育为投资重点。还是以中等教育或高等教育为投资重点；在各级教育中，如中等教育阶段，是以普通教育为投资重点，还是以职业技术教育为投资重点；在高等教育中，究竟是以人文社会科系为投资重点，还是以理、工、农、医等科系为投资重点，凡此种种，均足以影响到一国的教育结构。

2. 生均教育经费

受教育者的人均教育经费是影响三级教育投资分配结构的另一因素。如果说教育结构是从需求方面影响教育经费的分配结构的，那么，生均教育经费则是从供给方面影响教育经费的分配结构的。因为三级教育生均教育经费是不相同的，生均教育经费随教育级别(或程度)的提高而上升，培养一个大学生的费用大大高于培养一个中学生或小学生的费用，培养一个中学生的费用高于培养一个小学生的费用，这是显而易见的。

教育结构和生均教育经费共同影响着三级教育经费的分配结构。例如，当提高中、小学生的生均教育经费时，即使三级教育结构不变，也会引起初、中等教育所占份额的上升。

上述两个因素直接影响三级教育经费的分配结构，从最终意义上说，社会经济发展水平和教育发展规律决定着教育经费分配结构。从世界各国的经验来看，无论是发展中国家还是发达国家，在经济和教育发展的最初阶段，三级教育经费分配结构的重心依次是初等教育、中等教育、高等教育。世界银行和联合国教科文组织的有关资料表明，各国教育经费在各级教育中的分配情况是随着本国社会和经济的发展而变化的。在经济和社会发展的初级阶段，教育投资的重点是初等教育；随着经济和社会的发展，教育结构发生变化，初等教育得到普及，中等教育和高等教育所占三级教育的比例逐步提高。随着国民生产总值的提高，三级教育投资比例间的差距逐渐缩小。

【要点小结】

1. 后勤管理的特点有服务性、先行性、阶段性、广泛性、偶然性。后勤管理的原则有整体性原则、民主管理原则、效益性原则、权变性原则。

2. 教育资源也称教育经济条件，是教育过程所占用、使用和消耗的人力、物力和财力的总和。教育资源配置的原则有公平配置原则、目标导向原则、公平与效率相统一原则。

3. 教育设施设备管理就是对教育事业所必需的物资条件实行的管理。具体而言，它是指对教育基础建设、学校设备等方面实行的管理。

4. 教育设施设备管理的任务有整建校园环境、完善学校设备、管好校舍设施。教学设施设备配置的内容包括普通教室设备、实验室设备、电化教学设备、图书阅览馆(室)设备、体育卫生器械的配置。

5. 食品卫生安全制度管理的内容包括严格遵循法律法规，重视食品卫生安全；加强领导管理机制建设，重视人员培训工作。

6. 教育财务管理的原则有遵纪守法的原则、讲求效益的原则、勤俭办学的原则、服务教学的原则、协调三方的原则。教育财务管理的过程包括预算、会计、决算、审计四个环节。

7. 教育经费筹措的行为主体包括国家、个人、学校。教育经费筹措的方法有拓宽政府财政拨款主渠道，加大预算内教育拨款力度；划出部分税收收入为补充，增加稳定的来源；完善教育成本分担机制，区分不同学段收取学费；鼓励个人或社会团体等向教育事业捐赠。

8. 影响教育经费分配的因素有教育结构和生均教育经费。

【思考题】

1. 请举例说明后勤管理的特点与原则。

2. 请简述教育设施设备使用时应该注意什么。

3. 请结合实际谈谈食品卫生安全制度管理的内容。

4. 请简述教育财务管理的原则。

5. 请论述教育财务管理的过程。

6. 你所在的(或你了解的)学校是如何进行教育经费分配的？请结合实际分析说明。

【案例分析题】

学校食堂如何进行改革①

某校食堂就餐人员600人左右，食堂工作人员10人左右，外请一级厨师5人，

① 程凤春：《学校管理的50个典型案例》，22页，上海，华东师范大学出版社，2009。

保洁员1人。一年水电费在6万元左右，开支总费用在10万元左右，主要由学校负担。学校做了关于食堂满意度和改进措施的问卷调查，发放问卷500份，收回有效问卷416份，发现教师和学生对食堂满意程度不高。关于食堂满意度的调查结果为：对食堂饭菜质量不满意的有316人，认为食堂饭菜价格偏高的有282人，对食堂服务态度不满意的有146人。关于食堂改进途径的调查结果为：主张对食堂进行社会承包的有263人，进行内部改造的有142人。

根据调查结果，并结合上级精神，学校领导初步决定对食堂进行社会承包，通过市场运作经营权，吸收社会民间资本搞活食堂。

校教职工代表大会经过讨论决定，食堂面向社会公开招标，采取租赁承包经营的企业化运作模式，既告别纯福利办伙食的经营模式，又不采用以营利为目的的经营模式，不以承包费用多少确定承包商的依据，而注重审核投标方的资金能力、资质信誉、经营管理水平、技术水平、从业人员的素质及健康状况(必须具有卫生许可证、从业人员健康证、食品卫生知识培训证等)。学校领导进行了细致周密的部署：进行洽谈、实地考察、签订合同、合理分配利润。在食堂设施配备方面，如厨房设施、餐厅桌椅、餐具等均由承包商承担，学校统一要求，以便形成整体化。承包商还须交纳风险抵押保证金5万元。学校根据在校生就餐数测算承包费，给承包商足够空间，使其利润控制在20%以内，第一年水电费由学校承担，第二年学校承担水费，第三年承包商承担所有费用。承包商每月付给每位教师40元作为承包金，这样也解决了教师餐费补贴问题。

【课堂讨论】

1. 根据学校对食堂满意度的问卷调查，你是否同意该校食堂社会化的管理模式?

2. 试对学校集中管理和社会化管理进行利弊分析。

3. 请分析学校后勤产业化、社会化之后可能面临的新问题及其解决途径。

第十四章　学校安全与应急管理

>>> 本章学习目标

1. 了解学校安全管理组织体系的含义、职能与运行原则，从而系统地掌握学校安全管理的基础理论知识。

2. 明了学校突发事件应急管理的基本要求。

3. 掌握应急管理中公共关系活动的类型和策略。

学校安全是学校稳定发展的保障，是学校工作正常开展的前提，是保证学生健康成长、实现教育目标的必要条件。“据统计我国现在每年有 50 余万人次学生遭受意外伤害，意外伤害已成为威胁学生安全的‘头号杀手’。从教育部门的统计数据看，我国中小学生非正常死亡人数每年都在 1.6 万人以上。”①这些意外伤害、非正常死亡事件大部分与校园安全管理不善有很大相关性。这些数据时刻提醒我们，校园安全是中小学管理极为重要的一环。随着社会文明程度的提高，人们的安全意识日益增强，学校安全问题越来越成为社会关注的焦点。学校如何做好日常安全防范工作，如何有效应对突发事件，已经成为摆在学校管理者和广大教师面前的现实问题。

---

① 余才锐：《中小学校园安全现状分析与对策研究》，载《平安校园》，2022(9)。

第一节　学校安全管理组织体系建设

一、学校安全管理组织体系的含义

（一）学校安全

安全是指没有危险、不受威胁或损害的状态。学校安全是指师生在学校中身心处于没有危险、不受威胁或损害的状态。对学校安全概念的澄清，是一个理论性问题，更是一个实践性问题，直接涉及对学校安全工作内容的确定。

（二）学校安全管理

学校管理是一种用人治事的活动。学校中的“人”是有知识、有修养的教师群体和正在成长中的儿童青少年；学校中的“事”是教育人、培养人，即把受教育者培养成德智体美劳各方面都得到发展的社会主义建设者和接班人。从这个意义上说，学校管理就是充分调动教职工的积极性，以完成教书育人的任务的一种活动。具体来讲，学校管理是学校管理者通过一定的机构和制度，采用一定的手段和方法，带领和引导师生员工充分利用校内外的资源和条件，有效实现学校工作目标的组织活动。

学校安全管理是安全管理的一个侧面，有广义和狭义之分。广义的学校安全管理是指主体在教育工作中为防止和控制危险发生并最大限度地减少其损失而采取的决策、组织、协调、整治、防范、救助等活动。狭义的学校安全管理是指主体在学校管理中为防止和控制危险发生并最大限度地减少其损失而采取的决策、组织、协调、整治、防范、救助等活动。①

另外，学校安全管理又是学校管理的一项重要内容，是通过运用管理的手段，实现控制安全事故、消除安全隐患、减少人员和财产损失的目的，使学校达到一定的安全水平，使师生在安全的环境中学习、生活的管理活动。简要地说，学校安全管理就是以保护学校财产和师生安全为目的而进行的一系列决策、计划、组织和控制活动。②

---

① 张玉堂：《教育科学论坛》，49页，四川，四川教育出版社，2008。

② 陈珍国：《学校安全管理》，4页，上海，复旦大学出版社，2008。

在我国，关于学校安全的规范，国家相关教育法律法规都有涉及，如《中华人民共和国教育法》《中华人民共和国教师法》《中华人民共和国未成年人保护法》《学生伤害事故处理办法》《中小学安全教育指导纲要》等都对学校安全标准做出了明确的规定，内容涵盖了与学校安全有关的众多方面。构成学校安全的影响因素是复杂的，既包括校内因素，也包括校外因素；既包括学校领导和教师因素，也包括学生和家长因素；既包括设施等硬件因素，也包括校园文化等软件因素。

（三）学校安全管理组织体系

在管理学上，组织一词既作为动词使用，也作为名词使用。作为动词时，组织是指管理的职能之一，如法约尔把管理职能划分为计划、组织、指挥、协调和控制。其中组织指的是将人、财、物等要素进行有效配置。作为名词时，我们借鉴巴纳德的观点，把组织界定为：为了达到一定的目标，按照一定的规范，由相互协作的个人构成的社会群体。组织体系是由各分支机构构成的功能系统。学校安全管理组织体系指的是为了达到学校安全管理的目标，按照有关规定组建的，负责学校安全的组织机构及运行机制。

二、学校安全管理组织体系的职能

（一）决策职能

决策是什么？决策理论学派的代表人物赫伯特·A. 西蒙（Herbert A. Simon）认为，“管理就是决策”[①]。组织领导理论家彼得·德鲁克认为，决策就是判断，是在各种可行方案之间进行选择。[②] 总体来看，所谓决策，就是管理者在面临需要做出选择性决断的时候，根据目标、问题及具体情境，所做出的适切方案选择或方向性决定。例如，非此即彼的选择，做或不做；择优性选择，A 或 B 或 C。

综上所述，结合学校管理以育人为目标的特点，学校安全管理组织做出的决策既包括学校高层领导对学校安全问题做出的具有战略性、全局性的重大决策，也包括学校管理中层做出的解决部门或局部问题的决策，还包括基层管理人员为解决日常工作和作业任务中的问题所做的决策。决策可以涵盖学校全局的安全管理工作，

---

① ［美］赫伯特·A. 西蒙：《管理行为》，杨砾、韩春兰、徐立译，23～24 页，北京，北京经济学院出版社，2006。

② 赵雪章：《彼得·德鲁克管理思想全集》，213 页，北京，中国长安出版社，2006。

也可以针对局部的安全管理工作。决策的形式有学校安全工作计划、预案、指令等。

(二)指挥职能

控制论是研究各种系统自动调节和控制的一般规律的科学。它的主要思想是研究整个系统，用最少的信息实现最优的调控，取得最佳的效果，给人们提供了一种能应用于任何系统的一般方法。控制论观点认为“系统就必须有适当的组织可用，以便控制系统的功能，并把系统维持在可以工作的状态”①。这就是说，要控制系统的功能，使之发挥作用，必须建立指挥系统。

指挥通常指上级为了完成组织目标，对下级做出的完成工作任务的指令。在指挥系统中，命令和服从是构成系统运行的两个基本要素。上级根据其权威对直接管理的下级发出指令，下级接受指令并坚决执行。学校安全管理指挥系统必须是一个指令正确、反应灵敏、响应迅速、贯彻坚决的封闭系统。尤其在应对学校突发事件时，指令的及时性、正确性、有效性将直接影响处理的效果。

(三)教育职能

学校安全工作的重点是事前预防，学校安全管理必须坚持以预防为主的方针。学校安全教育是预防安全事故发生或减少事故损失的有效途径。学校安全教育的任务主要有：提高师生员工的安全意识，使“安全第一、预防为主”的理念深入人心；组织师生员工学习有关学校安全的法律法规；让师生员工了解学校各项活动的安全注意事项，掌握正确的防护技能。学校安全教育的主要方式有安全教育课、安全教育主题活动、安全教育会议、板报、壁报、广播、电视、网络等。

(四)沟通职能

沟通是指为了实现设定的目标，在个人或群体间传递信息、交流思想和情感，以求达成共识的过程。按信息流动方向，沟通可分为上行沟通、平行沟通和下行沟通三种，这三种沟通类型对学校安全管理都是不可或缺的。在学校安全管理中，上级主管部门对学校安全状况的掌握，社会对学校安全管理措施的理解，师生对学校安全管理制度的遵守，家长对学校安全管理的配合，都须依靠有效的沟通来实现。

(五)咨询职能

在现代管理中，咨询的作用日益增强，反映了管理的民主化、专业化走向。在

---

①　张萍芳：《建立指挥系统形成控制中心——从控制论观点谈学校管理问题》，载《福建师大学学报(哲学社会科学版)》，1981(3)。

学校安全管理中，咨询对学校组织的各个层级都具有重要的作用，无论是学校上层的战略决策、中层的战术性决策，还是基层的技术性决策，都会因有效的咨询而减少随意性和盲目性。学校安全组织体系中一般不设立专门的咨询机构，其职能往往分散在现有的各类机构中。

(六)指导职能

指导的词义是指点和引导。在管理学上，指导是指上级在检查下级工作的基础上，针对存在的问题，提出改进意见的过程。学校安全管理组织的指导职能包括：工作方向层面的指导、工作策略层面的指导、操作技术层面的指导。工作方向层面的指导由学校上层领导实施，工作策略层面的指导由学校中层领导实施，操作技术层面的指导由学校基层领导实施。

三、学校安全管理组织体系的运行原则

(一)统一指挥原则

法约尔认为，在任何组织中，一个下级只能接受一个上级的指挥，如果两个或者两个以上领导人同时对一个下级或一份工作行使权力，下级就会无所适从，导致局面混乱。统一指挥原则是建立在明确的权力系统基础上的，权力系统要依靠上下级之间严明的指挥链形成。

统一指挥原则对于学校安全组织体系的运行是十分必要的。学校安全事故的突发性、复杂性、危害性都决定了学校必须有统一的组织领导，建立严密的责权体系，对下发布指令，对上承担责任，保证学校在突发事件中临危不乱、有条不紊、积极应对，避免或减少损失，控制局面，走出危局。

(二)效率原则

效率原则不仅适用于经济组织，也适用于公共组织。其主旨是以最少的消耗(人力、物力、财力等)取得最佳的管理效果，实现管理效益的最大化。效率原则的基本要素包括管理行为的速度、管理行为的成本和管理行为的正确性。其中管理行为的正确性是核心要素，也就是说应在管理效果好的前提下，尽可能提高管理行为的速度，降低成本。

学校安全管理组织体系的构建和运行必须强化效率意识，遵循效率原则。安全管理往往要求在紧迫的时间内，消除或减少人身和财产损失。从效率原则出发，学校安全管理组织体系的构建首先要简化管理的层级，以提高指令传递的速度；其次

要实现各个层级的高效运转，即决策层、指挥层和执行层都应是高效的，任何一个层级行为的低效都必然降低组织的整体效率。

（三）信息通畅原则

管理过程就是信息的输入、输出和反馈过程。管理的有效性有赖于信息传递的准确、全面、迅捷。因此通畅的信息通道是管理有效进行的必要条件。信息通道的通畅与否，是衡量组织现代化水平高低的重要标准。

在学校安全管理组织体系的运行中，通畅的信息通道是维系信息纵向和横向沟通的保障。对安全信息的掌握、识别、判断，对决策的及时传达，对执行情况的实时反馈，都要以通畅的信息通道为依托。为此，学校安全信息系统的通道必须迅捷可靠，必要时可同时采用多种通道；要安排专人负责安全信息的收集、分析与传递；要定期检测信息通道，确保其畅通性。

（四）责任到人原则

责任落实到具体个人是岗位责任制的具体要求。职责即一个岗位所需完成的工作任务及应承担的责任。岗位责任制是指根据不同工作岗位的性质和特点，明确规定其职责、权限，并依照确定的标准进行考核及奖惩的人事劳动制度。责任到人、赏罚分明，有利于各尽其职、各负其责，避免职责不清、人浮于事的混乱局面。

学校安全事关重大，贯彻责任到人原则对于学校安全管理组织的有效运行是十分必要的。任何岗位、职能和环节的空缺，工作人员有些许的疏漏，都可能造成无法弥补的人身或财产损失。学校安全管理组织中的人员大部分是学校的领导和专业教师，他们都有自己的日常工作，但必须牢记自己的安全管理责任，不能让日常工作冲淡了安全责任意识。

（五）协调一致原则

协调一致原则是指组织内部各分支之间和成员之间要和谐统一，默契配合。其宗旨是正确处理组织内的各种关系，化解组织的各种矛盾和冲突，为组织正常运转创造良好的条件和环境，促进组织目标的完成。

学校安全管理组织体系的运行，首先要使学校教育目标和学校安全目标整合一致，不可厚此薄彼，更不可顾此失彼；其次要保证学校安全管理机构的工作步调协调统一，避免各自为政、相互冲突；最后要做到全面兼顾学生利益、教师利益和学校利益，在坚持“一切为了学生”的宗旨的同时，维护教师和学校的正当权益。

(六)专业化原则

专业化是社会分工、科技进步和市场竞争的综合产物。在现代社会中，职业日益呈现出专业化的态势。突发事件的应对需要多方面的专业知识技能，现代学校安全管理组织体系的运行必须以专门的知识技能为依托。

学校安全管理组织体系主要由学校领导和教师构成，必须逐步提高其专业化水平：一是学校的领导和教师要学习并掌握相关的知识技能，如临场指挥的知识技能、新闻发布的知识技能、沟通谈判的知识技能、心理疏导的知识技能、医疗救护的知识技能等；二是聘请相关专业人员做顾问，到校做现场指导，以提高学校领导和教师对学校安全事故的科学防范和处置能力。

四、学校安全管理的组织机构

学校安全组织体系由相互联系、相互支持、相互配合的各分支机构构成。学校安全组织体系的结构是否合理，应从纵向和横向两个方面来考查。从纵向看，安全工作责任重大、时限性强，要求反应迅速有效，因此，学校安全管理组织体系必须有责权清晰的决策系统、指挥系统、执行系统。从横向看，应对安全突发事件需要强有力的人、财、物资源做保障，因此还应根据需要建立信息通信系统、交通运输系统、物资保障系统、抢险救护系统等。限于学校的职能和条件，这些组织机构一般不独立设置，但其相应职能必须具有。在实践形态上，学校应设立学校安全工作领导小组和学校安全专项工作组这两类机构。

(一)学校安全工作领导小组

学校应成立安全工作领导小组，在中小学由校长任组长，相关副校长和教务处、总务处、德育处等部门负责人任成员，全面负责学校安全领导工作。学校安全工作领导小组的职责是：贯彻落实国家有关法律法规，完成上级关于学校安全管理的工作目标；组织全校性的安全教育活动，提高全校师生员工的安全意识；根据学校的具体情况，组建学校安全管理职能部门，并对其工作进行监督；组织制定学校安全事故的应急预案；处理学校发生的安全事故；负责向上级领导部门汇报与社会相关部门的协调与沟通情况。

安全突发事件出现后，学校应在安全工作领导小组的基础上成立应急指挥小组，负责事故处置的现场指挥。应急指挥小组领导及成员的构成根据突发事件的种类和级别确定。

(二)学校安全专项工作组

学校安全专项工作组负责学校各种突发事件的专项防范和处置，一般是根据学校突发事件的种类划分的。由于划分标准存在差异，因此对学校突发事件及其相关工作组的划分也不同。根据学校突发事件易发生的场所，相应的学校安全专项工作组应包括以下几类。

1. 实验课安全工作组

实验课安全工作组负责物理、化学、生物等学科的实验课教学中安全事故的防范和处理。具体职能是：保证购置的实验设备、器材、用品符合国家规定的标准，制定实验室管理制度和工作制度，督促教师对学生进行实验安全教育，配备处理实验室安全事故的专门用品，处理实验中的火灾、中毒等安全事故。

2. 体育课和体育活动安全工作组

体育课和体育活动安全工作组负责体育课和学校大型体育活动中安全事故的防范和处理。具体职能是：加强体育运动中的安全教育，增强师生的身体安全防范意识，提高学生的自我保护能力；加强对体育设施的建设、检查、维修与管理；注意对学生技术动作的规范性训练；精心组织教学和体育活动，保证活动的有序性；处理体育课中出现的摔伤、拉伤、击伤等肌体损伤事故。

3. 课外校外活动安全工作组

课外校外活动安全工作组负责学生在课余活动、校外劳动、实习、实训、郊游、参观和社会实践等活动中安全事故的防范和处理。具体职能是：根据活动内容和形式对学生进行有针对性的教育；根据学生的年龄和客观条件确定活动的地点；活动前加强与学生家长的沟通；教育和提醒学生遵守活动纪律，劝阻不当行为；对活动的关键环节安排教师予以引导；处理课外校外活动中发生的各种安全事故。

4. 学校环境与设施安全工作组

学校环境与设施安全工作组负责学校场地、建筑物、教学设备、生活设施的使用中安全事故的防范和处理。具体职能是：严格掌握学校建筑、场地和设备的技术标准，加强对建筑、场地和设备的维修和维护，严格按照操作规程使用学校的设施设备，加强对学校周边环境的安全管理，处理因学校设施引发的各种安全事故。

5. 学校饮食、宿舍安全工作组

学校饮食、宿舍安全工作组负责用餐、饮水和宿舍方面安全事故的防范与处理。具体职能是：认真落实食品安全法规，制定食堂卫生管理的规章制度；慎重选择食品供货商，掌握供货商信誉记录；抽查外来订餐的质量；检查校园内和周边的食品供应情况；教育学生不喝生水，配置自助开水设备，使学生形成健康饮水的习惯；检查学生宿舍的用电安全；防止社会闲杂人员、不法分子混入校园；处理饮食和宿舍方面的各种事故。

6. 学生交通安全工作组

学生交通安全工作组负责学生上学、放学和外出活动中交通安全事故的防范与处理。具体职能是：对学生进行交通安全教育，使学生遵守交通规则，增强安全意识；临近道路的学校，要安排教师护送低年级学生过马路；对骑自行车的学生要进行专门教育和管理；严禁校外车辆随意进入学校；建立完善的校车驾驶、维护和乘坐制度；协助相关部门处理学生交通安全事故。

第二节　学校突发事件的应急管理

习近平在主持学习时强调，应急管理是国家治理体系和治理能力的重要组成部分，承担防范化解重大安全风险、及时应对处置各类灾害事故的重要职责，担负保护人民群众生命财产安全和维护社会稳定的重要使命。要发挥我国应急管理体系的特色和优势，借鉴国外应急管理有益的做法，积极推进我国应急管理体系和能力现代化。①

一、学校突发事件基本概述

（一）突发事件的概念

突发事件也叫危机事件、紧急事件等。《中华人民共和国突发事件应对法》对突发事件的界定是："本法所称的突发事件是指突然发生、造成或可能造成严重社会危害，需要采取应急处置措施应对的自然灾害、事故灾难、公共卫生事件和社会安全事件。"②校园突发事件也就是发生在校园中的突发事件。

---

① 《习近平在中央政治局第十九次集体学习时强调 充分发挥我国应急管理体系特色和优势 积极推进我国应急管理体系和能力现代化》，载《中国应急管理》，2019(12)。

② 《中华人民共和国突发事件应对法》，载《吉林报》，2007-09-15。

（二）突发事件的类型

校园突发事件的种类有很多，按突发事件的性质、产生的诱因、学生的行为表现、危害结果、发生的频度、发生的地点等要素来进行划分，可以分为不同类型。白树泉把校园突发事件主要分为：政治类突发事件、自然灾害类突发事件、传染性疾病类突发事件、管理类突发事件、意外伤亡类突发事件、人为伤亡类突发事件六类。[①] 冯帮将学校突发事件分为以下七类：一是自然灾害类事件，二是事故灾害类事件，三是治安安全类事件，四是学校管理类事件，五是心理疾病类事件，六是公共卫生类事件，七是硬件设施安全类事件。[②]

（三）突发事件的特点

1. 危害性

一般来说，突发事件都有相当大的危害性，已经或可能造成严重的结果，具有负面性和破坏性，影响到公民的人身安全和财产安全，影响到社会稳定，同时也可能会对人们的心理造成伤害。有人将突发事件造成的危害性结果总结为：严重或重大伤亡、人身或财产损失、生态环境及社会环境被破坏。[③] 因而，校园突发事件的危害性不容小觑。

2. 隐蔽性

一般而言，突发性事件之所以被称为“突发”，是因为事情具有偶发性，出人意料，猝不及防——从某种意义上说，这也是事情发生的隐蔽性使然。也就是说，事情突然发生，缺乏能够明显引发人们关注和警惕的前期环节，不能使人们提前预判并提前终止事件的发生。很多突发事件发生之前就存在隐患，但是很难被发现，或者被发现了但没有引起足够的重视。

3. 关注性

随着社会的发展，教育越来越受到重视。校园中的学生牵动着千千万万家长的心，校园中的一举一动都格外受到关注。因此，学校突发事件的社会关注度极高，如果处理不当，不仅对突发事件本身的解决不利，而且有可能引发舆情等新的事件。此外，由于学校突发事件的社会关注度高，因此对于事件积极、妥善、透明地

---

① 白树泉、赵虎、屠丽妍：《转型期校园学生突发事件的概念、特点、类型浅析》，载《内蒙古民族大学学报》，2010(3)。

② 冯帮：《论中小学校园突发事件风险的预防性评估》，载《中国教育学刊》，2015(11)。

③ 杨悦：《突发性公共事件中主流媒体的报道策略》，载《青年记者》，2021(16)。

处理，不仅有助于化解危机，而且对其他校园突发事件的解决具有榜样效应。

4. 紧迫性

突发事件都是在突然状态下出现的，一般难以预测。然而按照事物的客观发展规律，突发事件的形成都有一定的起因和诱发因素。从量变到质变的过程中，原因与结果并非单纯的线性关系，而是会引发一系列相关事件爆发，从而转变成突发事件。由于突发事件往往是在出乎人们预料的情况下爆发的，因此发生的时间、方式、地点、种类以及在何种情况下爆发，程度和影响的大小都难以把控和准确预测。① 校园中的突发事件影响和破坏力大，因此事件发生后必须马上进行处理，以免造成更大的影响。

5. 影响广泛性

性质恶劣的校园突发事件并不会随着时间的流逝和事件的消退很快消失，产生的负面影响和不良后果是长期存在的，在一定程度上会给在校师生造成身体和心理上的长期影响。因此，突发事件一旦出现，学校及有关部门要立即采取有效的应对措施，迅速果断地处置突发事件。如果应急处置不到位，事件造成的损失就会越来越严重，负面影响亦会愈演愈烈。②

二、学校突发事件应急管理的基本要求

应急管理是在应对突发事件过程中，为了减少突发事件带来的危害，达到优化决策的目的，对突发事件的原因、过程及后果进行分析，有效集合社会各方面的相关资源，对突发事件进行有效预警、控制和处理的过程。③ 突发事件应急管理是指针对突发事件而进行的国家统一领导、综合协调、分级负责、分类管理、属地为主的应急管理，是一套集预防与应急准备、监测与预警、应急处置与救援等于一体的应急体系和工作机制，包括信息披露、应急决策、处理协调、善后处理等。

基于前述学校突发事件的基本情况，我们认为应对学校突发事件的基本要求如下。

(一)预案建设优先

学校突发事件影响大，处理的头绪比较多。在应急管理中优先考虑制定突发事

---

① 朱理哲：《当前中小学突发事件管理机制建设研究》，载《当代教育理论与实践》，2011(9)。

② 李小雨：《基于 PPRR 模型的小学突发事件应急管理研究——以山东省 T 市为例》，硕士学位论文，山东农业大学，2018。

③ 计雷、池宏、陈安等：《突发事件应急管理》，10 页，北京，高等教育出版社，2006。

件的预案，这样在事件发生的时候才不至于手忙脚乱，而是能够按照预案处理。就提高学校应对突发事件的能力来说，预案建设是排在第一位的举措。就应急预案的制定来说，“突发事件应对的综合模式”(Comprehensive Emergency Management Model)是一个较为成熟的模式。在该模式中，突发事件应对有四个阶段，即预防(mitigation)、预备(pre-paredness)、反应(response)以及恢复(recovery)。预防指防止或者减少灾害的措施，在该阶段突发事件还不存在，该阶段通常被认为是突发事件应对的第一阶段。在预备阶段，突发事件有所萌芽。反应阶段指突发事件出现后的应对阶段。恢复指在危机结束后对社区关键功能的恢复与重建。这几个阶段的划分并不是特别清晰，可能会有重叠之处。每一个阶段都必须有相应的应对措施，这样才能成功应对突发事件。

(二)学校与家长协作

学校突发事件出现之后，学校与家长的关系是影响学校突发事件能否得到妥善处理的关键因素。因此在应急管理中，学校应当将家长的焦急化为处理的动力，将家长的关心化为应急管理中的有益推动力。在学校的应急管理中，学校完全可以利用家长资源，有效地实施危机管理。

(三)风险导向

所谓风险导向，就是在学校突发事件应对过程中，以风险作为突发事件应对导向来实施灾难认定、风险分析、影响分析，进而确定分配处理的优先顺序以及资源的调配方式。

危机应对需要对处理危机的有效资源进行高效使用。这就意味着要依据风险对生命、财产以及环境等的影响程度来确定处理策略与分配资源。中国人民公安大学国家安全学院陈成鑫博士指出：“制定科学的风险评估体系和规范的风险评估流程，根据风险评估暴露出的薄弱环节，从被害预防和情境预防的角度加强防范，从编制预案和加强演练等方面加强应急管理。”①

(四)标准化应对

学校突发事件具有一定的类型化特点，因而突发事件的处理流程基本相似，可以建立标准化危急处理流程，以标准化带动学校危机管理水平的提高。当然，该标准的建立必须尊重科学，以受过训练的专业人员为主处理突发事件。突发事件处理人员需

---

① 陈成鑫：《基于风险评估的校园安全防范体系构建》，载《教育科学研究》，2021(7)。

要具备一定条件，接受过标准化培训，如突发事件应对人员需要具备应对突发事件的历史，尤其是所负责地区的突发事件应对历史；具备与应对突发事件相关的社会科学知识，如心理干预、预案制定等；具备应对突发事件的具体知识以及相关实践经验。

（五）弹性管理

尽管学校突发事件以预案管理为基础，但是所有的危机事件都不可能一样，即便同一类危机事件，在不同的环境与时间也会有不同的表现，因此相关法律、政策以及应对程序保持一定的弹性相当关键。应对突发事件首要的是评估风险以及遭受风险的系统的脆弱点所在，随后相应地提出应对策略来减少风险。但是任何一种风险都可能有若干种应对方法，因此预案中以及相应策略中的应对方法都可能会被临时提出的一些更好的应对方法替代，这就需要应对手段具有弹性。应对手段应当能够弹性地选择那些既有效率又有可能实施的危机处理方法。

三、学校突发事件应急管理的预案模式

学校应急管理应包括：应急组织、应急预案、沟通联络人员、定期演练及维护。全面的学校应急预案应重点放在应急预防、应急准备、应急响应和应急恢复上。应急预案中可以包括若干个处置方案。有效的突发事件应急处置方案一般包括这些要素：人员（who），事件（what），时间（when），地点（where），原因（why）以及如何处理（how）。另外，学校有贵宾访问、毕业典礼等活动的时候，也应有相应的应急预案。

（一）应急预防

突发事件发生之前，通常会出现一系列相关的危机隐患。例如，学校暴力事件有一定的偶然性，也有一定的必然性。了解学校师生的行为和特点，有助于识别潜在的危机事件。学校应建立危险评估程序，识别、评估并采取有关措施处理可能造成的危险情况，识别或确认可疑的暴力目标。评估程序应包括识别预警、危险评估和评估反馈三个阶段。首先对学校进行危险分析和脆弱性分析，根据分析的结果，制定相应的应急响应程序，进行应急能力评估和事前训练，并明确应急能力和资源满足应急需求情况。危险分析和脆弱性分析具体包括：

第一，事件发生的可能性；

第二，事件发生后对学校造成的影响；

第三，此类事件的发生频率；

第四，事件波及范围和程度；

第五，事件持续时间。

(二)应急准备与预案

应急准备的一项重要工作是制定应急预案。应急预案应该包括处理人为事件(如社区暴力)和由于地理条件产生的危险(如地震、洪水)所需要的相关程序。学校所有的教职工应该进行危险评估技术训练和应急响应演练。应急预案应明确应急组织机构，以利于统一指挥；明确应急响应人员的职责，包括应急指挥人员的职责、教职员工及学生家长的职责等。应急准备与预案具体包括：

第一，保持教职工对各类突发事件的警觉性；

第二，确定应急组织成员及其职责，包括应急响应时的职责(响应决定和沟通等)；

第三，列出应对突发事件的应急专业需要，包括与公安、消防、医院等其他社会部门和机构的协调合作；

第四，确定学校平面图、各类人员名单、紧急联络电话和沟通办法；

第五，制订教职员工疏散计划；

第六，明确应急准备资源和装备(灭火器、手电筒、应急药物等)并存放在安全且便于拿取的地方；

第七，指定专人发布消息；

第八，定期对所有教职员工进行应急培训；

第九，定期实施预案演习。

突发事件应急预案应不断更新，学校应急组织成员及全校师生也要不断更新应急知识和响应技能，不断提高应急水平。学校安全预案的编制要有先进的理论指导，反映应急管理理论及其他相关理论的最新进展；要遵守国家相关的法律法规，保证学校应急管理依法进行；要突出重在预防的指导思想，变被动预防为主动预防；要包含预案的全部要素，一般而言，预案应包括情境、客体、主体、目标、措施和方法六个基本要素，缺少任何一个要素，预案都不完备。①

(三)应急响应及应急操作程序

当突发事件来临时，学校管理者应首先估计问题的严重程度和学校承受冲击的

---

① 计雷、池宏、陈安等：《突发事件应急管理》，121～122页，北京，高等教育出版社，2006。

程度，立即启动相应的应急响应程序，包括发布应急响应信号，对学校进行封锁和戒严，应急响应组织者带领全体人员撤退到预定的安全位置。地方各机构和学校之间的应急响应系统应保持通畅。应急响应程序包含在应急预案之中，具体对象包括：

第一，自然灾害类事件，包括地震、洪水、雷击等；

第二，事故灾难类事件，包括拥挤踩踏、火灾、交通事故等；

第三，公共卫生类事件，包括传染病、食物中毒等；

第四，社会安全类事件，包括校园暴力、劫持人质事件、虐待儿童事件等。

应急响应程序应包括如下内容：

第一，启动应急预案；

第二，报警或请求救援；

第三，确定应急响应指挥职责；

第四，隔离事件现场，保护校园及周边安全；

第五，收集尽可能多的现场信息和数据；

第六，妥善安置学生，救助受伤害者；

第七，运行突发事件沟通程序，通知有关机构和部门，包括上级管理者；

第八，必要时与学生家长取得联系；

第九，保存突发事件现场的有关证据；

第十，根据具体情况适时调整响应措施。

(四)应急恢复及其他工作

学校突发事件应急组织应发挥重要作用，组织社会各方面的人员参与恢复工作，协助学校恢复教学环境，包括提供心理干预服务等。帮助学生、教职员工和家长应对心理危机还包括组织相关纪念活动。学校管理者应有效地利用媒体处理事件的影响，通过媒体与家长、社区进行有效沟通。

突发事件发生之后，相关人员应及时总结应急经验和教训，对应急管理与应急预案进行必要的完善和修订。

(五)安全检查表

通过检查表来检查学校各项安全工作的进行，非常便于操作，有利于学校应急管理工作的改进。检查表内容应尽量具体、详尽，如安全设施检查表，包括所有的走廊和教室的各种设施，都应清楚地做出标识并进行分类。

【案例】

突发灾难对青少年造成的心理危机①

灾难性事件引发的创伤后心理应激反应是普遍存在的，不仅灾区有，灾区之外的人们也可能出现。突发灾难事件(Critical Incident)会使个体产生无法抵御的感觉，并失去控制的情境，这种境遇性危机具有发生突然、难以预料、灾难性且影响广泛等特点，因此常引发个体出现一系列与应激有关的障碍，即所谓心理危机。应激相关的障碍主要包括调适障碍、极度应激障碍和创伤后应激障碍。这三种应激障碍多伴随灾难事件而发生，持续时间较短。青少年由于正处在生理和心理发生急剧变化的特殊时期，灾难性事件引发的创伤后心理应激反应尤为明显，具体表现为焦虑、恐惧、忧郁、悲痛、愤怒等情绪反应，心慌、气喘、肌肉抽搐、疲乏、头晕、头痛、失眠等生理反应，感知觉异常、记忆力下降、注意力不集中、思考与理解困难、对工作和生活失去兴趣等认知障碍，并出现下意识动作、坐立不安、举止僵硬、拒食或暴饮暴食、酗酒、攻击、强迫等行为异常，严重的甚至出现精神崩溃、自伤或自杀等。

学校若是发生灾难，该如何做?

分析：学校突发事件难免会给师生造成消极的心理影响，对未成年学生而言，这种影响尤为严重。一些重大事故给学生造成的影响需要很长时间才能消除。学校要发挥专业心理教师的作用，同时要接纳社会专业心理工作者的心理救援。学校的领导和教师应积极支持、配合心理重建工作，调动一切力量，使学生尽快走出突发事件带来的心理阴影。

四、学校突发事件应急管理中的公共关系

公共关系是一种社会现象，是人类社会发展的产物。随着时间的推移和社会的

---

① 段宝林、李伟峰、马飞：《突发灾难事件中青少年心理危机体育行为干预的理论研究》，载《北京体育大学学报》，2009(8)。

进步，现代的公共关系不仅仅是一种关系的调整，更能作用于对周围环境的感知。公共关系作为协调公众的手段之一，能帮助学校和社会进一步实现共同的目标。[①]问题发展到学校需要采取行动的程度就是危机了。换句话讲，危机是潜在的祸机。公共关系作为一种特殊的管理职能，不仅适用于经济组织，而且适用于学校管理工作[②]。

(一)应急管理中处理公共关系的任务

1. 恢复信任

突发事件给组织带来的公共关系危机之一是公众的信任危机。因此恢复公众对组织的信任，是组织公共关系的重要任务。企业组织如此，政府组织如此，学校组织也如此。信任是一切沟通与合作的前提，失去了信任，就失去了组织运转的社会根基。学校突发事件中的公共关系活动，无论是新闻发布、接受专访，还是慰问伤者、悼念逝者，都应有利于恢复公众对学校的信任。

2. 平复情绪

人的情绪与事件及环境有着内在的联系，外在环境的突然变故往往使人产生剧烈的情绪波动。学校突发事件出现后，学校成员尤其是学生出现恐惧、悲伤、自责、憎恶、愤怒、烦恼等负面情绪是十分正常的。学校应做的工作是采取各种干预措施，缓解并逐渐平复这些不良情绪，消除它们可能带来的不良影响。除了专业心理疏导外，公关活动如慰问、座谈等，也会对平复师生的情绪起到积极作用。

3. 制止流言

突发事件出现后，学校马上会成为社会关注的热点，成为各种舆论议论的中心。与此相伴的是，各种消息会传播开来。因此，做好舆论导向工作，制止流言的传播，是学校危机公关的一项重要内容。

4. 形成合力

学校突发事件的处置是一个复杂的系统工程，需要校内外多方面的协作。然而，危机出现时容易产生冲突和纠纷。因此，突发事件出现后，学校必须通过积极有效的沟通，使涉及事件的有关组织和个人放弃局部和个人利益，搁置各种争执，顾全大局，同心协力，共度时艰，减少事件造成的损失。

---

① 孙斗：《中学校园危机中的公共关系管理研究》，硕士学位论文，哈尔滨工程大学，2016。

② 欧阳林：《论学校公共关系管理的必要性》，载《广西师范大学学报(哲学社会科学版)》，1995(1)。

5. 重振信心

突发事件不仅会造成物质上的损失，而且会造成人们精神上的创伤，动摇人们对未来的信心。危害较大的突发事件会使一些师生对未来产生迷惘。因此，学校管理者应通过各种形式的宣传，让师生以积极的心态面对未来，坚信难关终将渡过，未来充满希望。

6. 维护声誉

突发事件可能会给学校造成负面影响，使学校的社会声誉受损。究其原因，一方面来自学校的主观因素，如学校防范不力、处置不当等；另一方面来自客观因素，如学生、家长的误解，别有用心者的谣言等。无论何种原因，学校都要采取措施，消除不良影响，恢复学校声誉。对于学校自身存在的问题，学校要敢于承认，勇于担当，真诚道歉，及时纠正；对于学生和家长的误解，要通过沟通加以化解；对于恶意诽谤，要正面回应，澄清事实，以正视听。学校声誉的维护既需要学校在处置突发事件过程中积极表现，又需要学校有针对性地开展公关活动。

(二)应急管理中公共关系活动的类型

公共关系活动的类型，按照内容分，有典礼型、喜庆型、会议型、展示型、新闻传播型和竞赛型等。① 学校应急管理的特点决定了学校公共关系活动的类型选择不可能完全照搬一般公共关系活动的类型，而应有所取舍。考虑到受害者和公众的情绪，喜庆型和竞赛型的公共关系活动显然不适合用于学校应急管理中。慰问型、座谈型、悼念型的公关活动是处理学校突发事件所应采用的。

1. 新闻传播型活动

学校在突发事件出现后，应适时召开新闻发布会，或接受记者专访，以便使公众及时了解事件的真相，平息公众的焦躁情绪，制止各种传闻；也可通过新闻媒体报道学校为减少损失所做的努力、采取的措施等。

2. 慰问型活动

学校领导及时走访慰问事件中受到伤害的学生及其亲属，了解和解决他们的实际困难。这符合受伤害学生、家长及公众的心理期待，能够使他们感受到学校的关心爱护，也有利于树立学校的正面形象。

3. 座谈型活动

座谈是一种较为轻松的、不拘形式的讨论。它既是集思广益、研讨突发事件应

---

① 李惠民：《公共关系实务基础教程》，171页，保定，河北大学出版社，2002。

对策略的形式，也是学校开展公共关系活动的有效方式。参加座谈的人员应包括学校主要领导、相关救援专家、家长代表等。通过座谈，来自不同行业的人员在解决问题的过程中碰撞思想，获得相互间的理解和认同。

4. 展示型活动

展示型公共关系活动一般在突发事件应急处理后举办。其特点是通过实物、图片、数据、图表等，向校内外的受众展示突发事件及处理的真实情况，包括突发事件的原因及危害，学校以及社会各界为了减少事故损失、营救师生、恢复校园秩序等所做的积极努力和取得的成效。展示中也应恰当地总结在突发事件处理过程中得出的教训，有违客观事实地夸大宣传往往会使参观者产生抵触心理。

5. 典礼型活动

典礼型公共关系活动一般在学校突发事件管理的恢复重建阶段举行，主要包括恢复教学活动的开学仪式、新校舍奠基仪式、新教学楼启用仪式等。这些仪式的举行要本着节俭的原则，使有限的资金充分用到恢复重建上；同时又要通过庆典活动，振奋师生精神，增强师生战胜困难、从头再来的信心。

6. 表彰型活动

对学校突发事件处理过程中涌现出的先进集体和个人要及时进行宣传和表彰，通过表彰活动，在学校中弘扬舍己救人、见义勇为、助人为乐、机智勇敢、不畏艰险、积极乐观等高尚品格和良好精神风貌，促进学校中积极人际关系的形成，推动学校内部公共关系的改善。表彰活动可通过会议、校园广播、电视、校园网等方式进行。

7. 悼念型活动

级别较高的学校安全事故会危及师生的人身安全，甚至夺去师生的生命。用默哀仪式、安葬仪式、追思会、纪念墙、纪念网页等方式表达对逝者的追忆和缅怀，可以使大家的悲痛情绪得以平复。组织悼念活动也可以体现出学校的人道主义精神和对师生的深厚情感。

(三)应急管理中处理公共关系的原则

1. 主动沟通原则

突发事件出现后，学校应主动与媒体和公众进行沟通，说明事件的真实情况以及有关方面在处理突发事件上所采取的措施和取得的效果，争取学生、家长、媒体和公众的理解，维护学校形象，如可以召开新闻发布会，散发新闻稿，召开通报会，利用网络媒体发布图片、视频等。这样可以消除公众的疑虑，制止各种负面传言。

2. 及时沟通原则

有关研究认为，突发事件出现后的12小时至24小时是谣言传播最快的时期。[①]此时也恰恰是危机公关的最佳时机。危机处理有“决战24小时”的说法。学校突发事件出现后，公关人员要迅速做出反应，抢占先机，将真实的正面消息及时发布出去。待负面消息扩散开来，再出来澄清事实，就会增加工作的难度，效果也往往事倍功半。

3. 权威证实原则

有权威人士澄清事实，是制止各种流言传播、稳定公众情绪的有效途径。政府相关人员、学校主要领导、专家、事件亲历者的说明与解释都具有很强的公信力。对事件真相的解说要力求全面客观，任何掩盖事实、推卸责任、转嫁危机的行为都会失去公众的信任，引起更多的猜疑，助推谣言的传播，妨碍危机的处理，损害学校的声誉。

4. 信息一致原则

学校在突发事件处理过程中发布的信息必须保持一致。如果信息之间相互矛盾，那么公众会怀疑信息的真实性和校方的诚意。因此，学校应指定专门的新闻发言人。新闻发言人必须了解事件的真相，并具有较高的专业素养。学校发布的有关突发事件及处理的信息应经过有关方面的认真核准。新闻发言人前后发布的信息要在真实的基础上保持一致。学校领导的讲话也应和学校发布的信息相统一。

5. 真诚沟通原则

以诚相待是人与人之间沟通与理解的必要心理条件，也是处理公共关系的准则。学校突发事件后的危机公关必须遵守真诚沟通原则。只有具备真诚的态度才能获得公众的信任。公众的信任又是理解学校做法、原谅学校失误、接受学校检讨的必要前提。学校领导要以平视的眼光看待公众，相信公众的判断力。任何自以为是、遮掩虚饰、强词夺理、以势压人的态度和做法都会导致沟通失败。

6. 承担责任原则

学校突发事件产生的原因很多，有的在学校，有的在学生自身，有的在监护人，还有复杂的社会和自然因素。从法律的角度看，突发事件的责任归咎有三种情况，即学校承担全部责任，学校承担部分责任和学校不承担责任。学生伤害事故的处理当然要依法行事。但从公共关系角度看，无论何种情况，学校都要表现出勇于

---

① 刘丽霞：《完善政府网络公关 树立政府新形象》，载《中国工商管理研究》，2012(12)。

承担责任的态度。第一种情况下，学校必须毫不推卸地承担事故的责任，真诚地道歉，争取受害人和公众的谅解；第二种情况下，学校要主动担当属于自己的责任，不要纠缠其他人的责任；第三种情况下，学校应站在受害人的立场考虑问题，给予同情、抚慰和必要的救助。学校对受害人的态度、情感、行为直接关系到学校在公众心目中的形象。

（四）应急管理中处理公共关系的策略

1. 收集使用资料的策略

占有并恰当使用资料是处理应急管理中公共关系的基础性工作。因此，在学校应急管理中，公关人员必须注意收集和使用相关资料。这些资料主要有以下几种。

第一，事故现场的资料，包括照片、录音、录像等，这些资料对于公众了解事件真相会起到很好的佐证作用。

第二，有关领导的言论和行为，包括相关领导的指示，指挥部的指令，已经和将要采取的措施，相关的数据、典型事例等。

第三，相关政策法规，包括国家的相关政策法规，如相关教育法规，未成年人权益保障法规，学校设施标准法规，学校安全法规等。

第四，相关报道和评论。要注意查阅各种媒体的相关评论，包括对事件的报道，对事件原因的分析，对处置措施和结果的评论等。既要关注正面的肯定性评论，也要关注负面的否定性评论；既要关注专业人员的理性化评论，也要关注普通民众的情绪化议论；既要关注真实的报道，也要关注虚假的新闻。

2. 处理与上级关系的策略

第一，及时汇报。根据分级分类管理的原则，对于级别较高的学校安全事故，应第一时间向上级汇报，为上级及时做出决策、指导事故的处理赢得时间。切忌为逃避问责，隐瞒不报，虚报，漏报。

第二，主动请示。学校的职权是有限的。学校遇到职权以外的问题时，要主动请示上级领导。尽管突发事件的处置时间紧迫，但是学校也不可超越职权擅自行事。当然，对一般性的工作或上级授权范围内的工作，学校应果断处理。

第三，保持一致。保持上下一致是处理学校与上级公共关系的一个准则。在处置学校突发事件时，学校应注意与上级保持一致。其一是言论一致，对外发布的消息必须与上级保持一致，避免说法不一，扰乱人心；其二是立场一致，要站在统一的立场观察问题、处理问题，避免不顾大局，片面从学校局部的立场自行其是；其三是行动一致，学校要服从指挥，保持上下协调，避免不听指挥、擅自行动。

第四，提出建议。上级对学校的具体情况的了解总是有限的，突发事件出现后，学校在向上级请示汇报的同时，应提出处置建议。这样有利于上级领导根据事件的具体情况，恰如其分地做出相关决策。

第五，坚决贯彻。在上级做出决定前，学校可以及时和上级沟通，提出意见和建议。如果上级已经做出决定，那么学校必须坚决贯彻执行。处置学校突发事件，尤其是救援行动，如同作战一样，执行上级的决定是取得胜利的关键所在。

3. 处理与受伤害学生及其家长的关系的策略

第一，态度真诚。对于在学校突发事件中受到伤害的学生及其家长，学校应抱着真诚的态度与之沟通协商，以求得理解，达成对处理意见的共识。任何欺骗、压制、威胁、恐吓的做法都只能加深彼此的不信任，既不利于问题的解决，也会损害学校的形象。

第二，换位思考。换位思考，即站在对方的角度去思考问题，是一种有利于人与人之间相互理解和交往的思考方式。站在受伤害学生的立场看，毕竟是他们在忍受着伤痛的折磨；站在家长的立场看，毕竟是他们挚爱的孩子受到了伤害，没有人比他们更心疼孩子，也没有人比他们更为孩子的未来担忧。

第三，包容体谅。受到伤害的学生及其家长，由于突然遭受事故带来的打击，产生冲动的情绪和偏激的言行，都是可以理解的。学校有关领导和教师在与他们交往时，尤其是就赔偿事宜进行协商时，应对他们的过激情绪和言行予以体谅和包容，不可针锋相对，激化矛盾，恶化事态。

第四，认真倾听。认真倾听是重要的交往艺术，与任何人交流，都不可只顾自己讲述，而忽视对方的表达。倾听在学校突发事件中受伤害的学生及其家长的讲述，不仅有利于学校了解他们的想法、感受和要求，而且讲述本身对于他们宣泄不良情绪、平复起伏的心绪会起到积极的作用。认真倾听也会使学生及其家长感受到学校对他们的尊重和重视。

第五，解决难题。对于在学校突发事件中受到伤害的学生，学校应本着人道主义精神，积极给予赔偿。对于学校过错责任事故，学校应依法承担赔偿责任；对于无过错责任事故，学校也应怀有人道主义精神，从救助学生、抚慰家长的角度出发，给予必要的补偿。对于受伤害学生和家长提出的其他要求，如请教师补课、在病房单独考试等，也应在力所能及的范围内尽力满足。

4. 处理与媒体关系的策略

第一，建立媒体记者接待机构。突发事件出现后，学校往往成为公众关注的热点，也会成为新闻媒体报道的焦点。对新闻媒体的采访，学校不能冷漠地拒绝，而应积极地给予理解和配合。学校突发事件应急响应系统中，应该设立专门的媒体接待机构，由专人负责媒体接待和记者采访。学校对待媒体的不当态度也会成为有损学校形象的负面新闻。因此对新闻媒体的采访要热情接待、周到有度、有礼有节，既不可采取水火不容的敌视态度，也不可采取贿赂隐瞒的庸俗合作态度。

第二，主动向记者提供信息。突发事件出现后，学校要尽快向新闻媒体主动提供信息。学校应该理解媒体记者的职责就是及时提供事实报道，没有新信息，他们的工作就无法进行。

第三，重要信息以书面的形式提供。学校在突发事件中提供的信息必须准确可靠，这样才能避免报道失真。因此，涉及诸如相关数据等具有准确性的信息，最好以书面的形式提供，以防误传。

第四，信息发布要严肃谨慎。新闻发言人把信息核对准确后，方可对外发布。要按照事先准备好的稿件发布信息，站在正面的立场回答问题，切不可信手拈来，随意发表个人的观点和感受；对没有弄清楚的问题，不要马上回答；对充满变数的问题，不要急于发表评论。

第五，要注意非语言沟通。学校领导或新闻发言人要注意非语言因素在沟通中的作用，衣着要得体，站姿(坐姿)要端正，面部表情要自然、从容、自信、和善，同时，要注意手势、姿势、眼神等形体动作以及语调、音质等传递的信息。

第六，控制沟通的进程。学校在接受媒体采访时应自始至终控制沟通的主动权，而不是被动地让媒体牵着鼻子走。主动选择适当的时间和地点，确定是仅仅发布信息，还是同时回答有关问题，回答几个问题，回答谁提出的问题等，这些都要由发言人或主持人来掌控。

【要点小结】

1. 组织体系是由各分支机构构成的功能系统。学校安全管理组织体系指的是为了达到学校安全管理的目标，按照有关规定组建的，负责学校安全的组织机构及运行机制。

2. 学校安全管理组织体系的职能包括决策职能、指挥职能、教育职能、沟通职能、咨询职能、指导职能。

3. 学校安全管理组织体系的运行原则包括统一指挥原则、效率原则、信息畅通原则、责任到人原则、协调一致原则、专业化原则。

4. 学校应急管理的基本要求：预案建设优先、学校与家长协作、风险导向、标准化应对、弹性管理。

5. 学校应急管理中公共关系活动的类型主要有：新闻传播型活动、慰问型活动、座谈型活动、展示型活动、典礼型活动、表彰型活动、悼念型活动等。

6. 应急管理中处理公共关系的原则包括主动沟通原则、及时沟通原则、权威证实原则、信息一致原则、真诚沟通原则、承担责任原则。

7. 应急管理中处理公共关系的策略包括收集使用资料的策略、处理与上级关系的策略、处理与受伤害学生及其家长的关系的策略、处理与媒体关系的策略。

【思考题】

1. 学校安全管理组织体系的职能是什么？

2. 简述学校突发事件应急管理的基本要求。

3. 概述学校突发事件应急管理中处理公共关系的基本原则。

【案例分析题】

某个周一的早晨，校长接到三年级班主任王老师的电话，说班内学生阳阳未到校上课，已与家长联系过，家长说早晨孩子是自己乘车出门的。校长像往常一样询问保安及学生，得到该学生肯定未到校的消息后，让班主任再次与家长联系，告知家长孩子未到校，希望家长及时找寻，及时了解孩子的情况。

阳阳比较特殊，升三年级时才转入，父母离异，跟着父亲生活。阳阳家离学校很远，类似的情况已不止一次，老师和家长都以为放学后孩子肯定会回到家里。

到了晚上，班主任再次给家长打电话，家长说孩子还未找到，已经到派出所报了警，家长在家里发现孩子写的一张字条，大意是到学校觉得没什么意思，要出去闯荡一下，走后不要找了，还说对不起家长。

第二天，孩子的母亲带着电视台的记者到学校，目的是想通过电视台一档收视率比较高的节目来找孩子。学校也未回避，从父母离异和不适应新环境两个角度进行了分析，表示会与孩子原先的学校联系，通过阳阳原来的同学找线索。第二天深夜，学校得到消息，孩子已经回家了，校长那颗悬着的心终于放下了。

周三早晨，记者分别与家长和孩子进行了深入的谈话。电视台进行了跟踪采访和后续报道，学校和校长被采访报道了两次，全市人民也可一起放心了。

【课堂讨论】

1. 上述案例中，学校及教师的处理方式是否得当？请结合案例给该学校的后续工作提出适当的建议。

2. 上述案例中，学校采取了哪些应急管理的策略？

3. 结合经验，试着写出该学校应对此次突发事件的应急管理基本过程或预设方案。

第十五章　学校文化管理

>>> **本章学习目标**

1. 理解学校文化环境建设是学校核心价值观的落实和展现。
2. 掌握学校仪式的个别设计。
3. 了解和掌握学校物质文化和环境建设。

学校文化是开发优质教育资源以及最大限度地发挥人的潜能的关键要素，学校文化管理关系到一所学校从顶层设计到教育生态的多个方面，可以把学校从经验管理和科学管理带到更高的管理阶段，以落实学校核心教育理念。文化立校乃时代取向，学校本身就是文化存在，不存在没有文化的学校。按照文化特征彰显程度，学校可以分为强文化学校、弱文化学校和文化特征一般的学校。强弱之间构成一个学校文化光谱地带。每个地带聚集多所学校。学校文化管理的目的是追求和建设优质的学校文化，以提高学校的文化品位，进而提升学校文化育人的软实力。

第一节　学校核心价值体系的凝练

一、学校文化管理

(一)学校文化概述

1. 定义

学校文化是一所学校的隐性课程，也是该学校较深沉、较持久的课程。从组织文化角度看，学校文化可分为道德文化、教育文化、学习文化、教师文化和学生文化等几个部分。① 从学校文化主体看，学校文化是师生共同遵循和认可的精神风貌、心理状态、思维方式和价值取向等精神成果的总和，产生于长期的学校教育实践活动中。② 从学校文化所属范畴看，学校文化是国家文化和社会文化的亚文化，是整体文化的子文化，是全体师生及学校有关人员共同追求的目标、信念与价值，共同遵守的标准、规范与制度等。综上所述，学校文化是教师、学生、学校管理人员等在长期的教育教学活动中逐渐形成的，是学校内各成员之间相互作用、共同创造的一种文化，是学校与学生、教师、社区相互作用形成的文化小环境，是实现全员育人、全过程育人、全方位育人的基本途径。学校文化具有示范功能、导向与凝聚功能、扬弃与创造功能、约束与熏陶功能以及平衡与协调功能。③

学校文化是一种特殊文化，具有自身特点，与其他行业的文化有所不同。学校文化是学校全体成员在教育教学和管理实践中共同创造的价值观念、思维模式、行为方式及其活动结果，以具有特色的学校精神、学校制度和物质形态为表现形式，影响和制约着学校全体成员的思想和行为。学校文化可以分为理念文化和具体文化。理念文化突出学校的办学思想、办学价值观、学校精神、校风、教风、学风等，具体文化包括课程文化、网络文化、制度文化、物质文化等。

具体来讲，学校文化是指学校塑造和形成的软件环境与育人氛围，包括学校建筑、物理环境、典型标识等物化形态，校风、教风、学风、校训、学校传统以及集体舆论、人际关系、心理氛围等精神形态，学校章程、管理制度、管理办法、行为准则等制度形态，是物化形态、精神形态、制度形态的综合形态。④

2. 内涵

习近平指出，坚定道路自信、理论自信、制度自信、文化自信。⑤ 文化自信是更基本、更深沉、更持久的力量。⑥ 教育改革要坚持文化自信，好的经验要坚持，不足的要补齐。根据习近平在党的十九大报告中的论述，文化自信应包括三个领

---

① 申作青：《当代大学文化论：基于组织文化子系统视野的认识与探索》，45 页，杭州，浙江大学出版社，2006。

② 刘石记：《以民族精神教育为核心 加强校园文化建设》，载《中国教育学刊》，2006(11)。

③ 王邦虎：《校园文化论》，81～86 页，北京，人民教育出版社，2000。

④ 薛二勇、刘淼、栾少波：《新形势下中小学学校文化建设的新路径》，载《中国教育学刊》，2018(7)。

⑤ 习近平：《在庆祝中国共产党成立 95 周年大会上的讲话》，载《人民日报》，2016-07-02。

⑥ 习近平：《在哲学社会科学工作座谈会上的讲话》，载《人民日报》，2016-05-19。

域：中华优秀传统文化、革命文化、社会主义先进文化。[①]

首先，学校文化建设需要关注中华优秀传统文化。中华优秀传统文化积淀着中华民族最深层的精神追求，代表着中华民族独特的精神标识。[②]“深入挖掘和阐发中华优秀传统文化讲仁爱、重民本、守诚信、崇正义、尚和合、求大同的时代价值，使中华优秀传统文化成为涵养社会主义核心价值观的重要源泉。”“对历史文化特别是先人传承下来的价值理念和道德规范，要坚持古为今用、推陈出新，有鉴别地加以对待，有扬弃地予以继承，努力用中华民族创造的一切精神财富来以文化人、以文育人。”[③]学校应该将中华优秀传统文化渗透到日常教育教学、学校管理过程中，形成继承和发扬中华优秀传统文化的良好氛围。

其次，学校文化建设需要关注革命文化。井冈山精神和苏区精神，延安时期的优良传统、作风和精神，是文化育人的宝贵财富。革命传统教育要从娃娃抓起，既要注重知识传授，又要加强情感教育，引导广大学生树立正确的世界观、人生观、价值观。学校可以通过多种形式，如讲述红色故事、参观红色故址、访问红色人物等，在学校文化建设过程中涵养革命文化。

最后，学校文化建设需要关注社会主义先进文化。第一，当代中国价值观念就是中国特色社会主义价值观念，代表了中国先进文化的前进方向。第二，中国梦意味着中国人民和中华民族的价值体认和价值追求，意味着全面建成小康社会、实现中华民族伟大复兴，意味着每一个人都能在为中国梦的奋斗中实现自己的梦想，意味着中华民族团结奋斗的最大公约数，意味着中华民族为人类和平与发展做出更大贡献的真诚意愿。[④] 第三，要使中华民族最基本的文化基因与当代文化相适应、与现代社会相协调，以人们喜闻乐见、具有广泛参与性的方式推广开来，把跨越时空、超越国度、具有永恒魅力和当代价值的文化精神弘扬起来。[⑤] 学校应该创新教育教学路径，借助多种形式，引入社会各领域的优秀榜样，如航天英雄、劳动模范和奥运冠军等，在学校文化建设中体现社会主义先进文化，为实现教育现代化、国

---

① 习近平：《决胜全面建成小康社会 夺取新时代中国特色社会主义伟大胜利》，载《人民日报》，2017-10-28。

② 习近平：《在庆祝中国共产党成立95周年大会上的讲话》，载《人民日报》，2016-07-02。

③ 《习近平在中共中央政治局第十三次集体学习时强调 把培育和弘扬社会主义核心价值观作为凝魂聚气强基固本的基础工程》，载《党建》，2014(3)。

④ 习近平：《建设社会主义文化强国 着力提高国家文化软实力》，载《理论学习》，2014(2)。

⑤ 转引自薛二勇、刘淼、栾少波：《新形势下中小学学校文化建设的新路径》，载《中国教育学刊》，2018(7)。

家现代化奠定优良的学校文化基础。

(二)学校文化管理概述

1. 含义

孙鹤娟认为："文化管理就是'人化管理'，就是以人为出发点，并以人的价值实现为最终管理目的的尊重人性的管理。"①陈永明认为："'文化管理'以人为中心，以人为出发点，强调'以人为本'，关心人、理解人、尊重人、培养人，在满足人的必要物质需要的基础上，尽量满足人的精神价值需要，以人的价值实现为最终管理目的。"②张东娇指出："学校文化管理是对学校文化四个具体变量的结构性设计和操作，在原有起点上努力建设相对强文化学校的过程。"③

简言之，学校文化管理就是通过有目的、有意识地对文化建设、环境设置、氛围营造、舆论导向等方面的控制，打造优良学校文化，从而实现文化育人的目的。良好的校园文化管理能够加强学校文化建设，提高学校的整体水平，提供温馨的文化环境与氛围，促进教师和学生综合文化素养的提高，起到润物无声的育人效果。

2. 特征

学校文化管理作为文化管理的一个分支或一种具体形式，是文化管理在学校的一种践行，所以，文化管理所具有的特征学校文化管理同样具备。④

(1)文化管理是促成主体意义自觉的管理

文化的世界本身就是意义的世界，因此，依靠意义的引领就应然地成为文化管理的特征之一。学校管理者实施或落实相应的管理要求，或解决学校及学生管理过程中的一些矛盾，必须依靠校园的文化背景和价值根基，进行相关意义的合理诠释，尤其是对教师或学生管理过程中出现的矛盾的化解，需要进行相应意义的引领，这种引领就是通过价值的指引和带领——不是强迫、压制或包办，而是让师生自己获得相应的意义，即意义自觉，从而达成合理的共识，促进组织内部的和谐与统一，共同为实现学校(或组织)目标而努力。

---

① 孙鹤娟：《学校文化管理》，39页，北京，教育科学出版社，2004。

② 陈永明：《教育领导学》，140页，北京，北京大学出版社，2010。

③ 张东娇：《学校文化管理》，28页，北京，教育科学出版社，2013。四个具体变量指物质文化、行为文化、制度文化、精神文化。

④ 付全新、王坤庆：《课程改革深化背景下校本课程开发的价值取向及实现路径——以湖北省葛洲坝中学为例》，载《课程·教材·教法》，2013(9)。

(2)文化管理是一种潜在的、内化的管理

文化管理是一种潜在的、内化的管理，是一种以组织成员自我管理为主的管理。所谓潜在就是这种管理并不是显性的，而是一种内化的管理，对组织成员进行的是思想的管理。管理者更多的是使管理要求具有较高立意与正面要求的方向，将其传递给组织成员，然后组织成员自己对组织要求进行内化后，将其变成一种思维与行为的自觉。这种管理强调的是在组织成员的内心产生一种潜在的、内化的思维和行为的动力。

(3)文化管理是一种以人为本的管理

“人本性”是文化管理最为显著的特征之一。所谓以人为本，简洁的解释就是从人性出发，重视人、尊重人、服务人、发展人。在学校中，管理者只有真正将其奉为信条，才可以将以人为本变成管理实践。

文化管理必须从管理者和被管理者双重主体的需要出发，确立人在管理过程中的主导地位，只有这样才能充分调动人的主动性、积极性和创造性。所以，文化管理就是要给予“人”足够关注。所有的组织，尤其是学校，一切管理活动与管理实践的根本目的都是完善人的道德和意志品质，发展人的智力，提升人的体力，使管理者与被管理者一道获得超越受制于生存需要的、更为全面而又自由的发展。这就是文化管理所具有的以人为本的特征。

实施文化管理的过程中，以人为本的实现要求管理目标、管理过程、管理手段、管理结果都能够体现对人的重视、尊重及促进人的发展。例如，管理目标设计要以人为本，就要符合团队发展与个体发展的实际，并且让团队需求与个体需求有最大的交集。让团队目标与个体目标一致是最佳选择。管理结果以人为本主要是利益均衡，在团队目标实现的同时，能让每个个体或绝大多数个体收获更大的利益，尤其是团队核心或贡献较大的成员必须获得较大的利益。这种分配方式的背后是一种以人为本、追求公正的文化价值。

(4)文化管理是一种具有长效性或持久性的管理

一般来说，在特定组织中有过生活经历的成员，都会被打上该组织特有的文化烙印。不同主体进入不同的组织，因为文化的趋同或差异，有的人能很快适应，选择留下；有的人需要慢慢地去适应；还有的人因无法适应而选择离开。此外，一个成员离开某组织后加入新组织，其原属组织文化的烙印也会被带到新组织中去，作用于新组织的成员。这说明一个组织的特定文化所产生的影响作用是持久的、长效的。那么对于学校文化管理来说，就是要通过潜移默化的文化熏陶，使得文化育人的作用持久地对学校师生发挥正向作用。

(5)文化管理是一种重视非理性因素的管理

理性管理重视通过严格的规章制度来对人进行相应的约束乃至强迫，通过周密的计划、组织、控制和逻辑程序来达到提高效率的目标。重视非理性因素的文化管理认为人并非完全是理性的，而是有情感、有喜怒哀乐、有七情六欲的完整的生命体。人类是既有理性，又经常表现出非理性思维和行为的特殊族群。因此，文化管理强调以人为中心，重视人性中非理性的一面。在非理性因素中，尤其是情感管理起着重要作用。充满温情、人情味的学校文化氛围远远要比只讲求规则与效率的学校文化氛围更受师生欢迎。

二、学校核心价值体系

学校文化管理首先是对学校核心价值观的管理。学校核心价值体系是以学校核心价值观为核心构建的精神文化体系，也是学校的办学理念体系，包括核心价值观、培养目标和发展目标、校训和校歌、学校标识等要素。

(一)核心价值观

价值观是人们在社会生活实践中形成的关于价值的总观点、总看法，是人们的价值信念、信仰、理想、标准和具体价值取向的综合体系。价值观是人们关于事物是否具有价值、具有什么价值的根本看法，是人们区分好坏、利弊、得失、善恶、美丑、正义与非正义、神圣与世俗等的观念，是人们特有的关于应该做什么和禁止做什么的约束性规范。①

学校核心价值观从性质上说不是某个个体的核心价值观，而是一种组织的核心价值观。它要激励、维系和约束的并不是学校中哪一个个体或哪一类个体的行为，而是学校中所有成员的行为，是对学校中所有成员行为的期待、要求和规范。从这个角度来说，学校核心价值观并不是学校目标(目的或使命)或学校目标的一部分，而是实现诸多学校目标必须遵循的若干价值原则。它也不同于学生应该树立的核心价值观，而是学校在实现学生预期发展目标的过程中应该反复应用和始终坚守的价值原则。不过，学校的核心价值观的选择与践行反过来确实会影响到学生核心价值

---

① 李景源、孙伟平：《价值观和价值导向论要》，载《湖南科技大学学报(社会科学版)》，2007(4)。

观的形成，甚至有可能成为学生终身奉行的价值原则。①

(二)培养目标与发展目标

学校培养目标即学校育人目标，回答学校培养什么人的问题；学校发展目标即学校办学目标，回答办什么样的学校的问题。两个目标构成学校重要的文化旗帜和价值导向，是学校核心价值体系的重要依托，不仅从总体上引领了学校文化建设的方向，而且从事实上确立了学校文化的品位与格局。例如，北京十一学校的培养目标是：具有世界眼光、中国魂和多元文化理解力的社会栋梁和民族脊梁。办学目标是：北京一流，全国示范，中国名校。北京市朝阳区樱花园实验学校的发展定位是：建设一所开发学生潜能的研究性实验学校，把这种学校的发展定位逐步细化并形成被绝大多数教职工认可的使命和责任，即"坚持'造就教育'，不求学生个个全优，但求学生人人进步。让每一个学生的个性得到完善与发展，让每一位家长感受到孩子的进步，使樱花园实验学校成为教师，特别是青年教师成长的摇篮"。这些目标定位及理念已被全校教职工及家长认同和拥护。

(三)校训和校歌

校训是广大师生共同遵守的基本行为准则与道德规范，既是学校办学理念、办学精神的反映，也是校园文化建设的重要内容，是一所学校教风、学风、校风的集中表现，体现了学校文化精神的核心内容。② 1930年出版的《中华百科辞典》对"校训"的解释是："学校为训育之便利，选若干德育条目制成匾额，悬见于校中公见之地，是为校训。其目的在于使个人随时注意而实践之。"也就是说，学校为了树立良好的校风，根据自身的办学目标和特点，参考名言、警句和国家的教育方针等提出教育口号式的语言，书写于学校醒目位置作为校训鼓励和感召师生。

校训是一所学校的灵魂，体现一所学校的办学传统，代表着校园文化和教育理念，是人文精神的高度凝练，是学校历史和文化的积淀。一所老牌学校的校训，为我们打开其历史文化之门提供了一把金钥匙，为我们眺望其精神家园打开了一扇窗户。透过校训，我们能直接感受到一所学校的教育哲学、历史传统、办学特色以及校长的风格和品位。例如，江苏省扬州市育才小学对其校训"仁爱求真"的解释为：

"仁爱求真"四字校训，以古察之，源于传统；以今视之，与时俱进。

"仁爱"，语出《论语》。其含义甚丰，基本要义有二：一为爱人，二为与人相处

---

① 石中英：《论学校核心价值观及其形成》，载《中小学管理》，2008(10)。

② 韦昀：《中学校训研究》，硕士学位论文，华东师范大学，2005。

之道。《说文解字》释为“仁，亲也，从二人”，是说人与人的关系，友善亲和，和谐共生。孟子又曰：“亲亲而仁民，仁民而爱物”。这是先爱自己的亲，然后推及至民，再推广到物；是先己后人，先内后外，由近及远的人际关系。这种友爱，既有次第，又有亲疏。这是一种从人“自然本性”出发的“仁爱差别”。

“求真”，语出陶行知的“千教万教教人求真，千学万学学做真人”。真，客观的情况、状态，事物的本质、规律；真诚，对人来说是最重要的品格。求真，就是要认识世界，探索规律，崇尚科学，坚持真理，追求真、善、美。仁爱与求真是相辅相成的。仁爱是求真的归宿，求真为了仁爱；求真是仁爱的径由，求真才能仁爱。只有注重仁爱，才能更好地求真。“仁爱求真”是育才人对教育的一种愿景，对教育理想实践的一种阐释，对教育理想人格的一种提炼。①

校歌是学校精神文化的重要表达形式，可以表现学校历史传统和地理风貌，可以表达学校的育人目标和办学目标，可以述说师生共同的理想和追求。无论如何，万变不离其宗：校歌必须表达学校的核心价值观。例如，首都师范大学附属小学的校歌为《童心真爱》，因为他们做的是保卫童年的童心教育，追求和确立了率真、关爱、求索的核心价值观。

(四)学校标识

学校标识是校园环境的构成要素、校园文化的重要组成部分，是校园信息的物质载体，校园文脉、校园环境的外在表征。② 学校标识是学校精神和办学特色的标志性体现，是学校历史、优良传统的高度概括。每一所学校的标识应有深刻的寓意、独特的创意，庄重典雅、简单明了，具有较强的形式美感和视觉传播效力，不但能体现学校的自然特点、人文特点、历史特点和时代特点，而且能体现学校的文化底蕴、办学理念和特色风格。③

三、学校核心价值体系凝练

学校文化管理是明理、治事、善人、化物的过程，其中，明理是最重要的一步。学校核心价值体系凝练就是明理的过程。

(一)明确学校文化的发展阶段

学校文化的发展可以划分为三个阶段。

---

① 《万象》杂志：《仁爱求真——扬州育才小学校训解读》，载《万象》，2019(16)。

② 张海军、胡晓燕：《独特标识对文化气质的影响》，载《内蒙古教育》，2015(9)。

③ 张蕾：《大学校园标识系统设计策略研究》，硕士学位论文，哈尔滨工业大学，2008。

第一个阶段主要靠校长的观念、人格和能力管理学校。这个阶段一般被称为文化发展的“被动约束阶段”。“一个好的校长，就是一所好的学校。”这充分说明了校长在学校中的重要地位和作用。在学校文化建设的过程中，校长同样发挥着重要的作用，校长的教育思想、远见卓识、胸怀气魄、对文化的重视及理解程度等在学校文化建设中起着至关重要的作用。因此，校长要有尊重历史的智慧和超越已有成绩的勇气，加强自身修养，提高对学校文化建设重要性的认识，树立科学的发展观和价值理念，不断总结、提炼、创新学校文化，并使之内化为师生的价值观，外化为师生的行为，同时，还要实施人文性的领导，民主管理、科学决策，为教师赋权增能，充分挖掘和发挥教师的变革能力。①

第二个阶段主要靠完善的规章制度和机制管理学校。这个阶段一般被称为文化发展的“主动管理阶段”。学校制度文化必须在遵规律、守法规的基础上，彰显学校的办学思想和“个性”。学校制定一系列制度和管理条例后，要在实践中不断地对其进行丰富，使之能科学地指引学校的管理、教学及学生的学习。

第三个阶段主要靠学校文化管理学校。这个阶段一般被称为文化发展的“自律完善阶段”。可以说，文化对一所学校来说是精髓，更是发展的原动力。

学校文化是学校成员习得且共同具有的思想观念和行为方式。学校文化发展的三个阶段并不是孤立存在的。每一个阶段都包括学校文化的各个子系统的建设和完善。所以，学校发展的每个阶段都应该包含物质文化、制度文化、精神文化、行为文化、课程文化、活动文化等。学校文化建设永远处于发展和完善的进程中，没有终点。

学校文化发展的三个阶段构成一个文化周期，这个周期一般会经历数年时间。一个周期完成后，学校文化发展进入下一个周期，周而复始。几个周期会构成学校文化发展的时代特色，这种时代特色是社会结构及其意识形态在学校中的清晰反映。

(二)在历史实践中寻找和提炼学校的教育哲学

学校文化建设是一项长期的任务，文化凝练是一个并不轻松的过程，需要时间和智慧。提炼者可以是学校成员，也可以是与学校共同工作的教育专家。提炼者必须尊重学校文化事实和传统，利用历史叙事方法，挖掘经验和传统；让学校成员都参与这一过程，陈述学校现有的理念，讲述过去和现在的故事；运用调研方式让干

---

① 董小平：《课程改革：从外围向中心转移》，载《教育发展研究》，2007(4B)。

部、教师、学生写出能够表达学校精神和文化的关键词；开展头脑风暴，让大家贡献灵感，共同凝练出学校的核心价值观，在合适的时候可以修正和完善这一价值观；用一个或几个短语或句子把核心价值观朗朗上口地表述出来。

(三)把学校精神文化体系逻辑化

学校精神文化主要通过学校的办学目标、校训、校歌、校徽以及教风和学风表现出来。最能呈现学校精神文化的是一所学校的校训，它概括出了学校最核心的价值追求。找到学校教育哲学这个核心线索之后，就可以围绕其组织学校的精神文化体系或价值系统，使学校培养目标和发展目标的确立、校训的表述、标识的设计做到逻辑顺畅、合理、一致，体系完整。

(四)提炼出学校精神

在全面了解学校文化发展状态的基础上，有的学校可以高度概括出与学校教育哲学一致并符合学校文化事实的学校精神。学校精神可以用一个或几个准确的词语或句子表达，既要尊重经验，又要跳出经验。例如，北京市丰台区第一小学的“六小公民教育体系”非常有特色，孕育了唯实、尚和、同济的学校精神。唯实即务本求实，是学校的核心价值观；尚和即崇尚和谐的人际文化；同济即谋求合作的任务文化。

(五)凝练合适的概念

学校文化是活的文化，在时机成熟的时候可以凝练一个能够表达学校文化的概念。例如，首都师范大学附属小学在自身文化积淀的基础上将学校文化概括为童心教育：创享求索乐园，共建真爱学苑，点燃童心人生；同心呵护童心，同心哺育童心，同心发展童心。北京市丰台区第五小学对“幸福教育”的诠释为：激扬自我，共建关爱，创造精彩，积淀幸福。口号是：我精彩，我幸福！幸福是人生的终极追求。激扬自我是幸福教育的起点。幸福是个人的体验，也是个人创造的结果。因此，幸福教育首先激发学生创造幸福的愿望。共建关爱是幸福教育的基础。互助的环境是每个人成就幸福的坚实保障。因此，共建关爱的群体是每个学生创造幸福的基础。幸福的人生需要每一个精彩瞬间来充实，创造人生的每一个精彩瞬间是幸福教育的基本途径。积淀幸福是幸福教育的目标。幸福是学生创造的结果，为幸福教育所做的一切努力都围绕积淀幸福而进行。

(六)以标识传达

每个学校都应该有自己的标识，它代表学校实体，表达独特含义，突出个性特征，被视为学校精神文化的第一表达。

例如，江苏省扬州市育才小学的校徽主体图案是由“育才”二字的第一个字母“YC”构成的一朵构骨树新芽，下方是一个圆弧，用中文和拼音标有学校全称和建校时间。该图案寓意为：构骨树为1888年建校时栽种，构骨树新芽既象征着育才小学的莘莘学子，也象征着育才小学这所百年名校。“圆弧”既是一个立体的历史舞台，又似古运河的一湾碧水。整体图案喻示着古运河畔的育才小学创校至今一直以学生的自我发展为中心，培养了一代代育才人。校徽的图像颜色为绿色，象征着理想、活力与生机。

第二节 学校仪式及个别设计

仪式不仅是道德教育的手段，而且是学校文化的重要内容和表达形式。从2001年9月颁发的《公民道德建设实施纲要》，到2004年2月颁布的《中共中央国务院关于进一步加强和改进未成年人思想道德建设的若干意见》，再到2006年颁布的《教育部关于大力加强中小学校园文化建设的通知》，都明确指出：入学毕业、入队离队、入团、成人仪式等活动，具有重要的特殊意义，是思想道德教育的宝贵资源。因此，学校应精心设计和组织这些活动，充分调动学生参与其中，借此达到“弘扬民族精神，增强爱国情感，提高道德素养”的目的。

一、学校仪式的内涵

(一)学校仪式的定义

“学校仪式作为一种不平常事件，镶嵌在学校日常生活之中，人们赋予它一种文化符号，在它稳定而有序的形式之下蕴涵着丰富的教育功能，能够形成良好的教育氛围，对学校成员产生非常大的影响。”①

文化规定性是学校仪式的根本特性。缺乏文化规定性，学校仪式就只是毫无意义地例行公事。符号人类学家克利福德·格尔兹(Clifford Geertz)认为，应在“文化”概念之下理解仪式。他所理解的文化是指“从历史沿袭下来的体现于象征符号中的意义模式，是由象征符号体系表达的传承概念体系，人们以此达到沟通、延存和

---

① 李平：《学校仪式教育的现实困境及变革之路》，载《教学与管理》，2019(22)。

发展他们对生活的知识和态度”①。

象征人类学家维克多·特纳(Victor Turner)对仪式中的象征符号给予了特别的关注。他指出：“象征符号是仪式中保留着仪式行为独特属性的最小单元，它也是仪式语境中的独特结构的基本单元。”②象征符号分为两类。一是支配性象征符号。在仪式的意义框架内，支配性象征符号将社会的道德和法律规范与强烈的情感刺激紧密相连。二是工具性象征符号，它是实现特定仪式的目的的手段。在文化语境中，象征符号被认为是抽象意义的集合，它们的存在使仪式成为一个意义体系。仪式象征符号不仅反映着仪式本身的要求，也体现着社会存在的基本要求以及人们共享的价值观念。学校仪式中的象征符号，有些指向已知事实，有些属于“浓缩”的形式，其中，浓缩的象征符号具有多示性、多值性和多义性。③

例如，在入队、入团、入党和升旗等仪式中，对旗帜、徽章、歌曲的文化内涵进行说明；在入学典礼上，对《学记》《论语》的文化内涵进行诠释；在开学典礼上，对学校校训、校徽、典型建筑、教育文物所代表的文化内涵进行介绍；在毕业典礼上，对毕业证书、学位服、拨穗的文化内涵进行解读；在比赛仪式中，对奖杯、奖牌的文化内涵进行解释；在纪念仪式中，对时间、事件、人物、遗址、纪念物进行讲述。这些有象征意义的行为都有利于学生获得对仪式文化内涵的理解。

(二)学校仪式的本质

本质是认识事物的概念和内涵的核心，是事物本来的品质和质地。探索事物本质常用的办法是通过与其邻近的属概念之间的对比分析，找出它和同一个属概念下的其他种概念之间的差别，即“种差”，进而揭示出其内部特有的属性，即本质。学校仪式被理解为一种程序化行为，这种程序化行为具有情境性的代表意义，我们暂且将这种行为称为“仪式化行为”。形式化行为、习惯化行为是其邻近的属概念，对三者从不同的维度进行的对比分析如表 15-1 所示④。

---

① [美]克利福德·格尔茨：《文化的解释》，纳日碧力戈、郭于华、李彬等译，103 页，上海，上海人民出版社，1999。

② [英]维克多·特纳：《象征之林：恩登布人仪式散论》，赵玉燕、欧阳敏、徐洪峰译，23 页，北京，商务印书馆，2012。

③ 缪学超：《理解、认同与传承：学校仪式的文化育人路径》，载《湖南师范大学教育科学学报》，2020(4)。

④ 范楠楠：《中小学学校仪式管理研究》，硕士学位论文，华东师范大学，2012。

表 15-1　三种行为的对比分析

维度	仪式化行为	形式化行为	习惯化行为
行为来源	行为特征变得显著，行为本质内容不断重复，一部分内容被强化，形成一定的形式。	根源于形式主义，追求视觉效果而有意识地用标准或制度框定形成。	在有目的、有计划的训练中形成，也可以在无意识状态中形成。
行为特征	特定语境背景下呈现出：表演性、程序性、象征性、价值性、目的性、重复性、群体认可性。	表演性、模式性、标准化、公式化、精确性。	长期性、稳定性、无意识性、自动化性。
行为表现	具有角色分工，有意义明确的符号(姿势、语言、服饰等)，带有一定信仰的展现。	重形式轻内容，重表面轻本质，重理论政策轻实证调查。	在一定的条件刺激下不由自主地再现。
行为目的	申明某种意义，强化某种信仰，增强群体向心力，分享共同文化。	强化权威，强化权力，强化等级观念，强化领导意志。	调用与已有问题相似的知识和经验快速有序地解决新问题。
行为功能	展演功能、指示功能、交流功能、象征功能、教育功能。	表演功能、宣传功能。	行为固化功能、快速反应功能、思维模式定型功能。
行为结果	一方面可以增进沟通，传播文化和核心价值观；另一方面也会造成强迫和偏执。	成为“走秀”或弄虚作假，破坏精神文化。	一方面熟能生巧，培养非凡的直觉顿悟能力；另一方面束缚思维，压抑创新。
理论基础	建立人与生态、人与神圣、人与信仰之间的联系。	唯心主义和形而上学。	刺激与反应关系的形成。
关联性	三者都具有实践行为的特征。仪式化行为具有形式化行为的特征，却不仅仅是形式化行为，更注重形式背后的精神性。习惯化行为是仪式化行为的最终结果。		

仪式化行为有形式化行为的影子，天然具有表演的特性，具有语音、声音、服饰等一系列参与表演的要素，具有不同角色的明确分工。仪式化行为的长时间重复也为习惯性行为的建立奠定了基础。三者之间有着潜在的联系，在行为目的、行为功能、行为结果上又有着显著的不同。

(三)学校仪式的历史性

学校仪式具有历史性。学习学校仪式的历史渊源及发展脉络，能够更好地理解学校仪式的文化内涵。

首先，学校仪式是“仪式”这种文化形式在学校场域的留存、转化或改造，很多仪式都能在社会生活中找到原型。有学者指出，学校文化活动所蕴含的仪式原型有祭祀仪式、人生仪式、战争仪式及狂欢仪式四类。[①] 其中，祭祀仪式在向当代学校仪式转化的过程中保留了作为意义结构的要素；学校中的入学、入队、入团、入党、毕业等代表身份转换的仪式，可以在社会生活中的诞生、成年、婚姻仪式中找到原型；学校中的竞赛、颁奖仪式，可以在战争仪式中找到原型；学校中的节日、庆祝、纪念仪式，可以在狂欢仪式中找到原型。将学校仪式还原为生活仪式，有助于学生从真实的生活见闻、感受和体验出发，加深对学校仪式的认识。

其次，学校仪式因时、因事、因人而变，在不断重构着。对学校仪式的历史进行回溯，既能获得对仪式原初意义的理解，也能了解仪式意义的发展变化，从而为当下仪式的举办提供借鉴。

二、学校仪式的个别设计

结合中小学学生的年龄特征，学校仪式可以笼统地分为常规仪式、成长仪式、节日仪式三种。

(一)常规仪式

1. 开学典礼仪式

开学典礼是学校文化教育的重要组成部分，标志着新学期的开始。举行开学典礼旨在明确学生新学期的奋斗目标，激励全体师生振奋精神、锐意进取，为新学期创造良好的开端。

2. 升旗仪式

国旗代表了一种精神、主义、信仰，是为人们指引前进方向的精神力量。升旗仪式是对学生进行爱国主义教育的大好时机，也是培养学生集体荣誉感、责任感的良好载体。雄壮的国歌、整齐的队伍、冉冉升起的国旗构成了一幅振奋人心的画面。

升旗仪式是一种很重要的爱国主义教育方式，因此，整套程序一定要规范、合理。以下为升旗仪式的流程，各学校可以根据自己的校情和校规，适当增加一些环节。

第一，准备升旗。升旗仪式开始前，全体师生面向国旗整齐列队。列队时，学生应以班级为单位前矮后高纵向列队，教师一般在学生后面横向列队或单独纵向列队。宣布仪式开始时，全体师生立正肃立。

第二，出旗。旗手持旗，持旗方式一般应仿照天安门广场每日升旗仪式中出旗时的持旗方式，即双手持旗，右手在上，斜扛肩上，护旗手在旗手两侧，齐步走向

---

① 余清臣：《学校文化的载体：仪式建设》，载《教育科学研究》，2005(8)。

旗杆，全体师生目送国旗至旗杆下。

护旗手负责将国旗挂在升旗绳上，旗手检查无误后，准备升旗，鼓号队、乐队应同时做好准备。

第三，升旗。升旗时应奏国歌。国旗应伴随国歌乐曲徐徐升起，至乐曲终了时，国旗升至杆顶。国旗升起时，全体师生肃立行注目礼。国旗升至杆顶(国歌奏完)后，由旗手和护旗手将升旗绳固定好。全体师生同时礼毕。

第四，唱国歌。升国旗毕，全体师生齐唱国歌。唱国歌时要有指挥、乐队或伴奏。

第五，国旗下讲话。由校长、政教主任、教导主任、团队干部、劳动模范、学生代表或其他教师代表等做简短而有教育意义的讲话。讲话时间以五分钟左右为宜。讲话内容由讲话人自己准备，团委要提前审阅。

第六，升旗仪式结束。

第七，退场。教师先行退场，然后各班按照体育组教师的安排有秩序地退场，做到快、静、齐。

3. 颁奖典礼仪式

获奖对于学生来说定是一份别样的记忆，对学生有一种激励和导向作用。值得关注的是，如何设置奖项、奖励范围等因素值得颁奖仪式设计者深思。传统颁奖典礼由于奖项设计单一，每次颁奖似乎都成为“三好”“模范”的盛宴，这在一定程度上仅仅能够奖励成绩突出的学生。对于表现相对落后的学生，并没有相应奖项的设置，因此大多数学生只能成为颁奖仪式的“绿叶”，他们身上的优点很容易被忽视。

要真正激起绝大多数师生的上进心，就要给优秀学生一种信任，激励他们勇往直前，树立更高远的志向；给待优生一种激励，消除对他们的歧视，让他们树立不甘落后的信念；给团结向上的班级一种鞭策，引导其形成和谐班风；给优秀的教师一种认可，让他们传承使命，争做学生的良师益友。这些需要一个平台，那就是范畴全面、形式新颖的颁奖仪式。

【知识拓展】

具体来说，每次颁奖仪式需要从以下几个方面着眼。

第一，设置多元奖项。

在颁奖仪式中，为了最大限度地调动学生的积极性，培养他们的进取心，引领广大教师真正走进学生的内心，让学生拥有美好灿烂的明天，可以为学生横向设置奖项，如学习之星、才艺之星、写作之星、体育之星、创新之星、演讲之星、写字之星、公益之星、诚信之星、读书之星等。另外也可以纵向设置奖项，如各类进步奖等。还可以设置集体奖项，如成绩优秀班集体、文艺优秀班集体、卫生优秀班集体等。在这样的仪式中，教师也可作为授奖的对象。学生看到自己敬爱的老师获奖，这对他们也是一种无声的教育。可设优秀班主任奖、学生最喜爱的老师奖、爱岗敬业模范奖、优秀教科研工作者等奖项。那些具有爱心、奉献精神，堪称学生的良师益友的教师可被授予相应奖项。

第二，公平评选。

班级优秀学生的评选，在一些教师看来可能是件不起眼的事情，但是对于学生来说却是一件大事，因为这是肯定自己在学校的行为的一种最好方式。班级里的各类优秀奖项评选，真正操作起来是一件既棘手又具体的事情。学生的一言一行需要得到及时的肯定和赞赏。如果肯定不及时或者赞赏有失公平的话，那么可能会挫伤学生的积极性。所以，对于每个学期有限的班级各种优秀学生的评选，要认真、慎重地组织，让全班学生都来参与，以无记名投票或者毛遂自荐的方式进行评选。还要重视民主操作中一些必要的评选细节，如评选之前要明确评选要求，设立评选前即兴演讲环节，严格选票、唱票和计票过程，进行结果公示等，确保做到公平公正。

第三，致颁奖辞。

致颁奖辞是颁奖仪式中不可缺少的环节。在颁奖仪式中，它是一个重要环节。缺少了这个环节，活动的策划就不会完美，活动过程就显得不完整。颁奖辞是对获奖对象所做的一种陈述评价性的礼仪文稿。宣读颁奖辞可以让大众了解获奖对象的事迹以及他所体现出的不同凡响的人格精神。因此，它必须借助于优美的语言文字对获奖对象进行准确的陈述与评价。颁奖辞要有情感性、深刻性、简洁性、系列性，要体现出学生或教师的人格魅力或坚强的意志、崇高的思想品质等，最好能体现一定的哲理。致颁奖辞时还要自然流畅，音韵铿锵悦耳，富有音乐美。

第四，奖品设置。

颁奖典礼总离不开给学生颁发相应的奖品这一环节。多年来学校发给优秀学生的奖品大多离不开日记本、笔之类的学习用品。如何让设置的奖品具有更鲜明、全面的特点，体现这一奖项的独特性，唤起学生对这些多元奖项评比的向往呢？首先，奖品的选择要有一定的趣味性，尤其是要符合学生兴趣，如具有正面形象的卡通人物，或者能够调动学生的思维、好奇心等品质的玩具、模型、读物等。其次，奖品可以依据奖项的特殊性或者获奖学生的特殊性来“量身定制”，如具有象征意义的“小金人”“魔法棒”“金腰带”“金笔杆”等。总而言之，奖品的设立可以跳出常规，别开生面，在关注教育意义的同时，更要关注其趣味性、创意性、激励性和导向性。

4. 军训仪式

军训让学生在生活中尝试独自面对磨炼。军训的欣喜在前，可军训的过程着实是艰辛劳累的。为了让学生做好足够的心理准备，以高度的责任感和集体荣誉感完成这项使命，军训仪式就显得极为重要。在仪式举行的那一刻，师生被庄严的气氛包围，情感得到升华，心灵得到净化，思想受到启迪，神圣感油然而生。

5. 运动会仪式

体育锻炼对青少年的身心发展具有独特的功能，它的实际作用超出了增强体质的范畴，它可以促进青少年智力的全面发展、身心的协调发展；此外，它也超出了学校教育的范畴，具有广泛的社会价值。学校开展体育活动，在达到增强学生体质目的的同时，也要培养学生的集体意识、自律意识、创新意识、挑战意识、合作意识、文明意识。

(二)成长仪式

1. 新生入学仪式

美丽的九月，孕育着新的希望。当阳光洒满校园的时候，一批批新生进入校园，给校园注入了无限活力。对于新生而言，进入高一个阶段的校园意味着人生踏入崭新的阶段，值得纪念。新生入学仪式的开展有利于他们理解和认识新的人生角色，充满信心和希望地进行学习。

2. 毕业仪式

毕业之际，应该是学生迅速成长的季节，也是学生留住记忆、传递爱的季节；毕业之际，同样也是收获的季节。所以，毕业仪式会对学生产生深远的影响。

(三)节日仪式

1. 童话节仪式

童话故事总会给儿童以无比的信心与希望。由于代入效应，听故事时儿童会对主人公的经历感同身受。因此，童话故事是儿童阅读的需要。传递这些故事的最好媒介之一便是父母或教师与儿童共读。

2. 艺术节仪式

艺术节既为学生提供了一个放松精神、放飞心情的空间，让他们受到极好的艺术熏陶，也为学生提供了一个施展才华、展示自我的舞台，让每个学生都能在参与和表现的过程中发现自己的价值，从而对自己充满自信心。

【知识拓展】

艺术节仪式需要从以下几个环节开展。

环节一：制作海报

海报是大众生活中随处可见的一种广告，大多数人会被有趣的、醒目的海报吸引。它运用独特的艺术形式，以简练的构图、新颖的立意、鲜明的色彩给人以美的感受，故能给人留下深刻的印象。因此制作海报也是一种必不可少的校园艺术节的宣传方式。

环节二：强化镜像，形成共识

艺术节的海报着实可以起到不小的宣传作用，但这是远远不够的，还需要进一步强化学生的参与意识，调动学生积极参与的热情。只有当艺术节的魅力植入学生的内心后，艺术节才能真正成为校园文化。

环节三：营造氛围，表达梦想

为了营造浓浓的校园文化艺术氛围，激发学生展现自己才华的兴趣，使校园的每个角落都洋溢着浓浓的艺术气息，艺术节环境氛围可以侧重从校园布置、班级布置、餐厅布置三个方面进行营造。

环节四：精心准备，全员参与

艺术节内容丰富，形式多样，是每个学生施展才华、塑造自我的舞台，同时也能让他们受到艺术熏陶和思想教育。在活动中，学生发现原来自己也多才多艺，也可以做得十分出色，从而对自己充满信心。

第三节　学校物质文化和环境建设

一、学校物质文化建设

随着教育的不断发展，学校文化建设对于提升学校的办学质量发挥着越来越重要的作用。学校物质文化作为学校文化建设的组成部分，是学校教育不可或缺的物质基础，直接或间接地影响着学校教育教学的成效。

(一)学校物质文化的含义和功能

1. 含义

学校物质文化是学校文化的重要组成部分，也是学校文化体系内其他形态文化的物质载体。因此，学校物质文化可以形象地被称作学校文化的“躯体”“骨架”。以往学者研究发现，不同学者对学校物质文化的定义和内涵有不同的理解，但都十分强调学校物质文化的物质实体形态，认为学校物质文化是学校教育教学等一系列活动的物质条件和基础，其存在方式表现为实体的多样性。

一般认为，学校物质文化功能体现于三个方面：标志与激励功能、审美与美育功能、“无意识的”潜移默化功能。[①]

学校物质文化作为学校文化的物质基础，是学校各种具体文化活动的载体，会随着校园环境和建筑的存在而存在，同时，通过校园环境和建筑标识向人们展示其文化内涵，让人不断去感受和体悟。

2. 功能

学校物质文化是其他一切文化赖以生成与发展的物质基础和载体，不仅以其优美的景观设计和文化元素的建构凸显美的体验与感受，给人以陶冶和激励，还具有“隐形课程”的价值，对身处其中的师生有着“随风潜入夜，润物细无声”的教育意义。

此外，学校物质文化是学校教育教学活动顺利完成的重要保证。从表层来看，由师生在教育实践中共同创造的良好环境、场地和设施可以为教育教学提供必要的物质保障；从深层来看，在物质与行为的联系中，物质本身的价值会作为一种文化因素潜移默化地融入师生的学习与工作，从而激发师生在感知和体悟中奋发进取，探索求知。

(二)学校物质文化建设的含义和特点

1. 含义

学校物质文化建设是指学校管理者通过全面认识学校物质文化建设的基本规律，根据各阶段学校教育的特定规律和学生身心发展的特点，结合学校实际，利用现有教育资源，在师生积极参与下能动地优化学校环境，并充分发挥其育人功能的

① 姜永杰：《论学校物质文化》，载《南京邮电学院学报(社会科学版)》，2001(4)。

过程。

学校特定的物质文化建设在某种意义上就是学校内涵发展的足迹。学校品牌建设过程中，一定会有典型的校园物质文化作为支撑。相应的，学校某一特定的物质文化建设背后也隐含着引领教师专业发展和学生健康成长的价值追求。

2. 特点

(1)学校物质文化建设凸显重要教育过程

学校文化建设是教师群体和学生群体互动的结果。师生是学校教育教学活动的主体，也是学校文化的创设者和享有者。良好的学校物质文化是在学校师生的共同努力下逐步形成和发展起来的。学校物质文化建设的过程本身也是一种重要的教育过程，因此，在学校物质文化建设中要注重调动广大师生参与学校物质文化建设的积极性、主动性和创造性，充分发挥全体师生在学校物质文化建设中的引领和示范作用。

(2)学校的文化标志物蕴含着学校的精神价值

许多学校都有其突出的文化标志物，它不仅是学校物质文化的显性载体，体现了学校的办学理念和文化内涵，在某种程度上也反映出学校的现代文明程度以及物质文化建设的层次和水平。学校的文化标志物往往也反映出该校教师和学生的共同愿景与智慧情感。

二、学校物质环境建设

学校环境是学校物质文化的主要载体，主要包括学校建筑、校园景观、文化设施。学校物质环境建设即物质文化管理过程。

(一)学校建筑样式与颜色的选择

从世界范围来看，学校建筑发展历程可以分为三个阶段：没有特定形象的学校建筑、具有明显特征的学校建筑和不像学校的学校建筑。目前，学校建筑发展已经进入不像学校的学校建筑阶段，即以人为本的新型学校建筑阶段。其特点是：多功能开放空间取代由长廊连接普通教室的封闭空间形式，学校由以满足教育实施为主的空间向以满足学习为主的空间环境转变，学校空间环境具有生活化和人情化，重视室内外环境及空间气氛对学生身心健康的影响作用，造型、色彩及空间形式具有多样化，学校向社会及社区开放。建筑样式和颜色的变化是教育理念、教育思想以及教育方式方法产生变化的表现形式。

在校园环境中，使楼道、教室和办公室美化和会“说话”比较重要，这包括为学校建筑选择颜色及其寄寓的意义，为学校楼宇和道路命名，设计楼道、办公室，等等。

【案例】

四季青小学将愿景形象地比喻为“一棵茁壮成长的童心智慧树”。为了让这一愿景更加深入人心，在征集全校师生建议的基础上，学校把五栋教学楼按一定的寓意，根据愿景使校名不再是简单的代号，而是成了学校独特的标识文化。“四方楼、季景楼、青博楼、小伫楼、学知楼”，“四季青小学”这五个字分别为楼名的第一个字，体现了包含性和整体感。与此同时，教学楼用不同颜色进行粉刷，借以体现愿景的内涵，让它立体地植根于师生的脑海中。学校于 2010 年更名为首都师范大学附属小学后，凝练出童心教育价值体系，对楼宇做了颜色、名字的调整和阐释。

咖啡色：稳重给人以怀旧感，代表着学校倡导的“脚踏实地、聚精会神”的精神和作风。学校还把咖啡色比作肥沃的土壤(教师)，在这里埋下种子(学生)，种子开花结果(获得知识、能力)，让学生带着梦想飞出校园，翱翔于天空。

绿色：是生命之色、青春之色，代表着健康、活力、创新。

橙色：意味着快乐、丰收。学校实现了自己的梦想，走向新的辉煌。

黄色：是暖色，代表爱与责任。

五幢楼名：童心楼、童趣楼、童苑楼、童园楼、童雅楼。命名主要根据各个楼的主要功能。

四方楼更名为“童心楼”，取心的解释——中央、枢纽，主要的。童心楼是学校主要行政机构所在办公区。开展童心教育，这里的行动是最重要的。

季景楼更名为“童趣楼”，取趣的解释——兴味，使人感到愉快。童趣楼是学校童心活动开展的主要场地(少先队大队部、广播室、电视台)，是学生获得快乐、获得成长的地方。

青博楼更名为“童苑楼”，取苑的解释——居住的建筑物与生活空间。童苑楼是学生住宿的地方。

小伫楼更名为“童园楼”，取园的解释——供人活动的公共场所。童园楼是学生就餐的地方。

学知楼更名为“童雅楼”，取雅的解释——美好、高尚。童雅楼是学生阅读的重要场所，读书可以让学生气质高雅。

(二)学校景观设计

校园景观包括自然景观和人文景观。自然景观是校园中的天然山水、树木、花石等。人文景观是后天加工而成的，名人题词、后天建设的校园小景等都是重要的人文景观。学校核心价值体系确定后，就可以根据校园面积、已有基础等来做景观设计了。建议发动师生、家长、社区人员共同来做，考虑成熟后也可以借助文化设计公司的力量。自然景观与人文景观二者往往融为一体。

【案例】

北京四合院幼儿园[①]

MAD 建筑事务所近日公布了北京四合院幼儿园的设计。围绕一座在 1725 年就已有历史记载的四合院建造了一个漂浮的屋顶，在保护和利用文物的同时与周边已建成的现代建筑进行了连接，展现出了多层的城市历史和谐并存的场景。MAD 建筑事务所的马岩松说：“老北京有句形容孩子淘气的俗话，‘三天不打，上房揭瓦’。屋顶对于孩子来说是充满魔力的。在四合院中，屋顶就像是一片新的大地，是无拘无束、自由的象征。”

图 15-1　设计图 1

① MAD Architects：《四合院幼儿园，北京，中国》，载《世界建筑》，2020(8)。

“漂浮的屋顶”以低矮平缓的姿态水平展开，将不同建筑间有限的空间最大限度地转化成为一个户外运动和活动的平台。二层是一片广阔的、色彩斑斓的户外平台，这里是孩子们室外运动、课余互动玩耍的主要场所。平台的西南侧像是一个个“小山丘”与“平原”相互交错，地形高低起伏。

图 15-2　设计图 2

“漂浮的屋顶”下方是开放布局的教学空间、图书馆、小剧场、室内运动场等，将是 400 名 2～5 岁孩子日常学习和运动的空间。流动的空间布局提供了一种自由、共融的空间氛围。新空间与古四合院相邻相望，新旧交替。孩子们随时能近观、接触历史，加深对时间维度和历史的认知。

图 15-3　设计图 3

几栋看似互不相干的建筑元素不但可以在保持各自真实性的前提下和谐共存，而且相互作用，产生了新的开放性和丰富性，可以使孩子们对他们所处的环境有客观真实的认知。

对于北京四合院幼儿园的设计，你对校园景观有什么看法？

分析：校园景观区别于其他的环境景观，其本质不在于外部的表现形式，无法用简单的图形和线条标准进行裁定。对于一所学校来说，校园环境必须承载学校精神，构建起育人赋能的文化场，同时，也要兼顾交通集散、学习休闲等功能性作用。

(三)文化设施

学校文化设施主要包括图书馆和网络。图书馆是体现学校文化的重要场所。没有书籍算不上学校。图书馆要有各类藏书，而且其设计要从文化角度进行考虑。学校图书馆是最有文化的地方，可以有一个雅致不俗的名字，书写鼓励和欣赏读书的对联。图书馆内的图书要有一定藏量，可以征求学生、教师和教育专家的意见选择不同种类的图书。图书馆还可以用来上阅读课，图书馆教师可以承担这样的课程。首都师范大学附属小学努力让读书成为教师与学生的一种文化行为，学校确确实实做到了把有限的图书资源利用起来，不让书籍成为书架上的摆设，而让书籍流动在手里，流动在各班图书角内。学生与书本为伴，丰富内涵和底蕴，成为营造并传播书香的主体。“博学笃志，德幽怀远”的教师书馆馆训、“读书立德，博学长才”的学生书馆馆训，以及由此带动的教子热潮，无不激励着书香校园奋勇前行。合肥市望湖小学拥有一座约1000平方米的图书馆，学校被称为“图书馆中的学校”。望湖小学图书馆丰富了其功能，成为学校中最美的会客室和研究室。

学校网络是外界了解学校的窗口，其设计需要带有学校特色，需要有专人管理和维护，定期更新信息。信息要全面，布局要合理。

【要点小结】

1. 学校核心价值体系是以学校核心价值观为核心构建的精神文化体系，也是学校的办学理念体系，包括核心价值观、培养目标和发展目标、校训和校歌、学校标识等要素。学校核心价值体系凝练成六个方面：明确学校文化的发展阶段，在历史实践中寻找和提炼学校的教育哲学，把学校精神文化体系逻辑化，提炼出学校精神，凝练合适的概念、以标识传达。其中，学校文化的发展可以划分为三个阶段：第一个阶段主要靠校长的观念、人格和能力管理学校，第二个阶段主要靠完善的规章制度和机制管理学校，第三个阶段主要靠学校文化管理学校。

2. 学校仪式分为常规仪式、成长仪式、节日仪式三个方面。

3. 学校物质环境建设包含三个方面：学校建筑样式与颜色的选择、学校景观设计、文化设施。

【思考题】

1. 什么是学校核心价值体系？
2. 举例说明如何凝练一所学校的核心价值体系。
3. 结合自身经验策划一所学校的个性仪式。
4. 描述一所学校的校园物质环境建设并做评析。

参考资料

[1] 曾满超:《教育政策的经济分析》，北京，人民教育出版社，2000。

[2] 陈桂生:《“教育学视界”辨析》，上海，华东师范大学出版社，1997。

[3] 陈国良:《教育财政国际比较》，北京，高等教育出版社，2000。

[4] 陈国良:《教育筹资》，北京，高等教育出版社，2000。

[5] 陈如平:《效率与民主——美国现代教育管理思想研究》，北京，教育科学出版，2004。

[6] 陈永明:《教育领导学》，北京，北京大学出版社，2010。

[7] 陈珍国:《学校安全管理》，上海，复旦大学出版社，2008。

[8] 陈振明:《公共政策学：政策分析的理论、方法和技术》，北京，中国人民大学出版社，2004。

[9] 褚宏启、张新平:《教育管理学教程》，北京，北京师范大学出版社，2013。

[10]《邓小平文选》第3卷，北京，人民出版社，1993。

[11] 丁烈云、杨新起等:《校园突发事件应急管理》，武汉，华中师范大学出版社，2009。

[12] 冯大鸣:《美、英、澳教育管理前沿图景》，北京，教育科学出版社，2004。

[13] 冯契:《认识世界和认识自己》，上海，华东师范大学出版社，1996。

[14] 付亚和、许玉林:《绩效考核与绩效管理》第2版，北京，电子工业出版社，2009。

[15] 贺培育:《制度学——走向文明与理性的必然审视》，长沙，湖南人民出版社，2004。

[16] 计雷、池宏、陈安等:《突发事件应急管理》，北京，高等教育出版社，2006。

[17] 姜晓萍、范逢春:《薪酬管理》，成都，四川大学出版社，2007。

[18] [美]雷恩:《管理思想的演变》，孙耀君等译，北京，中国社会科学出版

社，1986。
[19] 李波：《教育管理与案例分析》，上海，复旦大学出版社，2011。
[20] 李德顺：《价值论》，北京，中国人民大学出版社，2007。
[21] 李桂林：《中国现代教育史教学参考资料》，北京，人民教育出版社，1987。
[22] 李惠民：《公共关系实务基础教程》，保定，河北大学出版社，2002。
[23] 李新建、孟繁强、张立富：《企业薪酬管理概论》，北京，中国人民大学出版社，2006。
[24] 李中斌、曹大友、章守明：《薪酬管理理论与实务》，长沙，湖南师范大学出版社，2007。
[25] 廖胜平：《考试学原理》，武汉，华中师范大学出版社，2003。
[26] 刘兆伟、王雷、马立武等：《中外教育管理史略》，大连，辽宁师范大学出版社，1999。
[27] 吕达、周满生：《当代外国教育改革著名文献》(美国卷·第1册)，北京，人民教育出版社，2004。
[28] 马作宽：《组织绩效管理》，北京，中国经济出版社，2009。
[29] 芮明杰：《管理学：现代的观点》第2版，上海，上海人民出版社，2005。
[30] 桑新民、陈建翔：《教育哲学对话》，石家庄，河北教育出版社，1996。
[31] 申作青：《当代大学文化论：基于组织文化子系统视野的认识与探索》，杭州，浙江大学出版社，2006。
[32] 舒新城：《中国近代教育史资料》下册，北京，人民教育出版社，1981。
[33] 孙鹤娟：《学校文化管理》，北京，教育科学出版社，2004。
[34] 孙金利：《薪酬管理》，天津，天津教育出版社，2005。
[35] 孙绵涛：《教育政策学》，武汉，武汉工业大学出版社，1997。
[36] 王邦虎：《校园文化论》，北京，人民教育出版社，2000。
[37] 王德清：《学校管理学》，重庆，西南师范大学出版社，2011。
[38] 王怀明：《绩效管理》，济南，山东人民出版社，2004。
[39] 王健：《薪酬管理》，北京，科学出版社，2007。
[40] 王善迈、袁连生：《2001年中国教育发展报告：90年代后半期的教育财政与教育财政体制》，北京，北京师范大学出版社，2002。
[41] 王世忠：《教育管理学》，北京，科学出版社，2014。
[42] 王天一、夏之莲、朱美玉：《外国教育史》上，北京，北京师范大学出版

社，1993。
[43] 王雁飞、朱瑜：《绩效与薪酬管理实务》，北京，中国纺织出版社，2005。
[44] 魏新：《教育财政学简明教程》，北京，高等教育出版社，2000。
[45] 文跃然：《薪酬管理原理》，上海，复旦大学出版社，2004。
[46] 吴志宏、冯大鸣、周嘉方：《新编教育管理学》，上海，华东师范大学出版社，2000。
[47]《习近平谈治国理政》第一卷，北京，外文出版社，2018。
[48] 萧宗六：《学校管理学》，北京，人民教育出版社，1994。
[49] 本书编写组：《习近平总书记教育重要论述讲义》，北京，高等教育出版社，2020。
[50] 杨颖秀：《教育管理学》，长春，东北师范大学出版社，2001。
[51] 张东娇：《学校文化管理》，北京，教育科学出版社，2013。
[52] 赵祥麟：《外国教育家评传》第一卷，上海，上海教育出版社，1992。
[53] 赵中建：《学校经营》，上海，华东师范大学出版社，2006。
[54] 中共中央文献研究室：《建国以来重要文献选编》第1册，北京，中央文献出版社，1992。
[55] 中国教育与人力资源问题报告课题组：《从人口大国迈向人力资源强国》，北京，高等教育出版社，2003。
[56]《中国教育年鉴》编辑部：《中国教育年鉴 1949～1981》，北京，中国大百科全书出版社，1984。
[57] 周文、虞涛：《绩效管理》，长沙，湖南科学技术出版社，2005。
[58] 朱飞：《绩效管理与薪酬激励全程实务操作》，北京，企业管理出版社，2007。
[59] 朱平：《制度伦理视角下的高等教育制度》，博士学位论文，厦门大学，2007。
[60] [美]F. W. 泰罗：《科学管理原理》，北京，中国社会科学出版社，1983。
[61] [美]彼得·德鲁克：《管理：任务、责任和实践》第2部，陈小白译，北京，华夏出版社，2007。
[62] [美]霍伊、塔尔特：《学校决策者——解决实践问题的案例》，廖申展译，北京，中国轻工业出版社，2005。
[63] [英]琼斯：《学校领导者的管理技能》，阎力、李雅思译，北京，中国轻工业出版社，2006。
[64] [美]赫伯特·A. 西蒙：《管理行为》，詹正茂译，北京，机械工业出版

社，2009。

[65] [美]杰拉尔德·C. 厄本恩、[美]拉里·W. 休斯、[美]辛西娅·J. 诺里斯：《校长论：有效学校的创新型领导》，黄崴、龙君伟译，重庆，重庆大学出版社，2004。

[66] [美]E. 马克·汉森：《教育管理与组织行为》，冯大鸣译，上海，上海教育出版社，2005。